领航未来旅程

中小学生涯地图百例实用手册

李正刚　钟向阳　杨红梅　主编

文匯出版社

图书在版编目（CIP）数据

领航未来旅程：中小学生涯地图百例实用手册 / 李正刚，钟向阳，杨红梅主编．— 上海：文汇出版社，2022.1

ISBN 978-7-5496-3692-1

Ⅰ．①领… Ⅱ．①李… ②钟… ③杨… Ⅲ．①职业选择—中小学—教学参考资料 Ⅳ．①G634.933

中国版本图书馆 CIP 数据核字（2022）第 007853 号

领航未来旅程：中小学生涯地图百例实用手册

主　　编 / 李正刚　钟向阳　杨红梅
责任编辑 / 徐曙蕾
封面装帧 / 王　川

出版发行 / 文匯出版社
上海市威海路 755 号
（邮政编码 200041）
经　　销 / 全国新华书店
印刷装订 / 上海普顺印刷包装有限公司
版　　次 / 2022 年 1 月第 1 版
印　　次 / 2022 年 1 月第 1 次印刷
开　　本 / 720×1000　1/16
字　　数 / 500 千字
印　　张 / 26.25

ISBN 978-7-5496-3692-1
定　　价 / 78.00 元

目录

序　言

以上海市教委《关于加强中小学生涯教育的指导意见》(沪教委德〔2018〕8号)文件精神为指引，静安区教育局承接了上海市生涯教育项目区域整体推进的任务。多年来，在上海市教委德育处、上海学生心理健康教育发展中心的指导下，静安区全力推动区内中小学生涯教育的有效开展，引领学校和教师通过课堂教学、专题教育、社会实践、家校互动等各个途径，运用系统方法，指导学生增强对自我和人生发展的认识与理解，促进学生学会选择、主动适应变化，促进学生生涯规划能力的发展。

静安区在开展全面生涯教育实践的基础之上，编印了《领航未来旅程——中小学生涯地图百例实用手册》《扬起前行风帆——中小学生生涯活动百例实用手册》(下面统称“生涯手册”)。这两本手册展现了静安区开展生涯教育实践的思考，也汇总了生涯教育的一些探索性尝试。手册具有以下特点：

1.“生涯手册”体现了对学生生涯教育的培养目标。中小学生涯教育的主要内容包括自我认识、社会理解、生涯规划三个方面。“生涯地图手册”不仅有基于体验式学习的课堂活动，还帮助学生走进社会，走近职业的社会体验活动。在这个过程中，学生不仅在了解自己，还进一步了解社会行业、职业的发展变迁以及社会分工等，更具体地了解不同职业的专业素养，提升学生对社会行业的尊重与理解的意识和能力，从而促进社会责任感的提升，使学生能更好地处理个人与社会、学业与发展、当下与未来的关系。

2.“生涯手册”整合了区域的职业探索资源。在学生的身边、在学校的周边、在社区的周围、在我们生活的世界，有着许多生涯教育的资源和契机。这些身边的资源，是学生最容易触碰到、最容易感受到，也最容易对学生产生影响的资源。整合这些资源，充分利用这些资源，对培养学生的区域认同和家国情怀具有重要意义。

3.“生涯手册”是落实学生生涯体验活动的重要抓手。编写教师对每个生涯活动进行精心设计；学校生涯教育的教师还和实践体验基地的工作者一起，对每个生涯活动体验点进行了实地探索、活动设计，并且编制了符合学生年龄特点的体验学习单，体现了体验活动的生涯探索目的。本套手册关注经历的创设、活动的设计，促进了学生体验活动的针对性和有效性，从而帮助学生在体验中实践，在实践后反思，在反思中提升，帮助学生逐步构建自己的知识和经验。

中小学生涯教育是立足当下，为学生未来奠基的教育活动，中小学生涯教育中拓展甚于匹配、探索优于确定、发展先于选择。静安区的生涯教育实践是静安区教育不断改革创新的体现，是区域内“五育”并举、家校社协同育人的具体体现，也推动了区域内各中小学校本育人、智慧育人的不断深入。感谢静安区教育局、静安区教育学院，以及静安区各学校老师和学生，他们在生涯教育的实践中积极拓展、努力实践，也为全市生涯教育提供了很多亮点和特色。希望本套“生涯地图手册”的出版，推动更多学校参与到这样的探索实践中来，能开拓更多的探索空间，让学生更好地发现和发展。在为国家建设培育有创新精神和实践能力的建设者和接班人的同时，让学生拥有各自精彩的人生。

上海学生心理健康教育发展中心副主任

生涯地图体验活动导论

中小学生涯教育是运用系统方法，指导学生增强对自我和人生发展的认识与理解，促进学生在成长过程中学会选择、主动适应变化和开展生涯规划的发展性教育活动。加强中小学生涯教育，是深入贯彻落实全国教育大会精神，全面落实立德树人根本任务，促进学生全面发展和终身发展的重要举措。

根据《中共中央 国务院关于深化教育教学改革全面提高义务教育质量的意见》（2019 年 6 月 23 日）、《中共中央办公厅 国务院办公厅关于进一步减轻义务教育阶段学生作业负担和校外培训负担的意见》（2021 年 7 月）、《健康中国行动（2019—2030 年）》（国卫办规划函〔2019〕640 号）、《教育部关于印发〈中小学心理健康教育指导纲要〉（2012 年修订）的通知》（教基一〔2012〕15 号）、《上海市中小学生命教育指导纲要》（2005 年 6 月试行）、《上海市教育委员会关于加强中小学生涯教育的指导意见》（沪教委德〔2018〕8 号）等文件要求，进一步推进区域开展中小学生涯教育。

中小学生涯教育的难点是如何丰富学生的经历，拓宽学生的视野，实现社会理解；如何让社会理解成为学生自主发展的助推力。本书采用项目驱动，尝试以“生涯地图”的研发与实践来破解和回应这个难点。“生涯地图”是一份职业体验点分布的物理地图，是有助于学生进行职业体验活动的场所分布与活动设计。因此，“生涯地图”也是一份学生探索职业世界的成长地图。

静安区作为上海市生涯教育整体试点区，积极落实国家和上海市教委有关文件精神，秉承一体化发展方向，加强家校社教育资源整合，不断推动区域生涯教育向纵深发展。本书主要介绍区域内各生涯教育试点校运用生涯地图体验活动与学校常规教育工作结合的经验与案例，希望能够让读者了解如何更好地运用生涯地图资源，将生涯地图体验活动的价值在区域内最大化呈现，同时也希望本书能够成为教师和学生在生涯教育过程中称手的工具书。

一、“五育”并举生涯发展

区域开展生涯地图体验活动是“五育”并举育人模式的重要载体，让德智体美劳“五育”相互融合，多核多元，同步同向前进，和谐共生。通过生涯地图体验活动，探索中小学“五育”融合的理论与实践。如打造中小学生社会实践大课堂，充分发挥爱国主义、优秀传统文化等教育基地和各类公共文化设施与自然资源的重要育人作用；加强科学教育和实验教学，广泛开展多种形式的读书体验交流活动；坚持健康第一，在生涯地图体验活动中强化学生健康理念；增强美育熏陶，广泛开展以生涯地图体验活动为抓手的校园艺术活动；加强劳动教育，优化综合实践活动。

"双减"工作事关中小学生健康成长，事关人民群众切身利益；"双减"工作促进学生生涯发展，有利于落实"五育"并举。区域通过生涯地图体验活动促进"五育"并举，让中小学生在进行专业课程知识学习之外，努力进行综合素养的提升。区域开展生涯地图体验活动是引导学生进行综合能力培养的较为有效的方式。"双减"工作要求提升学校课后服务水平，满足学生多样化需求，如提高课后服务质量，拓展课后服务渠道等，学校尝试引导中小学生参加生涯地图体验活动，诸如球类运动、书法类兴趣小组以及美术、音乐等兴趣小组来引导学生合理运用课余时间，让中小学生能够通过各方面的学习，来完善综合素质，能够从侧面减少学生上网、游戏等方面的时间，让学生通过健康、积极、创新的生涯地图体验活动来对较为颓靡、消极的生活方式进行改造。

区域开展生涯地图体验活动是落实"五育"并举育人模式的重要举措，这不仅能够使学生的综合素养得到进一步提升，还能使学生的日常发展更符合社会对未来相应人才的需求。

二、导师引领

目前，静安区各学校已经全面铺开了"导师制"，导师们对学生的思想道德，生涯发展，学习、生活、心理健康等各个方面给予个别化的指导。这是"全员育人"的一种体现，让生涯指导成为学校中每一位老师共同参与的使命。

一个好的生涯导师，可以说是学生成长路上的一盏明灯、一眼甘泉。学生能够从导师身上得到的指点、滋养和力量是源源不竭的。那么，一位生涯导师具体能给予学生的资源，到底有哪些呢？

（一）巧用"地图"完成融合学科资源的生涯教育

除了专职的心理老师、生涯指导老师和校外导师之外，全员导师中数量最多的还是各个学科的老师。学科老师参与到生涯辅导中来，有着诸多独特优势。

一方面，学科老师的专业知识和技能能够有效拓展生涯教育的广度和深度。例如，某高一学生喜爱生物，在生涯地图的上海自然博物馆体验点体验了"昆虫标本制作员"后，对奇妙的生命科学产生了浓厚的兴趣，决定选考生物学科，那么他未来升学可选的高校、专业方向有哪些？生物相关专业的毕业生将来可能的就业前景是怎样的？现在所学的高中生物知识，对于未来所需要的职业技能的发展起到了怎样的作用？这些问题，相关专业的生涯导师都可以给予他后续详尽的指导。在老师的帮助下，学生还可以开展研究性学习，将生涯体验中发现的问题转化为小课题，深入探究。

生涯地图的体验将激发出学生兴趣的微光，而导师的引导则让孩子将这一闪而过的微光放大，凝聚成为宝贵的生涯财富。

另一方面，当学科老师能够以生涯教育的视角来看待自己的学科，又会反过来增益本学科的学习。一直以来，"学以致用"都是理想的教育所追求的目标之一。"所学非所用，所用非所学”的分离割裂，会导致学生学习目标不明确，意义感不强，目标缺失，进而影响学习动力，陷入只为分数、为父母老师而学的不良学习状态。而融入生涯教育后，学生在学习学科内容时会获得更丰富的视野和更灵活的思维。例如，上海工艺美术馆体验点的“我当非遗传承人”体验项目，学生在领略各类非物质文化遗产魅力的同时，也能看到在学校学习的历史、艺术等人文学科是怎样与非遗的传承和保护相联结的。

所以，生涯教育和学科教学应当是相互成就、相互促进的关系。导师在帮助学生寻找生涯方向的同时，也丰富和提升了自己所教学科的魅力。

（二）导师和“地图”共同打开孩子的生涯视野

曾有一位毕业生在给学弟学妹写纪念留言时，动情地说起自己的语文老师：“和X老师相处的这一年时间，我从她身上看到了自己想要成为的成年人的样子。”这是一个孩子给自己老师最真挚的赞誉。其实每个老师作为阅历丰富的个体，都是一本内容精彩、充满教益的生涯故事集。“亲其师，信其道”是永不过时的规律，在生涯引领上尤为适用。

正如班杜拉在社会学习理论中指出的，孩子仅通过观察成人就能间接习得行为。青少年要实现有效的生涯探索，离不开许多身边可以观察、效法的榜样。要为学生提供这样的“替代强化”，导师可以首先从发掘自身的优势开始，将自身的人格魅力、积极的态度和保持探索的好奇传达给学生，并且在力所能及的范围内给学生提供关于升学、职业发展，以及学生生涯启蒙所需要的各科各类的资讯知识。

当然，正如有学者指出的，每一个生涯导师自身的知识结构、学科特长总有侧重和局限性。因此，学校应当发挥不同导师的协同机制，并且拓展生涯导师的服务时空，将其延续到校外活动上。

生涯地图可以帮助孩子和生涯导师一起，更多地与校外“导师”接触、联结。如东方陶瓷交流促进中心美术馆的“陶艺达人”项目，学生可以在专业陶艺老师的指导下体验拉坯、上色等陶艺制作技巧，并获得欣赏陶艺作品的专门讲解。从这些校外“导师”的身上，学生既学习到了手艺，也学习到了工匠精神。另外，在参与活动获得成长后，学生还可以尝试转换角色，成为“小导师”，带领低年级或初次体验的学弟学妹参与活动，发挥领导力，传授自己的经验。

有效的生涯导师制可以最大程度地激活资源，让每个人都能焕发出强大的能量，师生之间便有了更多润心启智的思维碰撞。

（三）共同参与“地图”任务，创造更好的生涯体验

陶行知先生写过一首小诗：“宇宙为学校，自然是吾师。众生皆同学，书呆不在兹。”真实的世界，鲜活的真实体验，才是最好的学习素材。生涯导师和学生的关系，并非机械的知识授受、教与被教的关系，而是师生共同构建一个相互陪伴支持的团队，共同体验多姿多彩的世界，共同完成一段生命的探索旅程。

“弟子不必不如师，师不必贤于弟子。”尤其对于高中生而言，导师不可能在所有

方面都保持相对优越于学生的知识储备和能力。因此，良好的师生关系，积极的陪伴鼓励，是导师令学生获益的关键。

然而在传统的学校架构中，一般的学科老师与学生的交流接触仅限于课堂和课后短暂的答疑，很难有深入的接触和互动，这样就难以建立起让学生感到亲近、信任的师生关系。

因此，许多学校在普及导师制的同时，都在努力创造更多让导师可以与学生共同体验参与的活动平台，并将参与学生的成长活动列入导师需要完成的工作列表中。例如育才中学的“导师非常6+1”计划，要求导师共同完成六项指定任务（共同畅谈一次未来理想，共读一本好书，共同完成一次体育锻炼，共同参与一次生涯体验，共同完成一次公益活动，共同完成一次社会实践），以及一项自由选择的有利于孩子成长的活动。上戏附中则推出了“学生领导力训练营”项目，学生可以和导师一起参与书友会、心灵驿站等项目。

从这个角度来看，生涯地图提供了非常丰富、共享的师生共同参与的活动资源。导师可以和学生一起选择感兴趣的项目进行“打卡”。

这样的活动，可以拉近导师与学生的距离。对学生而言，生涯体验并不是只有自己孤单地完成任务，而是有导师亲切陪伴、有同学欢声笑语的美好记忆。同时，导师与学生的生涯探讨也自然具备了充实的素材，让导师的生涯导航更加有的放矢，避免了谈话空洞无物，甚至不知从何谈起的窘境。

生涯地图的每一个体验点都附有作业单。这不仅有助于学生反思和总结自己在体验点所得的收获，也便于导师从中了解学生的兴趣、能力所在，从中发掘学生宝贵的闪光点和潜力。

社会认知生涯理论（SCCT）认为，学生的学习兴趣和生涯发展的动力来自成就经验、替代经验、社会鼓励和情绪状态这四个方面。而生涯导师在这四个方面都是大有可为的：通过活用丰富的生涯资源，让学生看到成功的多元可能性，看到自己在当前学业上努力的价值；通过自己的人格魅力，树立榜样，为学生提供替代经验；通过共同参与生涯体验过程中润物细无声的陪伴和肯定，向学生传达有力量的鼓励；而所有以上的努力，又都将成为学生在生涯活动中获得积极正面的情绪体验的基础。学生从而有动力让自己的生命不断焕发精彩，发挥自己更大潜能。

随着全员导师制的普及和深入开展，生涯导师们已经渐渐适应、熟悉了自己的角色，找到了自己的工作节奏。但在导师工作的探索阶段，导师们也和学生一样，还有很大的成长空间。未来，导师们将掌握更多的生涯辅导技能，例如能够灵活地应用职业和心理测评，更专业的生涯辅导谈话技巧，更丰富的生涯探索工具等。

有了导师们孜孜不倦的付出，生涯地图才真正成为一张有人情味、有吸引力、有生命力的“活”地图，才能更好地帮助同学们实现“对学习有动力，对社会有认知，对未来有期待，对他人有关怀”的生涯发展目标。

三、生涯地图体验活动的评价

生涯地图体验活动，也是一种特别的“生涯教育行走的教室”，学生手持生涯地图走进社会，生涯体验和探索的脚印布满了整个静安区、上海市甚至是全国的各个地方……增进学生对社会的理解，让社会成为生涯教育的“大课堂”。学生不再是一个被动的实施者，而是一个主动的参与者。生涯地图既是一份物理地图，布满职业体验点分布、学生可手持的体验指南，也是一份学生参与职业世界活动探索，因而成为个性化、更多可能、动态的学生成长地图，是生涯知识和理念不断展开、渗透的进程，是不断刷新学生的生涯知识与技能，指导学生对增强自我和人生发展的认知与理解，最终使学生成为具有自我监测、自我发展以及创新生涯的素养，能够影响和服务他人的一份生涯设计。

（一）生涯地图体验活动评价的意义

1. 通过学生对自己的生涯体验活动进行回顾与审视，让参与的学生考察生涯地图的设计理念、价值引领以及实施原则等是否有效；对于组织者来讲，生涯地图体验活动评价对于更好地了解学生的状态、生涯困境及其改善具有重要的价值，能为学生更好地进行生涯教育质量评估提供标准。

2. 学习和评价本应该就是认知行为的两个构成面，生涯体验活动评价促使学生对职业世界有更深刻的认知，反思自己有没有找到兴趣迸发的领域，有没有找到成长的目标和动力，是否对自身生涯有了更多获得感，促进学生去增加有意义的体验，逐步构建自己的经验。

3. 对生涯地图体验活动进行评价，落实、落细生涯教育工作，做好促进和发展功能，有助于生涯地图的实践和推广。生涯地图是架构学校、家庭、社会三位一体生涯教育的优质案例，唤起了三方对生命成长的关注，充分挖掘了社会资源中生涯指导的内容，把生涯探索从校内课堂发展到社会实践中，最终促进生涯教育活动的交流展示，形成示范，拓展生涯教育活动的实效性和社会影响力。

（二）生涯地图体验活动评价内容

1. 生涯地图体验活动应展现家国情怀、民族文化自信、本区的独特魅力和学生创新实践活动的丰富经历。通过活动，既传递出核心价值观、内涵丰富的文化，又能反映学生的内心需求、品位修养和技艺技能。

2. 生涯地图体验活动体现的生涯教育内容是可学可见可感的，具有趣味性、互动性、体验性，重点突出、特色鲜明，准确回应学生生涯发展的诉求，增加体验性，提供拓展性，发展多样性。

3. 生涯地图体验活动应该紧紧围绕中小学生涯教育学习评价的目标实现来制定，如生涯认知，生涯兴趣与价值观，个人特长与优势的挖掘，对大学、行业、专业及职业世界的了解等生涯教育中迫切需要解决的问题。

4. 生涯地图体验活动应从支撑终身学习和促进人的全面发展的角度去建构，使得学生掌握更充分的生涯信息，明晰更多成长成才的途径，积极参与、自主发展，获得生涯的能力，具备相应年龄的生涯成熟度。

5. 生涯地图体验活动应推动生涯一体化建设，将生涯有关的内容进行统整，例如贯穿年龄段、涵盖思政教育、综合实践、各学科教育、家庭教育等系统。

（三）生涯地图体验活动评价方式

生涯地图体验活动遵循以下评价策略。

1. 整体评价。我们关注学生在活动过程中的整体表现，是否认真参与到每个环节中，通过“知行知”的过程，学生的品德是否得到发展，能力、素质是否得到提高。比如，“博物馆探索之旅”活动中，根据生涯体验活动设计的活动方案与活动评价目标，设计了生涯体验活动的评价表，评价表分为活动评分和评语，其中评分部分分为礼仪与素养、学习与合作、特色与建议三个部分，比较全面、综合地对学生的活动参与及收获进行整体评价。

<table>
<tr><th colspan="6">“博物馆探索之旅”评价表</th></tr>
<tr><th>项目</th><th>关键表现</th><th>自评</th><th>学生互评</th><th>家长评价</th><th>老师评价</th></tr>
<tr><td rowspan="4">礼仪与素养</td><td>对工作人员有礼貌，尊重他们的工作</td><td></td><td></td><td></td><td></td></tr>
<tr><td>有规则意识，遵守博物馆的规章制度</td><td></td><td></td><td></td><td></td></tr>
<tr><td>不乱扔垃圾，保持场馆整洁</td><td></td><td></td><td></td><td></td></tr>
<tr><td>安静、有秩序地参观，不在场馆内做危险动作</td><td></td><td></td><td></td><td></td></tr>
<tr><td rowspan="5">学习与合作</td><td>我能够在活动前期认真做好准备工作</td><td></td><td></td><td></td><td></td></tr>
<tr><td>我在活动中能细致观察，寻找对活动有帮助的资料</td><td></td><td></td><td></td><td></td></tr>
<tr><td>我在小组中表现积极，重视团队合作</td><td></td><td></td><td></td><td></td></tr>
<tr><td>我在活动中认真履行了自己的职责</td><td></td><td></td><td></td><td></td></tr>
<tr><td>我在小组展示活动中表现得大方得体</td><td></td><td></td><td></td><td></td></tr>
<tr><td rowspan="3">特色与建议</td><td>本次活动形式新颖，对我进行研究性学习有所帮助</td><td></td><td></td><td></td><td></td></tr>
<tr><td>本次活动能帮助我达到预期的学习目的</td><td></td><td></td><td></td><td></td></tr>
<tr><td>我在本次活动中有所感悟，有所锻炼</td><td></td><td></td><td></td><td></td></tr>
<tr><td colspan="6">本次活动的感想及建议：</td></tr>
</table>

组员留言板:
家长寄语:

2. 多元评价。考虑到学生个体的差异性，应鼓励师生多元的价值取向、多元的标准，肯定学生与外界多元的互动方式。提供多元的表达所学的平台（TED演讲、作品陈列、学生人气投票等）。根据活动内容的不同，可以有多元的评价主体，比如老师、学生、家长、场馆工作人员、社区居民等。比如，在“博物馆探索之旅”活动中，班主任需结合学生自评、学生互评、家长评价等多重考核，最终给出切合实际的建议和评价。这改变了以往单纯的教师评价，而是强调评价主体的多元化，主要包括教师评价、家长评价、组员与组长的评价以及学生自评与他评，从而有利于丰富评价的内容，保证评价的客观真实。（见上表：“博物馆探索之旅”评价表）

3. 动态评价。重视学生活动过程的评价，不仅仅对学生取得的成果进行评价，还要评价学生在活动过程中的表现以及他们是如何解决问题的，肯定活动的价值。比如，在“小记者职业活动体验营”活动中，通过分阶段的活动单和评价单设计实现对活动的动态评价。学生在“职业初探、职业学习、职业实践、职业体验”不同阶段活动单的完成过程中，进行实时的反馈、总结和评价。通过书写学习小结、实践感悟，让学生关注自己的体验和情感，实现学生对参与活动过程的自我评价；通过小组互评作品，对取得的成果进行评价，关注学生的学习态度和价值观念。通过“职业学习”和“职业体验”评价单，老师对学生的学习过程和表现（课堂听讲、师生互动、听课笔记、成长总结）、学习成果（作品）进行评价。

活动任务单 1

职业参观	参观记录（附小组活动照片）	报社各个部门的基本构成:
		新闻工作的分类:
		新闻报纸的生产制作过程”
	参观感悟	

职业学习评价单 2

班级:		姓名:		完成课时:	
教师评语:					
教师评价	课堂听讲	五颗星	四颗星	三颗星	两颗星	一颗星
	师生互动	五颗星	四颗星	三颗星	两颗星	一颗星
	听课笔记	五颗星	四颗星	三颗星	两颗星	一颗星
	成长总结	五颗星	四颗星	三颗星	两颗星	一颗星

活动任务单 3

职业体验	小组成果	社会调查主题:
		采访提纲:
		新闻稿件:
	评价	自我评价:☆☆☆☆☆ 小组评价:☆☆☆☆☆

职业体验评价单 4

班级:		姓名:		职责分工:		
作品评价(教师):						
小组评价	积极思考	五颗星	四颗星	三颗星	两颗星	一颗星
	认真参与	五颗星	四颗星	三颗星	两颗星	一颗星
	团结协作	五颗星	四颗星	三颗星	两颗星	一颗星
	成长反思	五颗星	四颗星	三颗星	两颗星	一颗星

4. 实效评价。实践活动是通过学生主体性的活动,促进学生主动、自主地发展,从而提高道德素质、完善人格、增长能力和构建知识体系的过程。实效评价就是要看活动对促进学生发展方面所取得的实际效果,对学生思想、情感、行为等方面产生的影响以及对能力、素质的提高所做出的贡献。

班级：			姓名：			
所属小组：			组内职责：			
小组互评	积极思考	五颗星	四颗星	三颗星	两颗星	一颗星
	认真参与	五颗星	四颗星	三颗星	两颗星	一颗星
	团结协作	五颗星	四颗星	三颗星	两颗星	一颗星
教师评价	调查内容的全面性	五颗星	四颗星	三颗星	两颗星	一颗星
	交流沟通的有效性	五颗星	四颗星	三颗星	两颗星	一颗星
	分析内容的逻辑性	五颗星	四颗星	三颗星	两颗星	一颗星
	设想意见的可行性	五颗星	四颗星	三颗星	两颗星	一颗星
	演讲的技巧性	五颗星	四颗星	三颗星	两颗星	一颗星
自我评价（收获与反思）：						
教师评语：						

在学生开展小组互评时，具体评价标准是："积极思考"——评价学生是否按照活动要求，主动观察，获取信息；"认真参与"——评价学生是否全程参与活动，主动履行记录员或资料员或观察员的职责；"团结协作"——评价学生是否能顺利有效与组员合作完成各项活动，与组员相处融洽。在老师开展评价时，关注能力的培养，具体评价标准如下："调查内容的全面性"——评价学生在活动中是否能根据活动单的提示获得真实详尽的信息；"交流沟通的有效性"——评价学生在活动中是否能根据实际情况随机应变地组织提问，挖掘有效的信息；"分析内容的逻辑性"——评价（小结报告和TED演讲中涉及对比分析的部分）分析角度是否合理，分析内容是否合理、深刻、有创新性；"设想意见的可行性"——评价（小结报告和TED演讲中涉及设想意见的部分）设想意见是否有针对性，是否结合实际具有操作性，是否有推广价值；"演讲的技巧性"——评价TED演讲中学生是否表达清晰，是否恰当使用多媒体支撑所述观点，是否具有阳光自信的台风。

生涯地图体验活动的评价是一个复杂的过程，其最终要达到的结果是要注重学生的发展过程，充分肯定学生的发展，为学生的发展创造空间。对此我们还在不断探索。

四、生涯发展　生命成长

（一）生命教育融于生涯地图体验活动的背景

古往今来，东西方关注生命教育的思想源远流长，东西方生命教育和生涯教育相结合的思想、理论都拓展了本区中小学生涯教育的视野。

美国职业指导专家舒伯把人的职业发展过程分为五个阶段：成长阶段（0—14岁），以幻想、兴趣为中心，对自己所理解的职业进行选择与评价；探索阶段（15—24岁），逐步对自身的兴趣、能力以及对职业的社会价值、就业机会进行考虑，开始进入劳动力市场或开始从事某种职业；建立阶段（25—44 岁），对选定的职业进行尝试，变换工作，到逐步稳定；维持阶段（45—64 岁），劳动者在工作中已经取得了一定的成绩，维持现状，提升自己的社会地位；衰退阶段（65 岁以后），职业生涯接近尾声或退出工作领域。

我国古代杰出的教育家孔子提出教育教学是知行合一、理论和实践相统一的。孔子周游列国，门生无数，而他对于授课的地点和方式也有自己独特的做法。从授课地点看，孔子没有严格区分室内和室外教学，反而强调对弟子的教育教学并不局限于室内课堂，把教育教学活动落实到现实生活中，在杏坛、树下、参观时、周游列国的途中开展教育教学。

宋代朱熹认为“知之愈明，则行之愈笃；行之愈笃，则知之益明”。他注意穷理与笃行。穷理就是从理论上认真研究学问；笃行就是“自修身以至处事接物”的实践功夫。穷理与笃行并提，就是知行结合。朱熹把一个人的教育分成“小学”和“大学”两个既有区别又有联系的阶段，他提出小学教育的内容是“学其事”，大学教育内容的重点是“教理”，即重在探究“事物之所以然”。

五四运动以来，随着“德先生”与“赛先生”(民主与科学）口号的提出，不少学者从批判封建礼教的角度，呼吁教育要以关注儿童的生命成长为中心。其代表人物有陈独秀、鲁迅、蔡元培、陶行知等，他们都主张个体生命的自由发展。叶澜在新基础教育实验中提出，必须突破“特殊认知活动”的传统框架，从更高的层次——生命的层次，用动态生成的观念，重新全面地认识课堂教学，构建新的课堂教学观，使课堂教学成为师生生命中的一段重要的生命经历，成为他们生命的有意义的构成部分。上海市教科院吴增强教授认为，发展性取向的心理健康教育应当包括“注重每个学生的健康成长和心理素质的提高，强调学生是潜能有待开发的生命体，帮助他们在智能、积极的自我信念与价值观，积极的情感与意志品质、人际交往、社会适应等方面获得发展”。孙云晓认为，“尊重生命是一切教育的核心理念。一个个鲜活的、具体的、完整的、丰富的生命是教育最基本的出发点”。

生命教育强调个人发展的内在生命价值，重视对生命存在的尊重、生命意义的提升和生命幸福的追求，是对生涯辅导的重要的价值引导和意义提升，因而为生涯辅导提供了重要的理论基石。生命教育意在帮助学生认识生命、珍惜生命、敬畏生命、欣赏生命，提高学生生存技能和生命质量，这种帮助和指导既是抽象的，是关于生命价值与意义的反省与思索，同时也是具体的，是关于生存能力和生命质量的指导与训练，是价值与工具、形而上的理念与形而下的手段的统一。而生涯教育十分强调生涯发展的科学性、实用性，并且发展出了一套具体的生涯教育的指导程序和精确的测量方法，非常有助于学生明确树立自己的生涯发展目标，科学规划自己的人生发展路径，因此是生命教育必不可少的实现形式。

（二）生命教育融于大中小幼生涯地图体验的初探

在《上海市中小学生生命教育研究》一书中，有“发达国家和地区生命教育的启示”一节，强调“中小学生命教育要整合多种课程资源，加强各学段目标内容的衔接，如何确定为明确的目标，统整各科课程和资源，使中小学生命教育不仅有专门的课程，还要在有关的课程中渗透，这需要加强科学研究，通过多途径、多渠道、多种方式的健康教育，使不同的学生都能获得健康的发展”。

生涯地图体验活动是大中小幼生涯教育有机衔接的重要抓手，生涯地图体验活动推进的重点在“导”而不在“教”，它有利于学生主动学习和独立探究，提升他们的实践与动手能力，培养他们的学习兴趣与热情。

静安区彭浦实验幼儿园小朋友用载歌载舞的音乐剧形式，在新静安这职业大地图上体验各种职业：消防员灭火救人，是火场的英雄；宇航员飞向太空，探索宇宙；警察抓坏人；聪明科学家；巧手的大厨；等等。孩子们在学习、模仿和感受成人世界的过程中，展现出对职业世界的好奇与理解。

静安学子在学校的精心组织和老师的悉心指导下，在生涯地图上探索行走，如风华中学以学生的“生涯数据”为参照，不仅仅关乎学生的学业，更关乎他们的终身发展，学生可以根据自己的兴趣和意愿强弱进行自主选择，让学生焕发真正属于他们的生命活力。又如上大市北附中不仅在学科教学过程中，通过体育、美术类的学科落实对学科核心素养的培育，同时学校教师团队还开展了“学科知识技能—学科核心素养—职业核心素养”的体验与培育。学生体验和探索的脚印布满了整个静安区、上海市甚至是全国的各个地方。

上海田家炳中学基于学生认知水平（尤其是对职业与学业、个性与职业、人职匹配、社会就业环境、全球化背景的认识等）、实践能力的现状，结合他们的职业渴望与个人发展定位，通过研学旅行中生涯课程的互动学习，对香港高中学校、知名大学的参访体验，帮助学生树立生涯意识，了解、学习生涯知识，增进自我认识，提升多元文化意识，发展社会情感能力，拓展创新思维，激发决策行动力。

上海行健学院学前教育系学生的生涯地图体验活动是以学生职业生涯规划（是确定志向的）为基础，职业体验是走向成功就业创业的重要一步，学校通过生涯地图体验等活动启发学生不但从自己的专业出发，还可以结合自身所处环境更恰当地分析，这样不仅让学生认清了自己，还对自己当前所面对的职业就业做出合理的分析，对自己这个阶段的目标做出合理的安排计划，用心做好每件事，一步一步走向成功！

上海市静安区教育学院　钟向阳
上海市育才中学　戈　逸
上海市回民中学　王景文
上海市风华初级中学　杨意岚

52	爱心暑托班	休闲健身之体验活动
53	儿童医院	儿童医院住院医护
54	雷允上中医馆	我是小中医
55	瑞泰口腔	小小牙医
56	上海市第十人民医院	我是小医生
57	临汾路街道社区文化活动中心	社区文化工作初体验
58	临汾路社区医院	一日导医
59	大宁郁金香公园	“风华绿 ing”社会服务
60	上海市闸北中心医院	导医 ABC
61	芷江西路街道综合为老服务中心	护工
62	上海市第十人民医院中心实验室	医院里的实验员
63	静安老年医院	康复治疗助手
64	上海市中医医院	中医医院“小导医”
65	上海市中医医院	中医医院小助手
66	静安寺街道	社会调查研究员
67	上海和养临汾养护院	养护院里的生涯访谈
68	中共二大会址纪念馆	史料收藏员
69	西王花园弄堂博物馆	小小收藏家
70	鲁庵印泥制作技艺传习所	鲁庵印泥小匠人
71	四行仓库抗战纪念馆	做个小小导览员
72	静安区图书馆	图书管理我能行
73	中共三大后中央局机关历史纪念馆	小小解说员
74	朵云轩	木版水印师
75	上海广播电视台	小小媒体人
76	上海自然博物馆	小小实验员
77	临汾路街道图书馆	学做图书管理员
78	彭浦镇图书馆	做一天阅读小达人
79	凌云街道图书馆	我当一天图书管理员
80	安亭图书馆	图书管理小能手
81	上海火车头体育场	体育赛事引导员
82	陕西北路中国历史文化名街	我们来当史学家
83	静安区运动健身中心游泳馆	体育记者是怎样炼成的
84	静安区闸北少儿图书馆	图书馆借阅检索员
85	芷江西路街道图书馆	图书期刊阅览室管理员
86	中国劳动组合书记部旧址陈列馆	中国劳动组合书记部旧址讲解员
87	上海市禁毒科普教育馆	禁毒演说家
88	四行仓库抗战纪念馆	基地讲解员职业价值亲体验
89	刘长胜故居	不一样的故居
90	上海自然博物馆	自然博物馆志愿者
91	梅尔尼科夫美术馆	美术馆引导员
92	上海市禁毒科普教育馆	禁毒科普教育助理馆员
93	宋庆龄故居纪念馆	樟叶寄思念，伟人在心间
94	甲秀里毛泽东旧居	红色讲解员
95	芷江西路街道社区卫生服务中心	医护小助手
96	上海公益新天地园	在公益的天空下
97	上海工艺美术博物馆、上海市非物质文化遗产保护中心	我当非遗传承人
98	上海市静安区人民法院	小法官在行动
99	静安交警支队五大队	交警小达人
100	运城路居委会	居委会“见习主任”
101	宁远社工事务所	小小社工
102	芷江西路街道 123 弄居委会	居委会社区工作
103	江宁街道社区事务受理服务中心	社区事务受理工作初体验
104	静安区威海居委	居委会主任成长记

静安区生涯教育地图之职业体验地

序号	职业体验地（点）	学习内容
1	大宁郁金香公园	小小花卉园艺师
2	崇明前卫农场	生态农业体验
3	上海市静安区少年宫	少科站之星
4	东方陶瓷交流促进中心美术馆	陶艺达人
5	静安大悦城	街头艺术家
6	静安区文化馆	我们来做饰品设计师
7	上海市市北高新园区职业技能培训中心	高新职业工程师
8	北站街道社区文化活动中心	传统手工艺匠——匠心精神，传承文化
9	上海自然博物馆	昆虫标本制作员
10	上海建筑设计研究院	建筑的艺术设计师
11	茂发记眼镜店	我是眼镜小新星
12	上海轨道交通 1 号线	地铁车站维护工作 ABC
13	上海轨道交通 1 号线	小小地铁引导员
14	上海轨道交通 1 号线	小小地铁驾驶员
15	芷江西路街道学生志愿活动指导站	停车指引员
16	上海铁路博物馆	铁路博物馆展区管理员
17	上海铁路博物馆	小小铁路工程师
18	上海轨道交通 1 号线上海马戏城站	地铁车站服务员
19	地铁各线路各站点	轨交专业职业初体验
20	大润发超市	超市小员工
21	大悦城	小小导购员
22	昆仑大酒店	小小厨师王
23	北上海大酒店	“不一样的”礼宾人
24	莱仕特咖啡厅	小小咖啡师
25	星巴克远中风华店	探秘咖啡店
26	行健学院	小小西点师
27	上海电信博物馆	电信博物馆体验
28	光大银行静安支行	理财小达人
29	中信银行	银行小能手
30	静安区税务局	税务局工作体验
31	越洋国际广场	企业管理——越洋国际广场职业体验
32	上海市青少年活动中心创新屋	创客空间
33	芷江西路街道社区文化活动中心	科普小达人
34	静安雕塑公园	雕塑公园里的“保洁员”
35	彭越浦河	小小河道治理者
36	金帝保洁公司	劳动最光荣——环卫工人职业体验
37	宝山路街道社区文化活动中心	职业体验进社区，便民服务暖人心
38	临汾街道	遵守交规我先行——今天我做小交警
39	上海市消防总队徐汇支队梅陇中队	我们来当消防员
40	江宁颐美敬老院	敬老院的职业体验
41	东风芷江养老院	老年陪护
42	长寿家园养护院	文艺点亮晚霞
43	芷江西路街道共和新居委会	社区法律顾问
44	绿洲公益亲子志愿者劝募活动	家乐福绿洲公益
45	江宁街道阳光之家	阳光助残之职业体验
46	华山艺术馆	怎样成为金牌讲解员
47	上海市逸夫职业技术学校	逸夫职校开放日体验
48	彭浦镇小学生爱心暑托班	爱心暑托班中的“小助手”
49	爱心暑托班	爱心小老师
50	彭浦中学体育场	天使在行动

第一篇　静安生涯地图百例

小小花卉园艺师

一、职业体验地点简介

1. 名称：大宁郁金香公园

2. 开放时间：每年 3 月至 4 月

3. 基地介绍：大宁郁金香公园（大宁灵石公园）东起共和新路，西至沪太路，北临灵石路和广中西路，南至大宁路，占地面积 50 万平方米，公园总面积为 68 万平方米，总投资达 9.6 亿元，是上海浦西最大的公园。大宁郁金香公园内建有 4 公里长、6 米宽的环园道路，另辟 2 公里长、4 米宽的环湖小径围绕着面积约 100 亩、水深 4 米的大片湖面。

大宁郁金香公园以其各具特色的山林、清泉、湖泊、瀑布，形成一片湖光山色、景色迷人的都市园林。这里拥有荷兰郁金香赏花胜地“库肯霍夫花园”原汁原味的美景，也有着上海独到的风土人情。每年 215 万株来自荷兰的郁金香，数十个新奇品种，如同“上帝打翻的调色板”，泼洒在大宁郁金香公园的中心湖、白沙滩和磨坊风车之间。如果您赶上了郁金香的盛花期，就可体验到“不远足，也能把花看醉”的即视感。大宁郁金香公园是浦西最大的集中绿地，也是学生体验职业生涯的基地之一。

4. 地址：上海市静安区广中西路 288 号

二、职业体验内容

1. 花田引导员，向游客介绍各种花卉品种，指引游客参观路线。

2. 捡毛垃圾。清洁花田，学习怎样保护环境。

三、职业体验基地适合的学段

初中、高中年级

四、活动项目

1. 活动目标

学习花田引导的必备知识，了解郁金香各品种，熟悉园内各种花卉，引导游客欣赏各类品种的郁金香，提升人际交往能力，培养表达沟通能力。

2. 活动内容

（1）体验花田工作，了解各种郁金香品种，熟悉花田的布局；规范接待用语，学习怎样与游客沟通，提升交往沟通能力。

（2）使用工具对花田区进行捡毛垃圾的工作，保护花田区的卫生清洁。体验园林工人工作的辛苦和职业要求。

3. 学习单

<table>
<tr><td colspan="2">职业体验参与人
学校：　　　　　　　　　　　　　　　班级：　　　　　　姓名：
职业体验地点：
职业体验时间：　　　　　年　　　　月　　　　日</td></tr>
<tr><td>一、实践体验
1. 今天我学习了花田引导的知识，体验了怎样为游客做花田引导。今天我为______名游客进行了花田观赏的引导。</td><td>我对活动感兴趣程度：
☆☆☆☆☆
完成活动自我评价：
☆☆☆☆☆</td></tr>
<tr><td>2. 今天我学习了使用劳动工具为花田区捡毛垃圾，在劳动评定中得到大家公认的________星级评价。</td><td>我对活动感兴趣程度：
☆☆☆☆☆
完成活动自我评价：
☆☆☆☆☆</td></tr>
<tr><td colspan="2">二、兴趣延伸
1. 我会向他人介绍今天的职业体验活动和学到的知识。
□是 □否 □不确定
2. 我对公园的绿化、环境保护以及各种花卉的了解和欣赏有了更深刻的体验。
□是 □否 □不确定
3. 我希望能再次来公园参加职业体验活动。
□是 □否 □不确定</td></tr>
<tr><td colspan="2">三、自我拓展、总结
通过这次体验，我了解到城市公园为城市居民提供了大量户外活动的场所，承担着满足城市居民休闲游乐活动需求。城市公园在物质文明建设的同时，也日益成为传播精神文明、科学知识和进行科研与宣传教育建设的重要场所。同时，公园也是城市的主要景观所在，在美化城市景观中具有举足轻重的地位。
我会在节假日和父母、朋友去公园休闲、娱乐。
通过这次体验，我认为当一名园林工作者很有意义也很光荣，在我的职业生涯规划中也是可供选择的内容之一。
(以上为参考)</td></tr>
</table>

上海市民办风范中学　梅寒芳

生态农业体验

一、职业体验地点简介

1. 名称：崇明前卫农场

2. 开放时间：随时

3. 基地介绍：长兴岛前卫农场位于上海市宝山区吴淞口外的长兴岛上，是长兴岛唯一的国营农场。该农场工业产品有 20 个大类，场办企业较多，工业产品远销世界 70 多个国家和地区，曾获农垦部全国农垦系统红旗单位。

4. 地址：上海市崇明区长兴岛潘园公路 1229 号

二、职业体验内容

1. 对农场环境有初步的了解，自主做好研究观察的准备活动。

2. 学习自己采购并做一顿农家饭，懂得核算成本、支出等，并撰写活动日记。

3. 考察崇明生态旅游业、体验现代农业；体验农业劳动，形成观察和体验报告。

三、职业体验基地适合的学段

高一、高二年级

四、活动项目

（一）活动目标

1. 培养学生的自主自理能力，在体验中成长，在团队合作中有所收获，并学会尊重他人。

2. 在体验生态农业的过程中感受上海农村的现状，在安排小组生活过程中增强对劳动的尊重和对生活的热爱。

3. 在活动过程中培养活动能力和协作能力，锻炼探索能力和研究能力。

（二）活动准备

1. 召开学生会议、家长会议，明确活动目的和安全纪律等要求。

2. 学生根据活动目的进行分组并选择体验专题。各课题组学生进行组内分工，选出组长，确定组员的主要任务。

3. 配备指导老师，建立联络网。

4. 各小组在导师指导下进行前期准备，制订活动方案，阅读相关书籍，搜集相关文字资料和图片资料，撰写小组计划。

5. 准备考察用品：笔记本、笔、相机、师生联系册及常用卫生药品、身份证等。

6. 各小组集中进行方案交流论证，完成方案修改工作。

（三）活动内容

任务一：制订交通方案，自主前往位于崇明的集合点。学生们根据前期自主商议和制订的交通攻略前往崇明集合点，并对周围的环境进行考察，为第二天的行动做出可行性方案。

任务二：考察生态农业现状，体验农村生活环境和生活作息，自行购买并烹饪 10 人份的午餐。在这场“我是厨神”的烹饪赛中，从买菜、洗菜、配菜到烧菜均由学生们分工合作完成。同时，还要兼顾和计算菜肴的成本。

任务三：完成一个小课题。学生们自主制订小组调研方案，根据崇明的特点设计并完成一项小课题研究。可以调查当地农家乐的现状、比较崇明农家菜和上海本帮菜等，也可以考察崇明生态旅游业、体验现代农业。每名学生结合生涯实践活动完成电子档学期小结，不少于 800 字。

拓展活动：以“生态农村、生态发展”为主题开展手机摄影比赛。每名学生提交 2 张个人摄影作品以及相关描述。

（四）学习单

职业体验参与人 学校：　　　　　　　　　　班级：　　　　姓名： 职业体验地点： 职业体验时间：　　　年　　　月　　　日	
一、实践体验 1. 熟悉周围环境，研究安排第二天事宜，撰写活动日记。 活动日记一 2. 研究性学习 研究主题： 研究方案： 活动日记二 3. 完成生涯活动小结	
二、自我反思（涂星号表示）	
我的自评：	
完成活动的评价	☆☆☆☆☆
研究型学习效果	☆☆☆☆☆
体会和总结	☆☆☆☆☆
小组互评：	
完成活动的评价	☆☆☆☆☆
互助与合作	☆☆☆☆☆
体会和总结	☆☆☆☆☆

三、活动拓展 以“生态农村、生态发展”为主题开展手机摄影比赛。每名学生提交 2 张个人摄影作品以及相关描述。

上海市华东模范中学　浦春芳

少科站之星

一、职业体验地点简介

1. 名称：上海市静安区少年宫

2. 开放时间：周一至周日 7:00—22:00

3. 基地介绍：基地开创了“三行并举”区域青少年科普教育新格局；着力于科技四大重点项目的发展，培养创新型人才。

4. 地址：上海市静安区芷江西路 249 号

二、职业体验内容

1. 参观少年宫，了解少年宫的主要课程与活动。

2. 负责一次活动。

3. 体验辅导老师的日常工作。

三、职业体验基地适合的学段

初二、初三年级；高一年级

四、活动项目

（一）活动目标

1. 了解并体验各个岗位的工作内容。

2. 感受辅导老师工作的琐碎与不易。

3. 培养耐心与随机应变的能力。

（二）活动准备

1. 基地准备：工作牌。

2. 教师准备：相关活动文件说明及工作说明。

3. 学生要求：有较强的动手能力、基本的电脑操作能力、责任心。

（三）活动内容

1. 参观少年宫

在辅导老师的带领下，参观少年宫，了解少年宫的主要课程与活动。

2. 负责一次中大型活动

（1）了解流程

在老师的帮助下，初步了解活动的流程以及各个岗位的工作内容。

（2）分配工作

学生按自己的特长分配岗位（签到、引路、后台维持秩序、主持等），留出两人替换支援。

（3）上岗试手

在活动开始前，趁人员不多，先尝试运转。若分配不合理则及时调整，也可以向老师求取经验。

（4）正式上岗工作

（5）总结：以小组讨论的形式，总结活动过程中的不足，由此找出规划时的漏洞，尝试提出改进方法。

3. 体验辅导老师的日常工作

（1）大会 PPT 背景制作工作

（2）课前准备工作

（3）文件录入工作

（4）咨询台咨询工作

4. 总结与交流

学生交流：分享在少年宫参与志愿者活动的感悟和收获。

（四）学习单

<table>
<tr><td colspan="2">职业体验参与人
学校：　　　　　　　　　　班级：　　　　　姓名：
职业体验地点：
职业体验时间：　　　年　　　月　　　日</td></tr>
<tr><td>一、实践体验
今天我负责了______岗位。
发现如下问题：

解决方法：</td><td>我对活动感兴趣程度：☆☆☆☆☆
完成任务的自我评价：☆☆☆☆☆</td></tr>
<tr><td>我的日常工作岗位是：
我的感受是：</td><td>我对活动感兴趣程度：☆☆☆☆☆
完成任务的自我评价：☆☆☆☆☆</td></tr>
<tr><td colspan="2">二、拓展体验
我在老师的允许下，交换到了______岗位，我的感受是：</td></tr>
</table>

上海市育才中学　钱韡

陶艺达人

一、职业体验地点简介

1. 名称：东方陶瓷交流促进中心美术馆

2. 开放时间：周一至周日 10:00—17:00

3. 基地介绍：陶艺馆经常有学生前来满足其业余爱好需要，也有各界人士前来参观展品。由于工作有一定的专业性，职业体验须在工作人员的指导下进行。

4. 地址：上海市长宁区延安西路 719 号佳都大厦 2 楼

二、职业体验内容

1. 参观陶瓷品，了解其历史与艺术价值。

2. 体验陶艺制作，学习拉坯、上色等陶艺制作技巧。

三、职业体验基地适合的学段

初中及以上年级

四、活动项目

（一）活动目标

1. 了解各类陶瓷及其艺术价值。

2. 感受陶艺馆工作的不易，了解成人工作的辛苦。

3. 树立吃苦耐劳的精神。

（二）活动准备

1. 基地准备：制作陶艺各项器具。

2. 教师准备：打印通知及要求。

3. 学生准备：基本陶瓷知识。

（三）活动内容

1. 陶艺制作体验

在场馆老师的指导下，学习陶土制品的制作。

2. 了解陶瓷知识

（1）学生互相出题比赛。

（2）老师为学生讲解展品。

3. 总结与交流

学生互相交流心得体验。

（四）学习单

职业体验参与人 学校：　　　　班级：　　　　姓名： 职业体验地点： 职业体验时间：　　年　　月　　日	
一、实践体验	
1. 今天我学会了陶艺制作。 我做了_______个作品。	我的感兴趣程度： ☆☆☆☆☆ 我的自我评价： ☆☆☆☆☆
2. 今天我学习了陶瓷知识。 比拼时，我答对了________题。	我的感兴趣程度： ☆☆☆☆☆ 我的自我评价： ☆☆☆☆☆
二、兴趣延伸	
1. 我对今天的活动感触许多。	是□ 否□ 不确定 □
2. 我有兴趣再来体验。	是□ 否□ 不确定 □

上海市育才中学　韦子婧

街头艺术家

一、职业体验地点简介

1. 名称：静安大悦城北区门口街头艺术生涯教育体验

2. 开放时间：不定期的周末

3. 基地介绍：静安大悦城作为打造海派文化与国际文化相结合的高品质生活领域，完美地将前卫艺术与商业艺术、摩登新潮与时尚主题、都市情怀与艺术互动有机融合，最大程度地满足不同层次的文化需求，打造了上下扩展、自我提升、性格塑造、情感归属的全新立体享乐空间，成为艺术化商业时尚的“孵化地”。正因如此，静安大悦城成为街头艺术生涯教育体验的适宜地点。

4. 地址：上海市静安区西藏北路 198 号

二、职业体验内容

当代艺术与时尚主题互动，加强艺术化商业时尚氛围。随着经济全球化的进程不断发展，当代艺术与时尚主题互动现象十分普遍，当艺术与时尚“碰撞”闪现的火花让两者互相升华，艺术拓展了时尚空间，时尚让艺术多元。诚如梭罗所言：每个人都嘲笑陈旧的时尚，却虔诚地追求新的时尚。

中国在肖像画中成绩斐然，足以与西方传统肖像画相媲美。当代艺术如何与时尚主题有机融合？一种全新的体验活动——街头艺术生涯教育应运而生。学生通过实地为顾客临摹全身像、半身像乃至头像，重视精神上的似与真，外貌上的精气神，让艺术渐渐融入人们的生活当中，让学生在对街头艺术家的实际体验中增长阅历，广博人生。

三、职业体验基地适合的学段

职一、职二、职三年级

四、活动项目

（一）活动目标

1. 通过所掌握的有关色彩、素描的基本理论和基础知识，将学习期间培养的艺术思维、习得的艺术设计方法运用于生涯体验。

2. 独立思考，通过自己的观察、思考，绘制属于顾客的实际肖像画。

3. 感受“用创作展现艺术、用画笔体验人生”。

（二）活动准备

1. 教师准备：向学生明确相关规则和要求，在过程中提供学生所需的指导。

2. 学生准备：准备绘画工具、宣传海报及样品。

（三）活动内容

1. 提前布置展位，摆放宣传海报及样品。

2. 面对前来咨询的顾客，及时讲解产品信息。

3. 针对有需求的顾客，耐心服务，画出其人物肖像画。

4. 邀请德育处、专业处老师现场指导和点评，学生分享活动感受。

（四）活动感悟

以小论文的形式总结本次活动的收获、反思。

上海市逸夫职业技术学校　钱海燕

我们来做饰品设计师

一、职业体验地点简介

1. 名称：静安区文化馆饰品设计师生涯教育体验

2. 开放时间：不定期的周末

3. 基地介绍：静安区文化馆位于乌鲁木齐北路 459 号，是一个集培训、演艺、展览、手工艺交流等功能为一体的市民文化艺术殿堂，更是一个人们欣赏艺术、享受文化并能参与、互动的公共文化场馆。它能够为市民提供免费的公益性文化项目，同时广阔的公共文化空间和多层次、多样化的文化活动受到广大市民群众、各所学校的一致好评。静安区文化馆由于开展各类艺术、文化活动，周末往往会吸引大批市民前来，因此，它也成为学生生涯体验的绝好地点。

4. 地址：上海市静安区乌鲁木齐北路 459 号

二、职业体验内容

主要开展饰品设计（诸如耳环、夹子、发簪等）、售卖、一对一饰品教学等生涯体验活动，所展示和出售的饰品从中华文化、简约艺术这两点出发，制作出售经学校评估的符合大众审美的首饰饰品。目标是精心制作大众喜爱的饰品、首饰，用最短的时间让顾客完成一件自己 DIY 的原创作品。

三、职业体验基地适合的学段

职一、职二、职三年级

四、活动项目

（一）活动目标

1. 将艺术设计方面的基本理论和基础知识，学习期间培养的艺术设计思维能力，习得的艺术设计方法和首饰加工的基本方法运用于生涯体验。

2. 使用工具动手制作首饰，精选所需要的材料进行饰品组装，提升动手操作能力。

3. 通过与顾客的交流，一对一互动，了解顾客的需求，表达设计理念，推销饰品，培养沟通及自我表达能力。

4. 感受饰品设计师在饰品设计、创作、销售各环节中的点滴。

（二）活动准备

1. 教师准备：培训、指导学生饰品设计注意要点，向学生明确相关规则和要求，在过程中提供学生所需的指导。

2. 学生准备：

（1）饰品设计材料准备及制作。

（2）饰品摊位职能分工。

（3）准备海报、钱箱等。

（三）活动内容

本次活动以小组形式开展，具体内容包括：

1. 以小组为单位，进行饰品设计。以沿街走访、调查等形式了解饰品设计趋势，设计大众喜爱的饰品。

2. 对饰品售卖摊位进行布置、展示，设计海报。

3. 在售卖饰品期间，学生分工后各司其职：

（1）负责销售的同学主要负责吸引顾客，为顾客解说饰品设计理念及饰品的使用方式。

（2）负责 DIY 饰品教学的同学主要负责吸引顾客体验饰品设计，对顾客饰品设计、制作进行现场教学。

（3）负责收银的同学主要负责成本控制、收款。

4. 邀请首饰与服装设计专业老师到现场观摩，考核学生成果，学生分享自己的活动感悟。

（四）活动任务单

我们来做饰品设计师 小组成员： 分工： 饰品设计：　　　　　　　　饰品销售： 收银：　　　　　　　　　　材料采购： 后勤：
1. 我们的饰品设计理念是： 2. 饰品设计草图（请将你们的饰品设计图画在下方）   3. 活动评价和感受 我对活动的感兴趣程度是：☆☆☆☆☆ 我对自己活动的表现打分：☆☆☆☆☆ 我对我们组的打分：☆☆☆☆☆ 我们的成本_____元，我们最后收益_____元。 这次饰品设计师体验活动，你的感受如何？你对饰品设计师这份工作有什么看法？

上海市逸夫职业技术学校　钱海燕

高新职业工程师

一、职业体验地点简介

1. 名称：上海市市北高新园区职业技能培训中心

2. 开放时间：寒暑假

3. 基地介绍：上海市市北高新园区职业技能培训中心（简称“市北培训中心”）是由上海市北高新（集团）有限公司出资建设的一家国有培训机构。市北培训中心本着为园区发展服务、为高新产业服务、为提升职工素质服务的宗旨，遵循培训市场的规律，有效整合各类资源，努力打造与园区发展相适应的培训合作模式，以逐步达到培训中心市场化运作、可持续运作的目标。

市北培训中心进一步以社会资源助力学校教育，以职业能力和素质教育为本位，融入职业资格标准要求，增强人才培养的职业针对性。在教学上，严把质量关，坚持理论和实际并重，深化理论知识，突出实训环节，强化技能训练，为培养高素质技能型人才营造良好空间。

4. 地址：上海市静安区江场三路 126—128 号

二、职业体验内容

1. 参观市北高新园区，了解园区场地设置。

2. 体验无土栽培、无人机、水下机器人活动。

3. 借助市北高新园区百家企业的优势力量，走访企业职员。

三、职业体验基地适合的学段

高中年级

四、活动项目

（一）活动目标

1. 让学生从书本到现实，从理论到实践，在体验中更好地了解职业。

2. 寻访企业职员，在体验中更好地选择职业。

3. 增强学生的社会责任感、创新精神和实践能力。

（二）活动准备

1. 基地准备：无土栽培、无人机等相关材料。

2. 教师准备：打印相关工作规则、要求。

3. 学生准备：学习单。

（三）活动内容

1. 参观市北高新园区

组织学生参观园区，了解市北高新园区的场地设置。

2. 无土栽培

（1）为了保持水分，在苗盘底部垫上吸水性好的材料作为栽培基质，可选用纸张、白棉布、无纺布、泡沫塑料片或珍珠岩，一般以纸张为常用栽培基质。

（2）选种：选择适宜的品种和优质新鲜的种子，并要在播种前严格精选，剔除破残、虫蛀、不成熟的种子及杂质，然后用 55℃水浸泡 10—15 分钟进行消毒。

（3）浸种：将选好的种子放入容器中，加入适量的水。其间应注意换洁净清水 1—2 次，并同时淘洗种子。当种子基本泡涨时，即可取出、淘洗，最后捞出种子，挤出多余水分。

（4）播种：在干净的苗盘上平铺纸张，将浸泡过后的种子均匀密集地撒在苗盘上。

（5）催芽：将播好种的苗盘整齐重叠堆放催芽。保持适宜温度，每天喷水 1—2 次，喷水量以苗盘内不存水为宜，并倒盘一次。

（6）栽培管理：当苗盘内种子萌发并达到一定大小，应及时结束催芽、取消叠盘。在之后的培育过程中，应适当控制光照、温度、通风、喷水以及温度等条件。

3. 由指导老师介绍芽苗菜及其水培方法

4. 温控箱

（1）由指导老师介绍温控箱的原理和设计方案，介绍温控箱的箱体制作方法和温控原理，介绍温度控制设备的实现方法。

（2）温控箱箱体制作

按照所给的原理图依次焊接导线。焊接完毕后剪去多余部分。

焊接完毕后，使用酒精清洗电路板，使电路板干净整洁。

（3）温控箱调试

对电路通电，用电压检测器探测。如果没有反应，则检查电路是否焊接正确以及元件是否正常。调节电位器，观察工作灯是否发光。

（4）外壳组装

将焊接好的电路板放入底壳中固定好，将导线穿出壳体的预留孔。将盖子安装在底壳上。

（5）整机检测

组装完毕后，接通电源，调节开关，观察其工作状态。

5. 水下机器人

（1）水下机器人的介绍。

（2）水下机器人的操作演示。

6. 总结与交流

学生交流：分享本次参加市北高新园区职业体验活动的感悟和收获，交流并进行反思。

指导老师根据学生的具体表现进行客观点评。

活动总结，表达感谢。

上海市回民中学　陈雅婷

传统手工艺匠

——匠心精神，传承文化

一、职业体验地点简介

1. 名称：北站街道社区文化活动中心

2. 开放时间：具体开放时间见官方网站

3. 基地介绍：北站街道社区文化活动中心是一座6层楼建筑物，于2006年9月正式启动，2007年6月竣工并投入试运行。北站街道社区文化活动中心基本配置面积为2962平方米，室外设施为200平方米，设有图书馆、书画室、音乐室、东方信息苑、乒乓房、健身房、舞蹈房、多功能厅、亲子活动室等场地设施，向居民提供社区教育、休闲娱乐、艺术修养、健身健体、文化交流、公益性服务等功能。

职业体验活动主要为传统手工艺制作，制作物为香囊。香包，古代称“香囊”，是用彩色丝线在彩绸上绣制出各种内含古老神奇、博大精深的图案纹饰，再缝制成形状各异、大小不等的小绣囊，内装有用多种浓烈芳香气味的中草药研制的细末，以作节令志庆、生活实用和观赏品玩用。香囊在《诗经》的一些篇章里已有描述，说明早在约3000年前就有了香囊。《礼记》云：“五采谓之绣。”香囊是古代劳动妇女创造的一种民间刺绣工艺品，是以男耕女织为标志的古代农耕文化的产物，是越千年而未泯的传统文化的遗存和再生。祛邪祈福，是香囊文化的永久主题。如今，心灵手巧的民间手工艺家们，凭着一针一线一把剪刀，就把龙、凤、金鱼、小老虎、狮子、蛇、蟾蜍、壁虎、蜈蚣、蝎子等图案活灵活现地呈现在世人面前，让人们在芳香四溢的香囊世界里把玩欣赏，以此寄托人们心灵深处的美好诉求。

4. 地址：上海市静安区康乐路101号

二、职业体验内容

1. 了解中国传统习俗文化——香囊，了解其制作历史和文化底蕴。

2. 在手工艺匠人的指导下，学习香囊的制作方法，亲手制作香囊，体验传统手工艺的匠心艺术。

3. 将制作好的香囊送给北站街道社区养老院的老人，传递中国敬老的传统美德和香囊祈福的美好寓意。

三、职业体验基地适合的学段

高中年级

四、活动项目

（一）活动目标

1. 了解中国传统文化发展、匠心精神和香囊制作，了解匠心精神的重要性。

2. 了解中国手工艺匠人的工作日常，体验香囊制作，完成香囊作品的设计和制作。

3. 强化中国尊老爱老的优良传统意识。

4. 培养良好的沟通能力，提升民族自豪感。

（二）活动准备

1. 基地准备：中国传统文化学习资料、香囊制作材料。

2. 教师准备：职业体验注意事项。

3. 学生准备：着装、仪表要求。

（三）活动内容

1. 了解中国传统文化、匠心精神

了解中国传统文化，尤其是香囊的历史，了解中华民族的智慧和优良品德；感受传统手工艺匠人的日常工作，以及传递出的坚持、信仰、热爱等品质。

2. 制作香囊

传统手工艺匠人演示和指导香囊制作方法，学生以小组为单位设计传递美好寓意的香囊作品，并分工合作完成香囊制作。

3. 慰问养老院老人

在端午节前夕，学生携带亲自制作的香囊，准备好慰问节目，前往北站街道附近的养老院开展慰问养老院老人的活动，亲自将香囊赠送给老人，并送上祝福的话语。

4. 总结与交流

学生交流在此次活动的收获和感受，提炼出职业生涯中匠心精神的重要性。

（四）学习单

职业体验参与人 学校：　　　　　　　　班级：　　　　姓名： 职业体验地点： 职业体验时间：　　　年　　　月　　　日
一、实践体验 1. 了解中国传统文化和匠心精神 写出你知道的著名的中国传统手工艺： 写出你知道的中国非物质文化遗产： 查阅资料，介绍一位著名的手工艺匠： 2. 介绍你制作的香囊作品（设计思路，寓意） 香囊照片

二、自我反思（涂星号表示）	
1. 作为传统手工艺匠，你觉得对以下能力的要求是	
对相关文化传统知识的了解	☆☆☆☆☆
制作工艺品的熟练程度	☆☆☆☆☆
细心、耐心	☆☆☆☆☆
创新精神	☆☆☆☆☆
其他（可自行补充）	☆☆☆☆☆
2. 我的自评	
完成活动的评价	☆☆☆☆☆
我对此次活动的兴趣	☆☆☆☆☆
我还会从事相关活动	☆☆☆☆☆
三、活动拓展（深度思考） 1. 谈谈你对匠心精神的理解，如何在学习中发挥匠心精神？ 2. 思考在机器取代人工的时代，传统手工艺人是否还是一项值得从事的职业？ 3. 从文化传承到中国发展，谈谈你对创新和传承的理解。	

上海市向东中学　张晶

昆虫标本制作员

一、职业体验地点简介

1. 名称：上海自然博物馆（上海科技馆分馆）

2. 开放时间：周二至周日 8:50—17:15，周一闭馆

3. 基地介绍：上海自然博物馆拥有 28 万余件藏品，包括来自华东地区乃至全国及世界各地的自然界和人类历史遗物，隶属植物、动物、古生物、地质及人类五大类，其中植物标本 15 万多件，哺乳动物标本 4000 多件，鱼类、鸟类、两栖爬行类各 1 万多件，无脊椎动物标本 5 万多件，昆虫标本近 3.3 万件，地质标本 5000 多件，古生物标本 8000 多件，人类学标本 3500 多件。新成立的“自然史研究中心”以丰富的馆藏标本为基础，自然史为主要研究内容，致力于城市生态与生物多样性、地球“三极”生物和进化与比较生物等研究，为自然博物馆的收藏、展示和教育提供学术支撑。上海自然博物馆一楼生命体验区的“蝴蝶馆”等使学生身临其境，亲身感受各类珍稀动植物的生活习性，与自然零距离接触。最重要的是，上海自然博物馆内有一批专业素养高、技术精湛的科研技术人员，他们热心科普，关心基础教育。

4. 地址：上海市静安区石门二路 128 号静安雕塑公园内

二、职业体验内容

1. 参观上海自然博物馆昆虫展区陈列的昆虫标本。

2. 专业人士介绍标本的相关知识。

3. 在专业人士的示范和指导下，动手制作昆虫标本。

三、职业体验基地适合的学段

小学四、五年级，初中各年级

四、活动项目

（一）活动目标

1. 通过参观昆虫展区，观察馆内所陈列的昆虫标本。

2. 通过馆内专业人士的讲解，了解标本的相关专业知识。

3. 通过工作人员的示范和指导，学会正确采集昆虫和制作标本的方法。

（二）活动准备

1. 基地准备：基地工作人员 1 名、昆虫标本制作工具若干。

2. 教师准备：制订活动方案、安全须知，准备好学科知识。

3. 学生准备：确定小组成员，学习相关知识。

（三）活动内容

1. 带队教师介绍自然博物馆的昆虫展区、林奈实验室。

2. 馆内专业人士向学生讲解标本的概念、基本类型、制作过程及后期保养等专业知识。

3. 专业人士边示范边指导学生完成一件昆虫标本的制作，制作完成，进行成果展示和点评。

4. 总结交流活动感想。

5. 采访生涯人物，了解其生涯经历。

6. 回校后利用制作的标本，举办一次小型的昆虫标本展。

四、学习单

<table>
<tr><td>学校：</td><td>班级：</td><td>姓名：</td></tr>
<tr><td>体验地点：</td><td colspan="2">体验时间：</td></tr>
<tr><td colspan="3">1. 通过聆听专业人士的讲解，你获得了哪些新的认识？（可以用思维导图的方式呈现）</td></tr>
<tr><td colspan="3">2. 我制作的昆虫标本是什么？（以照片形式展示作品）</td></tr>
<tr><td colspan="3">3. 通过参加活动，我对标本制作工作有了怎样的认识？</td></tr>
<tr><td colspan="3">4. 我给“生涯人物”画像：采访馆内的一位标本制作员，了解他的生涯经历和故事。（可用图文简要介绍采访对象）</td></tr>
<tr><td colspan="3">5. 活动作业：利用今天同学们制作的标本，策划在学校举办一次微型的标本展，并为每一幅作品制作相关介绍材料。</td></tr>
<tr><td colspan="3">我对本次活动的总体评价：☆☆☆☆☆</td></tr>
</table>

上海市育才初级中学　王薛

建筑的艺术设计师

一、职业体验地点简介

1. 名称：上海建筑设计研究院

2. 开放时间：周一至周五 9:30—11:30；13:00—16:00

3. 基地介绍：上海建筑设计研究院有限公司（原名上海市民用建筑设计院）创建于 1953 年，1998 年与华东建筑设计院合并组建上海现代建筑设计（集团）有限公司，是一家国际领先的具有工程咨询、建筑工程设计、城市规划、建筑智能化及系统工程设计资质的综合性甲级建筑设计院，也是中国甚至世界最具规模的设计公司之一，已有近 60 年的丰富从业经验。1999 年通过 ISO9001 质量保证体系国际认证；2004 年被授予上海市质量金奖企业；2008 年获得上海市高新技术企业。公司自 1998 年以来连续被评为上海市文明单位，2007 年被上海市授予“五一劳动奖状”企业称号。

4. 地址：上海市静安区石门二路 258 号

二、职业体验内容

1. 参观上海建筑设计研究院有限公司，初步了解设计院功能区分布情况。

2. 参观二楼公司陈列馆，了解公司的发展历史、发展历程。

3. 走访设计师的工作环境，了解设计师的工作状况。

4. 参加小型的知识讲座，设计师畅谈设计历程及经典作品的设计思路和理念。

三、职业体验基地适合的学段

初中各年级

四、活动项目

（一）活动目标

1. 通过场馆参观，学生基本了解上海建筑设计研究院有限公司楼层功能分布情况。

2. 通过二楼公司陈列馆的参观，知道公司的发展历程，激发对设计行业的兴趣。

3. 通过走访设计师的工作区域，了解设计师真实的工作环境。

4. 通过参加知识讲座，进一步了解设计师的成长历程及设计作品背后所表达的深刻内涵。

（二）活动准备

1. 基地准备：基地讲解员 1 名。

2. 教师准备：制订活动方案、安全须知。

3. 学生准备：确定小组成员。

（三）活动内容

1. 基地老师带领学生参观设计院，介绍各功能区的分布。

2. 参观二楼公司陈列馆，了解公司的发展历程。

3. 基地老师带领学生参观设计师工作区域，了解设计师真实的工作环境。

4. 由基地的设计师举行小讲座，介绍自己的成长历程及设计作品背后所表达的深刻内涵。

5. 总结交流活动感想，完成任务单的内容。

（四）学习单

学校：	班级：	姓名：
体验地点：	体验时间：	
1. 在参观的过程中，你能分别说出 20 世纪 50 年代、60 年代、70 年代、80 年代、90 年代、千禧年代，上海建筑设计研究院设计的代表性作品吗？		
2. 通过参观陈列馆，你了解到了什么？（最好用思维导图的形式呈现）		
3. 参观了设计师的工作环境后，你觉得跟你想象中有区别吗？你理想的环境是怎么样的？		
4. 通过听讲座，你对设计师这个职业的认识是怎样的？		
5. 讲座中介绍自己成长历程的这位生涯人物是谁？他（她）的成长经历如何？你还有什么想要向他（她）了解的？		
6. 本次活动留给你印象最深刻的是什么？		
我对本次活动的总体评价：☆☆☆☆☆		

上海市育才初级中学　王薛

我是眼镜小新星

一、职业体验地点简介

1. 名称：茂发记眼镜店

2. 开放时间：周一到周日 9:00—17:00

3. 基地介绍：眼镜店是专门提供验光配镜以及各种眼镜及其相关产品销售的场所。由于近视、老花等眼科疾病自古以来就存在，因此，眼镜店也有着悠久的历史和丰富的运营经验。

4. 地址：上海火车站环龙广场 4077 号（梅园路 360 号）

二、职业体验内容

1. 参观三叶眼镜城和眼镜店的店面，初步了解店面的布局和内置设备。

2. 体验配镜主要流程，学习简单的验光和挑选镜框的技巧。

3. 体验销售工作，培养审美能力、服务意识。

4. 学习验光技术。

三、职业体验基地适合的学段

小学四、五年级

四、活动项目

（一）活动目标

1. 初步了解并体验眼镜店职员的工作内容。

2. 初步知晓配镜流程。

3. 感受眼镜店职员的工作乐趣。

4. 培养审美眼光、动手能力和创新意识。

（二）活动准备

1. 基地准备：镜框、验光设备。

2. 教师准备：实地探访、咨询。

3. 学生准备：量尺；了解眼镜的发展历史。

（三）活动内容

1. 参观眼镜店店面

在店长的介绍引领下，参观眼镜店的布局，了解眼镜店的主要功能和业务。

2. 体验配镜的主要流程

（1）自由练习挑选镜框

学生挑选自己喜欢的镜框，根据脸型选择适合的镜框，比一比谁最有眼光。

（2）销售

学生尝试销售的礼仪接待环节，比一比谁最有服务意识。重点了解销售步骤：接待、挑选镜框、给顾客提出合理建议（例如：镜框美观、镜片价位功能、镜框功能等）。

（3）店长解读

店长介绍配置眼镜最为关键的验光环节，现场展示验光流程。重点解释验光测量瞳距的方法。

3. 体验活动

（1）店长介绍销售和验光的要求与注意事项。

（2）学生分组：学生分成销售接待、验光师和客户三种角色，分别进行体验。

（3）体验活动：客户——在指定区域观摩挑选，和职员进行交流、询问。销售接待——在接待区接待顾客，通过与顾客的对话交流，了解他的需求，挑选出合适的镜框并提供镜片功能、价位单等，供顾客选择并给出相应的建议。验光师——在验光区接待顾客，为顾客验光。

（4）点评与奖励

销售员和店长对学生的业务能力进行点评，对完成度好的学生授予“眼镜小卖家”“验光小能手”称号作为奖励。

4. 小结与分享

学生发表对本次在眼镜店实践活动的感悟和收获，分享自己对未来眼镜店的设想和职业前景等体会。

（四）活动任务单

<table>
<tr><td colspan="2">职业体验参与人
学校：　　　　　　　　　　　　班级：　　　　　姓名：
职业体验地点：
职业体验时间：　　　　年　　　　月　　　　日</td></tr>
<tr><td colspan="2">一、参观流程
今天我重点参观了眼镜店的这些区域：
生活类□ 接待区□ 验光区□ 定配区□ 装饰区□</td></tr>
<tr><td>二、实践体验
1. 今天我了解了配眼镜的流程是这样的：
首先，
其次，
然后，
最后，</td><td>我对活动的感兴趣程度：
☆☆☆☆☆
完成活动的自我评价：
☆☆☆☆☆</td></tr>
</table>

2. 今天我学习并体验了验光。 我得到了客户______星评价。	我对活动的感兴趣程度： ☆☆☆☆☆ 完成活动的自我评价： ☆☆☆☆☆
三、兴趣延伸	
1. 我有兴趣了解更多关于眼镜的知识。	□是 □否 □不确定
2. 我希望能再次来到眼镜店参加体验活动。	□是 □否 □不确定
四、与生涯人物合影	

课外拓展

1. 设计自己喜欢的眼镜和想要的功能。

我平时_____（戴 / 不戴）眼镜，我______（戴 / 不戴）眼镜的原因是_______________。如果可以自己设计眼镜的话，我还想让眼镜具有_____________功能，这样的话，我就__________。

想要制作这副眼镜，还需要攻克的技术难题是________。我预计再过______年，我真的可以戴上我想要的具有特殊功能的眼镜。如果可以售卖的话，我设计的眼镜定价为_______元。

我的专属眼镜

2. 美图秀：

3. 了解眼镜发展史和未来眼镜概念。

最初，在______年，“眼镜”初具雏形。那时候的“眼镜”其实就是_____。随着时代发展，“眼镜”逐步衍生为______、_________、__________以及_____________等。

展望未来，眼镜可能______________________________。

上海市静安区中兴路小学　洪佩风　马佳倩

地铁车站维护工作 ABC

一、职业体验地点简介

1. 名称：上海轨道交通 1 号线上海火车站站

2. 开放时间：首末班车时间段内

3 号线往上海南站方向：06:05—23:15；往江杨北路方向：05:53—22:58

4 号线内圈：05:49—22:49；外圈：06:10—23:10

3. 基地介绍：上海火车站站位于上海市上海火车站南广场地底及北广场地面，该站是上海轨道交通 1 号线地下岛式车站以及 3 号线、4 号线地面岛式车站。该站为 3 号线与 4 号线的换乘站，但不能实现 1 号线与 3 号线、4 号线之间的站内换乘。该站北面有两条调头侧线，是因为北延伸开通前，上海轨道交通 1 号线所有列车清客后，会开往侧线掉头，再到往莘庄站方向的站台上客。北延伸通车后，莘庄站至该站为小交路线，而莘庄站至富锦路站为大交路线。

4. 地址：上海市静安区天目西路至交通路间

二、职业体验内容

1. 了解轨道交通站运营情况、车站各岗位工作职责。

2. 体验乘客购票指导工作。

3. 体验闸机安检引导工作。

4. 体验车站交通指引疏导工作。

三、职业体验基地适合的学段

初三、高中年级

四、活动项目

（一）活动目标

1. 了解轨道交通车站运营所需人力资源及工作环境。

2. 初步体验车站各项工作，了解工作流程，记录工作感受，进一步了解自己的职业兴趣类型，有意识地拓宽兴趣体验，提高生涯探索能力。

3. 引导乘客乘车更为有序，出行更加便捷。增强社会服务意识，弘扬奉献精神。

（二）活动准备

1. 基地准备：志愿者工作服、指导老师、车站展示图。

2. 教师准备：打印相关工作内容及其要求。

3. 学生准备：熟悉上海各轨交线路情况，了解服务地铁站位置和人流情况。

（三）活动内容

1. 了解活动岗位

在地铁车站工作人员的带领下，了解服务岗位，主要是自动售票机指导岗、闸机安检岗、站内引导岗三个类型。

2. 熟悉并掌握具体岗位内容要求

（1）自动售票机购票

学生学习使用现金支付、支付宝支付、微信支付等手段在自动售票机上购票。

（2）违禁品辨别

在工作人员的指导下，了解不允许带上地铁的违禁品种类和内容，学习通过安检口扫描仪透视图像分析违禁品。

（3）交通路线走向

熟知站点各出口方向、道路，与 3 号线、4 号线换乘方式及公共交通车站情况。

3. 各岗位实践体验

（1）自动售票机指导员

在自动售机票前引导乘客排队，指导乘客购票。

指引没有零钱和硬币的乘客到票务处办理兑零业务。

回答乘客咨询的问题。对于自己不能回答的问题，引导乘客咨询车站工作人员。

（2）闸机安检员

在进、出闸机处引导乘客进、出闸。

协助残疾人乘客进出车站。

观察是否有携带危险品进站的乘客，及时将信息反馈给车站工作人员。

回答乘客咨询的问题。对于自己不能回答的问题，引导乘客咨询车站工作人员。

（3）站内引导员

引导乘客有序候车，按地面标志排队候车，文明上下车。

指导乘客换乘方式或相应出口方向。

发现有持大件行李的乘客搭乘电扶梯，引导其改乘垂直电梯。

巡视站台，发现危险品与异常乘客时及时向车站人员反映。

回答乘客咨询的问题。对于自己不能回答的问题，引导乘客咨询车站工作人员。

4. 总结和交流

（1）学生交流：分享本次在地铁站活动的感悟和收获。

（2）活动总结，表达感谢。

（四）学习单

<table>
<tr><td colspan="2">职业体验参与人
学校：　　　　　　　　　　　　班级：　　　　　姓名：
职业体验地点：
职业体验时间：　　　　　　年　　　　月　　　　日</td></tr>
<tr><td colspan="2">一、实践体验</td></tr>
<tr><td>1. 今天我学习并体验了自动售票指导员的工作，做了以下几件事：</td><td>我对工作的感兴趣程度：☆☆☆☆☆
完成工作的自我评价：☆☆☆☆☆
这项工作的霍兰德兴趣类型是：
R I A S E C</td></tr>
<tr><td>2. 今天我学习了安检仪的使用并体验了闸机安检员的工作，做了以下几件事：</td><td>我对工作的感兴趣程度：☆☆☆☆☆
完成工作的自我评价：☆☆☆☆☆
这项工作的霍兰德兴趣类型是：
R I A S E C</td></tr>
<tr><td>3. 今天我体验了站内引导员的工作，做了以下几件事：</td><td>我对活动的感兴趣程度：☆☆☆☆☆
完成活动的自我评价：☆☆☆☆☆
这项工作的霍兰德兴趣类型是：
R I A S E C</td></tr>
<tr><td colspan="2">二、兴趣延伸</td></tr>
<tr><td>1. 我会向其他人介绍今天的体验活动和学到的知识。</td><td>□是 □否 □不确定</td></tr>
<tr><td>2. 除了已体验的工作外，我还有兴趣了解地铁站的其他工作。</td><td>□是 □否 □不确定</td></tr>
<tr><td>3. 我很清楚轨交站各项工作的兴趣类型。</td><td>□是 □否 □不确定</td></tr>
<tr><td colspan="2">三、自我拓展
1. 乘坐地铁是目前人们出行的一种重要交通方式，一个地铁站的正常运营需要多个岗位的配合。除了今天体验的岗位外，还有_______等。
2. 在体验___工作时，我感受到了以前从未体验过的愉悦感受；在体验______工作时，我感受到了无助、乏味；在体验________工作时，我感受到了兴奋、好奇，还想对这个工作的周边有更多的了解。
3. 在体验______工作时，我觉得自己的______能力得到了发挥；在体验______工作时，我觉得自己的______能力还需要加强；在体验_____工作时，我觉得自己的______能力明显出众；在体验______工作时，我觉得自己的_____能力在所有的工作中都很重要。我希望在未来自己可以通过______途径去拥有这个能力。
4. 在体验________工作时，我感受到了一种从未有过的价值感，这个工作让我觉得自己很重要。
5. 通过社会实践，我拓展了自己的职业兴趣，同时对自己的霍兰德职业兴趣类型更加确定，我的霍兰德兴趣前三位是_______、_______、______。
6. 志愿者服务是中学生弘扬奉献友爱精神的重要载体，参加志愿者活动在发扬中华民族良好美德的同时也能帮助同学们体验到不同服务岗位、不同职责的重要性。我还希望参加的志愿者服务有：</td></tr>
</table>

上海大学市北附属中学　蔡秋丽

小小地铁引导员

一、职业体验地点简介

1. 名称：上海轨道交通 1 号线

2. 开放时间：双休日、寒暑假

3. 基地介绍：上海轨道交通 1 号线是上海的第一条地铁，亦为上海轨道交通最繁忙、最重要的大动脉，由上海地铁第一运营有限公司负责运营。该线于 1993 年 1 月 10 日建成南段（锦江乐园站至徐家汇站）上行线，于 1993 年 5 月 28 日开始试运营；此后先后开通南段线路、南延伸段、北延伸段、北北延伸段。截至 2014 年 8 月，该线途经宝山区、静安区、黄浦区、徐汇区、闵行区 5 个区，全长 36.89 公里，共设 28 个车站，其中换乘车站 8 座，拥有梅陇和富锦路停车场 2 个车辆段。

二、职业体验内容

小小地铁引导员

三、职业体验基地适合年龄段

高中年级

四、活动项目

（一）活动背景

虽然地铁交通在上海已经普及，但仍有许多外来人员及老人不了解地铁的运作及乘坐地铁的注意事项，因此，做一名地铁志愿者显得尤为重要。志愿者服务不但可以引导乘客正确乘坐地铁，缓解地铁工作人员的工作压力，使客流量大的地铁站候车秩序得到良好改善，并且有助于各站形成文明、良好的候车氛围。风范中学举办的“地铁安全引导员服务”的目的在于，让同学们在服务他人的同时锻炼自己的能力。

（二）具体岗位设置

（1）自动售票机（一台一人）。

（2）进站口闸机处（每两个闸机处一人）。

（3）出站口闸机处（每两个闸机处一人）。

（4）电梯口处（一人）。

（三）活动安排

1. 早晨各岗位引导员就位，开始工作。

2. 上午到晚间各岗位引导员热情规范化地服务，由各组组长在各岗位巡视提醒。

3. 晚上各组收队后检查引导员服装，统一乘车返校。

4. 志愿服务注意事项

（1）宗旨：微笑服务，热情服务。

（2）志愿者服务时，必须减少与地铁工作人员、志愿者之间的交头接耳。

（3）志愿者服务时，站姿统一，两手相叠，自然下垂，放于身前。

（4）志愿者服务时，不可以戴手套、耳机等。

（5）志愿者服务时，应面带微笑，多用诸如“您好”“谢谢”“不用客气”“抱歉”“请问您需要帮助吗”等礼貌用语。

（6）志愿者服务时，切忌有将手插入口袋等不规范动作，向乘客引导方向时应五指并拢。

（7）志愿者能够主动热情地上前帮助乘客。

（8）志愿者的背包、衣物等可以集中寄放于地铁公司的固定地点，手机、钱包等贵重物品必须随身携带。

（9）站在自动售票机、出入闸口的同学应熟悉地铁线路换乘等基本情况。如有疑问，应及时与站内工作人员联系。

（10）当列车还有 1 分钟左右即将进站时，志愿者应分组在不同的位置督促并维持乘客有序候车，避免拥挤等场面出现。

5. 突发情况应急预案

问题一：与其他服务组织在同一时间段服务相冲突。处理：由负责人与对方负责人及站长沟通后继续工作，志愿者待命。

问题二：站内发生斗殴。处理：就近志愿者上前以诚恳态度规劝，若行事方不予理睬，志愿者立即联系组长，由组长解决问题，同时志愿者负责避免事态恶化。

问题三：站内地上有脏物妨碍乘客通行。处理：就近志愿者联系站点工作人员清扫脏物。

问题四：有孩童走丢。处理：就近志愿者上前安抚并询问孩童及其父母姓名后，联系组长。组长接手走丢孩童后，将孩童带到站长室并协助发布孩童走丢通告。

问题五：地上有钱款等贵重物品。处理：就近志愿者看护好贵重物品并联系组长。组长协同地铁工作人员到达事发现场后处理贵重物品。

（四）学习单

<table>
<tr><td>姓名：</td><td>班级：</td><td>学号：</td></tr>
<tr><td>时间：</td><td colspan="2">地点：</td></tr>
<tr><td colspan="3">体验感悟：
本次活动让高中生体验了服务人民，奉献社会，锻炼他们的意志。不仅让学生走出校园走向社会，更让同学们体验到如何关心关爱他人。让安全引导活动真正地深入人心而不仅仅只停留在表面。让我们一起行动起来，奉行“奉献，有爱，互助”的宗旨。从我们做起，停下自己的脚步，关心周围那些一直默默关心我们的人，因为有你、有我、有他，学会奉献，每个人走出一小步，这个世界将会是不一样的精彩。大声说出自己的爱，为应该得到帮助的人奉上一份特别的回报。
（以上为参考）</td></tr>
</table>

上海市民办风范中学　张倩

小小地铁驾驶员

一、职业体验地点简介

1. 名称：上海轨道交通 1 号线管理部彭浦新村站

2. 开放时间：双休日

3. 基地介绍：上海轨道交通又称上海地铁，其第一条线路上海轨道交通 1 号线于 1993 年 5 月 28 日开始运营。上海轨道交通由上海申通地铁集团有限公司负责运营，有多种票价优惠情况和车票种类。上海轨道交通的徽标由字母 S 和字母 M 变形组合，吉祥物是来自未来的小机器人畅畅。彭浦新村地铁站是上海地铁 1 号线上的一个重要的交通枢纽站。

4. 地址：上海市静安区共和新路场中路

二、职业体验内容

参观地铁博物馆；参观地铁维修、保养的场所；采访地铁劳模、优秀工作者等；体验劳模一天的工作经历。

三、职业体验基地适合的学段

小学四、五年级

四、活动项目

（一）活动目标

1. 自我认识：通过“小粉丸”系列活动，让学生对地铁内的职业产生兴趣，并在探究的过程中培养团队意识、合作意识。

2. 社会理解：在“小粉丸”系列活动中，让学生将劳模身上的岗位意识、责任意识内化为自身的行为，从小养成尊重他人劳动成果的习惯。

3. 生涯规划：在体验活动中，提升学生的活动成就感，增强自信心。并让学生根据自身的兴趣制订生涯计划。

（二）活动准备

1. 基地准备：参观时的安全防护装备。

2. 教师准备：参观安全须知，基本参观礼仪。

3. 学生准备：采访提纲、摄像机、采访笔等。

（三）活动内容

1. 一天的工作经历

一清早，小队员们跟随着小顾哥哥开始了一天的工作。出车前，车辆的检查，各种仪器、开关的调试。出车时，各种应急问题的处理、不同手势的操作。回车库时，各种信息的反馈、车辆的维修。跟随小顾哥哥一天工作的过程中，队员们还学到了许多知识：列车车厢上数字的含义、轨道内的交通信号、新旧车的区别等等。

2. 一次面对面的采访

每个司机的背后都有一个个感人的故事，对于孩子们来说也是一次好的教育机会。

（1）准备：队员们在进行面对面采访前做了充分准备：小记者的人员落实、资料的收集、采访内容的确定、摄影师、记录员，同学们做到人人有岗位。

（2）落实：有了前期充分的准备，当天队员们根据自己的岗位开展了有效的活动。对于队员们提出的一个个问题，小顾哥哥结合自己的工作一一进行了回答。

（3）评价：每个队员都有自己的岗位和职责。让同学们对自己在活动中的表现进行自我评价。

3. 一次职业的体验

（1）学习岗位知识

当同学进入地铁驾驶室后，发现小小的驾驶室内的各种精密仪器都呈现在我们的眼前。驾驶员要掌握的技能可多了：信号系统显示的意义、机车小故障的原因、司机台各个键的功能位置分布、应急情况特殊按钮的位置及功能等。

（2）体验岗位工作

了解了相关的驾驶知识后，队员们进行操控训练：列车前进后退开关的使用、车门的开启、站点的播报等。

（3）交流活动体会

学生在进入驾驶室进行体验活动后，他们一定会有许多感受。安排一些时间让孩子们互动交流。

4. 一堂别样的自主课

通过前期的生涯体验活动，学生们看到了作为劳模的小顾哥哥的专业素养，感受到了小顾哥哥对工作兢兢业业，几年如一日的敬业态度，更体会到了作为一名地铁驾驶员，一切以乘客的安全为己任，一份对待工作的责任与坚守！后期学生将自己的体验带到课堂，以“小顾哥哥工作的一天”为题上一堂别开生面的自主课。

（四）活动任务单

<table>
<tr><td colspan="2">职业体验参与人
学校：　　　　　　　　　　　　　班级：　　　　　姓名：
职业体验地点：
职业体验时间：　　　　年　　　月　　　日</td></tr>
<tr><td>一天的工作经历</td><td>今天，我们跟着小顾哥哥，体验了他日常一天的工作。在出车前，他来到了______，在这里，他______。在_____时，他_____。在_____时，他________。我对他这一天的工作，印象最深刻的是______________。</td></tr>
<tr><td>一次面对面的采访</td><td>采访时间：
这份工作最吸引他的地方是：
他在工作中遇到过的最大困难是：
我的个性提问：
他的回答：
我的采访体会：</td></tr>
<tr><td>一次职业体验</td><td>我在驾驶室内，看到的仪器有：
我最感兴趣的仪器是：
它的功能是：
我学会的操控训练有：
我觉得操作有困难的仪器是：</td></tr>
<tr><td>一堂别样的自主课</td><td>1. 随着城市的发展，市民的出行方式越来越多，除了地铁这种便捷环保的出行方式外，你还了解的出行方式有__________、_________、_________、__________、_________。
2. 双休日，我要去静安区自然博物馆，从彭浦新村出发，我有哪几种选择呢？每种选择的优缺点能介绍一下吗？你能帮我选择一条最优的出行路线吗？</td></tr>
<tr><td>职业体验心得</td><td>通过本次活动，我______________________________________。</td></tr>
<tr><td colspan="2">与生涯人物合影</td></tr>
</table>

上海市静安区第四中心小学　陈惠燕

停车指引员

一、职业体验地点简介

1. 名称：芷江西路街道学生志愿活动指导站

2. 开放时间：周一至周五 9:00—17:00

3. 基地介绍：芷江西路街道志愿者活动指导站以“满足您的学习需求，方便您的学习参与”为宗旨，整合社区教育资源，构筑起由社区学校总校、各特色分校和居委办学点组成的三级办学网络；建立了一支能适应居民多样化学习需求、数量较多、素质较高的社区教育兼职讲师队伍和社区教育志愿者队伍。

4. 地址：上海市静安区芷江西路 151 号

二、职业体验内容

体验志愿者的工作意义。志愿者也叫义工、义务工作者或志工。他们致力于免费、无偿地为社会进步贡献自己的力量。志愿工作是指一种具有组织性的助人及基于社会公益责任的参与行为。

三、职业体验基地适合的学段

高中年级

四、活动项目

（一）活动目标

1. 初步了解并体验参与公益活动。

2. 感受社会工作人员的工作价值，理解成人工作的辛苦。

3. 树立积极应对困难、解决问题的价值观。

4. 指引参与志愿活动的成人停放机动车辆、帮助整理自行车棚。

（二）活动准备

1. 基地准备：安排提供公益活动内容、岗位。

2. 教师准备：负责安排学生，指导学生快速适应岗位。

3. 学生准备：耐心、仔细、有学习精神。

（三）活动内容

1. 凡车辆进入院内，都应停入规划好的车位内，汽车一律车头朝外，统一停放。

停车位已满时，车辆需按顺序依次停放整齐。

2. 帮助提醒机动车车主下车前必须锁好车门、车窗。现金、重要文件、贵重物品不得存放车内。

3. 及时制止违规停车，并要求改正。

4. 所有的汽车、摩托车、电瓶车、自行车不允许在消防通道旁和办公楼前等地长时间停放。

（四）学习单

职业体验参与人 学校：　　　　班级：　　　　姓名： 职业体验地点： 职业体验时间：　　　年　　　月　　　日	
一、实践体验	
1. 今天我学习并体验了做一名社会工作者。 今天我参与的公益活动是__________。	我对活动的感兴趣程度：☆☆☆☆☆ 完成活动的自我评价： ☆☆☆☆☆
2. 今天我学习并体验了_______。 在活动过程中，我得到老师_______星评价。	我对活动的感兴趣程度：☆☆☆☆☆ 完成活动的自我评价： ☆☆☆☆☆
二、兴趣延伸	
1. 我会向其他人介绍今天的体验活动和学到的知识。	□是 □否 □不确定
2. 我有兴趣了解社会工作者的其他工作。	□是 □否 □不确定
3. 我希望能再次到街道参加职业体验活动。	□是 □否 □不确定

上海市彭浦中学　王子浩

铁路博物馆展区管理员

一、职业体验地点简介

1. 名称：上海铁路博物馆

2. 开放时间：周二至周六 9:00—11:30、14:00—16:30

3. 基地介绍：上海铁路博物馆于 2004 年 8 月建成并对外开放。整个博物馆包括占地约 1300 平方米的室外广场展区和拥有 3000 余平方米建筑面积的博物馆主楼。博物馆主楼共 4 层，目前开放的是面积约 1000 平方米的底层展区，展品主要为图片、文献史料、实物等。上海铁路博物馆以史料和实物为主要载体，展示从 19 世纪六七十年代铁路进入中国后，上海及华东铁路一百多年来所走过的历程，突出反映铁路生产力的变化、发展。馆内分 6 个部分，有 50 余个展项，近千件展品。内有珍贵的铁路老设备、老器材和历史图片，还有融知识性、趣味性为一体的可让观众参与的科普项目，让更多人了解历史。尤其是改革开放以来，我国建成的高铁成为我国现今的“四大发明”之一，以其行驶速度快、乘坐舒适安全、用户体验好等一系列优点成为人们出门旅行的最优选择，正在逐渐取代传统的出行方式。从铁路博物馆中了解中国铁路的变化历程，也能提升民族自豪感。

4. 地址：上海市静安区天目东路 200 号

二、职业体验内容

1. 参观铁路博物馆，了解铁路博物馆和相关历史，尤其是中国高铁的知识，提升民族自豪感。

2. 协助博物馆工作人员，管理博物馆参观工作。

3. 对参观人员进行引导、检票、盖章等工作。

三、职业体验基地适合的学段

初中、高中年级

四、活动项目

（一）活动目标

1. 了解铁路博物馆和相关历史，尤其是中国高铁的发展历程。

2. 体验铁路博物馆秩序管理员的工作。

3. 感受铁路博物馆工作人员所需要的身体条件及业务能力。

4. 培养良好的沟通能力。

（二）活动准备

1. 基地准备：工作牌。

2. 教师准备：打印相关工作规则、要求。

3. 学生准备：着装、仪表要求。

（三）活动内容

1. 参观铁路博物馆

在铁路博物馆工作人员的带领下，参观相关展厅，认识铁路博物馆的相关历史资料，了解铁路博物馆展厅的基本工作。

2. 分小组开展体验

第一组：维护铁路博物馆露天展馆秩序，引导前来参观人员不要破坏公物。

第二、第三组：分别维护铁路的两个展厅，保障展厅内的秩序，引导前来参观人员不要破坏公物。

第四组：在门口检票，给参观者盖纪念章。

3. 总结与交流

学生交流：分享本次在铁路博物馆参加职业体验活动的感悟和收获。

（四）学习单

<table>
<tr><td colspan="2">职业体验参与人
学校：　　　　　　　　班级：　　　　姓名：
职业体验地点：
职业体验时间：　　　年　　　月　　　日</td></tr>
<tr><td colspan="2">一、实践体验
1. 了解铁路博物馆：
铁路博物馆分____________部分。
2. 你能说出几个铁路博物馆标志性展品？
3. 考考你的知识：说说和铁路博物馆有关的历史知识。
4. 结合从铁路博物馆中了解的中国高铁发展历史，谈谈你对改革开放以来祖国发展的感想：____________
____________</td></tr>
<tr><td colspan="2">二、自我反思</td></tr>
<tr><td colspan="2">1. 作为铁路博物馆展区管理员，你觉得对以下能力的要求是：</td></tr>
<tr><td>铁路博物馆展厅分布的了解</td><td>☆☆☆☆☆</td></tr>
<tr><td>铁路博物馆知识的讲解</td><td>☆☆☆☆☆</td></tr>
<tr><td>沟通能力</td><td>☆☆☆☆☆</td></tr>
<tr><td>体力的要求</td><td>☆☆☆☆☆</td></tr>
<tr><td>其他（可自行补充）</td><td>☆☆☆☆☆</td></tr>
<tr><td colspan="2">2. 我的自评：</td></tr>
<tr><td>完成活动的评价</td><td>☆☆☆☆☆</td></tr>
<tr><td>我对此次活动的兴趣</td><td>☆☆☆☆☆</td></tr>
<tr><td>我还会从事相关活动</td><td>☆☆☆☆☆</td></tr>
</table>

三、活动拓展 1. 你是如何理解铁路博物馆的价值的? 2. 列举高铁发展对民众生活的改善。 3. 为参观铁路博物馆设计一条线路。 4. 如何更好地将铁路博物馆职业体验与你的生涯规划相联系?

上海市向东中学　张晶

小小铁路工程师

一、职业体验地点简介

1. 名称：上海铁路博物馆

2. 开放时间：周二至周日 9:00—11:30、14:00—16:30

3. 基地介绍：上海铁路博物馆以史料和实物为主要载体，突出反映铁路生产力的变化、发展。馆内分 6 个部分，有 50 余个展项，近千件展品。

4. 地址：上海市静安区天目东路 200 号

二、职业体验内容

1. 参观铁路博物馆：和火车头合个影、翻看铁路老物件、参观火车的模型。

2. 体验列车调度员。

3. 设计未来的列车。

4. 与生涯人物合影。

三、职业体验基地适合的学段

小学五年级

四、活动项目

（一）活动目标

1. 通过参观，学习与“铁路”相关的知识，了解与之有关的职业。

2. 学习和体验列车调度员的工作。

3. 通过了解铁路和列车的变迁历史，感受随之发生的职业变迁。

（二）活动准备

1. 阅读《詹天佑》一文，了解我国“中国铁路之父”“中国近代工程之父”。

2. 聆听“家长进课堂”关于铁路建设的讲座。

3. 进行体验活动的相关安全教育。

（三）活动内容

1. 参观铁路博物馆

（1）和火车头合个影

上海博物馆就位于曾经的上海“老北站”原址，复原了当年的火车站大楼。而在院落中，还模拟了蒸汽火车时代上海火车站的模样。静静停驻在老式月台边的，有20世纪20年代美国制造的窄轨SN26机车、40年代美国制造的大型KD641蒸汽机车，以及30年代行驶于沪宁铁路上的宋美龄豪华包车……和火车头合个影吧，铭记这一段历史。

（2）翻看铁路老物件

铁路博物馆里有晚清修建津浦铁路时竖立的界碑，有19世纪末期制造的钢轨，有早期的火车时刻表与信号灯以及检修铁轨和路基用的工具，还有20世纪50—70年代的火车时刻表、各种火车票与乘车证。这些老物件为我们揭秘了上海铁路的前生今世。

（3）参观火车模型

铁路博物馆里最吸引人的就是各种仿真微缩火车头模型了。这里有客货车辆，有老式的专用客车，有国家领导人的公务车，还有不同种类的铁路座车、卧车、餐车、行李车及不同用途的铁路货车等。这些模型是中国铁路牵引动力发展变化的缩影，是中国铁路从落后到现代化的历史见证。

2. 体验列车调度员

铁路博物馆里有一个CRH380A动车组模拟驾驶室，这是中国铁路目前最先进的高速列车。参观者还能在列车编组等多媒体演示台前，学习如何当一名列车调度员，完成火车编组和道轨振动，驾驶列车驰向远方。

3. 设计未来的列车

学生们发挥想象力，设计未来的列车，使火车旅行更加便捷高速、舒适宜人。可以从提高列车速度、改善私密性、优化乘坐感受等角度思考，也可以对现有列车的不足进行改进。

4. 与生涯人物合影

除了“列车调度员”，你还知道哪些与铁路相关的职业？请你寻找一位相关的生涯人物，与他/她合影。

（四）活动任务单

职业体验参与人 学校：　　　　　　　　　　班级：　　　　　　　　姓名： 职业体验地点： 职业体验时间：　　　　年　　　　月　　　　日
参观了上海铁路博物馆，写下你的感受吧：
与生涯人物的合影：

未来的列车什么样？请你来设计：
活动打卡 1. 参观铁路博物馆 · 和火车头合个影□ · 翻看铁路老物件□ · 参观火车模型□ 2. 体验列车调度员□ 3. 设计未来的列车□ 4. 与生涯人物合影□

上海市第一师范学校附属小学　陶洁

地铁车站服务员

一、职业体验地点简介

1. 名称：上海轨道交通 1 号线上海马戏城站

2. 开放时间：首末班时间：莘庄 – 富锦路 05:50/23:51，富锦路 – 莘庄 05:53/22:53

3. 基地介绍：上海马戏城站是上海地铁 1 号线的一座车站，位于上海市静安区共和新路、广中西路口，在 1 号线上编号是 19，无可换乘线路，于 1995 年 4 月 10 日建成并投入使用，为上海轨道交通 1 号线的地下岛式车站，也是 1 号线全线第一个在非预留部分装有屏蔽门的车站。

出入口——

1 号口：共和新路东侧，广中路北

2 号口：共和新路东侧，广中路南

3 号口：共和新路西侧，广中路南

4 号口：共和新路西侧，广中路北

4. 地址：上海市静安区共和新路广中西路口

二、职业体验内容

1. 实地了解地铁车站日常运营管理情况，车站各个工作岗位的职责要求。

2. 体验乘客不同方式购票的指导工作。

3. 体验安全检查闸机引导管理工作。

4. 体验车站交通指引人流疏导工作。

5. 体验车站安全保卫、卫生保洁等其他工作。

三、职业体验基地适合的学段

高中年级

四、活动项目

（一）活动目标

1. 实地体验地铁车站不同岗位的职能作用，引导乘客购票、乘车安全有序，让出行更加便捷。

2. 增强社会服务意识，继承发扬“全心全意为人民服务”的职业精神。

（二）活动准备

1. 基地准备：志愿者工作服、器具、岗位指导工作人员、车站地图等。

2. 学校准备：带队负责教师印制工作书面文件、表格等，让学生熟悉地铁 1 号线路线情况，了解地铁站地理位置及周边交通和不同时段人流特点。

3. 安全及保健教育。

（三）活动内容

1. 了解岗位职责及工作内容

在本站工作人员的指导和带领下，了解相关服务岗位，包括站台引导岗位、自动自助售票机指导岗位、安检闸机检查岗位等。

2. 熟悉并掌握各个具体工作岗位职责及工作内容要求

（1）自动售票机购票方法

学生学习使用现金支付、微信或支付宝支付等方式在自动售票机上购买车票。

（2）安检闸机违禁品辨别

在车站工作人员的指导下，了解不允许带上地铁的各种违禁物品种类和内容，学习安检口使用扫描仪透视图像分析违禁品。

（3）站点交通路线走向

学生必须通过多次实地演练，熟知各个出口、地面交通线路、主要标志场所等情况。

3. 各个岗位实践体验

（1）自动售票机指导员

在自动售票机前引导乘客排队，指导乘客有序购票。

指导乘客使用现金支付、微信或支付宝支付等方式在自动售票机上购买车票。

（2）安检闸机检测员

在地铁进站入口，指示乘客自觉将所携带行李包裹放入闸机传送带上，以便对乘客携带的物品进行安全检查。提醒乘客禁止携带以下物品和动物进站乘车：①爆炸性、易燃性、毒害性、腐蚀性、放射性等物品；②非法持有的枪械弹药和管制刀具；③妨碍公共卫生的物品；④动物；⑤其他影响乘客人身安全或者运营秩序的物品。

对违规携带上述物品和动物进站乘车或者拒绝对其携带的物品进行安全检查的，进行劝告并有权拒绝其进站乘车。

（3）站台引导员

提醒、劝导乘客在地铁车站、车厢范围内禁止下列行为：①吸烟、随地吐痰、便溺、乱吐口香糖、乱扔杂物；②涂写、刻画、擅自张贴；③派发广告、卡片等经营性宣传品；④擅自设摊、从事销售活动；⑤乞讨、卖艺、躺卧；⑥强行上下车；⑦擅自进入有警示标志的区域；⑧攀爬或者跨（穿）越地铁栏杆、闸机；⑨其他违反地铁运营秩序的行为。

4. 总结与交流

学生总结：讨论并分享本次地铁站点活动的体会与收获。

教师总结：评析优点，指出不足。

（四）学习单

职业体验参与人 学校：　　　　　　　　　　班级：　　　　　姓名： 职业体验地点： 职业体验时间：　　　年　　　月　　　日	
一、实践体验	
1. 今天我学习并体验了地铁站台引导员工作，我帮助________位乘客解决了疑难。	我对活动的感兴趣程度： ☆☆☆☆☆ 完成活动的自我评价： ☆☆☆☆☆
2. 今天我学习了地铁站安全监测仪的使用并体验了闸机安检员的工作。 在工作后，我得到了车站工作人员的________星评价。	我对活动的感兴趣程度： ☆☆☆☆☆ 完成活动的自我评价： ☆☆☆☆☆
3. 今天我学习并体验了地铁站自动售票指导员的工作，我帮助了_________位乘客完成购票。	我对活动的感兴趣程度： ☆☆☆☆☆ 完成活动的自我评价： ☆☆☆☆☆
二、兴趣延伸	
1. 我会与别人分享今天职业体验活动学习到的知识经验。	是□ 否□ 不确定□
2. 我有兴趣了解并学习体验地铁站的其他各种工作。	是□ 否□ 不确定□
3. 我希望能够再次到地铁站参加职业体验活动。	是□ 否□ 不确定□
三、自我拓展	
乘坐地铁是人们目前最便捷的一种出行交通方式，一个地铁站的正常运营需要多种不同岗位的密切协调配合。除了今天体验的岗位外，还有________、________、________等其他岗位。 职业体验志愿者服务是中学生弘扬服务社会、团结协作精神的重要平台，参加这样的活动能帮助同学们体验不同服务岗位的工作特点，了解各自的职责。我还希望参加的志愿者服务有：_________、_________、_________等。	

上海市新中高级中学　陈政

轨交专业职业初体验

一、职业体验地点简介

1. 名称：轨交专业站务员岗位实习

2. 实习时间：实习期间做二休二

3. 基地介绍：地铁是人们日常出行非常重要的交通手段，在地铁运营线路上有许多不同的岗位，需要有不同能力的人来提供相应的技术支持和服务。轨道交通是我校重要的一个专业方向，该专业每个学生都会在学校学习过程中，经历一段时期的专业岗位实习。由于地铁站运营情况复杂，学生将在站长和站务人员的领导与协助下完成实习工作。

4. 地址：地铁各线路各站点

二、职业体验基地合适的学段

职三年级

三、岗位实习要求

1. 熟悉并背诵公司和站区下达的各项要求，熟练掌握公司和站区各项站务员工作技能。

2. 服从公司岗位安排及人事调动。

3. 负责站内安全、设备状态、卫生的巡视工作，按规范填写巡检记录，对发现的问题及时汇报，协助做好处置工作。

4. 负责站内运营相关设施设备的使用操作，并指导乘客正确使用各类自助设备。

5. 发生各类运营突发事件时，做好乘客疏导工作，协助做好现场清理、解释等工作。

6. 接待乘客问询、建议、投诉。

四、职业兴趣维度

1. 辅助乘客［社会型（S）］

2. 卫生保洁［现实型（R）］

3. 操作设备［现实型（R）］

五、实习目标

1. 了解和熟悉地铁站各个岗位的工作职责。
2. 感受各项工作的价值和工作难度，理解工作的辛苦。
3. 提高各项职业能力，为今后踏上工作岗位做好准备。

六、实习过程

1. 实习前，参加为期 5 天的岗前培训。
2. 完成培训后参加考核。
3. 通过考核后，根据站点安排的具体岗位开始实习工作。
4. 实习过程中，按照要求完成实习报告。

七、实习报告

岗位实习报告

日期	站点	实习工作内容	自我评价

八、活动总结

轨道交通专业本来就是我校设置的专业类别，到轨交站点进行岗位实习是非常重要的专业教育的组成部分。岗位实习过程，是一个让学生把所学专业知识转化为职业技能的过程，也是学生从学校生活过渡到社会生活的过程。这个过程至关重要，不可或缺。并且，因为我校大多数专业都是服务类，能够在服务型行业的窗口进行实习体验，对学生进行职业探索和就业准备都有很大的帮助。

上海市市北职业高级中学　杨贞妮

超市小员工

一、职业体验地点简介

1. 名称：大润发超市（闸北店）

2. 开放时间：周一至周五 9:00—17:00

3. 基地介绍：大润发是供应民生必需品的大型商超，以新鲜、便宜、舒适、便利来满足广大消费者的需求。因超市人多、货多、场所较大，学生须在卖场工作人员的指导下开展体验活动。

4. 地址：上海市静安区共和新路 3318 号

二、职业体验内容

1. 参观超市，了解购物流程，熟悉卖场环境。

2. 了解超市的运作和管理。

3. 体验劳动，增强服务意识。

三、职业体验基地适合的学段

初二年级

四、活动项目

（一）活动目标

1. 初步了解支持超市正常运作的管理部门，了解超市配货、库存、收银、安全管理等知识。

2. 感受超市内相关职业人的工作辛劳和付出，理解成人工作的辛苦。

3. 树立积极应对困难的态度以及学习怎样与顾客沟通。

（二）活动内容

1. 讲座辅导

聆听超市经理讲解超市日常运营管理，了解超市配货、库存、收银、安全管理等知识。

2. 参观超市

在超市工作人员的带领下，参观超市的卖场环境、工作岗位的分布，了解各个岗位的工作内容。

协助收银装袋，体验劳动，增强服务意识。

（三）学习单

<table>
<tr><td colspan="4">职业体验参与人
学校：　　　　　　　　班级：　　　　姓名：
职业体验地点：
职业体验时间：　　　年　　　月　　　日</td></tr>
<tr><td rowspan="2">学习准备</td><td colspan="3">组长：　　　组员：　　　（并在旁边标注组长和分工）</td></tr>
<tr><td colspan="3">我想知道：
（　　）了解超市工作人员的工作情况。
（　　）了解超市配货、库存、收银、安全管理等知识。
（　　）……</td></tr>
<tr><td rowspan="6">学习记录</td><td rowspan="5">学习一</td><td>在参观的过程中，遇到过哪些职业人？</td><td></td></tr>
<tr><td>他们给你带来怎样的印象？</td><td></td></tr>
<tr><td>他们的工作环境如何？工作时间多长？</td><td></td></tr>
<tr><td>令你印象最深刻的一个职业人是谁？请你采访他，做个职业人物介绍。</td><td>生涯人物简介：（例如：姓名、出生年月、民族、毕业学校、具体职业岗位、从业经历等）</td></tr>
<tr><td>体验过程。（附图，可以画画或者拍照片）</td><td></td></tr>
<tr><td>学习二</td><td>请详细介绍你最喜欢的部分。</td><td>1. 职业种类：
2. 职业名称：
3. 工作环境：
4. 工作内容：
5. 发展前景：
……</td></tr>
<tr><td>学习反馈</td><td colspan="3">（1）上交职业探访学习单。
（2）完成与职业探访有关的九宫格一份。
（3）完成与职业探访有关的流程图一份，主题可自选。如：超市商品进货采购流程、超市安全管理应急预案、超市优化服务建议……</td></tr>
</table>

上海市彭浦初级中学　俞兰兰

小小导购员

一、职业体验地点简介

1. 名称：大悦城

2. 开放时间：周一至周日 10:00—22:00

3. 基地介绍：购物环境与商业艺术有机融合，营造当代摩登的都市情调；当代艺术与时尚主题互动，加强艺术化商业时尚氛围。涵盖购物、娱乐、餐饮、休闲、享乐等服务；将时尚与科技相融合。

4. 地址：上海市静安区西藏北路 166 号

二、职业体验内容

1. 参观大悦城各营业场所，初步了解南、北两楼的特点以及各楼面商品的特点。

2. 体验导购员工作的过程中，能主动为顾客介绍相应的商铺具体位置。

三、职业体验基地适合的学段

小学三、四、五年级

四、活动项目

（一）活动目标

1. 初步了解并体验商场导购员的工作。

2. 感受商场导购员工作的不易，理解成人工作的辛苦。

3. 树立主动热情服务的精神面貌和积极应对困难的价值观。

（二）活动准备

1. 基地准备：商场导购员的工作牌。

2. 教师准备：打印导购员工作规则、要求；按班级人数分小组，原则上一个楼面 2—3 人为一组；“微笑”粘纸。

3. 学生准备：利用周末时间对大悦城南、北两座楼商铺做大致了解。

（三）活动内容

1. 参观大悦城

在相关人员的带领下，每一楼面的小组参观各楼面的商铺并了解商铺特点。

2. 导购员体验活动

（1）商场职员示范、讲解

商场职员现场示范导购员职责。

重点讲解：碰到哪一类顾客要主动去引导。

● 指导学生不是所有的顾客都要去引导，因为有些顾客对自己购物的商铺已经十分了解，若上前去引导的话会打扰顾客购物。

● 指导学生在引导顾客时要用礼貌用语，真正让顾客体验到宾至如归的感觉。

（2）学生尝试练习做导购员

学生尝试并练习做导购员，商场职员进行指导。

● 学生第一次做导购员时“开口”会比较羞涩，要多多鼓励学生主动“开口”。

● 指导学生做导购员要主动，看到顾客在东张西望就要微笑着去问：“您好，请问我能帮您什么吗？”

（3）分组比赛（一个楼层为一个小组）

学生分组，比一比哪个小组的“微笑”粘纸多。

顾客对学生的导购员工作进行点评，并对完成得好的学生授予“微笑”粘纸贴在工作牌上。

3. 总结与交流

学生交流：分享本次在大悦城做导购员的职业体验活动的感悟和收获。

（四）学习单

<table>
<tr><td colspan="2">职业体验参与人
学校：　　　　　　　　　　　　班级：　　　　　姓名：
职业体验地点：
职业体验时间：　　　　年　　　　月　　　　日</td></tr>
<tr><td colspan="2">一、实践体验</td></tr>
<tr><td>今天我学习并体验了小小导购员。
1. 我的职业体验在大悦城的_____楼_____层。
2. 我的职业体验获顾客的“微笑”粘纸____枚。</td><td>我对活动的感兴趣程度：
☆☆☆☆☆
完成活动的自我评价：
☆☆☆☆☆</td></tr>
<tr><td colspan="2">二、兴趣延伸</td></tr>
<tr><td>1. 我会向其他人介绍今天的体验活动和学到的知识。</td><td>□是 □否 □不确定</td></tr>
<tr><td>2. 我有兴趣了解商场内导购员以外的其他工作。</td><td>□是 □否 □不确定</td></tr>
<tr><td>3. 我希望能再次到大悦城参加其他职业体验活动。</td><td>□是 □否 □不确定</td></tr>
<tr><td colspan="2">三、自我拓展
随着社会的发展，各式各样的商场越开越多，利用雏鹰假日小队去观察商场各个商铺的分布情况有什么特点？为什么要这样分布？</td></tr>
<tr><td colspan="2">四、我与生涯人物合影
请与一位导购员合影留念。</td></tr>
</table>

上海市静安区闸北第一中心小学　王菊英

小小厨师王

一、职业体验地点简介

1. 名称：昆仑大酒店

2. 开放时间：全天

3. 基地介绍：上海静安昆仑大酒店原名上海静安希尔顿酒店，于1988年开业，是当时上海第一家由外资品牌管理的五星级酒店。酒店现由锦江集团收回打造传统品牌，致力于将中国传统文化与现代生活潮流相结合，培养、融入中国传统的不卑不亢、殷勤待客与留客之道，打造中华民族的全球知名奢华酒店品牌。

4. 地址：上海市静安区华山路250号

二、职业体验内容

1. 参观酒店大堂、餐厅，简单了解酒店各个服务部门的构成。

2. 了解西餐厨师的主要工作内容，交流疑问。

3. 学做披萨，学习简单的做餐点技巧。

三、职业体验基地适合的学段

小学三、四、五年级

四、活动项目

（一）活动目标

1. 初步了解并体验西餐厨师的工作。

2. 感受厨师工作的辛苦、不易，体会他们的工作价值。

3. 让学生更加了解食物的来源，懂得珍惜粮食。

（二）活动准备

1. 基地准备：厨师帽、口罩、围裙、披萨原料、厨房用具。

2. 教师准备：说明厨房工作的危险性，向学生提出纪律要求，培养学生的安全意识。

3. 学生准备：提前在网上查找关于酒店厨师的工作内容。

（三）活动内容

1. 参观酒店大堂、餐厅

在酒店工作人员的带领下，参观酒店的大厅、餐厅，了解酒店的构成、每个部门所提供的服务内容，以及每个部门的工作时间。

2. 亲手做披萨

（1）观看酒店主厨做披萨的过程

学生观看酒店主厨完成一个披萨的制作，观察做披萨需要用到哪些原材料，初步了解做披萨的几个步骤。

（2）学生实践做披萨

学生在了解做披萨的步骤后，尝试发挥自己的创意添加披萨上的材料。

（3）成品展示、评比

完成披萨制作之后，学生展示自己的披萨成品，比一比谁制作的披萨更有创意，是否色香味俱全，请大厨做评委，评选出最佳创意披萨和小小厨师王。

3. 酒店主厨讲解

酒店主厨讲解关于酒店厨师的主要工作内容。

4. 交流分享

（1）学生向酒店主厨提问一些关于酒店厨师的疑惑。

（2）学生分享在这次活动中收获到的感悟和体验。

5. 点评与奖励

（1）酒店主厨对学生完成的披萨进行点评。

（2）向完成得好的学生授予“小小厨师王”的称号。

（四）活动任务单

<table>
<tr><td colspan="3">职业体验参与人
学校：　　　　　　　　　　班级：　　　　姓名：
职业体验地点：
职业体验时间：　　　年　　　月　　　日
职业体验工种：</td></tr>
<tr><td colspan="3">一、前期准备
通过网络，我知道了静安昆仑大酒店有着______年的悠久历史，我认为它是一家有历史的酒店。我们今天主要体验了酒店西餐厅西点厨师的工作，在体验之前，我觉得西点厨师的工作内容主要有________、________以及________。</td></tr>
<tr><td colspan="3">二、实践体验
1. 今天我参观了酒店大堂。
我了解到酒店有这些部门：</td></tr>
<tr><td>部门名称</td><td>提供的服务</td><td>工作时间</td></tr>
<tr><td></td><td></td><td></td></tr>
<tr><td colspan="3">2. 今天我学习并制作了一份披萨。
(1) 我知道了做披萨需要用到这些原材料：
________、________、________、________、________、________。
(2) 我知道了做披萨需要的厨房用具有：________、________、________以及________。
(3) 在制作披萨时，需要注意的事项有：
________________、________________。
(4) 我知道了做披萨有以下几个步骤：
Step1:________→ Step2:________→ Step3:________→ Step4:________→ Step5:________
(5) 我制作的披萨的独特之处在于：________________。</td></tr>
</table>

三、兴趣延伸	
1. 我会与其他同学分享今天的体验活动和学到的知识。	□是 □否 □不确定
2. 我有兴趣了解酒店其他岗位的工作。	□是 □否 □不确定
3. 我希望能再次到酒店参加职业体验活动。	□是 □否 □不确定

上海市静安区中兴路小学　胡张宇　李翌鸣

“不一样的”礼宾人

一、职业体验地点简介

1. 名称：北上海大酒店

2. 开放时间：全天

3. 基地介绍：酒店是提供安全、舒适，令宾客得到短期休息或睡眠空间的商业机构，为游客提供住宿服务、夜生活的服务及设施（寝前服务）、餐饮、游戏、娱乐、购物、商务中心、宴会及会议等设施。由于场所特殊，人员较为复杂，学生须在酒店职员的同意和指导下开展体验活动。

4. 地址：上海市静安区江场西路 277 号

二、职业体验内容

1. 参观北上海大酒店，初步了解酒店包含的一些场所设施如客房、酒店式公寓、大堂吧、全日制自助餐厅、日式餐厅、宴会厅、商务中心、茶室等。

2. 体验小小礼宾员活动，初步学习简单的接待技巧。

三、职业体验基地适合的学段

小学四、五年级

四、活动项目

（一）活动目标

1. 初步了解并体验酒店职员的工作。

2. 感受酒店职员的工作价值，提高与他人沟通交流的技巧，体会服务行业特殊的工作性质。

3. 树立积极应对困难、解决问题的价值观。

（二）活动准备

1. 基地准备：酒店礼宾员的现场指导。

2. 教师准备：准备基本的对话交流所需的英语口语表达。

3. 学生准备：学习基本的对话交流所需的英语口语表达。

（三）活动内容

1. 参观酒店的一些场所设施

在酒店职员的带领下，参观酒店的一些场所设施，了解酒店提供的一些服务内容。

2. 礼宾员体验活动

（1）酒店职员示范、讲解

酒店职员现场告知礼宾员的工作职责，同时示范如何做好礼宾员。重点讲解在门口接待处，碰到来往宾客时微笑热情迎接，并主动提供帮助；接待来宾的一些规范手势操作；接待外宾时的基本英语口语表达；等等。

（2）学生访问礼宾员

了解礼宾员一天的工作时间，工作具体内容，工作中遇到的困难是如何克服的，如何与来宾友好地沟通交流。

（3）学生尝试担任小小礼宾员

学生尝试将学习到的沟通能力运用到实际接待工作中，酒店职员在一旁进行指导。

学生分组：学生分成“酒店职员”和“客户”两种角色，分别进行体验。互相换位思考，寻找不足，积极改进。

现场模拟：酒店工作人员模拟顾客，学生分组，体验从顾客进入酒店，开始接待工作。具体工作如主动与来宾打招呼，主动询问是否需要帮助，引导设施位置等服务工作。

（4）点评与奖励

酒店职员对学生有关顾客服务情况，与人沟通交流能力，解决问题的能力进行点评，并对服务完成得好的学生授予“酒店礼宾服务小能手”称号。

3. 总结与交流

学生交流：分享本次在酒店参加职业体验活动的感悟和收获。活动总结，表达感谢。

（四）活动任务单

<table>
<tr><td colspan="2">职业体验参与人
学校：　　　　　　　　　班级：　　　　　姓名：
职业体验地点：
职业体验时间：　　　　年　　　　月　　　　日
职业体验工种：
主要工作内容：</td></tr>
<tr><td colspan="2">一、实践体验</td></tr>
<tr><td>1. 今天我了解并学习了礼宾员的日常工作。
我能积极主动地为顾客提供力所能及的帮助。</td><td>我对活动的感兴趣程度：
☆☆☆☆☆
完成活动的自我评价：
☆☆☆☆☆</td></tr>
<tr><td>2. 今天我学习并体验了小小礼宾员。
在小小礼宾员岗位中，我得到“客户”_____星评价。</td><td>我对活动的感兴趣程度：
☆☆☆☆☆
完成活动的自我评价：
☆☆☆☆☆</td></tr>
</table>

二、兴趣延伸	
我会向其他人介绍今天的体验活动和学到的知识。	□是 □否 □不确定
我有兴趣了解酒店的其他工作。	□是 □否 □不确定
我希望能再次来到酒店参加职业体验活动。	□是 □否 □不确定
三、自我拓展 1. 除了酒店礼宾员，服务行业的岗位还有很多，据我了解还有_____、______、_______ ______、__________等。 2. 作为服务人员，对待顾客我们要做到___________、___________。 3. 在服务他人的时候，我们要学会换位思考，积极调整自己的心态，平时我自我调节心态的方式有__________、_________、_________等。	
四、与生涯人物合影	

附采访相关的表格：

一天工作记录量表

工作的岗位	
工作的时间	
工作的内容	
工作的瞬间	

面对面采访任务单

采访对象	
采访时间	
采访提纲	1. 让礼宾员介绍自己一天的工作。
	2. 工作中是否遇到过困难，是如何克服的。
	3. 如何与来宾友好的沟通交流。
精彩瞬间	
采访体会	

附酒店礼宾员日常英语对话：

Good morning/afternoon.

Welcome to our hotel.

Are you going to check in?

What can I do for you?

I’ll show you the reception desk. This way please.

Let me show you the way.

May I help you to carry your baggage ?

Have a nice day.

Would you like a taxi?

Looking forward to your next visit.

上海市静安区第四中心小学　秦佳颖

小小咖啡师

一、职业体验地点简介

1. 名称：莱仕特咖啡厅

2. 开放时间：8:00—20:00

3. 基地介绍：咖啡馆是人们用于聚会休闲、商务交流的场所，盛行于各大中小城市。由于场所的特殊性，学生需提前预约，在工作人员的同意和指导下开展体验活动。

4. 地址：上海市静安区高平路 733 号（近汶水路路口）

二、职业体验内容

1. 了解咖啡厅服务员每日的工作时间、工作流程、具体的工作内容。

2. 学习咖啡的制作。

3. 体验咖啡厅服务员的服务工作。

三、职业体验基地适合的学段

小学四、五年级，初中预备班、初一年级

四、活动项目

（一）活动目标

1. 了解该职业或工种的具体内容、职业前景及所需技能，培养职业兴趣。

2. 感受咖啡师和咖啡厅服务员的工作价值，体会业务学习的不易，理解成人工作的辛苦。

3. 树立积极面对困难、解决问题的价值观。

（二）活动准备

1. 基地准备：咖啡厅工作服，工作牌。

2. 教师准备：制订学生学习任务单，打印相关工作规则和要求。

3. 学生准备：网上查阅咖啡师相关的资料，查阅服务员的服务用语。

（三）活动内容

1. 参观咖啡厅

在咖啡厅服务员的带领下，参观咖啡厅，了解咖啡厅服务员每日的工作时间、工作流程和具体的工作内容。

2. 服务员体验活动

自主练习端盘子，取蛋糕。学生按照自己的方法端盘子，比一比谁端得稳。

服务员示范、讲解。

服务员现场展示端盘子的技巧，取蛋糕、取饮料的技巧。

学生尝试练习端盘子，取蛋糕，放蛋糕饮品。

分组比赛：学生分组，比一比哪一组端盘子的动作最标准，谁的服务态度最好。服务员对学生的服务进行点评，授予表现好的学生“最佳服务生”称号。

3. 向咖啡师学习咖啡的制作

咖啡师介绍咖啡馆常见咖啡的种类，每一种咖啡的味道。

咖啡师示范拉花的制作方法，学生在旁边观摩并记录。

学生分组，跟随咖啡师的讲解，一步一步操作，咖啡制作完成后固定。

4. 点评和奖励

咖啡师对学生制作的拉花进行点评，并对完成得好的学生授予“最佳咖啡师”的称号。

5. 总结与交流

学生交流：分享本次在咖啡厅参加职业体验活动的感悟和收获。

6. 完成活动反馈作业

（四）学习单

<table>
<tr><td colspan="2">职业体验参与人
学校：　　　　　　　　　　班级：　　　　　姓名：
职业体验地点：
职业体验时间：　　　年　　　月　　　日</td></tr>
<tr><td rowspan="3">学
习
准
备</td><td>组长：　　　组员：
(并在旁边标注组长和分工)</td></tr>
<tr><td>我想知道：
（ ）咖啡的制作过程
（ ）咖啡厅员工职能分配
（ ）咖啡文化
（ ）……</td></tr>
<tr><td>1. 许多年轻人都特别爱喝咖啡，咖啡味道微苦，却有许多功效，以下属于咖啡功效的是：(多项选择)
□有利于驱走寒气
□可治疗精神倦怠
□健胃
□可缓解食欲不振
2. 咖啡的种类有哪些？(多项选择)
□拿铁
□摩卡
□焦糖玛奇朵
□卡布奇诺
□美式</td></tr>
</table>

续表

<table>
<tr><td rowspan="2"></td><td colspan="3">□白咖啡
□意大利咖啡
3. 你知道哪些咖啡品牌？
4. 你觉得咖啡厅的用途是什么？
5. 你认为咖啡厅里需要哪些工作人员？</td></tr>
<tr><td colspan="3">以下这些参观中需要注意的事项，你都能做到吗？你觉得还有哪些事项需要提醒同学们注意？（多项选择）
□自觉配合安全检查。
□不携带易燃易爆等危险物品入内。
□文明参观，不在咖啡厅内跑动、喧哗、嬉闹、乱扔废弃物、随地吐痰等。
□不随意触摸、攀爬、损毁咖啡厅设备。
□衣着整洁。
其他：</td></tr>
<tr><td rowspan="6">学习记录</td><td rowspan="5">学习一</td><td colspan="2">在参观的过程中，你遇到过哪些职业人？</td></tr>
<tr><td colspan="2">他们给你带来怎样的印象？</td></tr>
<tr><td colspan="2">他们的工作环境如何？工作时间多长？</td></tr>
<tr><td>令你印象最深刻的一个职业人是谁？请你采访他，做个职业人物介绍。</td><td>生涯人物简介：（建议介绍内容：姓名，出生年月，民族，毕业学校，具体职业岗位，从业经历等）</td></tr>
<tr><td colspan="2">体验过程（附图，可以画画或者照片）</td></tr>
<tr><td>学习二</td><td>请详细介绍你最喜欢的部分</td><td>1. 职业种类：
2. 职业名称：
3. 工作环境：
4. 工作内容：
5. 发展前景：</td></tr>
<tr><td>学习反馈</td><td colspan="3">1. 上交职业探访学习单。
2. 完成与职业探访有关的九宫格一份。
3. 完成与职业探访有关的思维导图一份。主题可自选。如：咖啡工艺、咖啡制作、咖啡厅发展前景……
4. 完成与职业探访有关的电子小报一份。</td></tr>
</table>

上海市风华初级中学　张雪

探秘咖啡店

一、职业体验地点简介

1. 名称：星巴克远中风华店

2. 开放时间：暂定为每周五下午（15:00—15:30）

3. 基地介绍：星巴克为美国一家连锁咖啡公司的名称，1971 年成立，是全球最大的咖啡连锁店，其总部坐落于美国华盛顿州西雅图市，在全球范围内已经有 21300 间分店。远中风华店就是其中之一。

4. 地址：上海市静安区昌化路 68 号

二、职业体验内容

1. 由星巴克员工带领小朋友参观门店，了解咖啡常识。

2. 在咖啡调制师的带领下，了解调制咖啡的具体机器和工具。

3. 选择一种饮品，向星巴克咖啡师学习调制。

三、职业体验基地适合的学段

小学各年级

四、活动项目

（一）活动目标

1. 了解一些咖啡的知识，拓宽知识领域；在动手制作中锻炼能力，体验咖啡艺术的美好。

2. 通过实地体验咖啡师这个职业，增进对社会的认知，对社会中的职业有更多的了解。

3. 引导小朋友勇敢打破传统观念，寻找自己的兴趣，做好职业生涯的启蒙。

（二）活动内容

1. 参观和认识星巴克

由工作人员带领小朋友大致参观一下星巴克的布局，了解星巴克员工服装的含义、星巴克文化。

2. 了解咖啡

由咖啡师为大家详细介绍咖啡的起源以及常见的几种咖啡豆。小朋友可以通过视觉、嗅觉、触觉和味觉去感受咖啡豆的不同。

3. 制作

初步了解咖啡豆之后，进入真正成为小小咖啡师的重要环节——亲手调制一杯自己喜欢的饮品。

4. 交流

互相品尝大家亲手调制的饮品，并交流制作咖啡的小心得。在交流中加深自己制作咖啡的印象和对咖啡的了解，真正达到我们这次体验活动的目的。

5. 总结

由星巴克工作人员对本次活动中小朋友们的表现进行总结，并交流互动。

（三）活动任务单

“小小咖啡师”生涯探索项目任务单	
1. 在星巴克，工作人员不同颜色的围裙代表不同等级。 你能画一画他们的服装样式吗？ 这是星级咖啡师	这是咖啡大师
2. 一颗咖啡豆的故事 画一画咖啡豆的样子。 它的名字： 它的外貌： 它的味道： 它的主要产地：	（画一画咖啡豆的样子）
3. 我的咖啡作品：我和星巴克咖啡师的合影。	

上海市静安实验小学　马蓉

小小西点师

一、职业体验地点简介

1. 名称：行健学院

2. 开放时间：双休日，寒暑假

3. 基地介绍：上海行健职业学院是静安区人民政府主办的一所公办全日制高等职业学院。学院总部占地 159 亩，投资 3.5 亿元，建筑面积 9 万平方米，拥有各类教室 130 间和现代化传播中心、智能化图书馆、设施先进的实验楼和实训楼及体育馆等功能各异的十大建筑。学院以高等职业教育为主体，同时附设成人高等教育中心、职业技能培训中心、上海开放大学闸北分校等。

学院高等职业教育现拥有学前教育、信息技术与机电工程、经济管理、商务外语、应用艺术 5 个系 20 余个专业，目前有各类学生 12000 余人，其中全日制高职学生 5000 余人。除上海生源外，还面向浙江、福建、江西、云南、四川、湖北、河南、山东、安徽、贵州等 10 多个省招生。目前学院部分专业已和美国、日本、法国、德国、澳大利亚等国多所高校建立联系，并与国内外本科大学、知名企业联合办学。学院有一支以高、中级职称为主体的专职教师队伍，引进了一批硕士、博士充实教师队伍，同时还聘请了一批著名教授、专家来学院兼职、兼课。

学院 2003—2008 年连续 6 年毕业生就业率均超过 95%。2002 年、2006 年两次被上海市政府评为“上海市职业教育先进单位”，2007—2009 年连续 3 年获评上海市志愿者先进集体，2002—2008 年连续 4 次被评为市级文明单位，2008 年、2009 年连续被评为局级“学习型党组织”。2009 年“高等职业院校人才培养工作状态数据采集平台”成果获得教育部二等奖。2010 年“幼儿钢琴弹唱教程”被列为国家精品课程。

学校周边设有各类中西餐馆、咖啡奶茶店，既为在校学生生活提供了便利，也是学生体验“生涯”的基地之一。

4. 地址：上海市静安区原平路 55 号

二、职业体验内容

小小西点师

三、职业体验基地适合的学段

高中年级

四、职业兴趣维度

CRE

五、活动项目

（一）活动主题

让学生充分了解职业教育、体验职业乐趣、展望职业前景、树立职业理想，使学生体验社会职业，提早培养社会适应能力，在玩乐中培养职业理想，规划自己的未来。

（二）活动目的

1. 通过社会职业实践活动，让学生亲近社会、学习知识、开阔眼界，提高学生自身的综合素质。

2. 通过模拟社会生活，体验社会角色，了解成人社会的劳动过程，提高学生独立生活能力，培养学生的动手能力和团队协作精神。

3. 将品德教育、法制教育、安全教育、劳动教育等融入实践体验活动之中，从而培养学生的独立意识、自主能力、合作态度和自信品质。

（三）活动要求

1. 作为一项职业微体验活动，报名以自愿为原则。

2. 费用为每人 35 元。

3. 体验名额：15 名（3 人一组，分为 5 组）。

4. 家长志愿者 3—5 名，主要负责内容：活动联络，体验场地的沟通及具体参观行程安排；活动组织者，负责往返行程安全工作；负责活动过程中的照相，记录体验过程中的难忘瞬间；负责活动经费收取；负责人数清查，确保学生不掉队（人员确定下来后，再做具体分工）。

5. 必须按小组开展活动，不准单独行动，带队老师或家长志愿者应当始终与学生为伍，教育学生遵守交通规则，在活动过程中要注意卫生文明，不乱丢垃圾，将垃圾丢进垃圾桶，离开休息地时，要搞好卫生。在活动过程中要注意行为文明：不追赶打闹、不损坏公共财物，做到文明、安全。

（四）活动内容职业体验

每每看到橱窗里眼花缭乱的各式蛋糕，你可曾想要自己动手做一个呢？那现在你可以自己动手，跟着我们一起来 DIY，做一个自己喜欢的蛋糕。

1. 观摩：由烘焙坊的工作人员带领同学们参观糕点制作间，让同学们直观地看到蛋糕、饼干等是如何在叔叔阿姨手中制作而成的。

2. 培训：请专业西点师为同学们简单讲解一下各种工具的使用，材料分配的比例，烘焙的时间与温度，以及在制作过程中的注意事项和安全隐患等，让同学们在享受快乐的同时还要注意安全。

3. 实践：同学们戴上帽子，穿上围裙，每组选择自己所需的材料，准备好之后由专业西点师为同学们做一示范，接着同学们根据示范来动手制作一个属于自己的蛋糕或者饼干。同学们发挥自己天马行空的想象力，既可以设计不同造型的饼干，也可以为蛋糕披上一件美丽的外衣。制作完成后，把做好的成品交给工作人员，由工作人员放进烤箱烤制。

4. 拍照留念：当大家看到一个个漂亮的作品摆在自己面前时是不是很开心？拍照记录这美好的时刻，同时由工作人员为我们评选最佳小作品，并给予奖励。

5. 分享成果：首先要同学们交流一下活动中的一些心得和体会，每个小组有没有遇到什么问题，在这次活动中同学们都感受到什么，接下来就是品尝美食的时候……果然还是自己的劳动果实更美味！

（五）活动设想

通过这次职业微体验，既锻炼了同学们的动手能力，也培养了他们的协作精神，同时也学会了等待。同学们通过自己的努力，品尝到了劳动带给他们的幸福与喜悦。同学们还可以把做好的蛋糕、饼干带回家中送给长辈，在无形中接受感恩教育。

此次职业体验活动是以“生存、创想、锤炼”为依托，以素质教育与互动体验相结合，通过内容丰富、形式多样的活动，让同学们相互合作、身体力行地参与到活动中来，在实践过程中认知社会，品尝工作的快乐，培养克服困难的勇气，提高各方面的素质。

（六）学习单

姓名：	班级：	学号：
时间：	地点：	
体验过程：		
体验感悟：		
自我评价：		
教师评价：		

上海市民办风范中学　张倩

电信博物馆体验

一、职业体验地点简介

1. 名称：上海电信博物馆

2. 开放时间：周二至周五 9:30—12:00；13:00—16:30

3. 基地介绍：上海电信博物馆系 1921 年丹麦大北电报公司在外滩建造的电报大厦（现为上海市优秀历史建筑）。展陈面积约 3000 平方米。馆内陈列主要分为 5 个部分，由三楼的电报通信、市内电话通信、无线通信、长途电话通信，四楼的综合荟萃组成。陈列品以史料和实物为主要载体，展示从 1871 年第一条电报线进入中国后，上海电信业 100 多年来所走过的历程，突出反映通信生产力的变化、发展。在展示手段上，除实物、照片、文字、图标陈列，还运用了绘画、场景、模型以及先进的多媒体技术丰富展示效能，营造出感性直观的认知氛围。展厅内还有融知识性、趣味性为一体的科普项目，供观众动手参与。除展厅陈列外，一个 16 座的微型影视厅与观众一起展望上海电信更为广阔的未来。

上海电信博物馆是认识上海电信发展历史、感悟电信百年风云的窗口，也是青年学生丰富相关历史文化知识，开展第二课堂教育的理想场所。走进上海电信博物馆，领略上海电信历史文化底蕴，感受电信百年沧桑巨变和国家命运、城市发展之间的内在联系。

4. 地址：上海市黄浦区延安东路 34 号

二、职业体验内容

1. 参观电信博物馆，了解电信的发展历史。

2. 体验博物馆的讲解工作。

3. 引导参观者参观场馆。

4. 指导参观者操作场馆内的互动展项。

5. 维护场馆内的秩序，提醒参观者不要触碰场馆内的展品。

三、职业体验基地适合的学段

高中年级

四、活动项目

（一）活动目标

1. 通过讲解过程让参观者了解电信的发展历史，激发情感，形成积极的价值观。

2. 初步了解并体验场馆讲解员的工作，感受场馆讲解员的职业价值。

3. 引导学生更好地认识自我，树立正确的职业价值观。

（二）活动准备

1. 基地准备：职业体验情境创设、志愿者工作证、负责引导的工作人员。

2. 教师准备：职业生涯教育初步指导。

3. 学生准备：了解讲解员的职业，准备讲解的内容。

（三）活动内容

1. 学校职业生涯教育指导

学校在学生进行职业体验之前进行职业生涯辅导。

2. 初步了解并体验讲解员的工作

（1）场馆工作人员介绍场馆及工作内容

在场馆工作人员的带领下，参观电信博物馆的各个展厅，了解场馆的布局及展厅内容。场馆工作人员示范讲解，示范互动展项的操作方法，指导如何引导参观者及维护场馆秩序。

（2）学生内化所学，反复实践体验

学生熟记讲解内容，尝试并练习学到的讲解方法，学习与参观者礼貌得体地交流，场馆工作人员同时进行指导。在讲解实践中不断提升服务能力，感受并思考职业体验过程中的得失。

3. 获取反馈，不断改进

与帮助指导的场馆工作人员进行交流，获取职业体验的进一步指导。

与参观者进行交流，从中发现自身职业体验需改进之处。

4. 点评与奖励

场馆工作人员观察学生的工作情况并记录，对学生讲解时的综合表现进行点评并打分（满分 10 分）。

5. 感悟与交流

学校职业生涯体验指导教师引导学生对本次职业体验进行反思，思考自身的兴趣特长、职业价值取向等。

学生交流分享本次在电信博物馆参加职业体验活动的感悟和收获。活动总结，表达感谢。

（四）学习单

<table>
<tr><td colspan="2">职业体验参与人
学校：　　　　　　　班级：　　　　　　姓名：
职业体验地点：
职业体验时间：　　　　年　　　月　　　日</td></tr>
<tr><td colspan="2">一、实践体验</td></tr>
<tr><td>1. 学校职业生涯教育后的自我评价</td><td>兴趣特长的自我评价：
☆☆☆☆☆</td></tr>
<tr><td>2. 我学习并体验了讲解员一职</td><td>我对活动的感兴趣程度：
☆☆☆☆☆
完成活动的自我评价：
☆☆☆☆☆</td></tr>
<tr><td colspan="2">二、兴趣延伸</td></tr>
<tr><td>1. 我会向其他人介绍今天的体验活动和学到的知识。</td><td>□是□否 □不确定</td></tr>
<tr><td>2. 我有兴趣了解其他工作。</td><td>□是□否 □不确定</td></tr>
<tr><td>3. 我想依据自己的兴趣特长进一步寻求适合自身的职业体验。</td><td>□是□否 □不确定</td></tr>
<tr><td colspan="2">三、自我拓展
认识自身，结合社会需求，进一步思考并挖掘适合自身的职业体验。</td></tr>
</table>

上海市育才中学　陈宇铃

理财小达人

一、职业体验地点简介

1. 名称：光大银行静安支行

2. 参观时间：8:00—16:00

3. 基地介绍：中国光大银行是一家全国性股份制商业银行。作为其重要的分支机构，上海分行成立于1994年，通过十余年的悉心经营，上海分行在盈利能力、资产质量等方面不断取得优良经营业绩，并逐步树立起“稳健银行、理财银行、亲民银行”的市场形象。

4. 地址：上海市静安区新闸路955号

二、职业体验内容

参观银行的各个区域，了解银行有哪些工作岗位，采访自己感兴趣的工作人员，体验金融行业的一些小技能，学习一点理财等金融知识。

三、适合的学段

小学高年级，中学各年级

四、活动项目

（一）活动目标

1. 了解银行这样的机构里有些什么样的工作种类，了解其日常工作内容。

2. 掌握一定的理财技能，知道如何更好地理财。

3. 提高财务安全意识。

（二）活动准备

在去银行开展实践体验活动之前，先请在银行工作的家长为学生上一堂准备课，以便学生对银行工作有一定了解之后再进行实践体验。

（三）活动内容

1. 在银行工作人员的带领下参观银行大厅的各个区域，了解每个区域的功能及各个工作岗位。

2. 听理财专员讲解为什么要理财、如何更好地理财。

3. 了解一些保护财产安全的措施。

（四）活动任务单

<table>
<tr><td rowspan="7">算一算（在工作人员的指导下学习理财知识）</td><td colspan="4">我总共有压岁钱 ________ 元</td></tr>
<tr><td></td><td>一年后</td><td>两年后</td><td>三年后</td></tr>
<tr><td>放在家里</td><td></td><td></td><td></td></tr>
<tr><td>定期存款</td><td></td><td></td><td></td></tr>
<tr><td>买理财产品 A</td><td></td><td></td><td></td></tr>
<tr><td>买理财产品 B</td><td></td><td></td><td></td></tr>
<tr><td>买理财产品 C</td><td></td><td></td><td></td></tr>
<tr><td>学习财务安全常识</td><td colspan="4">1. 如果有人打电话告诉我他是银行工作人员，说我的银行卡有问题，需要输入密码，我会：

2. 如果我的银行卡不小心丢失了，我应该：

3. 在自助存取款机上操作的时候我应该注意：
（1）
（2）
（3）</td></tr>
<tr><td>采访一位理财专员</td><td colspan="4">理财专员的日常任务有：
这份工作的困难和挑战有：
胜任这份工作的技能有：
我感兴趣的其他问题：
我得到的回答：</td></tr>
<tr><td>自我评估与反馈</td><td colspan="4">我的理财能力：☆☆☆☆☆
我的财务安全意识：☆☆☆☆☆
我对银行工作的感兴趣程度：☆☆☆☆☆
除了今天学到的，我还希望能学习哪些知识或能力：</td></tr>
<tr><td>我与生涯人物合影（请与一位银行工作人员合影）</td><td colspan="4"></td></tr>
</table>

上海市静安区第一中心小学　汪珮琪

银行小能手

一、职业体验地点简介

1. 名称：中信银行（上海静安支行）

2. 开放时间：周一至周五 9:00—17:00

3. 基地介绍：银行是百姓日常生活中经常接触的金融机构，主要经营存款、贷款、汇兑等金融业务。由于场所特殊性，学生须在银行职员的同意和指导下开展体验活动。

4. 地址：上海市静安区北京西路 1701 号

二、职业体验内容

1. 参观银行办事大厅，初步了解银行主要办理的各项业务。

2. 体验点钞活动，学习简单的点钞技巧。

3. 体验存取款业务，初步了解存取款的基本流程。

三、职业体验基地适合的学段

小学四年级至初一年级

四、活动项目

（一）活动目标

1. 初步了解并体验银行柜台职员的工作。

2. 感受银行职员的工作价值与业务学习的枯燥和不易，理解成人工作的辛苦。

3. 树立积极应对困难、解决问题的价值观。

（二）活动准备

1. 基地准备：银行职员练功钞，存、取款凭证，工作牌。

2. 教师准备：打印相关工作规则、要求。

3. 学生准备：0—10、百、千、万等数字的大写汉字写法。

（三）活动内容

1. 参观银行办事大厅

在银行职员的带领下，参观银行办事大厅，了解银行主要办理的各项业务。

2. 点钞体验活动

（1）自由练习点钞

学生按照自己的方法来点钞（练功钞），比一比谁点得又准又快。

（2）银行职员示范、讲解

银行职员现场展示各种点钞方法。

重点讲解一到两种学生可学习的点钞方法。

（3）学生尝试练习点钞

学生尝试并练习学到的点钞方法，银行职员进行指导。

给学生一定数量的练功钞，学生运用学到的方法，数出练功钞的具体数量。

（4）分组比赛

学生分组，比一比哪组能够又准又快地点完相同数量的人民币。

银行职员对学生的点钞进行点评，并对点钞完成得好的学生授予“银行点钞小能手”称号。

3. 存取款业务体验活动

（1）银行职员介绍存款和取款的要求以及注意事项。

（2）学生分组：学生分成“银行职员”和“客户”两种角色，分别进行体验。

（3）存款体验活动：“客户”在指定区域取出一定数量人民币，算出总面额，填写存款凭证，在相应柜台前办理存款业务，“银行职员”核对好金额和存款凭证后，签字确认，完成一次存款业务。“客户”对“银行职员”的业务进行五星评价。

（4）取款体验活动：“客户”填好取款凭证，到相应的柜台办理取款业务，“银行职员”按取款凭证上的金额给“客户”相应的人民币，“客户”确认好后，完成一次取款业务。“客户”对“银行职员”的业务进行五星评价。

（5）点评与奖励

银行职员对学生班级存取款业务进行点评，并对存取款业务完成得好的学生授予“银行业务小能手”称号。

4. 总结与交流

学生交流：分享本次在银行参加职业体验活动的感悟和收获。

活动总结，表达感谢。

（四）学习单

<table>
<tr><td colspan="2">职业体验参与人
学校：　　　　　　　　班级：　　　　姓名：
职业体验地点：
职业体验时间：　　年　　月　　日</td></tr>
<tr><td colspan="2">一、实践体验</td></tr>
<tr><td>1. 今天我学习并体验了点钞方法。
半分钟的时间内，我能点钞________张。</td><td>我对活动的感兴趣程度：
☆☆☆☆☆
完成活动的自我评价：
☆☆☆☆☆</td></tr>
</table>

<table>
<tr><td>2. 今天我学习并体验了办理存款和取款。
在办理存取款业务中，我得到“客户”_____星评价。</td><td>我对活动的感兴趣程度：
☆☆☆☆☆
完成活动的自我评价：
☆☆☆☆☆</td></tr>
<tr><td colspan="2">二、兴趣延伸：</td></tr>
<tr><td>1. 我会向其他人介绍今天的体验活动和学到的知识。</td><td>□是 □否 □不确定</td></tr>
<tr><td>2. 我有兴趣了解银行的其他工作。</td><td>□是 □否 □不确定</td></tr>
<tr><td>3. 我希望能再次来到银行参加职业体验活动。</td><td>□是 □否 □不确定</td></tr>
<tr><td colspan="2">三、自我拓展
1. 随着科技的发展，支付方式也越来越多样，给我们的生活带来很多方便。我了解到，除了使用现金，还有很多其他的支付方式。例如，_________、_________、__________________、_________等。
2. 在父母的陪同下，去超市或便利店购买物品，体验不同的支付方式。和父母交流不同支付方式的使用感受和优缺点。</td></tr>
</table>

上海市第一师范学校附属小学　徐思源

税务局工作体验

一、职业体验地点简介

1. 名称：静安区税务局

2. 开放时间：9:00—17:00

3. 基地介绍：上海市静安区税务局是一个政府工作部门，该部门主要按照《中共中央关于深化党和国家机构改革的决定》和《深化党和国家机构改革方案》及《国务院机构改革方案》，为降低征纳成本，理顺职责关系，提高征管效率，为纳税人提供更加优质高效便利的服务，承担了静安区内各项税收、非税收入征管等职责。

4. 地址：上海市静安区中山北路 198 号

二、职业体验内容

1. 了解静安区税务局的基本工作内容。

2. 为前来办理税务的人员提供基础业务服务。

三、职业体验基地适合的学段

高中年级

四、活动项目

（ ）活动日标

1. 初步了解并体验税务局的工作分类和工作内容。

2. 协助税务专员办理日常税务相关事务，了解税务工作范畴。

3. 培养良好的沟通能力和社会责任感。

（二）活动准备

1. 基地准备：工作岗位分配、工作服及相关证件。

2. 学生准备：任务单、相关学习资料。

（三）活动内容

1. 参观税务工作部门

在指导老师的带领下，参观静安区税务局，了解税务局的基本部门构成及相关处室的地理位置。

2. 学习体验税务岗位工作

（1）分组结对

根据自身兴趣及税务局岗位设置，将同学们分为发票组和申报组两个小组，并且和相应的指导老师进行结对。

（2）学习、协助工作人员工作

各组同学根据不同的岗位分配，跟随老师学习具体的工作内容。

处理发票是税务局最基础的业务。发票组的工作人员主要是核对纳税人识别号码、地址、电话、开户银行及账号并确保单位名称和纳税人登记号的相应关系准确无误；另外还为纳税人提供发票吊销、验旧等服务。

关于申报组，税务申报分为网上申报和上门申报两种。网上申报需要通过税务局网站，在申报系统中进行申报处理；而上门申报则需要指导报税人员填写好税务申报表再递交处理。

（3）独立工作上岗

经过一段时间的学习和协助工作，当学生对自身岗位的基础工作内容有了一定的掌握后，便可以独立处理简单的税务工作，引导报税人员更高效地处理业务。

3. 总结与交流

学生交流：分享本次在税务局参加职业体验活动的感悟和收获。

指导老师对学生的表现进行点评。

活动总结，表达感谢。

（四）活动任务单

职业体验参与人 学校：　　　　　　　　　　　　班级：　　　　　　姓名： 职业体验地点： 职业体验时间：　　　　年　　　　月　　　　日	
一、实践体验 1. 了解静安区税务局的基本职能和部门构成。 静安区税务局的主要职能是： 有哪些职能部门： 2. 在你的工作岗位上，有哪些特别需要注意的地方？	
二、自我反思（涂星号表示） 1. 作为税务局服务人员，你觉得对以下能力的要求是	
对税务处理流程的了解	☆☆☆☆☆
对整个税务局的了解	☆☆☆☆☆
专业技能的要求	☆☆☆☆☆
沟通表达能力	☆☆☆☆☆
体力的要求	☆☆☆☆☆
其他（可自行补充）	☆☆☆☆☆
2. 我的自评	
完成活动的评价	☆☆☆☆☆
我对此次活动的兴趣	☆☆☆☆☆
我还会从事相关志愿活动	☆☆☆☆☆

三、活动拓展 1. 在志愿工作中，你认为在与报税人员沟通交流时应注意些什么？ 2. 你对现在整个报税的流程及服务，有什么更好的服务建议？

上海市第六十中学　杨涵茵

企业管理
——越洋国际广场职业体验

一、职业体验地点简介

1. 名称：越洋国际广场（以此为例，每次不固定）

2. 开放时间：暑假

3. 基地介绍：越洋国际广场位于上海市静安区南京西路与常德路交汇点附近，占地约21000平方米，由一幢43层的甲级办公楼、5层的主题商场和24层的超五星级精品酒店组成，总建筑面积近20万平方米。由静安寺综合社区党委牵头，与该广场办公楼内的企业党支部接洽，向学生提供开放参观公司、体验白领文化的机会。

4. 地址：上海市静安区南京西路常德路

二、职业体验内容

参观企业，了解企业经营管理，体验白领文化，初步体验企业管理人员的工作。

三、职业体验基地适合的学段

高中年级

四、活动项目

（一）活动目标

1. 接触企业员工，了解企业经营管理及市场运作，体验企业文化。

2. 接触职业世界，对将来的就业形势有所预期，为今后的专业和职业选择提供参考。

3. 体验白领文化，了解企业管理人员的工作和生活。

（二）活动内容

1. 社企校三方接洽

由静安寺社区综合党委牵头，与越洋国际广场的企业党支部接洽，并与学校三方一起协商活动开展的方案。

2. 学生进楼宇

由社区工作人员带领，学生两人一小组，十人一大组，进入广场的企业进行参观，利用一周时间走进楼宇的国内外、大中小微型各类企业进行参观体验，与企业管理人员深入交谈。

3. 学生调查访谈

根据事先制定好的调查访谈提纲，学生对企业管理人员展开调研，了解企业的经营模式、市场运作、企业文化、行政内务、公共关系管理等，以及企业管理人员的上岗条件、必备技能、工作范围、考核要求等内容，有条件的企业还可以为学生提供某些岗位的体验机会。

4. 学生撰写职业体验报告

参观结束后，学生根据参观和访谈的经历撰写体验报告，并在学校中交流。

5. 企业进校

利用微型讲座的平台，创设机会邀请企业进校园，为感兴趣的学生传播创新科普等知识，让学生对职场世界有更多的了解和认识。

（三）学习单

<table>
<tr><td colspan="2">职业体验参与人
学校：　　　　　　　　　　　　班级：　　　　　姓名：
职业体验地点：
职业体验企业：
职业体验岗位：
职业体验时间：　　　　年　　　月　　　日</td></tr>
<tr><td colspan="2">一、实践体验
我的自评：</td></tr>
<tr><td>完成活动的评价</td><td>☆☆☆☆☆</td></tr>
<tr><td>我对此次活动的兴趣</td><td>☆☆☆☆☆</td></tr>
<tr><td>我还会从事相关活动</td><td>☆☆☆☆☆</td></tr>
<tr><td colspan="2">二、活动拓展
本次“进楼宇看企业”活动中，你着重对企业中的哪类管理人员进行了深入了解？这对你今后的专业和职业选择有什么新的启发？
岗位名称：
工作内容、任务和职责：

考核要求：

所需知识和技能：

从业资格：

薪酬待遇：

工作环境：

发展前景：</td></tr>
</table>

上海市市西中学　康元艺

创客空间

一、职业体验地点简介

1. 名称：上海市青少年活动中心创新屋

2. 开放时间：周二至周六 10:00—16:00（周六活动需电话预约）

3. 基地介绍：北站街道创新屋设置于上海市青少年活动中心内，是本市为广大社区居民提供实现创新创意梦想的科普惠民工程。上海市青少年活动中心以“共享优质教育资源”为宗旨，在创新屋内开设活动型短课程。学生们通过参观、体验，了解机床的操作、工具的使用、图纸的绘制，在专业老师的指导下，还能亲手制作小作品。北站街道创新屋秉承着“我动手、我设计、我制作、我快乐”的原则，打造出一个充满快乐、将梦想变为现实的童创空间。

4. 地址：上海市静安区汉中路 188 号上海市青少年活动中心 3 楼

二、职业体验内容

1. 参观创新屋展厅，了解主要活动项目。

2. 帮助前台接待、登记、带领参观展厅，提高交流能力。

3. 体验 3D 打印，体验现代科技。

4. 体验手工类制作，了解工具使用、提升动手能力。

三、职业体验学段

初二至高三年级

四、活动项目

（一）活动目标

1. 初步了解青少年活动中心的工作。

2. 感受创新屋职员的工作价值与不易，理解成人工作的辛苦。

3. 树立积极应对困难、解决问题的价值观。

（二）活动准备

1. 基地准备：带教人员、相应设备及工作牌。

2. 教师准备：打印相关工作内容及要求。

3. 学生准备：上网了解基地信息及大致工作内容。

（三）活动内容

1. 参观创新屋展厅

在基地工作人员的带领下参观基地大厅，了解创新屋的主要活动项目。

2. 前台工作体验

（1）基地工作人员示范讲解

基地工作人员示范讲解如何接待访客。

（2）学生尝试

学生尝试接待访客，基地工作人员进行指导。

工作人员给出一些小建议以及小技巧。

（3）学生自主接待访客

学生自主接待访客，提升自身与人交流的能力。

3. 3D 打印体验

（1）基地工作人员示范 3D 打印流程及注意事项

基地工作人员展示如何使用 3D 打印笔画出自己想要的图案及物体，同时讲解注意事项。

（2）学生对基地工作人员的示范流程进行练习

学生实践使用 3D 打印笔绘制自己想要的图案及物体。

（3）工作人员进行点评指导

基地工作人员对学生的操作流程进行指导和点评，学生后续需要注意练习。

（4）学生独立接待访客、指导访客

学生熟练掌握 3D 打印要点后，接待访客，并指导访客如何使用 3D 打印笔完成操作，结束后取得访客的评价。

4. 手工类工艺品制作体验

（1）基地工作人员示范手工制作流程及注意事项

基地工作人员展示如何使用小机床以及木工工具，同时讲解注意事项。

（2）学生对基地工作人员的示范流程进行练习

学生实践使用小机床及木工工具制作画框或者冰箱贴。

（3）工作人员进行点评指导

基地工作人员对学生的操作流程进行指导和点评，学生后续需要注意练习。

（4）学生独立接待访客、指导访客

学生熟练掌握小机床及木工工具要点后，接待访客，并指导访客如何使用以及体验设备并完成画框及冰箱贴的制作，结束后取得访客的评价。

5. 总结与交流

学生交流：分享本次在创新屋参加职业体验活动的感悟和收获。

活动总结，表示感谢。

（四）学习单

<table>
<tr><td colspan="2">职业体验参与人
学校：　　　　　　　　　　　班级：　　　　　姓名：
职业体验地点：
职业体验时间：　　　　年　　　月　　　日</td></tr>
<tr><td colspan="2">一、实践体验</td></tr>
<tr><td>1. 今天我学习并体验了前台接待。一天时间内，我接待了_____名访客。</td><td>我对活动的感兴趣程度：
☆☆☆☆☆☆
完成活动的自我评价：
☆☆☆☆☆☆
这项工作的霍兰德兴趣类型是：
RIASEC</td></tr>
<tr><td>2. 今天我学习并体验了 3D 打印设备。在指导访客过程中我得到访客的________星评价。</td><td>我对活动的感兴趣程度：
☆☆☆☆☆☆
完成活动的自我评价：
☆☆☆☆☆☆
这项工作的霍兰德兴趣类型是：
RIASEC</td></tr>
<tr><td>3. 今天我学习并体验了工艺品制作。在指导访客过程中我得到访客的________星评价。</td><td>我对活动的感兴趣程度：
☆☆☆☆☆☆
完成活动的自我评价：
☆☆☆☆☆☆
这项工作的霍兰德兴趣类型是：
RIASEC</td></tr>
<tr><td colspan="2">二、兴趣延伸</td></tr>
<tr><td>1. 我会向其他人介绍今天的体验活动和学到的知识。</td><td>□是 □否 □不确定</td></tr>
<tr><td>2. 我有兴趣了解生活中其他需要动手操作的工作。</td><td>□是 □否 □不确定</td></tr>
<tr><td>3. 我希望能再次来到创新屋参加职业体验。</td><td>□是 □否 □不确定</td></tr>
<tr><td colspan="2">三、自我拓展
1. 随着科技的发展，当下社会需要动手的工种层出不穷，它们为我们的生活带来了各式各样的物品。除了今天体验的工艺品制作、3D 打印之外你还了解哪些？例如______________、___________、________、_______等。
2. 在家长或同伴的陪同下，去手工作坊或者各种工匠铺体验不同的工作。与师长同伴交流不同工作给你带来的职业感悟。
3. 在体验______工作时，我感受到了以前从未体验过的愉悦感受。在体验____工作时，我感受到了无助、乏味。在体验______工作时，我感受到了兴奋、好奇，还想对这个工作的周边有更多的了解。
4. 在体验_____工作时，我觉得自己的_____能力得到了发挥。在体验_____工作时，我觉得自己的_____能力还需要加强。在体验___工作时，我觉得自己的______能力明显出众。在体验_____工作时，我觉得自己的_____能力在所有的工作中都很重要，我希望在未来自己可以通过_____途径去拥有这个能力。
5. 在体验____工作时，我感受到了一种从未有过的价值感，这个工作让我觉得自己很重要。
6. 通过社会实践，我拓展了自己的职业兴趣，同时对自己的霍兰德职业兴趣类型更加确定，我的霍兰德兴趣前三位是_______、_________、_______。</td></tr>
</table>

上海大学市北附属中学　刘晓华

科普小达人

一、职业体验地点简介

1. 名称：芷江西路街道社区文化活动中心

2. 开放时间：8:30—21:00

3. 基地介绍：芷江西路街道社区文化活动中心是一个以基本公共文化服务为主的文体活动中心，设有展示展览、文艺汇演、体育健身、信息上网、图书综合阅览、舞蹈排练、戏曲排演、手工制作、科普创新、社区教学、心理咨询、文化体育团队等活动和室外健身广场等活动场所，能满足文体多元化的需求。

4. 地址：上海市静安区芷江西路151号

二、职业体验内容

1. 参观芷江西路街道社区文化活动中心科普创新活动馆。

2. 体验水族生态瓶的制作过程。

3. 指导社区居民制作生态瓶。

三、职业体验基地适合的学段

高一至高三年级

四、活动项目

（一）活动准备

1. 基地准备：镊子、透明玻璃瓶、水草泥、雨花石、海树枝、小水兰一棵、蜈蚣草两段。

2. 教师准备：打印相关工作规则、要求。

3. 学生准备：自习基地准备的生态瓶制作过程，撰写讲解教案。

（二）活动内容

1. 参观芷江西路街道社区文化活动中心科普创新活动馆，观摩馆藏各类科普作品。

2. 生态瓶制作体验

（1）自由练习

学生按照自己的预习制作生态瓶，并各自交流制作心得。

（2）指导老师示范、讲解

指导教师示范生态瓶的制作要点。

点评学生的生态瓶作品，并提出修改建议。

（3）学生观摩

指导老师现场为社区居民授课，学生观摩整个授课过程并做好翔实的记录。

在制作环节，帮助指导教师一起辅导组员完成相关作品。

（4）作品和教案修改，制作讲解 PPT

通过现场授课的记录，进一步修改各自教案。进一步练习生态瓶的制作，并将通俗易懂的话语融入教案中。

3. 授课体验

（1）学生轮流作为当天活动的主持人，向居民介绍生态瓶的益处及其制作过程。

（2）其余成员分成两组：一组清点道具，依据现场授课的人数分发教学器材；另一组负责在一旁帮助指导。

（3）教学说明

【步骤】

① 1. 确认制作所需材料和工具齐备，包括：镊子、透明玻璃瓶、水草泥、雨花石、海树枝、小水兰一棵、蜈蚣草两段。

②打开玻璃瓶瓶塞，倒入水草泥，水草泥厚度应在 3—3.5 厘米，轻摇玻璃瓶使水草泥平整。

③水草泥是专门为培养水草而研发的固体颗粒状基质，富含矿物质及其他微量元素，同时可以起到调节水中 pH 值、硬度等作用，其效用是缓释型的，效果一般可持续 2 年左右。

④在水草泥上铺设雨花石，雨花石应完全盖没水草泥。

* 雨花石主要起到固定水草泥及装饰作用，防止在换水时水流直接冲击水草泥导致其扬起、浑水等情况。

⑤选取大小合适的海树枝，长度应为瓶身高度的三分之二左右，用力插入水草泥中，保证海树枝稳固。

* 海树枝为装饰性材料，选用的是进口天然海树，精挑细选，营造出令人惊艳的水下世界。

⑥选取合适长度的蜈蚣草，长度应控制在瓶身的二分之一到三分之二，并将水草最下端 4 厘米左右的叶片全部摘除，再使用镊子夹住水草根部末端，定植于水草泥中，然后将小水兰以相同方法定植于水草泥中。

* 生态瓶中选择的水草为人工驯养的全水下叶植株（市面上售卖的多为水上叶植株），可以完全适应水下环境。其品种也经过挑选，在兼顾观赏性的同时更适用于生态瓶的水环境，还可以起到净化水质、为其他生物供氧的作用。

* 摘除根部多余叶片。

⑦向生态瓶中加入生态培养水，加水过程中要注意在加水初期用手进行引流，防止水流过猛冲击雨花石和水草泥。水位控制在离瓶口 1.5—2 厘米的位置。

* 生态瓶中一般使用专用的生态培养水，其各项水质环境因子都为最佳配比，且富有稳定的微生物群落，有助于动植物的生长及水环境的稳定，极大地延长生态瓶的自然寿命。

⑧用镊子调整水草的姿态，避免水草互相缠绕。

⑨添加适量的鱼和虾，一般最佳数量为三条鱼、两只虾。

* 生态瓶中养殖的鱼、虾都为人工驯养三代以上的优质品种，且经过人工筛选，其在温度波动、低氧、饥饿、恶劣水质的耐受性上远高于同类品种。

（三）活动学习单

<table>
<tr><td colspan="2">职业体验参与人
学校：　　　　　　　　班级：　　　　　　　姓名：
职业体验地点：
职业体验时间：　　　　年　　　月　　　日</td></tr>
<tr><td colspan="2">一、实践体验
1. 今天的活动，你负责的项目是什么？
2. 你负责的板块，“学生”对你的讲解和指导满意吗？
3. 有没有“学生”主动来和你交流制作心得，提出他们的想法或困惑？</td></tr>
<tr><td colspan="2">二、兴趣延伸</td></tr>
<tr><td>1. 我会向其他人介绍今天的体验活动和学到的知识。</td><td>□是 □否 □不确定</td></tr>
<tr><td>2. 我有兴趣参与科普知识的推广。</td><td>□是 □否 □不确定</td></tr>
<tr><td>3. 我希望下次能再来参加此类职业体验。</td><td>□是 □否 □不确定</td></tr>
<tr><td colspan="2">三、自我拓展
1. 在体验______工作时，我感受到了以前从未体验过的愉悦感受。在体验______工作时，我感受到了无助、乏味。在体验______工作时，我感受到了兴奋，好奇、还想对这个工作的周边有更多的了解。
2. 在体验______工作时，我觉得自己的______能力得到了发挥。在体验______工作时，我觉得自己的______能力还需要加强。在体验______工作时，我觉得自己的______能力明显出众。在体验______工作时，我觉得自己的______能力在所有的工作中都很重要，我希望在未来自己可以通过______途径去拥有这个能力。
3. 在体验______工作时，我感受到了一种从未有过的价值感，这个工作让我觉得自己很重要。
4. 通过社会实践，我拓展了自己的职业兴趣，同时对自己的霍兰德职业兴趣类型更加确定，我的霍兰德兴趣前三位是______、______、______。</td></tr>
</table>

上海大学市北附属中学　金晨

雕塑公园里的“保洁员”

一、职业体验地点简介

1. 名称：静安雕塑公园

2. 开放时间：全天

3. 基地介绍：静安雕塑公园是上海市中心唯一专类雕塑公园，是一个开放式的城市公园。静安雕塑公园是以人为本，以绿为主，以雕塑为主题，以展示为手段，绿化与雕塑、小品相互渗透、和谐统一的城市公园；同时为广大市民提供游憩、休闲和接受艺术熏陶的活动场所，创造上海中心城区公园绿地与文化设施结合的典范。全天开放。

静安雕塑公园位于上海市中心城区静安区东部，东至成都北路，南至北京西路，西至石门二路，北至山海关路，总占地面积约为6.5万平方米，东面依托交通主干道南北高架与上海各区域形成紧密联系，南面与北京西路相连，西临石门二路，北与苏州河相邻。

4. 地址：上海市静安区石门二路128号

二、职业体验内容

学生在公园内帮助引导游客，帮助公园内清洁人员一同捡拾垃圾，擦拭保安室的玻璃。同学们会拿着垃圾袋在公园内巡视，看到垃圾后捡起并放入垃圾袋中，从而锻炼同学们的动手能力。适合青少年来锻炼自己，并且所有年龄段的人都可以来体验。

三、职业体验基地适合的学段

高一至高三年级

四、职业兴趣维度

志愿者清扫垃圾以及游客留下的水瓶纸屑等。在此过程中，学生们完成对一项最基本、最基础工作的体验，感受这份工作的不简单和不平凡——要按照规章制度的要求，有耐心有条理地完成具体工作。兴趣维度：R。

五、活动项目

（一）活动目标

1. 了解户外保洁工作标准。

2. 随时巡检，随时清理。

3. 树立不怕苦、不怕难的价值观。

（二）活动准备

1. 基地准备：基地为学生准备工作所需物品。

2. 学生准备：学生需带好自己的学生证。

（三）活动内容

1. 雕塑公园的门卫叔叔先教导学生们如何使用工具，告诉学生需要清扫的区域。门卫叔叔十分细心地从使用、归还、清洁细节三个方面对学生进行指导。

2. 学生在公园内帮助清洁地面垃圾，使用门卫叔叔提供的工具与垃圾袋将地上的垃圾捡起，并按照垃圾分类的要求投放在不同的垃圾桶内。在特定位置，看到有需要帮助的人时，上前帮助。

3. 除了清洁地面卫生的学生之外，其余学生帮助清洁保安室的外门窗玻璃和展示板的玻璃，用抹布在指定的水池中清洗干净后将玻璃擦干净。抹布分为湿抹布和干抹布，分别用于清洁，最后清洗干净，放至指定位置。

六、体验总结

在静安雕塑公园内的志愿者活动，让我们认识到保洁工作的不容易，帮助我们树立不怕苦、不怕难的价值观。在随时巡检、随时清理的目标引导下，增强了我们热爱公共卫生的习惯，制止乱丢垃圾也锻炼了学生与人沟通的能力。

职业体验参与人 学校：　　　　　　　　班级：　　　　姓名： 职业体验地点： 职业体验时间：　　　年　　　月　　　日	
一、实践体验 今天的活动，你负责的项目是： 你有什么想法和心得？	
二、兴趣延伸	
1. 我会向其他人介绍今天的体验活动和学到的知识。	□是 □否 □不确定
2. 我有兴趣参与其他志愿者活动。	□是 □否 □不确定
3. 我希望下次能再来参加此类职业体验。	□是 □否 □不确定
三、自我拓展 1. 在体验______工作时，我感受到了以前从未体验过的愉悦感受。在体验______工作时，我感受到了无助、乏味。在体验______工作时，我感受到了兴奋、好奇，还想对这个工作的周边有更多的了解。 2. 在体验______工作时，我觉得自己的______能力得到了发挥。在体验______工作时，我觉得自己的______能力还需要加强。在体验______工作时，我觉得自己的______能力明显出众。在体验______工作时，我觉得自己的______能力在所有的工作中都很重要，我希望在未来自己可以通过______途径去拥有这个能力。 3. 在体验______工作时，我感受到了一种从未有过的价值感，这个工作让我觉得自己很重要。 4. 通过社会实践，我拓展了自己的职业兴趣，同时对自己的霍兰德职业兴趣类型更加确定，我的霍兰德兴趣前三位是______、______、______。	

同济大学附属七一中学　丁羿飞

小小河道治理者

一、职业体验地点简介

1. 名称：彭越浦河

2. 开放时间：全年开放

3. 基地介绍：彭越浦河又名谭子港、彭公浦、彭浦，是吴淞江北岸的36条纵浦之一，位于静安区彭浦镇范围内。彭越浦南起苏州河谭子湾（谭子湾和潘家湾、朱家湾组成知名的苏州河三湾）北岸，往东穿过沪宁铁路后折向北刘，经彭浦镇到达走马塘，全长8.6公里。彭浦乡、彭浦镇的名字均由这条河名而来。

二、职业体验内容

水是生命之源，水利兴则天下定。 上海作为一个依水而生、因水而兴的国际化大都市，水始终与城市发展、人民生活休戚相关。2016年开始静安区以生态建设为亮点，实施最严格的水资源管理制度，在全市做出表率，也为中小学环境教育提供了绝佳的素材。闸北八中坐落在重点整治河道彭越浦河东茭泾段东岸，对于这条黑臭河道的巨大变化，师生有切肤感受，在成功教育思想指导下，学校将“水环境治理”纳入项目研究课程和社会实践活动。在刘校长的倡导下，由校长室协调与静安区河道水政管理所、彭浦镇妇联、上海汀滢环保科技有限公司联合开展“水环境治理科普实践活动”，使同学们在担任护河志愿者的实践中涵养家国情怀，砥砺科学精神。

三、职业体验基地适合的学段

高一、高二年级

四、活动项目

（一）活动目标

1. 了解静安区河道治理的现状，使用学校的DIS数字传感器和iPad移动终端进行水样分析，监测河水治理情况。

2. 担当河道“清清护河”志愿者，开展中学生水环境科普实践活动，让学生从校内到校外，从课本到实践，提高综合素养，在担任护河志愿者的实践中涵养家国情怀，砥砺科学精神。

（二）活动准备

1. 教师准备：向学生明确相关规则和要求，在过程中提供学生所需的指导，为学生搭建校外合作的平台（静安区河道水政管理所、彭浦镇妇联、上海汀滢环保科技有限公司），同时为护河志愿活动进行路线规划。

2. 学生准备：

（1）分组。

（2）搜集整理相关资料。

（3）人员分工。

（4）调查内容设计。

（三）活动内容

以小组为单位进行一次“清清护河”的志愿活动，包括：

1. 以小组为单位，查阅静安区河道相关资料，参与专题讲座。

讲座由静安区河道水政管理所的综合办主任徐皓为学生讲解静安区河道基本概况、河道整治措施、河道整治前后对比情况等，使同学们对身边的河道有了基本的了解。邀请汀滢环保公司的技术总监、高级工程师谈祥为同学们讲解专业的河道水环境知识——水生态系统与环境保护，从水生态系统的基本概念，到水生态系统的构建、水域分类、水域动植物分类及作用，水生态治理方案。

2. 同学们进行分组，然后分成小队制作各自的队旗。

专题讲座和小组查阅资料之后，各小队根据自己的理解创作护河志愿队旗，寄托对河道环境治理的美好愿望，赋予旗帜鲜明的含义，丰富的内涵包含了学生们对河道整治的美好期望。

3. 学生现场参与考察河道、水库。

基于之前对河道治理的了解，学生在老师的带领下前往河道、水库现场实地考察。学生将会到金泽水库、中扬湖、夏长浦、东茭泾雨水公园进行现场勘查和取样。

4. 学生现场参观实验室，进行水质检测实验。

学生前往汀滢研发基地，参观实验室，认识实验仪器和设备；随后分成小组由老师分别带领进行水质指标检测观摩学习与动手操作，主要检测常用的三个水质指标——氨氮、高锰酸盐、Cd，让大家在感性认识的基础上加深对数据的理解，了解不同水质的不同指标、仪器的运用。

5. 展示活动成果。

学生可通过拍小电影、制作主题油画、手绘静安十二河道景观等方式，全方位展示调研成果。

（四）活动任务单

“清清护河”志愿者 1. 我的护河小队队名：
2. 我的护河志愿小分队队旗：
3. 通过参与水生态系统、水域分类、水质指标的科普讲座，你对河道治理有什么建议和想法？
4. 河道、水库考察计划 (1) 考察目的： (2) 考察时间： (3) 考察路线： (4) 考察内容和方式： 现场考察，收集如下资料： 实验考察，了解以下几方面的信息：
5. 创意展示活动成果
6. 活动评价和感悟 我对活动的感兴趣程度是：☆☆☆☆☆ 我对完成活动的自我评价是：☆☆☆☆☆ 专家对我们完成活动的评价是：☆☆☆☆☆ 经历了此次“清清护河”志愿者活动，你的感受如何？你对环保相关的工作有什么看法？

上海市闸北第八中学　王娇

劳动最光荣
——环卫工人职业体验

一、职业体验地点简介

1. 名称：金帝保洁公司

2. 开放时间：寒暑假

3. 基地介绍：金帝保洁公司主要负责南京西路等地段的环卫工作，常年与学校合作，组织高三学生参与“扫大街”活动。

4. 地址：南京西路

二、职业体验内容

扫大街，体验环卫工人的工作。

三、职业体验基地适合的学段

高中年级

四、活动项目

（一）活动目标

1. 体会环卫工人的工作内容，了解城市环卫的运行机制。

2. 感受环卫工人工作的辛苦与不易，培养学生认识劳动的价值。

（二）活动内容

1. 学生以小组为单位，每个小组由一名环卫工人作为“师傅”，向小组讲解城市环卫的运行机制，以及环卫工作的具体操作方法和技巧，让学生了解环卫工人每日的工作内容。

2. 学生以小组为单位在南京西路上分段开展两个小时的“扫大街”活动，清理路面上的落叶和垃圾以及绿化带中的垃圾等。

三、学习单

职业体验参与人 学校：　　　　　　　　班级：　　　　姓名： 职业体验地点： 职业体验岗位： 职业体验时间：　　年　　月　　日	
一、实践体验 1. 了解环卫工人工作 环卫工人的作息时间是__________，环卫工人的工作流程是__________。 环卫工人的工作面临的最大挑战是________________。 2. 我的自评	
完成活动的评价	☆☆☆☆☆
我对此次活动的兴趣	☆☆☆☆☆
我还会从事相关活动	☆☆☆☆☆
二、活动拓展 1. 你如何理解环卫工人工作的价值？ 2. 在提升环卫工人工作环境方面你有何建议？ 3. 体验了环卫工人的工作之后，你对提升城市清洁度方面有何新的想法？	

上海市市西中学　康元艺

职业体验进社区，便民服务暖人心

一、职业体验地点简介

1. 名称：宝山路街道社区文化活动中心

2. 开放时间：8:30—21:00

3. 基地介绍：宝山路街道社区文化活动中心位于上海市静安区宝昌路 533 号，该中心于 2005 年 12 月 31 日建成，2006 年 1 月正式向居民开放。

该中心建筑面积达 4500 多平方米，中心内设有社区学校、社区创新屋、眼镜博物馆、舞蹈房、团队活动室、东方信息苑、图书馆、健身房、乒乓房、多功能厅等活动场所。其中，宝山路街道图书馆于 2011 年创建成上海市特级图书馆，图书馆建筑面积达 500 平方米，藏书量达到 4 万多册。上海市眼镜博物馆是上海市唯一一家由社区开办的博物馆，每年接待参观者 3.1 万人次。社区文化活动中心是公共文化建设的主阵地，成为社区居民文化娱乐的主要场所。

4. 地址：上海市静安区宝昌路 533 号

二、职业体验内容

参观上海市眼镜博物馆，了解眼镜的制造工艺，熟悉眼镜销售产业链。

三、职业体验基地适合的学段

高中年级

四、活动项目

（一）活动目标

1. 初步了解并体验眼镜制作工艺。

2. 感受眼镜制作人员严谨细致的工作态度。

3. 提升学生的社会责任感，激发学生回馈社会的热情和对职业的认同度。

（二）活动准备

1. 基地准备：志愿者服装，工作牌，志愿者服务的技能培训。

2. 教师准备：打印相关工作规则、要求，并预先进行礼仪与安全教育。

3. 学生准备：查阅资料，了解眼镜的相关知识。

（三）工艺介绍

一副眼镜的制作加工主要包括以下的流程：

接待顾客 → 验光 → 镜架、镜片选择 → 制作加工 → 检查调整。无论哪个部门哪道工序都必须力求精确，即尽可能减少加工误差，其中制作加工也有不同的工序。

1. 光学冷加工工序

第 1 道：铣磨，是去除镜片表面凹凸不平的气泡和杂质，起到成形作用。

第 2 道：精磨工序，是将铣磨出来的镜片将其破坏层给消除掉，固定 R 值。

第 3 道：抛光工序，是将精磨镜片再一次抛光，这道工序主要是为了把外观做得更好。

第 4 道：清洗，将抛光后镜片的表面抛光粉清洗干净，防止压克。

第 5 道：磨边，是将原有镜片外径磨削到指定外径。

第 6 道：镀膜，在需要镀膜的镜片表面镀上一层或多层有色膜或其他膜。

第 7 道：涂墨，是指在镜片外缘涂上一层黑墨以防止反光。

第 8 道：胶合，是将 2 个 R 值相反、大小和外径材质一样的镜片用胶将其粘合。

2. 镜片抛光

光学镜片经过研磨液细磨后，其表面尚有厚约 2—3 毫米的裂痕层，消除此裂痕层的方法即为抛光。抛光与研磨的机制一样，唯其所使用的工具材质与抛光液不同，抛光所使用的材料有绒布、抛光皮及沥青，通常要达到高精度的抛光面，最常使用的材料为高级抛光沥青。利用沥青来抛光，是借由沥青细致的表面，带动抛光液研磨镜片表面生热，使玻璃熔化流动，熔去粗糙的顶点并填平裂痕的谷底，逐渐把裂痕层除去。

目前抛光玻璃镜片所使用的抛光粉以氧化铈为主，抛光液调配的比例依镜片抛光时期不同而有所不同，一般抛光初期和抛光模合模时使用浓度较高的抛光液，镜片表面光亮后，则改用浓度较稀的抛光液，以避免镜面产生橘皮现象（镜片表面雾化）。

抛光与研磨所用的运动机构相同，除了抛光的工具与工作液体不一样外，抛光时所需环境条件亦较研磨时严苛。

抛光时一般要注意的事项如下：

抛光沥青的表面与抛光液中不可有杂质，不然会造成镜面刮伤；抛光沥青表面要与镜片表面吻合，否则抛光时会产生跳动，因而咬持抛光粉而刮伤镜片表面；抛光前必须确定镜片表面是否有研磨后所留下的刮伤或刺孔；抛光工具的大小与材质是否适当；沥青的软硬度与厚度是否适当；抛光的过程中必须随时注意镜片表面的状况及精度检查。透镜表面瑕疵的检查，因为检测的过程是凭个人视觉及方法来判断，所以检验者应对刮伤及砂孔的规范有深刻的认知，要经常比对刮伤与砂孔的标准样板，以确保检验的正确性。

（四）活动内容

1. 参观宝山路街道社区文化活动中心

在工作人员的带领下，参观社区文化活动中心的各楼层，了解各个组成部分，尤其是眼镜博物馆等重要场所及所在大致的位置。

2. 参观眼镜博物馆与学习讲解

（1）工作人员示范

工作人员带领学生参观、示范讲解礼仪，教授眼镜博物馆展示的相关专业知识，体验眼镜制作的相关工艺。

（2）讲解词与礼仪的考核与选拔

进行讲解词背诵与讲解礼仪的考核，并纠正其中的错误。

3. 学生独立工作上岗

学生独立为参观者讲解，导师跟岗并纠正学生存在的问题。

4. 总结与交流

学生交流：分享本次在宝山路街道社区文化活动中心参加职业体验活动的感悟和收获。

指导老师对学生的表现进行点评。

活动总结，表达感谢。

（五）活动任务单

职业体验参与人 学校：　　　　班级：　　　　姓名： 职业体验地点： 职业体验时间：　　　年　　　月　　　日	
一、实践体验 1. 了解宝山路街道社区文化活动中心 宝山路街道社区服务中心设有_____等活动场所（至少写出 6 个）。 2. 在担任眼镜博物馆讲解员这个岗位时，你认为最重要的特质是什么？ 3. 在眼镜制作工艺的过程中，让你印象最深刻的是哪一个环节？	
二、自我反思（涂星号表示） 1. 作为社区文化中心志愿者，你觉得应具备以下哪些能力？	
社区文化中心概况的了解	☆☆☆☆☆
眼镜专业知识的掌握	☆☆☆☆☆
沟通表达能力	☆☆☆☆☆
体力的要求	☆☆☆☆☆
其他（可自行补充）	☆☆☆☆☆
2. 我的自评	
完成活动的评价	☆☆☆☆☆
我对此次活动的兴趣	☆☆☆☆☆
我还会从事相关志愿活动	☆☆☆☆☆
三、活动拓展 1. 在志愿工作中你认为在与参观人员沟通交流时应注意些什么？ 2. 经过这次体验，你觉得社区文化中心的主要受众是哪一个年龄段？对该中心有什么更好的服务建议吗？	

上海市第六十中学　王祖康

遵守交规我先行

——今天我做小交警

一、职业体验地点简介

1. 名称：临汾街道生涯教育实践

2. 基地介绍：临汾路街道位于上海市静安区，始建于1988年10月，辖区范围：东起江杨南路，与虹口区毗邻；西至岭南路，与彭浦新村街道交界；南至北郊站；北临北长浜，与宝山区接壤。总面积2.12平方公里，居民约7.6万人、2.5万户，下辖4个次网格街区，设20个居委会。它是田家炳中学周边最重要的街道之一，也是学生、老师上班上学的常经之路，临汾街道的文明通畅与我们的出行安全、便利息息相关。按照《全区城市道路交通文明畅通三年提升行动计划（2018—2020年）》的通知要求，我们应重视交通严管，创建文明示范街道，创造有序、畅通、安全、绿色、文明的城市交通环境，增强学生的文明出行意识，科普交通规则知识。

3. 地址：上海市静安区岭南路712号至场中路1985号

二、职业体验内容

1. 交通规则的学习。
2. 跟随交警执勤。
3. 记录社会车辆、行人违反交规的状况。
4. 反馈当日交规状态。

三、职业体验基地适合的学段

高一、高二年级

四、活动项目

（一）活动目标

1. 了解学习、生活场所重要街道的交通状况。
2. 感受街道交警工作的艰辛，对交警职业有更深入、更具体的了解。
3. 学习交通规则，并在实践中运用，更加深刻地理解遵守交规的重要性。

（二）活动准备

1. 基地准备：交警制服、交通规则培训、安全培训。
2. 教师准备：让学生了解活动过程中的相关规则和要求，并提供相关的指导。
3. 学生准备：记录违反交通规则任务单。

（三）活动内容

1. 全体学生和老师参加基础交通规则培训。

（1）行人交通规则：过马路必须以交通信号灯为准。

（2）非机动车交通规则：电动车、自行车、三轮车等，必须以交通信号灯为准，过马路需要像行人一样走斑马线。

（3）机动车交通规则：遵守交通信号灯通行；按规则停车、避让行人；不能酒驾；必须系安全带；开车时不能接听电话。

2. 将学生分为 3 人一组，每个小组跟随一名交警到街道执勤，每一位同学负责记录一种交通（行人、非机动车辆、机动车辆），每组同学观察一个小时，采取轮换制的方式分批次实践。

3. 每一位同学按照任务单记录该时段的交通规则状况，并整理归纳。

4. 邀请交警和社区人员，与他们分享整理归纳的结果，并分享自己在实践中的困惑与感受，对社区工作人员和交警表示感谢。

（四）活动任务单

记录人：	记录时间段：	地点：
闯红灯人数：		
群体特征	男：	女：
	老人：　　中年人：	青年：　　小孩：
劝阻有效人数	有效：	无效：
不走斑马线		
群体特征	男：	女：
	老人：　　中年人：	青年：　　小孩：
劝阻有效人数	有效：	无效：
你的反馈		
你的建议		

非机动车遵守交规任务单

记录人：	记录时间段：	地点：
闯红灯人数：		
群体特征	男：	女：
	老人： 中年人：	青年： 小孩：
劝阻有效人数	有效：	无效：
不走斑马线		
群体特征	男：	女：
	老人： 中年人：	青年： 小孩：
劝阻有效人数	有效：	无效：
你的反馈		
你的建议		

机动车遵守交规任务单

记录人:	记录时间段:	地点:
闯红灯人数:		
酒驾数量:		
违规停车:		
没系安全带:		
不避让行人:		
接听电话:		
你的反馈:		
你的建议:		

上海市田家炳中学 刘林梦

我们来当消防员

一、职业体验地点简介

1. 名称：上海市消防总队徐汇支队梅陇中队

2. 开放时间：全年开放

3. 基地介绍：上海市消防总队徐汇支队梅陇中队是上海市消防局下属的120个消防中队之一，担负着本地区防火灭火、抢险救灾和反恐排爆三项任务，是一支全天候、全时制为上海经济建设和市民提供消防安全服务的队伍。

4. 地址：上海市徐汇区老沪闵路709弄小区老沪闵路707号

二、职业体验内容

参观消防队营地，学习消防知识，体验消防兵训练。

三、职业体验基地适合的学段

小学至高中年级

四、活动项目

（一）活动目标

1. 初步了解并体验消防员的生活，了解消防员的主要职责和职业要求。

2. 学习消防知识，感受防火防灾的重要性。

3. 感受并学习消防员赴汤蹈火、追求卓越的职业精神。

（二）活动准备

1. 基地准备：安排指导教官，开放相关场地和设施。

2. 教师准备：向学生明确相关规则和要求，在过程中提供学生所需的指导。

3. 学生准备：上网了解消防知识，检查自己家庭中的消防安全。

（三）活动内容

1. 参观消防队营地，走进神秘的消防支队。

2. 登上神奇的消防车。在消防员的带领下坐在消防车里，零距离了解消防车各部分的结构及功能，聆听消防队员讲解高精尖器材、特殊装置，听取消防战士关于事故应急措施处理方法的讲解。

3. 参观消防战士的寝室和学习室，从其一尘不染、整齐划一的生活区域，体会消防战士一丝不苟、艰苦奋斗的作风。

4. 火灾逃生小常识的测试与分享：如果发生火灾，怎么逃生？哪些工具可以帮助将火灾的伤害降到最低？怎样才能迅速逃生？消防员现场教给大家火灾逃生小常识。

5. 到训练场观看消防战士日常训练。

6. 消防员装备体验，合影留念。

（四）活动任务单

职业体验参与人 学校：　　　　　　班级：　　　　　　姓名： 职业体验地点： 职业体验时间：　　　年　　　月　　　日	
一、实践体验 通过今天的活动，你认为消防员这个工作__________。 关于消防员的主要职责，除了消灭火灾之外，你还能说上几项吗？ （消防员职责主要有消灭火灾、抢救灾害、消防安全设施稽查与消防安全知识宣传等，同时也参与救护工作、为民服务等工作）	
消防员的职业要求有哪些？ （可分别从体能要求、技能要求、心理素质要求等方面简述）	
二、兴趣延伸	
1. 我会向其他人介绍今天的体验活动和学到的知识。	□是 □否 □不确定
2. 我有兴趣参与消防知识的推广。	□是 □否 □不确定
3. 我希望下次能再来参加此类职业体验。	□是 □否 □不确定

上海市聋哑青年技术学校　宋英卓

敬老院的职业体验

一、职业体验地点简介

1. 名称：江宁颐美敬老院

2. 开放时间：随时

3. 基地介绍：上海静安区江宁颐美敬老院地处市中心，东临景色秀丽的苏州河，环境优美，闹中取静，全院1—5楼建筑面积3860平方米，设有单人间、双人间、三人间、四人间、五人间等。服务设施包括：多功能活动厅、阅览室、棋牌室、接待室、餐厅、医务室、洗衣房、健身器材、小卖部、接送客车、24小时安全监控系统、楼底花园和楼顶玻璃阳光花园。

4. 地址：上海市静安区西苏州路33号

二、职业体验内容

1. 了解敬老院工作内容和特点。

2. 体验社会型、常规型职业特点。学习老年保健护理知识。

3. 了解老人需求，体验为老人服务，如与老人聊天，为老人表演节目等。

三、职业体验基地适合的学段

初中、高中年级

四、活动项目

（一）活动目标

1. 慰问敬老院的老人，弘扬中华民族敬老爱老的传统美德，让老人们感受到社会大家庭的温暖。

2. 向敬老院员工学习老人保健护理知识。

3. 增加同学们参与生涯教育的实践体验与社会服务意识，同时了解反思霍兰德职业兴趣测试中社会型（S）职业、常规型（C）职业的特点和自己职业兴趣的匹配度。

（二）活动准备

1. 向学生介绍霍兰德职业兴趣量表，并对学生进行测试，让学生了解自己的职业兴趣倾向。

2. 负责人与敬老院联系洽谈具体的时间和相关事宜。

3. 负责人统计所有参加活动的人员，并交代注意事项（参与者务必准时集合，不得迟到）。

4. 负责人联系表演节目的人员，确定主持人和演出节目。

5. 收集一些冬天的健康保健知识和养生之道，了解一些日常生活的小窍门。

6. 观察社会型（S）、常规型（C）的同学与其他类型同学的表现，反思这两种类型在敬老服务中的匹配度。

（三）活动内容

1. 全体人员向老人们问好，送上诚挚的祝福。

2. 演出开始（具体演出节目待定），无节目者陪同老人一起观看，做适当的讲解。

3. 与老人互动，献上慰问品及自制的小礼品。

4. 帮助老人打扫清洁卫生，晾晒被褥。

5. 给老人们讲讲冬天的生活保健和养生之道，介绍一些方便实用的生活小窍门和健康知识。

6. 向护理员了解并学习老年保健护理知识。

7. 活动结束后，全体人员和老人告别，并合影留念，按原路返校。

8. 就自己在活动过程中的体会写出总结，反思霍兰德职业兴趣测试与自己实际体验的匹配度。

（四）学习单

职业体验参与人 学校：　　　　　　　　班级：　　　　姓名： 职业体验地点： 职业体验时间：　　　年　　　月　　　日	
一、实践体验 活动小结	
二、自我反思（涂星号表示） 我的自评	
完成活动的评价	☆☆☆☆☆
霍兰德匹配度	☆☆☆☆☆
小组互评	
完成活动的评价	☆☆☆☆☆
互助与合作	☆☆☆☆☆
霍兰德匹配度	☆☆☆☆☆

上海市华东模范中学　浦春芳

老年陪护

一、职业体验地点简介

1. 名称：东风芷江养老院

2. 基地介绍：上海静安区东风芷江养老院是为老人提供住养、生活护理等综合性服务的养老机构。院内设施齐全，设有多功能厅、健身房、理疗室、电脑室、阅览室等活动用房，也是老人亲近自然、休憩健身的最佳场所。由于场所的特殊性，学生需要在敬老院职员的统一安排和指导下开展尊老、敬老、爱老的体验活动。

3. 地址：上海市静安区青云路 755 号

二、职业体验内容

1. 了解基层养老院运营情况、所需岗位及各岗位工作职责。

2. 根据自身特长，组织文娱节目，为老人们带来欢笑。

3. 做力所能及的事情，帮助老人打理内务。

4. 和老人聊天，谈谈他们关心的社会问题。

三、职业体验基地适合的学段

小学四年级至高三年级

四、活动项目

（一）活动目标

1. 多角度、多方位、多层次了解中国养老行业信息，比如：老人对社会养老的需求、中国不同机构养老事业的发展等。

2. 通过在养老院的社会实践，了解养老院的运作、所需岗位，以及岗位所需能力、人格特质的需求。

3. 通过在养老院的社会实践，增强观察、记录以及和老人沟通的能力，初步感受养老行业工作人员的工作状态。

4. 进一步了解自己的职业兴趣类型，有意识地拓宽兴趣体验，提高生涯探索能力。

（二）活动准备

1. 基地准备：打扫工具、活动场所和相关规定。

2. 教师准备：打印相关工作规定、要求。

3. 学生准备：提前了解敬老院的大致情况，提前分工并准备相关物品（例如签到簿、摄影机、水果、小礼品、节目道具和应急用品等）。

（三）活动内容

1. 根据自身特长，组织文娱活动

（1）表演节目

提前预备老人们喜欢的节目，为敬老院的老人们表演、联欢，开展一些适合老人的小游戏，依照老人的不同性格组织相关活动。

（2）和老人一起活动

与老人们一起下棋、打牌、打太极、跳舞、锻炼等，但要注意安全和活动的策略，建议两个学生陪同，一个做示范，一个做安全保护。另外，不要和老人争输赢，能让就让，让老人心情愉悦最重要。

2. 做力所能及的事情，帮助老人打理内务

（1）为老人提供个人清洁服务

帮老人梳头，剪指甲，洗脸洗脚洗头等。洗头这方面需要有专门护理人员来做，自己一定要量力而行，注意要用40摄氏度左右的温水。

（2）为老人做家务

帮助老人整理房间、打扫卫生、洗菜、修理桌椅、铺床等。

3. 和老人聊天，谈谈他们关心的社会问题

（1）和老人聊天

和老人们聊天，听他们讲述年轻时的故事和现在的生活状况，陪护陪聊，回答他们关心的问题等，在了解老人的同时也让老人了解你。与老人交流的过程中，以孙辈之情体贴入微地关爱老人，对老人有耐心，话题积极，保证老人心情愉悦。

（2）陪护坐轮椅的老人适当活动

可以推着轮椅陪护老人在院内逛逛，或者到院内走走，呼吸新鲜空气。谈一些适合老年人的生活笑话等。

4. 总结与交流

学生交流：分享本次在东风芷江养老院体验活动的感悟与收获。

活动结束，表达感谢。

（四）学习单

<table>
<tr><td colspan="2">职业体验参与人
学校：　　　　　　　　　　班级：　　　　　姓名：
职业体验地点：
职业体验时间：　　　年　　　月　　　日</td></tr>
<tr><td colspan="2">一、实践体验</td></tr>
<tr><td>1. 今天我参与了敬老院的演出活动，我表演了_______，给老人们带来了欢乐。</td><td>我对活动的兴趣程度：
□非常感兴趣 □感兴趣
□一般 □不感兴趣</td></tr>
</table>

	我参与的活动在霍兰德职业兴趣中是：RIASEC 完成活动的自我评价： □我真棒 □一般 □还有待提高
2. 今天我力所能及地帮助了敬老院的老人。我帮老人做了_______，得到了老人的_____星评价。	我对活动的兴趣程度： □非常感兴趣 □感兴趣 □一般 □不感兴趣 我参与的活动在霍兰德职业兴趣中是：RIASEC 完成活动的自我评价： □我真棒 □一般 □还有待提高
二、兴趣延伸	
1. 我会向其他人介绍今天的体验活动和学到的知识。	□是 □否 □不确定
2. 我有兴趣参加敬老院的活动。	□是 □否 □不确定
3. 我很清楚敬老院的各项工作的兴趣类型。	□是 □否 □不确定
三、自我拓展 1. 社会养老是未来人们养老的一种重要方式。一个敬老院的正常运营需要多个岗位的配合。除了今天体验的岗位外，还有______、______、______等。 2. 贡献的同时，收获的是帮助他人的满足和幸福，收获的是无限的快乐与感动。路虽漫漫，吾将上下而求索！在做敬老院志愿者时，尤其需注意哪些方面：____________ ____ 3. 在体验______工作时，我感受到了以前从未体验过的愉悦感受。在体验______工作时，我感受到了无助、乏味。在体验______工作时，我感受到了兴奋、好奇，还想对这个工作的周边有更多的了解。 4. 在体验______工作时，我觉得自己的______能力得到了发挥。在体验______工作时，我觉得自己的______能力还需要加强。在体验______工作时，我觉得自己的______能力明显出众。在体验______工作时，我觉得自己的______能力在所有的工作中都很重要，我希望在未来自己可以通过______途径去拥有这个能力。 5. 在体验______工作时，我感受到了一种从未有过的价值感，这个工作让我觉得自己很重要。 6. 通过社会实践，我拓展了自己的职业兴趣，同时对自己的霍兰德职业兴趣类型更加确定，我的霍兰德兴趣类型是__________。 7. 使老人们感受到社会对他们的关怀，同时增强同学们的社会责任感，让大家了解社会，关注这一庞大而特殊的群体，从中学会关爱，学会感恩，弘扬中华民族敬老爱老的传统美德。我们还能做：____________________ ____	

上海大学市北附属中学　尹静

文艺点亮晚霞

一、职业体验地点简介

1. 名称：长寿家园养护院

2. 开放时间：工作日下午

3. 基地介绍：山阴路长寿家园养护院地处上海市中心地段，位置优越，交通便利，是一家集托老、养老、康复、保健、休闲、娱乐为一体的综合型养护院。长寿家园养护院依托护理、康复、社工、营养师等专业人员，组成专业化团队，实行人性化管理，推出亲情化服务，使老人享受到康、医、乐、悦一体化的照护。山阴路长寿家园养护院，还计划开展下列特色服务：①植物认养。为养护院内的自理老人提供院内植物认养服务，并举行比赛等激励活动。②屋顶菜园。利用养护院天然的屋顶优势，设置一些常规易养的蔬菜种植区，提供给老人自己种养蔬菜，让老人生活在城市也能体验田间之乐。

4. 地址：上海市虹口区山阴路 277 号

二、职业体验内容

养护院欢迎初、高中学生进行社会实践，内容是在养护院与实习单位约定时间，为老人组织一场 45 分钟左右的文艺表演。

三、职业体验基地适合的学段

初中、高中年级

四、职业兴趣维度

艺术型、社会型

五、活动项目

（一）活动目标

学生通过养护院的表演活动，了解老年人的心理需求，提高人际交往能力及活动组织能力。

（二）活动步骤

1. 组织和策划：与养老院确定表演的时间，服务队准备节目，并且分工，确定演出总负责人、主持人、各节目表演者、后勤等人员。

2. 筹备：后勤人员购买、租借演出所需的设备、服装等物品，各节目进行排演，主持人撰写并演练主持稿，全体人员于演出前进行彩排。

3. 演出：提前到达养老院，布置场地，准备道具，更换服装。在老人入场后开始演出。

4. 清理现场：将所有带来的道具等物品及演出过程中产生的垃圾收拾干净，然后离开养老院。

（三）学习单

学号		姓名		班级	
团队职责及参演节目					
工作内容及自我评价					
深入思考					
1. 组织一台文艺表演需要做哪些准备工作？ 2. 如何决定和组织文艺表演的内容？ 3. 如何把控表演的时间和质量？ 4. 前来观看的老年人对文艺表演是否满意？ 5. 如果有下一次的表演机会，你准备做哪些改进，以使表演更加成功？					

上海市民办新和中学　徐芸生

社区法律顾问

一、职业体验地点简介

1. 名称：芷江西路街道共和新居委会

2. 开放时间：周二至周五

3. 基地介绍：芷江西路街道地处新静安的中部，毗邻铁路上海站。东临西藏北路，与宝山路街道相连，南靠铁路沿线，西至大统路、普善路，分别与天目西路街道和北站街道相连，北至中山北路，与共和新路街道为邻，属于“内陆型”街道。街道辖区面积 1.64 平方公里，现辖有交通、复元坊、光华坊等 18 个居民委员会，分为 6 个责任网格。

4. 地址：上海市静安区共和新路 555 弄 5 号 107 室

二、职业体验内容

1. 参观居委会，了解社区法律顾问的工作内容和性质等。

2.“清洁家园”行动。

3. 协助法律顾问完成日常事务。

4. 为群众提供法律咨询和法律援助。

5. 开展法制宣传。

6. 辅助居委会领导，协同整理档案。

三、职业体验基地适合的学段

高中年级

四、活动项目

（一）活动目标

1. 初步了解社区工作者的职责与工作。

2. 体验社区工作者生活，感受从事这一职业所需的社会责任感和奉献精神。

3. 养成学生的劳动观念，形成一般劳动技能。

（二）活动准备

1. 基地准备：工艺材料、清扫工具等。

2. 教师准备：打印相关工作规则、要求。

3. 学生准备：学习单。

（三）活动内容

1. 走进居委会

在居委会主任的带领下，学生参观居委会的办公室。向学生讲解社区工作者与社区法律顾问的工作性质与工作内容等基本知识。

2. “清洁家园”行动

组织成立“清洁家园”行动小组，专门负责“清洁家园”行动。

广泛宣传发动和引导工作，由学生设计以“清洁家园”行动为主题的海报，并张贴在居委会的展示板上供市民参观，为“清洁家园”行动营造浓厚的社会氛围，提升广大群众爱护家园和爱护环境的意识。

分区包干，开展清洁楼道、捡拾垃圾等活动，清理绿化带内随意丢弃的垃圾。

加强监督，对于乱扔垃圾等行为及时制止，深入推进“清洁家园”行动。

3. 开展法制宣传

社区开展以律师讲坛、法律咨询、橱窗、黑板报等形式的法制宣传活动。

律师讲坛：志愿者总共有 4 个工作岗位，一部分学生负责引导、签到和维持现场秩序；一部分学生负责文字记录工作，即记录律师在讲座过程中的一些重要知识点和与居民的互动，将其总结成文字的形式；一部分学生负责现场拍摄；另一部分学生则担任现场主持人的工作，介绍讲座的主讲人，并引导整个讲座流程。

问卷调查：学生对前来参加活动的社区居民开展以“居民需要什么形式的法律服务”和“您对开展法律服务进社区活动有何建议”为主题的法律需求问卷调查，并进行数据分析与统计。

普法教育：学生在律师的指导下，了解基本的法律信息，学习宪法、国防法、刑法等内容。

法制宣传画廊：参加活动的学生每 4 人为一组，设计以法制（和居民生活密切相关）为主题的宣传海报，并张贴在居委会的走廊上，普及宣传与社区居民生活密切相关的法律知识。

4. 资料整理、文字输入

协助居委会领导进行档案的归类与整理，将放置错误的资料文件重新进行整理。协助工作人员录入相关信息。

对资料室进行清洁整理。

5. 总结与交流

学生交流：分享本次参加居委会社区工作者职业体验活动的感悟和收获，交流并进行反思。

指导老师根据学生的具体表现进行客观点评。

活动总结，对实践基地表达感谢。

（四）学习单

职业体验参与人 学校：　　　　班级：　　　　姓名： 职业体验地点： 职业体验时间：　　年　　月　　日	
一、实践体验 具体体验过程及描述： 体验后的感悟：	
二、自我评价	
1. 此次活动的自我评价。	☆☆☆☆☆
2. 我对此次活动的兴趣。	☆☆☆☆☆
3. 我以后会从事相关职业。	☆☆☆☆☆
三、活动拓展 1. 上网查询了解从事这一行业需要具备什么能力。 2. 上网查询更多有关社区法律顾问的职责和工作内容。 3. 活动图片。 4. 基地指导教师点评。	

上海市回民中学　陈雅婷

家乐福绿洲公益

一、职业体验地点简介

1. 名称：绿洲公益亲子志愿者劝募活动

2. 活动时间：一年一次，每年11月底（第一场：9:00—12:00；第二场：13:30—17:00；第三场：17:00—20:30）

3. 活动介绍：通过志愿者与家乐福中的顾客沟通，进行劝募，推广绿洲公益，以家乐福巨大的客流量以及与家乐福合作的绿洲食品就地取材为基点，便于劝募到更多的顾客。顾客只需购买一些面粮等食物，结账后于出口处交给绿洲公益的登记志愿者，绿洲公益团队后续会将食物发放给贫困家庭。志愿者的劝募工作可给顾客提供一个更好的募捐方式，让更多人参与到募捐活动中来。

4. 地址：上海家乐福古北店、天山店、徐汇店、宜山店、南方店、莘庄店、武宁店、联洋店、金桥店、七宝店等

二、职业体验内容

1. 感受劝募活动的募集流程。

2. 感受与各类人交流的不同劝募沟通技巧。

3. 体验收集他人爱心的心路历程。

4. 培养团队亲子间的合作及成长经历。

三、职业体验基地适合的学段

小学到高中年级

四、活动项目

（一）活动目标

1. 通过劝募过程让顾客献出自己的一份爱心，帮助贫困家庭，形成和谐友善的社会氛围。

2. 了解并习得一些劝募技巧，感受劝募活动的募集流程，体会劝募人员的职业价值。

3. 培养团队合作能力，感受彼此的成长，提升领导力、合作精神。

（二）活动准备

1. 基地准备：劝募活动相关引导。

2. 教师准备：职业生涯教育初步指导。

3. 学生准备：了解劝募的大致流程、准备劝募词（中英双语）。

（三）活动内容

1. 学校职业生涯教育指导

学校在学生参加劝募活动之前进行职业生涯辅导。

2. 初步了解并体验劝募活动的募集流程

绿洲公益活动场馆负责人员在开场前 10 分钟介绍一些关于劝募的小技巧，以及沟通方面的建议，说明哪些劝募食品更有助于顾客献爱心，既价廉物美又便于长期保存，以便送至贫困家庭中。重点指导如何讲清此次公益活动的目的，以及顾客募捐食物的流程介绍，让顾客清晰了解募捐流程，便于施行募捐，收获爱心。

学生内化建议，并通过反复实践，习得一些劝募或沟通交流技巧。学生熟记劝募词（中英双语），尝试并练习学到的劝募建议，在劝募过程中不断提升劝募沟通能力以及团队合作能力，感受并思考劝募活动过程中的得与失。

3. 获取反馈，不断改进

与绿洲公益活动场馆负责人员进行交流，获得绿洲公益活动场馆负责人员的沟通劝募建议，以实现更深入的指导引领。

与顾客进行交流，从中不断培养和提升自己的沟通交流以及语言表达能力。

与团队亲密合作，感受彼此的成长，提升领导力、合作精神。

4. 点评和奖励

绿洲公益活动场馆负责人员会在家乐福场馆内为志愿者拍照，并整理成视频发布到网上。

5. 感悟和交流

学生交流：分享本次在家乐福绿洲公益参加劝募活动的感悟和收获。

活动总结，表达感谢。

（四）学习单

职业体验参与人 学校：　　　　　　班级：　　　　姓名： 职业体验地点： 职业体验时间：　　年　　月　　日	
一、实践体验	
1. 学校职业生涯教育后的自我评价。	兴趣特长的自我评价： 分数：　（满分 10 分）

<table>
<tr><td rowspan="2">2. 我学习并感受了劝募活动流程。</td><td>我对活动的感兴趣程度：

分数：　（满分 10 分）</td></tr>
<tr><td>完成活动的自我评价：

分数：　（满分 10 分）</td></tr>
<tr><td colspan="2">二、兴趣延伸</td></tr>
<tr><td>1. 我会向其他人介绍今天的志愿活动和学到的知识。</td><td>□是 □否 □不确定</td></tr>
<tr><td>2. 我有兴趣参加相关的沟通方面的志愿活动。</td><td>□是 □否 □不确定</td></tr>
<tr><td>3. 我想根据自己的兴趣进一步了解其他的爱心志愿活动。</td><td>□是 □否 □不确定</td></tr>
<tr><td colspan="2">三、自我拓展
1. 认识自身，不断提升自身的沟通以及语言表达能力，进一步思考并挖掘自身的交流方面的潜能。
2. 通过与他人合作，从彼此的身上获取得失经验，进一步完善自身的沟通技能。
3. 将心比心，在更深入了解到劝募过程不易的同时，也进一步借此机会，献出自己的一份爱心，并向身边人推广。</td></tr>
</table>

上海市育才中学　刘佳怡

阳光助残之职业体验

一、职业体验地点简介

1. 名称：江宁街道阳光之家

2. 开放时间：周一到周五 9:00—16:00

3. 基地介绍：江宁街道的阳光之家是以社会公益性服务为主要内容的民办非企业组织。阳光之家主要接纳 16 至 45 周岁年龄段的智障人士，通过开展教育培训，营造快乐健康生活的氛围，已成为智障人士就业培训基地、康复训练营地、综合活动场所以及融入社会的桥梁。

4. 地址：上海市静安区安远路 515 弄 1—17 号

二、职业体验内容

1. 为阳光之家的智障人士表演节目，与他们互动游戏。

2. 和智障人士一起做手工，分享劳动的快乐。

3. 教智障人士唐诗、英语、歌曲、美食等，帮助他们丰富知识与技能。

三、职业体验基地适合的学段

高一、高二年级

四、职业兴趣维度

很高兴能帮助他人，让他们感受温暖，希望以后有更多机会。

五、活动项目

（一）活动目标

1. 关爱智障人士，了解他们的生活处境。

2. 帮助智障人士，提升他们的知识和技能。

3. 同智障人士交流，与他们共同分享成功的喜悦。

（二）活动内容

1. 参观阳光之家

在基地负责人的带领下，参观阳光之家的基础设施，以及学员们的手工作品和他们的劳动现场。

2. 互动活动

（1）与阳光之家的学员相互自我介绍。

（2）陪伴学员们共同完成按扣组装等工作。

（3）准备桌游和其他一些互动游戏，和阳光之家的学员们共同娱乐，在快乐的气氛中建立友谊。

3. 慰问演出活动

由同学们准备好一台节目，包括主持人的选拔，主持稿的确定，演唱、舞蹈等，其中设置若干由阳光之家学员表演的节目。在学员表演结束后，一定要给他们热烈的掌声。

4. 教学辅导活动

同学们提前准备好背诵唐诗、学说英语、包饺子、做灯笼等所需的相关材料和工具，将普通的学习资料与学习步骤进行简单化、形象化处理，然后教给阳光之家的学员们。在教学辅导过程中要有耐心，并及时给予学员肯定。

（三）学习单

职业体验参与人 学校：　　　　　　　　　　　　班级：　　　　　姓名： 职业体验地点： 职业体验时间：　　　年　　　月　　　日
一、职业体验项目 1. 你参加的项目内容是什么？ 2. 你在活动中担任了哪些工作？
二、职业体验感受 1. 在活动中你有什么发现和感受？ 2. 这次活动后你对智障群体有什么新的认识？
三、自我发展 1. 这次活动中你的兴趣点更多表现在哪些方面？ 2. 如何评价你在活动中的表现？

上海市第一中学　楼雪阳

怎样成为金牌讲解员

一、职业体验地点简介

1. 名称：华山艺术馆

2. 开放时间：周二、周四 13:00—16:00（逢节假日闭馆）

3. 基地介绍：华山艺术馆是上海市逸夫职业技术学校结合国家职业教育改革目标、契合区域经济文化发展需求而主办的公共艺术场馆，坐落于巨鹿路校区内。艺术馆融合教育系统、各界校友、文化团体、社区等各类资源，通过开展贴近学生的专业性、学术性艺术展览，公共教育课程等活动，秉持传承优秀艺术文化，拓展全球艺术视野的理念，真正成为学生艺术学习和研究的重要实践基地，成为学校、学生对接社会的桥梁，同时亦期待成为面向公众开放，开展广泛的艺术交流与研讨的艺术教育新地标。

4. 地址：上海市静安区华山路 433 号

二、职业体验内容

讲解是以陈列为基础，运用科学的语言和其他辅助表达方式，将知识传递给观众的一种社会活动。作为讲解员，学生在华山艺术馆需要了解展品常识，将培训学习到的科学知识，通过反思、组织，用自己的语言表达给参观者听，同时在这个过程中需要随机处理参观者提出的各类问题。学生在艺术馆体验讲解员的工作，能够结合自身所学的专业知识，为社会大众传递展品知识，散播艺术热情。

三、职业体验基地适合的学段

职一、职二和职三年级

四、活动项目

通过为参观者讲解等形式，体验讲解员这一职业生涯。

（一）活动目标

1. 了解华山艺术馆的创建及文化背景，深入了解华山艺术馆内的展品信息。

2. 通过参与华山艺术馆讲解员教育体验，提升社会服务意识，实地体验霍兰德职业兴趣测试中实际型（R）、社会型（S）职业的特点，提高职业兴趣的匹配度。

3. 体会“用言语展现艺术、用知识体验人生”。

（二）活动准备

1. 教师准备：向学生明确告知艺术馆规则，在学生活动过程中给予指导。

2. 学生准备：

（1）分组选择所负责展区及展品。

（2）搜集整理展品相关资料。

（3）准备讲解器材。

（4）模拟练习讲解内容。

（三）活动内容

1. 以小组为单位参观华山艺术馆，听指导老师讲解华山艺术馆的历史。

2. 按照展区参观华山艺术馆展品，听资深讲解员讲解华山艺术馆展品。

3. 分小组制定计划，对各自所负责展区及展品进行分工。

4. 对自己所负责展区及展品开展资料查询工作，包括：

（1）展区及展品的基本信息及背后的故事。

（2）罗列参观者对展品可能会存在的疑惑及如何解决。

5. 结合自己的理解，将搜集到的资料形成讲解稿，小组练习并尝试背诵。

6. 在艺术馆内面对真实参观者进行讲解活动。

（四）活动任务单

怎样成为金牌讲解员？ ——华山艺术馆讲解员体验活动 姓名：　　　　　　　　　　班级：
一、讲解准备 我所负责的展区是： 我所负责展区艺术品的特色是： 我打算从以下几个方面介绍我的展区及展品： 参观者可能会问我的问题，以及我的解决办法：
二、讲解反馈 1. 我接待了_____人。 2. 讲解过程中，参观者最感兴趣的内容是： 3. 你认为一个金牌讲解员需要的特质是： 如果下次想做得更好，你还可以从哪几个方面加以改进？

上海市逸夫职业技术学校　钱海燕

逸夫职校开放日体验

一、职业体验地点简介

1. 名称：上海市逸夫职业技术学校

2. 开放时间：结合学校开放日进行（学校每年在 4 月或 5 月有一次全市统一的职业体验日，共两天。每年 7 月 4 日左右也有一次两天的体验日活动。一般 100 人以上可开设专场体验日，具体联系校办）

3. 基地介绍：上海市逸夫职业技术学校是国家教委首批认定的国家级重点职业高中，同时挂牌“上海视觉艺术学院附属高级中学”，自 2015 年起开设艺术特色高中。学校还是上海市课改特色实验校及上海市教育改革特色示范校。学校以文化创意类专业为主要特征与特色，学生多次在“星光计划”技能大赛中获奖。

4. 地址：上海市静安区巨鹿路 700 号（总部）

二、职业体验内容

西点制作、冰淇淋制作、首饰设计、创意绘画、电脑设计、镜头微世界等。

三、职业体验基地适合的学段

小学四、五年级，初中六至九年级

四、活动项目

（一）活动目标

1. 学生初步了解逸夫职校的特色专业课程。

2. 通过体验活动，在做中学，学生启蒙职业理想。

3. 学生在过程中发挥主动性、创新性，增强责任意识。

（二）活动准备

提前与逸夫职校校办联系，以便做好接待准备工作。逸夫职校的师生志愿者团队，将全程引导前来体验的学生和家长有序参观，并提供耐心讲解和辅导。

（三）活动内容

1. 领取“逸 BOX”创意材料包。

每一个前来体验的中小学生都可以领到一个包含说明书、教学视频、工具材料的盒子，在指导老师和志愿者的协助下完成自己的创意作品，更重要的是，还能“把创意带回家”继续再创作。

2. 根据兴趣爱好，选择自己喜欢的2—3个体验项目，分组体验。

每位同学都能凭“护照”，选择感兴趣的体验项目。学校也会根据学生的年龄，安排不同难度的体验内容。

例如，影像与影视技术专业“镜头微世界”项目针对小学高年级和初中生进行设计。前来体验的学生首先可与父母共同拍摄一段小视频，然后在老师的指导下进行学习，用软件对视频进行编辑，最后形成一段小动画，全程体验自拍自演自己制作的乐趣，真正体现“玩中学”。

又比如“西点制作”项目，课堂上先让孩子通过PPT播放了解基础款食材和制作的主要步骤，然后按照孩子们的年级划分，低年级的同学可以制作基础款的蛋糕、坚果零食类蛋糕，高年级的同学则可以通过花式裱花，制作出肉肉纸杯、动物肖像等高级款蛋糕。

3. 参与互动项目。

互动项目设计贴近学生心理，意在增加体验日活动的趣味性和挑战性。例如，“大师也疯狂”的拼图游戏由学校自主设计与研发，每一关就是一幅世界名画，体验者必须连过5关才能获得一枚印章。游戏中既考验了学生的拼图能力，又提升了他们的艺术修养。

4. 在创意集市购买商品。

在完成两项体验项目和两项互动项目集齐4枚印章后，即可兑换价值30元的代金券，参与“创意集市项目”，购买学生自己制作的商品。

创意集市是学校的一项传统校园文化活动，提倡用创意献爱心，集市上所有的义卖品都是出自逸夫学生的原创作品。集市活动不仅彰显优秀的校园文化，更是呼唤中小学生的公民意识和社会责任的担当。

（四）“职业体验乐趣多”学习单

年　月　日　星期　天气 职业体验参与者： 学校：　班级：　姓名： 职业体验地点：	
一、体验项目（完成至少两个体验项目）	我体验了________项目，我完成了______；我体验了_____项目，我完成了______。通过体验，我们了解到____________________（选择其中一个体验活动）。 这个职业的主要工作内容是：____________________ ____________________。 这个职业需要的基本技能是：____________________ ____________________。 这个职业面临的挑战是：____________________ ____________________。 通过体验，对我们的启示是：____________________ ____________________。

二、“逸 BOX”创意材料包	在老师的指导下，我完成了______创意作品。 我的创意是：______________________________。 我的收获是：______________________________。
三、创意集市	在创意集市上我购买了______商品，花了_____代金券。 这个商品是：______________________________ ____________________。 创意体现在：______________________________ ____________________。
四、体验感受	通过这次职业体验活动，你最大的体验和感受是什么呢？ 无论以后你想从事怎样的职业，你认为从现在开始，自己可以做些什么准备呢？

上海市西初级中学　蔡晓玲

爱心暑托班中的“小助手”

一、职业体验地点简介

1. 名称：彭浦镇小学生爱心暑托班

2. 开放时间：7 月至 8 月

3. 基地介绍：为缓解全市小学生暑期“看护难”问题，引导和帮助小学生度过一个安全、快乐、有意义的假期，爱心暑托班提供“教育”与“托管”相结合的公益性暑期服务，旨在寓教于乐，着力培养小学生广泛的兴趣爱好，有针对性地满足小学生成长与发展的特点与需求，促进孩子全方位成长。

4. 地址：上海市静安区灵石路 885 号 2 号楼 303 室　师睿少儿教育

二、职业体验内容

1. 辅助授课教师开展各项教学相关活动。

2. 组织小朋友进行有效的活动参与。

3. 管理组织课堂纪律。

三、职业体验基地适合的学段

高一、高二年级

四、活动项目

（一）活动目标

1. 初步感受并了解教师职业的相关工作。

2. 在组织管理小朋友的活动中体验教师教书育人的重要性，培养责任意识。

3. 树立一定的职业生涯发展观。

（二）活动内容

1. 暑托班开班前进行基本的应急安全知识培训。

2. 作为授课教师助手，负责学生签到、点名等日常班级管理工作。

3. 在活动中配合授课教师发放活动用品。

4. 组织学生开展课堂活动。

5. 填写活动日志。

（三）学习单

街道、乡镇暑托班　　　　　　日期：　　　　　　年　　　　月　　　　日

序号	学生姓名	到达时间	家长签名	离开时间	家长签名	健康情况	备注

爱心暑托班工作日志

单位：　　　　　区　　　　　　街道、乡镇暑托班：

日期：　　　　年　　　　月　　　　日　　　　　　　　　　　　填写人：

姓名：		班级：	
到岗时间：		离岗时间：	
听课内容：			
学生情况：			
安全情况：			
工作摘记：			
我的收获：			

上海市风华中学　徐静慧

爱心小老师

一、职业体验地点简介

1. 名称：爱心暑托班

2. 开放时间：周一至周五 9:00—17:00

3. 基地介绍：基地为上海市教委开设的爱心暑托班平台。暑托班为小学生提供公益性暑期看护服务，开展符合小学生身心发展特点的拓展活动，从最基本的学生暑期托管，到学生作业辅导与兴趣拓展，进而到学生核心素养发展。具体课程有科学普及、读书赏析、手工实验、素质拓展、文体锻炼、益智游戏、自护训练等，课程内容丰富多彩，符合小学生学习成长需求。

4. 地址：上海市静安区共和新路 4666 弄城市新汇

二、职业体验内容

1. 体验班主任的工作。

2. 体验教学、授课，学习简单的陪护技巧。

3. 体验照顾儿童，初步了解教师的日常工作。

三、职业体验基地适合的学段

高中年级

四、活动项目

（一）活动目标

1. 初步了解并体验班主任的工作。

2. 感受教师的工作价值与业务学习的枯燥和不易，理解家长工作的辛苦。

3. 树立积极应对困难、解决问题的价值观。

（二）活动准备

1. 基地准备：安排招收爱心暑托班学员，编排班级、安排课程。

2. 教师准备：负责指导学生准备授课内容。

3. 学生准备：备好一节课，在体验过程中做到仔细、认真。

（三）活动内容

1. 安排学生签到，安排班级放学。

每天在家长将孩子接送来学校时回收家长签名单，病假、事假记录在案。

2. 管理学生午餐，做到安全有序。

在学生午餐时进行巡视，管理好班级纪律。

3. 管理学生课堂秩序，做到不打闹、不争吵。

（四）学习单

职业体验参与人 学校：　　　　　　班级：　　　　姓名： 职业体验地点： 职业体验时间：　　　年　　　月　　　日	
一、实践体验	
1. 今天我学习并体验了班主任管理课堂。在我的班上，学生有______人。	我对活动的感兴趣程度： ☆☆☆☆☆ 完成活动的自我评价： ☆☆☆☆☆
2. 今天我学习并体验了教授课程。 我授课的主题是________。	我对活动的感兴趣程度： ☆☆☆☆☆ 完成活动的自我评价： ☆☆☆☆☆
二、兴趣延伸	
1. 我会向其他人介绍今天的体验活动和学到的知识。	□是 □否 □不确定
2. 我有兴趣了解教育行业的其他工作。	□是 □否 □不确定
3. 我希望能再次来到爱心暑托班参加职业体验活动。	□是 □否 □不确定

上海市彭浦中学　王子浩

天使在行动

一、职业体验地点简介

1. 名称：彭浦中学体育场

2. 开放时间：每周末

3. 基地介绍：联合中华义工联合会进行自闭症儿童观护工作。活动共分为两个阶段，首先是完成“爱心工艺品”的制作，然后是“爱心工艺品”的义卖活动。每学期，学校都会联系专业的义工组织与学生一起开展关爱自闭症儿童的公益陪护活动。

4. 地址：上海市静安区三泉路 604 号

二、职业体验内容

1. 自我学习

学校心理老师向全体高一年级学生普及自闭症知识，或邀请彭浦新村街道学生社区实践指导站和中华义工联合会上海站的老师向大家举办关爱自闭症的志愿者服务讲座。

2. 行动实践

介绍“天使在行动”志愿服务活动计划，确定、准备爱心工艺品的制作原料，安排爱心劳动的课时，努力使学生公益活动时间固定化；组织、策划关爱自闭症儿童公益活动。

三、职业体验基地适合的学段

高中年级

四、活动项目

（一）活动目标

1. 初步了解并体验义工等社会志愿者的工作。

2. 感受社会工作者的工作内容，理解成人工作的辛苦。

3. 树立积极应对困难、解决问题的价值观。

（二）活动准备

1. 基地准备：学年初期完成“天使在行动”志愿服务活动计划的制订、关于自闭症问题的介绍和关爱自闭症儿童公益活动介绍的讲座、确定和准备爱心工艺品的制作原料并安排爱心劳动的课时。

2. 教师准备：打印相关工作规则、要求。

3. 学生准备：了解自闭症的相关理论知识。

（三）活动内容

1. 艺术天地

训练能力：动手能力，感官能力。

课程内容：折纸、绘画。

地点：画室。

理论支持：动手能力在许多地方都能够得到训练，之前的羽毛球、篮球、乒乓球游戏就对身体的协调能力有一定的锻炼。而在艺术天地中，折纸是比较细腻而精确的练习，锻炼的是人的“微观操作”。在几次活动接触下来，发现参与活动的自闭症孩子有一定的学习能力，但注意力、眼手协调能力需要培养，课程设计方面不会对孩子有具体的要求，仅仅是通过简单的指令和操作培养孩子的注意力与动手能力，目的在于使孩子能够进行简单的精确操作，促进孩子脑部功能开发。

2. 体育学院

训练能力：体适能。

课程内容：舞蹈、团体培训。

地点：舞蹈房、体育馆。

理论支持：体适能是指人体所具备的精力从事日常生活而不感疲劳，同时有余力享受休闲活动的乐趣，能够适应突发状况的能力。提高体能训练的方法有很多种，如敏捷训练、力量训练、爆发训练，强化身体体能。

这是最适用于自闭症孩子的一门课程。体能训练旨在让孩子们打开身体，防止肌肉僵化，同时，舞蹈老师应注重“音教结合”，音乐开发大脑，身体结合律动，将会让孩子们“玩得很开心”，同时训练孩子的体能，包括平衡感、协调能力和注意力。

3. 心灵港湾

作用：心理辅导。

内容：每次活动时提供心理辅导或者心理知识技能培训，帮助自闭症孩子的家长解决孩子成长时的一些问题，也可根据需要进行主题培训讲座。

（四）具体落实

在每一次活动中，每个“班主任”老师设定主题，提前排课，每节课40分钟，下课后休息10分钟，让自闭症孩子享受“课堂”的体验。同时，学生志愿者作为“天使课代表”在其中提供帮助和共同参与。

（五）学习单

<table>
<tr><td colspan="2">职业体验参与人
学校：　　　　　　　　　　班级：　　　　　姓名：
职业体验地点：
职业体验时间：　　　年　　　月　　　　日</td></tr>
<tr><td colspan="2">一、实践体验</td></tr>
<tr><td>1. 今天我学习并体验了义工的工作。</td><td>我对活动的感兴趣程度：
☆☆☆☆☆
完成活动的自我评价：
☆☆☆☆☆</td></tr>
<tr><td>2. 今天我陪护了自闭症患者。
在社会实践过程中，我得到“义工”____星评价。</td><td>我对活动的感兴趣程度：
☆☆☆☆☆
完成活动的自我评价：
☆☆☆☆☆</td></tr>
<tr><td colspan="2">二、兴趣延伸</td></tr>
<tr><td>1. 我会向其他人介绍今天的体验活动和学到的知识。</td><td>□是 □否 □不确定</td></tr>
<tr><td>2. 我有兴趣了解义工的其他工作。</td><td>□是 □否 □不确定</td></tr>
<tr><td>3. 我希望能再次参加义工体验活动。</td><td>□是 □否 □不确定</td></tr>
</table>

上海市彭浦中学　王子浩

少年宫培训教师

一、职业体验地点简介

1. 名称：中国福利会少年宫

2. 开放时间：寒暑假和周末

3. 基地介绍：国家名誉主席宋庆龄亲手创办的中福会少年宫成立于1953年6月1日，是全国第一家少年宫。每逢重大节日、寒暑假，少年宫都会策划组织开展丰富多彩的主题游园庆祝和假期娱乐活动。并且根据4—16岁教育服务对象不同的年龄特点，积极开展一系列思想性、知识性、趣味性、实践性相结合的富有创新特色的主题教育活动。

地址：上海市静安区延安西路64号

二、职业体验内容

根据少年宫的需求开展志愿服务，如担任助教、活动秩序引导等。

三、职业体验基地适合年龄段

高中年级

四、活动项目

（一）活动目标

1. 参与少年宫活动，体验教师职业的辛苦与不易。

2. 锻炼学生的人际交往能力、语言表达能力，培养耐心和细心。

（二）活动内容

1. 活动引导

在少年宫开展大型活动时提供支援，对现场秩序进行引导，提供各类支持性服务；活动结束后模拟一份大型文艺演出活动的策划书。

2. 担任助教

在少年宫的各个兴趣小组中担任助教，协助少年宫教师准备教具，管理纪律，辅导学生等；活动结束后基于某一个兴趣小组模拟一份课程计划书。

（三）学习单

<table>
<tr><td colspan="2">职业体验参与人
学校：　　　　　　　　　　　　　　班级：　　　　　　姓名：
职业体验地点：
职业体验岗位：
职业体验时间：　　　　年　　　月　　　日</td></tr>
<tr><td colspan="2">一、自我反思（涂星号表示）
1. 你认为对你所体验的岗位来说，以下能力的重要程度是：</td></tr>
<tr><td>沟通表达能力</td><td>☆☆☆☆☆</td></tr>
<tr><td>人际交往能力</td><td>☆☆☆☆☆</td></tr>
<tr><td>逻辑分析能力</td><td>☆☆☆☆☆</td></tr>
<tr><td>动手操作能力</td><td>☆☆☆☆☆</td></tr>
<tr><td>组织管理能力</td><td>☆☆☆☆☆</td></tr>
<tr><td>创意创造能力</td><td>☆☆☆☆☆</td></tr>
<tr><td>其他（可自行补充）</td><td>☆☆☆☆☆</td></tr>
<tr><td colspan="2">2. 我的自评</td></tr>
<tr><td>完成活动的评价</td><td>☆☆☆☆☆</td></tr>
<tr><td>我对此次活动的兴趣</td><td>☆☆☆☆☆</td></tr>
<tr><td>我还会从事相关活动</td><td>☆☆☆☆☆</td></tr>
<tr><td colspan="2">二、活动拓展
1. 你对少年宫志愿服务工作有何体会和感悟？

2. 你认为要做好校外兴趣班的辅导员工作，需要哪些必备的素质？</td></tr>
</table>

上海市市西中学　康元艺

休闲健身之体验活动

一、职业体验地点简介

1. 名称：爱心暑托班休闲健身生涯教育体验

2. 活动时间：暑期 7—8 月间

3. 基地介绍：宝山路街道爱心暑托班工作日开班，在缓解小学生暑期“看护难”问题的同时，也为孩子提供了丰富的学习体验的资源。除了专职老师以外，还会邀请各行各业的专业人员以及职校高校的志愿者来给学生们开设趣味课程。

4. 地址：宝山路街道爱心暑托班（静安区鸿兴路 37 号）

二、职业体验内容

市北职业高中休闲健身专业的主要课程包括运动与减肥、营养学基础、有氧运动、力量训练、健身器材使用与指导、私教实务、水上技能、民族传统项目、户外运动、瑜伽学等。在爱心暑托班中，学校同学特别为小朋友们设计了有氧操课以及花式跳绳课。在课程中他们突出应用性、实践性的原则，同时也兼顾趣味性。

三、职业体验基地适合的学段

职一、职二、职三年级

四、职业兴趣维度

实际型（R）

五、活动项目

（一）活动目标

本次活动的主要目的是让参加爱心暑托班的学生在以学校专业课程为基础的体验活动中，学习专业技能，激发创新能力，并探索自己的职业兴趣。与此同时，也使学校各专业学生在教授的过程中，进一步实践自己所学的专业知识与技能，体验职业岗位对人才素质的具体要求，培养中职生“受教育，长才干，作奉献”的职业素养。

（二）活动内容

课程名称	内容以及形式
有氧健身操	踏步、分并步、后屈腿、吸腿、侧交叉、基本步（前前后后）、V字步、向前（后）四步、侧点地、后点地
民俗传统——花式跳绳	简单跳绳法、单脚屈膝跳、侧身斜跳、分腿合腿跳、双臂交叉跳、剪刀脚跳、侧点地跳、前点地跳、抬腿跳、踢腿跳
舞动青春啦啦操	拉拉队是以团队的形式出现，并结合舞蹈、口号、舞伴特技，配合音乐、服装、队形变化及标示物品等要素。同学们可以在课程中学习到团队合作的重要性

（三）活动形式

分班教学。

（四）活动过程

1. 专项培训

在确立了课程设置后，学校对学生志愿者开展基础培训以及技能培训。学校邀请相关专业的学科教师为学生志愿者开展相关技能培训，包括规范的教案设计，课堂规范简洁的语言，具体授课内容等，力求帮助学生志愿者们塑造职业形象，提高学生的职业核心能力。

2. 成果展示

为了使学生在活动中及时反思，使活动持续、深入地开展，在暑期实践结束后，学生以实践报告、新媒体展示与交流等方式进行活动展示。

（五）学习单

职业体验参与人 学校：　　　　　　　　　　　班级：　　　　　姓名： 职业体验地点： 职业体验时间：　　　年　　　月　　　日
体验反馈： 1. 我对本次体验活动的感兴趣程度：☆☆☆☆☆ 2. 本次体验项目对我的适合度：☆☆☆☆☆ 3. 我对休闲健身项目有更深入了解的愿望：☆☆☆☆☆ 4. 我期待再次参加相关体验活动：☆☆☆☆☆
我的收获：
意见与建议：

（六）活动总结

暑期爱心暑托班志愿服务活动不仅为学生提供了一个走出校园、踏上社会、展现自我的绚丽舞台，还使得学生们利用假期参加了有意义的社会实践活动，接触社会，了解社会，从社会实践中检验自我。更重要的是，学生对自己的能力、兴趣和将来的职业生涯选择进行了有意义的探索，从实践中了解各行各业的工作，重视并了解职业生涯规划体验的重要性，并且让大家了解自我、认识自我，为自己提供一个自我评估的机会，并逐步实现自己的职业目标与理想。

上海市市北职业高级中学　杨贞妮

儿童医院住院医护

一、职业体验地点简介

1. 名称：儿童医院

2. 参观时间：8:00—16:00

3. 基地介绍：医院现有员工1500余人，2017年度门诊量247.5万人次，年住院病人4.4万人次，住院手术量2.7万人次。北京西路院区占地面积1.59公顷，建筑面积约2.5万平方米，核定床位150张。

4. 地址：上海市静安区北京西路1400弄24号

二、职业体验内容

1. 参观儿童医院住院部，了解医院的布局。

2. 采访护士及医生，了解医疗单位的日常工作。

3. 体验简单的医疗技能。

三、职业体验基地适合的学段

小学至初中年级

四、活动项目

（一）活动目标

1. 了解儿童医院的住院部里有哪些工作岗位，这些岗位的具体工作内容及所需具备的能力。

2. 体验一些简单的医疗工具的使用方法，对这份职业建立感性的认识。

（二）活动内容

1. 参观医院

在工作人员的带领下参观医院住院部的各个区域，知道住院部里有哪些岗位。

2. 体验活动

体验一些医生或者护士常做的检查是怎么操作的，如听诊、查房、分药等。

3. 小组采访活动

按照对医院里工作岗位的不同兴趣，把学生分成若干小组，对同一岗位感兴趣的学生组成一组，一起去采访该岗位的工作人员，同时完成学习任务单。

（三）学习单

探索内容	
采访一位住院部的工作人员	我采访的工作人员的岗位是： 工作时间： 每天服务的病人数量： 这份工作的日常任务有： 这份工作的困难和挑战有： 胜任这份工作所需的技能有：
了解住院部里一些常用的医疗器具的用途及使用方法	器具名称：　　　　　　　用途： 画一画 器具名称：　　　　　　　用途： 画一画
向医生或护士了解职业生涯中一个最有成就感的小故事	我了解到的故事是：
自我评估	通过今天对医院工作的了解，我对______这份工作的以下方面如何进行评估呢？ 了解程度　☆☆☆☆☆ 感兴趣程度　☆☆☆☆☆ 合适性程度　☆☆☆☆☆ 除了今天学到的内容，我还想了解____________________。
与生涯人物合影（请与一位医院工作人员合影留念）	此处贴照片

上海市静安区第一中心小学　汪佩琪

我是小中医

一、职业体验地点简介

1. 名称：雷允上中医馆（静安寺总店）

2. 开放时间：周一至周日 8:00—20:00

3. 基地介绍：中华老字号“雷允上”已有 300 年历史。1715 年，吴门名医雷大升（字允上）弃儒从医研究并吸收吴门中医精华，行医济世，研制自产成药，精于丸散膏丹的制作，于 1734 年在苏州始创雷允上，发展至今。雷允上中医馆是雷允上集团特有的健康服务平台，坐落于静安寺对面的雷允上中医馆是雷允上在沪上最大的一家对外开放的门店，以强大的中医药资源为广大顾客提供周到、方便、快捷、温馨的医疗保健特色服务。

4. 地址：上海市静安区华山路 2 号雷允上药城 3 楼

二、职业体验内容

1. 学生参观雷允上药城、雷允上中医馆，初步了解中医馆的各项服务内容。

2. 学生感受百年老字号的企业文化和中国传统中医药与国学文化。

3. 学生认识和学习部分中药名称及其形态、特质和药用价值。

4. 学生实践体验中药香囊的制作，并了解它的主要成分和药用价值。

三、职业体验基地适合的学段

初预、初一、初二年级

四、活动项目

（一）活动目标

1. 学生在参观中医馆的过程中初步了解中医馆的运作流程及中医药师的工作职责；了解我国中医药学的核心理念和思想。

2. 学生学会认识部分中药药材的形态、特性及药用价值。

3. 学生在动手制作中药香囊的过程中，学习香囊的制作方法，了解香囊的作用。

4. 学生逐步形成对我国传统经典文化的自豪感和对中医药学的求知热情。

（二）活动准备

1. 基地准备：工作人员接待陪同和介绍；准备香囊制作工具和材料，现场教授和指导香囊的制作。

2. 教师准备：联系基地方面工作人员，制定相关工作的流程和要求。

3. 学生准备：初步了解和认识我国源远流长的中医药文化。

（三）活动内容

1. 参观和学习

（1）参观雷允上药城：在药城医师工作人员的带领下，参观雷允上药城营业大厅，参观雷允上中医馆；了解药城的主要营业范围和中医馆的各项业务及工作流程。

（2）感受中医药文化及中医经典：雷允上中医馆陈列了很多拥有深厚历史底蕴和文化内涵的牌匾、雕刻、图文资料等，学生在参观学习过程中进行体会交流，可以进一步获得深刻的文化和情感的体验。

（3）中医馆医师示范、讲解：结合专业人员的讲解，完整地参观中医馆医师接受顾客咨询、问诊、开药等全过程。

2. 实践及体验

（1）学生尝试抓药和称药：学生前往雷允上中医馆的药堂大厅，了解部分中药的名称，并通过视觉和嗅觉初步学习和辨认部分中药的形态及特性。在工作人员的带领和指导下，学习抓药和称药，初步接触药材，初步体验和感受中医馆的基本工作。

（2）制作中药香囊：学生现场制作中药香囊，工作人员进行指导和讲解。将准备好的药材等材料，亲自动手缝制。学习香囊的基本制作过程，了解香囊的药用原理和具体作用。进一步走进中医药文化，培养动手能力，激发学习兴趣。

3. 交流与分享

（1）交流学习体会，根据活动任务单的要求和指引，进行交流和评比。

（2）各抒己见，谈一谈自己对中医药文化的初步理解，对百年老字号企业文化的感受，说一说自己对中医药师、医师工作的体会和想法。

（四）活动任务单

职业体验参与人 学校：　　　　　　　　　　班级：　　　　姓名： 职业体验地点： 职业体验时间：　　　年　　　月　　　日 自我评价（涂星）：☆☆☆☆☆
1. 了解一段老店历史 雷允上已有 300 年历史，是著名的中华老字号。在参观雷允上中医馆的过程中，随处可见记录其发展历程的图文资料。请结合自己了解和收集的资料，说一说你所知道的关于雷允上的历史。

2. 认识一味神奇中药 以前我们对中药也许很陌生，经历了这次职业体验后，你一定对一些中药有了更深刻的了解。请举例说一说你所认识的中药，它们有哪些特点和功效呢？
3. 制作一个中药香囊 亲手制作一个香囊，一定是我们这次职业体验最有意义的环节之一啦，简单记录和分享一下你制作香囊的过程吧。你制作的这个香囊有什么用处呢？
4. 介绍一个生涯人物 在这次体验活动过程中，你一定遇见或了解了一些不同的人吧。他（她）可能是你本次了解到的历史人物，也可能是你遇见的工作人员等等。请介绍本次活动中一位让你印象最深刻的人物吧。
5. 经历一回职业体验 通过这次职业体验活动，你最大的体验和感受是什么？无论以后你想从事怎样的职业，你认为从现在开始自己可以做些什么准备呢？

上海市西初级中学　梁玮

小小牙医

一、职业体验地点简介

1. 名称：瑞泰口腔（上海永源口腔门诊部）

2. 开放时间：周一至周日 9:00—17:00

3. 基地介绍：口腔诊所是人们日常生活中经常接触的医疗机构，主要有洗牙、美白、矫正、种植牙、儿童齿科、烤瓷牙等服务项目。由于是医疗场所，学生须在牙医的指导下开展合适的体验活动。

4. 地址：上海市静安区昌平路 412 号（近陕西北路）

二、职业体验内容

1. 参观牙科诊所，初步了解牙科诊所主要有哪些医疗项目。

2. 听牙医叔叔介绍爱牙知识。

3. 爱牙小问号知识竞赛。

4. 实习小牙医：在医生手把手的指导下，小牙医拿起器材为爸爸妈妈诊断牙齿。

三、职业体验基地适合的学段

小学一至三年级

四、活动项目

（一）活动背景

大多数的孩子都会对看牙医有莫名的恐惧，导致孩子在成长过程中出现口腔疾病时不配合牙医做口腔健康检查与治疗。如何消除小孩子对看牙病的恐惧，提高他们对牙齿健康的重视？为此，瑞泰口腔门诊部联合静安实验小学开展小小牙医体验的公益活动，让孩子们通过真实的体验，了解自己的牙齿，并学会今后怎么去保护好自己的牙齿，并且对牙医这个职业形成初步的认识。

（二）活动目标

1. 简单了解牙医的工作环境和工作内容。

2. 学习一些简单的爱牙护牙小知识，并体验牙医工作。

3. 通过活动，克服对牙医的害怕心理，愿意配合牙医做口腔检查和治疗。

（三）活动准备

1. 基地准备：空的诊室、儿童牙医制服、一次性检查器具。

2. 教师准备：向参加活动的学生介绍活动项目。

3. 学生准备：带上爸爸或妈妈一起参加活动。

（四）活动内容

1. 探班——牙医的日常

我们将会来到口腔医疗机构——瑞泰口腔医疗连锁，参观传说中的牙科诊室。一颗颗牙齿来到这里，就会有专业医生为它们做 360 度无死角的检查、修理、养护！

2. 修炼——牙医晋级

动物牙齿大发现、小白牙医晋级课、有奖趣味游戏……一堂别开生面的知识讲座，带你体验花样牙医课程！

3. 出师——牙医体验

学了一身的本领，当然要有用武之地啦。激动人心的时刻到了！资深牙科医生手把手带你体验牙齿检查全过程，让你过足牙医瘾。家长们还可全程参观，了解孩子牙齿的基本情况哦！

4. 角色互换——“小小牙医”们大显身手

邀请自己的爸爸妈妈做模特，小朋友们扮演牙医，给爸爸妈妈检查牙齿，近距离了解口腔保健知识。

孩子通过学习，了解到自己的牙齿，能有主动保护牙齿的意识。

（五）学习单

<table>
<tr><td colspan="3">职业体验参与人
学校： 班级： 姓名：
职业体验地点：
职业体验时间： 年 月 日</td></tr>
<tr><td>在参加活动前，一想到要看牙医，我的心情是：
□ 愉快
□ 紧张
□ 害怕
□ 兴奋
□ 平静</td><td>当我体验做小牙医，给爸爸妈妈检查牙齿时，我的心情是：
□ 愉快
□ 紧张
□ 害怕
□ 兴奋
□ 平静</td><td>在了解了牙医的工作后，我去看牙医的心情是：
□ 愉快
□ 紧张
□ 害怕
□ 兴奋
□ 平静</td></tr>
</table>

续表

很多小朋友会对看牙齿感到害怕。作为一名实习小牙医，我们不仅要掌握牙齿检查和治疗技术，还要去安慰和鼓励那些害怕看牙的小朋友。请你以小牙医的身份，对他们说点什么吧！ 小牙医与大牙医的合影：

上海市静安实验小学　李咏梅

我是小医生

一、职业体验地点简介

1. 名称：上海市第十人民医院

2. 开放时间：8:00—16:00

3. 基地介绍：上海市第十人民医院（暨同济大学附属第十人民医院）是一所“三级甲等”综合性医院。

4. 地址：上海市静安区延长中路 301 号

二、职业体验内容

1. 参观医院各部门，初步了解医院的日常运作模式。

2. 初步学习急救包扎的简单技巧，知道包扎的基本流程。

三、职业体验基地适合的学段

小学四、五年级

四、活动项目

（一）活动目标

1. 初步了解医院的常规看病流程，学习急救包扎。

2. 感受医务工作者的日常工作内容，体会医务工作的辛苦。

3. 激发学生对医生这一职业产生一定的兴趣。

（二）活动准备

1. 基地准备：急救包扎包。

2. 教师准备：打印相关工作规则、要求。

3. 学生准备：询问家长，了解医院的基本科室。

（三）活动内容

1. 参观医院门诊大厅

在医生的带领下，参观第十人民医院门诊大厅，了解医院看病流程。

2. 体验就诊过程

（1）学习挂号

在门诊大厅咨询处，告知身体情况并询问挂号诊室，拿好挂号单前往挂号处进行挂号。

（2）诊室就诊

拿到挂号收据，认真阅读收据上的就诊科室和就诊地点，到达相关诊室。

（3）等候就诊

取出挂号单据，根据单据上的等候码等候就诊。也可向科室护士台咨询，并排队就诊。

3. 学习急救包扎

（1）医务工作者具体介绍急救包扎的要求、步骤和注意事项。

（2）分组学习急救包扎的各种方法。

（3）学生分组：学生分成“医护工作人员”和“急救病人”两种角色，分别进行急救包扎的体验。

（4）点评和奖励

医务工作者对学生的急救包扎任务进行点评，对急救包扎任务完成出色的学生授予“急救包扎小天使”称号。

4. 总结与交流

学生交流并分享本次体验就诊过程和急救包扎体验活动中的感悟和收获，并表达感谢。

（四）活动任务单

职业体验参与人 学校：　　　　　　班级：　　　　姓名： 职业体验地点： 职业体验时间：　　　年　　　月　　　日	
一、实践体验	
1. 今天我学习如何挂号。 根据不同病情，我能________（□独立挂号 □他人帮助下）挂上相应诊室的就诊号。	我对活动的感兴趣程度： ☆☆☆☆☆ 完成活动后的自我评价： ☆☆☆☆☆
2. 今天我学习了急救包扎。对于急救包扎的任务，我得到了________星评价。	我对活动的感兴趣程度： ☆☆☆☆☆ 完成活动后的自我评价： ☆☆☆☆☆
二、兴趣延伸	
1. 我会向他人介绍今天的体验活动和学到的知识。	□是□否□不确定
2. 我有兴趣了解更多医生的工作。	□是□否□不确定
3. 我希望能再次来到医院参加职业体验活动。	□是□否□不确定
三、包扎指引 1. 包扎过程为：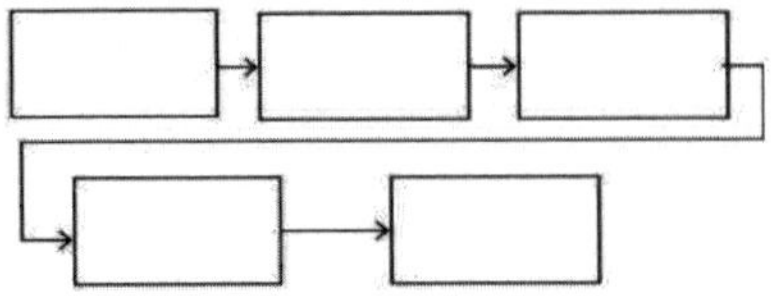	

2. 按身体部位，急救包扎可以分为＿＿＿、＿＿＿＿、＿＿＿＿＿、＿＿＿＿、＿＿＿等。按包扎形状，急救包扎可以分为＿＿＿＿＿、＿＿＿＿等。

3. 包扎时注意事项：

(1)

(2)

(3)

四、自我拓展

1. 随着科学技术的发展，挂号方式也越来越多样，给我们带来了很多便利。我了解到，除了现场挂号的方式外，还有其他的挂号方式。例如，＿＿＿＿＿＿＿＿＿＿、＿＿＿＿＿＿、＿＿＿＿＿＿等。如果是现场挂号的话，需要携带的物品有＿＿＿＿＿＿以及＿＿＿＿＿＿等。

2. 在挂号看病的过程中，我接触到的医院工作人员有＿＿＿＿＿＿＿＿＿＿、＿＿＿＿＿＿、＿＿＿＿＿＿、＿＿＿＿＿＿等。在这些人员中，我觉得＿＿＿＿＿＿的工作最辛苦，因为＿＿＿＿＿＿。

五、与生涯人物合影

上海市静安区闸北实验小学　顾蓓

社区文化工作初体验

一、职业体验地点简介

1. 名称：临汾路街道社区文化活动中心

2. 开放时间：8:30—20:00

3. 基地介绍：临汾路街道社区文化活动中心占地4.2亩，共5个层面，全年无休。中心内设立社区学校、社区信息苑、街道图书馆、健身活动室、街道创新屋、娱乐活动室、团队活动室、展览陈列室，具备放映数码电影、举办文艺表演、开展联谊活动的多功能厅等活动场所，能满足多层次、多种文体活动人群的需求。174平方米的展示厅免费为社区居民中的美术师、油画工作者、书画和编织爱好者、中小学生、幼儿园小朋友提供展示才艺的平台。创新屋每周开展青少年活动，常常爆满。图书馆是上海市社区特级图书馆，成为男女老少的求知乐园。多功能厅既能每天为社区居民提供交际舞场活动，又能让居民每月一次欣赏专业文艺院团的演出。

4. 地址：上海市静安区保德路181—183号（近阳泉路）

二、职业体验内容

1. 社区道路、花园卫生清理。

2. 社区活动会场布置。

3. 张贴海报、宣传画。

4. 为居民写“福”字，扮财神祈福。

三、职业体验基地适合的学段

高一、高二年级

四、活动项目

（一）活动目标

1. 初步了解并体验社区活动中心工作人员的工作内容。

2. 感受社区活动中心工作人员日常工作的琐碎与辛苦。

3. 树立积极应对困难、解决问题的价值观。

4. 培养为民服务、乐于助人的道德品质。

（二）活动准备

1. 基地准备：笔墨纸砚、会场场地、桌椅、海报与胶水、劳动工具、财神服装。

2. 教师准备：打印相关工作规则、要求。

3. 学生准备：穿着校服，仪容端正；练习毛笔“福”字写法。

（三）活动内容

1. 参观社区活动中心

在社区活动中心工作人员的带领下，参观社区活动中心的主要场馆，了解各场馆的用途及工作人员的工作内容。

2. 完成清扫工作、布置活动会场

（1）使用扫帚、钳子等劳动工具，清理道路及花坛处的垃圾，收集在垃圾袋内。

（2）听从工作人员的指挥，将活动场馆的桌椅按要求摆放、排列整齐。在各桌椅上放置活动资料与饮用水。

（3）在场馆内、社区活动中心走廊、社区活动中心公告栏和宣传栏中张贴活动海报与宣传画。

3. 扮财神、写“福”字

（1）两位学生穿着传统财神服装，与前来参加活动的居民互动合影，带动会场气氛，为新的一年祈福。

（2）在长桌上准备笔墨纸砚，写“福”字并分发给居民。

（3）指导居民体验“福”字书写的过程及注意事项。

（4）给前来参与活动的居民分发活动纪念小礼品。

4. 总结与交流

（1）学生交流：分享本次在社区文化活动中心活动的感悟和收获。

（2）活动总结，表达感谢。

（四）学习单

<table>
<tr><td colspan="2">职业体验参与人
学校：　　　　　　　　班级：　　　　姓名：
职业体验地点：
职业体验时间：　　　年　　　月　　　日</td></tr>
<tr><td colspan="2">一、实践体验</td></tr>
<tr><td>1. 今天我学习并体验了清扫社区活动中心。半天的时间内，我清扫了______个活动区域。</td><td>我对活动的感兴趣程度：
☆☆☆☆☆
完成活动的自我评价：
☆☆☆☆☆</td></tr>
<tr><td>2. 今天我学习并体验了会场布置。
在体验过程中，我得到社区工作人员的______星评价。</td><td>我对活动的感兴趣程度：
☆☆☆☆☆
完成活动的自我评价：
☆☆☆☆☆</td></tr>
<tr><td>3. 今天我学习并体验了写“福”字。在体验过程中，我得到社区工作人员的______星评价。</td><td>我对活动的感兴趣程度：
☆☆☆☆☆
完成活动的自我评价：
☆☆☆☆☆</td></tr>
</table>

二、兴趣延伸	
1. 我会向其他人介绍今天的体验活动和学到的知识。	□是 □否 □不确定
2. 我有兴趣了解社区的其他工作。	□是 □否 □不确定
3. 我希望能再次来到社区参加职业体验活动。	□是 □否 □不确定
三、自我拓展 1. 随着社区文化的发展，活动形式也越来越多样，给我们的生活带来很多方便。例如，___________、_____________、_______________、____________等。 2. 在父母的陪同下，深入体验社区活动。 3. 和父母交流活动的感受，并向工作人员提出改进的意见和建议。	

上海市风华中学　杨芳

一日导医

一、职业体验地点简介

1. 名称：临汾路社区医院

2. 开放时间：工作日（周一至五）8:30—17:30

3. 基地介绍：临汾路社区医院是一所上海市医保局定点一级医疗机构，2007 年成为首批上海中医药社区卫生服务示范点。它也是一家具有特色的红十字老年护理医院，社区老年保健服务和临终关怀、安宁护理是医院的特色品牌。现为世界卫生组织（WHO）老年保健合作基地，是多所大学的社区实习基地、上海市全科医师规范化培训社区实习基地。由于场所的特殊性，学生须在医护人员的同意和指导下开展体验活动。

4. 地址：上海市静安区临汾路 385 号

二、职业体验内容

1. 完成门诊自助挂号志愿服务 2—4 小时。

（1）明确服务岗位地点：自助服务机附近。

（2）明确服务职责：辅助患者使用自助服务机；教授患者使用自助服务机。

（3）维护秩序。

2. 规范使用志愿者礼仪和文明用语。

3. 负责满意度测评，倾听病人的需求，并记录下病人的感受。

4. 录入信息，审核录入数据。

5. 了解临终关怀，查阅相关资料，书写感悟。

三、职业体验基地适合的学段

高一、高二年级

四、活动项目

（一）活动目标

1. 增加社会实践经历，树立社会服务意识。

2. 初步了解并体验医护人员的工作。

3. 感悟医护人员的工作价值，理解成人工作的辛苦。

4. 树立积极应对困难、解决问题的价值观。

5. 传递爱的正能量，为需要帮助的人带去便利和快乐。

（二）活动准备

1. 医护满意度调查表。

2. 接受导医礼仪培训。

（三）活动内容

1. 志愿者服务

帮助前来医院的患者自助挂号，辅助患者使用自助服务机。

上午 7:00，经过事先培训的四位学生志愿者开始走上岗位——导诊咨询台，为患者提供导诊、导梯服务，维护秩序。

要求：四位学生要身穿工作服，面带微笑，规范使用志愿者礼仪和文明用语。

四位体验者很快就在医院导医的指导下投入到引导患者就诊等繁忙的工作中。

2. 完成调查问卷

负责满意度测评，向患者分发调查问卷，倾听病人的需求并记录下病人的感受，最后完成统计。

3. 录入信息，审核录入数据。

在社区医院老师的教授下，三名同学进行信息录入，录入完毕后仔细审核录入的数据。

4. 临终关怀

了解临终关怀，查阅相关资料，书写感悟。

5. 总结与交流

学生进行交流、总结，分享本次在临汾路社区医院参加职业体验活动的感悟和收获。

学生表示："每行每业都有不为人知的辛酸。通过导医体验，我深切体会到了导医的不易。在服务他人的过程中，我的自身素质也得到了提高，学会了与患者及家属交流，真心体谅他们，尽心为他们服务。""很高兴这次体验活动能够帮助患者，提高了医院的服务速度。我的语言表达能力、沟通能力和团队协作能力也得到了一定的锻炼，更好地树立起服务社会的意识。""一天的体验下来，让我得到了各方面的综合锻炼，像这样的社会实践挺少、挺难得的，希望能有机会多参加这类活动，提高自身各方面素质。"

负责满意度测评的同学表示："其间我们遇到过拒绝接受调查等现象，但经过我的解释，患者大多能积极配合。我们希望所收集的问题，能及时反映给医院管理部门，让医院管理有所改善，更好地回馈患者。"

（四）学习单

职业体验参与人 学校： 班级： 姓名： 职业体验地点： 职业体验时间： 年 月 日	
一、实践体验	
1. 今天我学习并体验了帮助患者自助挂号。 半天的时间内，我帮助了______名患者自助挂号。受到患者______星评价。	我对活动的感兴趣程度： ☆☆☆☆☆ 完成活动的自我评价： ☆☆☆☆☆
2. 今天我学习并体验了患者满意度测评。 在倾听病人的需求中，我收集了______条患者意见。受到患者____星评价。	我对活动的感兴趣程度： ☆☆☆☆☆ 完成活动的自我评价： ☆☆☆☆☆
3. 今天我学习并体验了录入信息。 在实际操作中，我录入了______条信息。受到______星评价。	我对活动的感兴趣程度： ☆☆☆☆☆ 完成活动的自我评价： ☆☆☆☆☆
4. 今天我学习并体验了临终关怀。 在了解的过程中，我接触了______名患者。受到患者__________星评价。	我对活动的感兴趣程度： ☆☆☆☆☆ 完成活动的自我评价： ☆☆☆☆☆
二、兴趣延伸	
1. 我会向其他人介绍今天的体验活动和学到的知识。	□是 □否 □不确定
2. 我有兴趣了解医院的其他工作。	□是 □否 □不确定
3. 我希望能再次来到医院参加职业体验活动。	□是 □否 □不确定

上海市风华中学 杨芳

“风华绿 ing”社会服务

一、职业体验地点简介

1. 名称：大宁郁金香公园

2. 开放时间：5:00—18:00

3. 基地介绍：大宁郁金香公园即曾经的大宁灵石公园，是浦西较大的集中绿地。山林、清泉、湖泊、瀑布形成一片湖光山色，拥有荷兰郁金香赏花胜地“库肯霍夫花园”原汁原味的美景，也有着上海独到的风土人情。公园有着200多万株来自荷兰的原产郁金香，数十个新奇品种，为市民踏青赏花、休闲放松提供了好去处。

4. 地址：广中西路288号（近共和新路）

二、职业体验内容

1. 看护郁金香观赏区，防止游客踏入或者破坏。

2. 为游客指引游览方向。

3. 帮助老年游客（不擅长使用手机的游客）使用微信了解郁金香品种。

4. 帮助游客拍摄照片等。

三、职业体验基地适合的学段

初中、高中年级

四、活动项目

（一）活动目标

1. 了解志愿服务的要求与规范，体验志愿服务的辛苦与不易。

2. 在活动过程中培养学生与人沟通能力的和社会服务能力。

3. 培养学生的志愿精神，增强学生社会责任感，提升学生综合素质。

（二）活动内容

1. 看护郁金香观赏区，防止游客踏入或者破坏。

学生了解到志愿者服务的岗位要求，能够规范和礼貌地引导游客文明观展。

2. 为游客指引游览方向。

学生熟悉公园内游览线路，能够做好志愿者准备，更好地为游客服务。

3. 帮助老年游客（不擅长使用手机的游客）使用微信了解郁金香品种。

积极主动地帮助有需要的游客，了解微信扫码操作流程，更好地普及郁金香知识，带给游客最佳的游园体验。

4. 帮助游客拍摄照片等。

能够察觉和应对各种情境，培养与人交往的能力与经验，更好地发挥志愿者作用。

5.“美丽花博会，微笑我服务”主题征文活动。

在年级组织开展的“美丽花博会，微笑我服务”主题征文活动中，分享学生在实践体验过程中的感受和思考。

6.“第三只眼看花展”主题摄影比赛活动。

在年级组织开展“第三只眼看花展”主题摄影比赛，捕捉花博会志愿服务活动中的精彩瞬间，进行评选，对于积极参与、拍摄优秀的同学进行奖励。

（三）学习单

职业体验参与人 学校：　　　　　　　　　　班级　　　　　　姓名： 职业体验地点： 职业体验时间：　　　　年　　　月　　　日
1.“美丽花博会，微笑我服务”主题征文 （1）题目自拟。 （2）体裁不限（可以是随笔、记叙文，也可以是原创诗歌）。 （3）字数 500 字左右。 2.“第三只眼看花展”主题摄影 （1）相机或手机作品均可，照片拍摄时间为志愿者服务期间，拍摄地点为大宁郁金香公园，作品内容不限，要求健康向上，主题明确。 （2）每张作品应有具体的标题和作者，命名方式为“《标题》班级作者 .jpg”（如：《风华正茂》高一 3 班 王小明 .jpg）。 （3）每人至少上交三幅作品。

上海市风华中学　邹歆

导医 ABC

一、职业体验地点简介

1. 名称：上海市闸北中心医院

2. 开放时间：周一至周五上午 8:30—11:30，下午 13:30—17:00

3. 基地介绍：上海市静安区闸北中心医院（原上海市闸北区中心医院）于 1960 年 4 月 10 日建立，1989 年成为闸北区红十字医院，占地面积 42 亩，业务用房建筑面积达到 6.2 万平方米，是一所集医疗、急救、教学、科研、预防保健、康复等功能为一体的二级甲等综合性医院。

医院位于市区北部，承担区域内 80 多万常住居民的医疗、预防保健任务。同时与 110、120 建立长期联动协调机制，自 20 世纪 80 年代起为“120 急救网络”成员单位。医院还是区域内市级以上卫生行政部门指定的公共卫生任务医疗保障的主要提供者。2003 年以来，医院相继成为区域内应对 SARS、H1N1 流感和“奶粉事件”婴幼儿筛查等公共卫生任务的定点医院，是静安区犬伤、卡介苗定点接种机构。

医院已连续十三届被上海市人民政府评为“上海市文明单位”，获“上海市五星诚信单位”荣誉称号，是首批“上海市全科医师规范化培训基地”中唯一一家二级综合性医院，2013 年新增上海市住院医师规范化培训妇产科基地和医学影像学基地，是国家药物临床试验机构、全国综合医院中医药工作示范单位。

医院秉承“救死扶伤、服务社会”的办院宗旨，坚持“以人为本，以病人为中心”的服务理念，竭诚为区域内居民和全市、全国患者提供优质、高效、安全和便捷的医疗服务。

4. 地址：上海市静安区中华新路 619 号

二、职业体验内容

1. 参观闸北中心医院，了解医院科室设置与相关知识。

2. 团干部协同就诊陪助（导医、自助挂号）。

3. 帮助医院整理物资库房、整理医院病案室。

三、职业体验基地适合的学段

高中年级

四、活动项目

（一）活动目标

1. 初步了解医务工作者的职责与工作。

2. 了解就医流程，感悟医疗环境，帮助病人叫号，为患者引路，改善患者就医感受，减轻护士的工作负担。

3. 培养学生良好的人际沟通能力、亲和力和认真负责的精神。

（二）活动准备

1. 基地准备：学生统一着装。

2. 教师准备：打印相关工作规则、要求。

3. 学生准备：口罩等。

（三）活动内容

1. 参观闸北中心医院。

组织学生参观医院，了解医院内各科室和部门的分布。随后由医院领导讲话，教授学生相关知识。学生需要基本掌握医院的科室分布、就诊流程、诊疗特色、挂号、预约专家等，以及需要准备哪些资料、了解合适的诊疗时间。

2. 协同就诊陪助。

（1）要求

主动热情地接待病人，遇有行为不便的老人、重病人以及残疾人，要主动搀扶就诊，同时关照其他部门给予照顾和帮助。

询问病人挂号情况，做好初、复诊病人的登记工作。

为不识字或看不清字的病人填写病历封面，指导就诊。

按照病人分诊点，把病人引导到专家就诊处。如不能及时就诊出现排队现象，关照病人耐心等候。

关注专家就诊情况，随时依次叫号，引导病人就诊。

尽可能解答病人提出的问题。对自己不清楚的问题，就近请教老师后回答。

导示病人就诊、检查、取药路线。

维持大厅工作秩序，卫生整洁，及时为病人提供方便。

（2）导医服务岗位

在门诊大厅的入口为病人及家属提供引导服务。

（3）自助挂号岗位

协助患者使用自助挂号机。

3. 帮助医院整理物资库房、整理医院病案室。

4. 总结与交流。

学生交流：分享本次参加闸北中心医院职业体验活动的感悟和收获，交流并进行反思。

指导老师根据学生的具体表现进行客观点评。

活动总结，对实践基地表达感谢。

（四）学习单

<table>
<tr><td colspan="2">职业体验参与人
学校：　　　　　　　　　　　班级：　　　　　姓名：
职业体验地点：
职业体验时间：　　　　年　　　　月　　　　日</td></tr>
<tr><td colspan="2">一、实践体验
具体体验过程及描述：

体验后感悟：</td></tr>
<tr><td colspan="2">二、自我评价</td></tr>
<tr><td>1. 此次活动的自我评价。</td><td>☆☆☆☆☆</td></tr>
<tr><td>2. 我对此次活动的兴趣。</td><td>☆☆☆☆☆</td></tr>
<tr><td>3. 我以后会从事相关职业。</td><td>☆☆☆☆☆</td></tr>
<tr><td colspan="2">三、活动拓展
1. 上网查询了解从事这一行业需要具备什么能力。

2. 上网查找当下医患关系的新闻。</td></tr>
<tr><td colspan="2">四、活动图片</td></tr>
<tr><td colspan="2">五、基地指导教师点评</td></tr>
</table>

上海市回民中学　陈雅婷

护工

一、职业体验地点简介

1. 名称：芷江西路街道综合为老服务中心

2. 开放时间：9:00—17:00

3. 基地介绍：芷江西路街道综合为老服务中心位于徐家宅路93号三楼，室内面积有1180平方米，室外活动的屋顶花园面积约600平方米。

芷江西路街道是一个深度老龄化社区。在中心周边的城上城、交通、复元坊三个居委会的老年人口数几乎占了整个街道老年人口的四分之一，为老服务中心的成立为老年人晚年生活提供了新去处。中心整体布局与装饰温馨柔和，内设有日间照护、康复护理、生活便利、休闲文娱、餐饮服务、医疗诊治六大功能区域，为社区老年人提供健康管理、生活照顾、文化娱乐、精神慰藉等个性化、多样化的服务。中心每周安排各类丰富多彩的活动，如戏剧沙龙、影视留声机、科技助老系列培训班、心理咨询等。

芷江西路街道为老服务中心是政府实事项目，大部分活动都是公益的，个别收费项目的价格也非常低廉，大部分老年人都能消费得起。芷江西路街道为老服务中心是一个综合为老服务平台，引入了乐慈爱老服务中心、福寿康居家康复护理机构等专业化社会机构，此外，街道老年协会、居家养老服务中心、社区卫生服务站都已入驻。"街道希望能整合各方面资源，不仅能在中心这个有限的场地内为老年人提供服务，还能将服务辐射出去。"

以前，老人们一个人在家，一天很难熬。但是在为老服务中心开放之后，老人们就常来参加这里的活动。社区居家养老让老年人在原有的居住环境和社会关系中安享晚年，老年人的情感需求能够得到满足，也方便子女在闲暇时照顾老人。

4. 地址：上海市静安区徐家宅路93号三楼

二、职业体验内容

1. 参观为老服务中心，了解功能区设置分布与使用情况。

2. 为社区老年人提供健康管理、生活照顾、文化娱乐、精神慰藉等服务。

3. 辅助策划、宣传、开展、总结为老服务中心的各项活动。

三、职业体验基地适合的学段

高中年级

四、活动项目

（一）活动目标

1. 初步了解为老服务中心工作人员的工作内容和职业要求。

2. 协助策划、开展活动，丰富老年人的精神生活。

3. 帮助学生更好地认识社会，关注社会群体的发展，培养他们的社会责任感。

（二）活动准备

1. 基地准备：清扫工具等。

2. 教师准备：打印相关工作规则、要求。

3. 学生准备：学习单。

（三）活动内容

1. 参观为老服务中心

学生在指导老师的带领下，参观综合为老服务中心各功能区的分布与配置情况以及开放时间和使用情况等。

2. 协助活动

（1）医疗诊治区域

协助老人诊治，维持秩序。协助腿脚不便的老人取药，帮助输液的老人传唤护士。

（2）其他区域

清扫各功能室，并进行整理。

3. 策划活动

学生以小组的形式，根据各自的特长，并围绕老人的需求，分别提供以医疗、艺术、科技、心理等为主题，以讲座、电影、音乐会、培训班等为形式的主题活动。

据工作人员介绍，为老服务中心每周都安排各类丰富多彩的活动，如戏剧沙龙、影视留声机、科技助老系列培训班、心理咨询讲座等。学生可以此作为参考，设计策划活动。

4. 总结与交流

学生交流：分享本次参加综合为老服务中心工作人员职业体验活动的感悟和收获，交流并进行反思。

指导老师根据学生的具体表现进行客观点评。

活动总结，对实践基地表达感谢。

（四）学习单

职业体验参与人 学校： 班级： 姓名： 职业体验地点： 职业体验时间： 年 月 日	
一、实践体验 具体体验过程及描述： 体验后感悟：	
二、自我评价	
1. 此次活动的自我评价	☆☆☆☆☆
2. 我对此次活动的兴趣	☆☆☆☆☆
3. 我以后会从事相关职业	☆☆☆☆☆
三、活动拓展 1. 上网查询了解从事这一行业需要具备什么能力。 2. 上网查询当今老年人的生活状况和心理状况。	
四、活动图片	
五、基地指导教师点评	

上海市回民中学 陈雅婷

医院里的实验员

一、职业体验地点简介

1. 名称：上海市第十人民医院中心实验室

2. 开放时间：周一到周五 8:00—17:00

3. 基地介绍：上海市第十人民医院中心实验室始建于 1990 年，是院科研及同济大学医学院研究生培养基地，是集科研、教学、技术咨询服务为一体的综合性实验室。中心实验室由实验楼及动物中心两部分构成，其主要职能是为全院致力于医学科学研究的人员提供一个科学实验、技术咨询的服务平台。下设分子生物学、细胞生物学、蛋白质研究、组织形态学及实验动物学等多个实验平台。拥有蔡司激光聚焦显微镜、GenomeLab CEQ/GeXP 系列遗传分析仪等一大批贵重仪器。中心实验室是全院重要的实验室平台，自成立以来已经有“973”项目、国家自然科学基金、上海市自然科学基金等一大批研究项目利用中心实验室提供的条件完成或正在进行研究工作。实验室人员自身也承担了多项国家自然科学基金以及中央高校基本科研业务专项基金、优秀后备学科带头人计划、后备博导计划项目、医院“5810”培养计划等。同时，中心实验室还为研究生完成学位论文课题提供了大量的服务，已有几百名研究生利用中心实验室的条件完成了研究工作。中心实验室作为全院科研的开放平台，拥有一支年轻而充满活力的队伍，在医院科研发展中发挥着重要作用。

4. 地址：上海市静安区延长中路 301 号

二、职业体验内容

1. 参观实验楼，初步了解中心实验室的布局、各个科室和各种仪器的功能等。

2. 观摩大鼠科学实验，初步了解科学实验的过程、科学实验的方法和相应的原理。

3. 了解流式细胞仪，初步了解流式细胞仪的检测方法、检测流程和相关的仪器设备。

三、职业体验基地适合的学段

初中高年级、高中年级

四、活动项目

（一）活动目标

学生了解医院里的各种职业人，了解中心实验室的布局、各个科室和各种仪器的功能，初步了解科学实验的过程、科学实验的方法和相应的原理，激发学习热情，培养职业兴趣。

（二）活动准备

1. 基地准备：大鼠科学实验所需的实验器材、流式细胞仪检测的实验方案和相应实验设备。

2. 老师准备：组织学生报名参与，并提前下发或告知活动所需及注意事项。

3. 学生准备：根据老师的要求及活动具体内容进行活动前准备，查找和了解与活动相关的资料，以便活动高效有序地进行。

（三）活动内容

1. 参观实验楼，初步了解中心实验室的布局、各个科室和各种仪器的功能等。

2. 观摩大鼠科学实验，初步了解科学实验的过程、科学实验的方法和相应的原理。

3. 了解流式细胞仪，初步了解流式细胞仪的检测方法、检测流程和相关的仪器设备。

4. 总结交流。

5. 活动反馈。

活动完成后，同学们总结上交活动单、九宫格和评价单。

（四）学习单

亲爱的同学，你即将进入上海市第十人民医院中心实验室，在导师的带领下，开展一次职业探寻行程。 请完成以下问题： 对于中心实验室的科研内容，你了解多少？最想了解哪些内容呢？在参观探索的过程中，你一共体验（或遇见）了哪些职业人？相信这些职业人给你带来了深刻印象，请你选择其中一个进行简单采访，然后给他做一个简介吧。（建议介绍内容：姓名，出生年月，民族，毕业学校，具体职业岗位，从业经历等）经过一天的活动，你最大的收获是什么？

活动中你印象最深刻的职业是什么？请填写下面的九宫格。

上海市第十人民医院中心实验室职业探索九宫格

职业名称	工作环境（地理位置、环境状况、安全性等）	从业资格（教育程度、证书、经验、能力等）
工作内容（经常性任务、担负的责任等）	职业照片	具有代表性的物品或人物
职业优点（薪资、福利、学习机会等）	职业劣势	职业发展前景

上海市第十人民医院中心实验室职业探索活动评价表

<table>
<tr><td>维度</td><td>观测点</td><td>自评</td><td colspan="2">组员评价</td><td>带队老师评价</td></tr>
<tr><td rowspan="4">礼仪与素养</td><td>对人有礼貌。</td><td></td><td colspan="2"></td><td></td></tr>
<tr><td>文明参观。</td><td></td><td colspan="2"></td><td></td></tr>
<tr><td>跟随组织，不乱跑。</td><td></td><td colspan="2"></td><td></td></tr>
<tr><td>文明行动，没有乱扔垃圾等不文明行为。</td><td></td><td colspan="2"></td><td></td></tr>
<tr><td>维度</td><td>观测点</td><td>自评</td><td colspan="2">组员评价</td><td>带队老师评价</td></tr>
<tr><td rowspan="5">学习与合作</td><td>我能够在学习前期认真做好准备工作。</td><td></td><td colspan="2"></td><td></td></tr>
<tr><td>我能细致观察，寻找对学习有帮助的资料。</td><td></td><td colspan="2"></td><td></td></tr>
<tr><td>我在学习中能积极帮助组员，共同解决问题。</td><td></td><td colspan="2"></td><td></td></tr>
<tr><td>我在学习中认真履行了自己的职责，不推卸责任，遇到困难不退缩。</td><td></td><td colspan="2"></td><td></td></tr>
<tr><td>我在小组展示学习中表现得大方得体。</td><td></td><td colspan="2"></td><td></td></tr>
<tr><td>维度</td><td>我对本次学习设计的评价</td><td colspan="2">值得学习的方面</td><td colspan="2">需要改进的方面</td></tr>
<tr><td rowspan="3">特色与建议</td><td>本次学习形式是否新颖，对我进行研究性学习有所帮助。</td><td colspan="2"></td><td colspan="2"></td></tr>
<tr><td>本次学习是否能帮助我达到预期的学习目的。</td><td colspan="2"></td><td colspan="2"></td></tr>
<tr><td>我在本次学习中是否有所感悟，有所锻炼。</td><td colspan="2"></td><td colspan="2"></td></tr>
<tr><td colspan="6">组员留言板：</td></tr>
<tr><td colspan="6">家长寄语：</td></tr>
<tr><td colspan="6">老师评价：</td></tr>
</table>

上海市风华初级中学　樊允朴

康复治疗助手

一、职业体验地点简介

1. 名称：静安老年医院

2. 开放时间：全天

3. 基地介绍：静安老年医院是一家集老年医疗、康复、护理、预防和保健于一体的老年病特色医院，其康复科是一个具有现代化医学管理模式和一流齐全配套设施的老年病康复中心，能够对常见老年性疾病形成的功能障碍给予科学的治疗和训练，使患者最大可能地恢复身心健康，生活独立，最终回归社会。

老年康复是医学的一个分支，是老年医学与康复医学的交叉学科，以康复治疗方法为主，旨在改善功能，使患者尽可能恢复到最佳功能状态。

由于场所的特殊性，学生须在医生、护士的同意和指导下开展体验活动。

4. 地址：上海市静安区康定路 834 号

二、职业体验内容

1. 参观老年医院康复科训练楼面，与康复师交流，了解康复专业。

2. 辅助康复师，协同病人训练，体验康复师的工作。

3. 对病人开展陪伴及心理辅导。

三、职业体验基地适合的学段

初中、高中年级

四、活动项目

（一）活动目标

1. 初步了解并体验康复训练师的工作。

2. 感受康复训练师作为医师的医德、严谨、良好的身体条件及较强的业务能力。

3. 培养良好的沟通能力和必备的康复辅助操作能力。

（二）活动准备

1. 基地准备：医生的白大褂，工作牌。

2. 教师准备：打印相关工作规则、要求。

3. 学生准备：口罩等卫生用品。

（三）活动内容

1. 参观老年医院康复科

在医生的带领下，参观康复科楼层，认识先进的康复仪器，了解康复师的基本工作。

2. 陪伴康复训练

（1）结对康复师及病人

以某位康复师作为自己的导师，并结对导师中的一个病人，全程陪护。

（2）康复师示范、讲解

康复师介绍病人的基本情况、整体的康复方案、当天的训练重点。

重点示范这位病人的康复训练，仪器辅助、手法等。

重点讲解一到两种学生可学习、操作性强的训练方法。

（3）学生尝试练习

学生尝试并练习学到的训练方法，康复训练师进行指导。

病人给出反馈，康复师校正。

注意事项：一定要了解病人存在的功能障碍、身体承受能力及制订的个体化方案。

（4）学生独立操作，以及陪伴心理辅导

在学生习得相关技能，较为成熟之后或者部分病人只需仪器治疗时，学生可单独面对病人。

开展谈心活动。

注意事项：不探究隐私，不强迫。

4. 总结与交流

学生交流：分享本次在康复科参加职业体验活动的感悟和收获。

康复师对学生的表现进行点评。

活动总结，表达感谢。

（四）学习单

职业体验参与人 学校：　　　　　　　　　　　　班级：　　　　　姓名： 职业体验地点： 职业体验时间：　　　年　　　月　　　日
一、实践体验 1. 了解老年医院康复科 康复科训练楼面分＿＿＿＿＿部分，你能说出几个康复治疗专用设备？ 2. 考考你的康复知识：你能说出几种改善轻度腰椎间盘突出的方法？ 答案参考： 1. 物理治疗，作业治疗，语言治疗，心理治疗，中医治疗和理疗室，肢具室等 2. 被动运动训练系统、电动升降移动架、平衡功能测试仪、经络治疗仪等 睡硬床、倒走、游泳、“八段锦”拳、卧式“小飞燕”、针灸等
二、自我反思（涂星号表示） 1. 作为康复师，你觉得对以下能力的要求是

康复仪器操作	☆☆☆☆☆
康复知识的宣讲	☆☆☆☆☆
技术、手法的要求	☆☆☆☆☆
沟通及心理咨询能力	☆☆☆☆☆
体力的要求	☆☆☆☆☆
其他（可自行补充）	☆☆☆☆☆
2. 我的自评	
完成活动的评价	☆☆☆☆☆
我对此次活动的兴趣	☆☆☆☆☆
我还会从事相关康复活动	☆☆☆☆☆
三、活动拓展 1. 你是如何理解老年康复治疗价值的？在提升老年人的康复方面，你有什么更好的服务建议？ 参考答案：“随着我国老龄化社会逐步推进，老年康复有需要也有前景和空间，老年人不仅需要身体上的治疗，还需要心理上的康复治疗。老年康复的意义包括：减轻老年人的病痛；改善患者日常生活能力，提高生活自理程度；减轻老年人对家庭的负担以及对社会的压力。 老年康复关乎老年人身心健康、生活自理的各个方面，是应对人口老龄化的重要举措，是许多养老福利机构、老年医院、老年产业未来发展的重要方向。 2. 上网查找老年康复体系方面的资料。 参考答案：老年康复在国外一些国家已经有了比较完整的体系，原则上包含专业机构康复、社区康复和其他形式。 （1）专业机构康复 专门从事康复医疗的康复医院或中心；综合医院或老年医院、疗养院的康复科；门诊性质医院提供的康复服务；养老场所提供的延伸康复护理和维持性康复。 （2）社区康复 社区医院康复科；由康复人员、初级保健人员或接受过训练的家属在家庭或社区进行的康复与护理。 （3）上门康复 康复专业人员可以上门提供康复服务。 （4）社会保障服务体系 老年康复制度立法、康复医保政策；社会宣讲康复知识等。	

上海戏剧学院附属高级中学　陆婷

中医医院“小导医”

一、职业体验地点简介

1. 名称：上海市中医医院

2. 开放时间：上午 9:00—11:00；下午 13:30—16:30

3. 基地介绍：上海市中医医院位于上海市芷江中路 274 号，创建于 1954 年，是一家集医疗、教学、科研为一体的三级综合性中医医院。

医院设有儿科、针灸科、脑病科、神志病科、肿瘤科、骨伤科、耳鼻喉科、风湿病科、外科、妇科、急诊科、肺病科、脑病科、肾病科、血液病科、肛肠科、疼痛科、眼科、脾胃病科、药剂科、检验科、功能科、病理科等临床和医技科室。其中，医院拥有卫健委国家临床重点专科 3 个，国家中医药管理局重点学科 2 个，国家中医重点专科 6 个，上海市优势专科 2 个，上海市传统医学示范中心 1 个，上海市中医预防保健示范单位 1 个。

针灸科作为上海市中医医院的特色科室，自开设以来，始终遵循继承与创新相结合的原则，保持和发扬中医针灸特色和优势，不断开拓业务。针灸科技术力量较强，门诊由资深医师主诊，现有医师 8 名，其中副主任医师 3 名、主治医师 3 名、住院医师 2 名。开设了多个具有特色的专科专病门诊，将广东名老中医靳瑞教授的“靳三针”和石学敏院士的“醒脑开窍法”应用于中风病、帕金森病、血管性痴呆的治疗，取得显著疗效；运用头皮针治疗抽动 – 秽语综合征；“调卫健脑”针刺法治疗失眠、抑郁、焦虑等症；针药结合的方法治疗慢性前列腺炎、勃起功能障碍（ED）、遗尿、妇女经前期紧张症、痛经、慢性尿道障碍等泌尿生殖系统疾病；运用温针灸、芒针、电针、拔罐等方法治疗颈肩腰腿痛；对面瘫、三叉神经痛、面肌痉挛等具有显著疗效；肥胖症专科综合运用耳穴、毫针针刺以及穴位埋线的方法，在帮助患者减肥的同时，有效地预防了其他疾病。

4. 地址：上海市静安区芷江中路 274 号

二、职业体验内容

1. 参观中医医院，了解医院的科室以及所在位置。

2. 为门诊患者提供导医、导诊、预约诊疗、自助挂号、咨询解释等服务。

3. 对医院品牌特色——针灸科的介绍与宣讲。

三、职业体验基地适合的学段

高中年级

四、活动项目

（一）活动目标

1. 初步了解并体验自助挂号指导和门诊引导工作。

2. 感受医护工作人员严谨细致的工作态度、良好的身体条件及较强的业务能力。

3. 培养良好的沟通能力和社会责任感。

（二）活动准备

1. 基地准备：志愿者服装，工作牌。

2. 教师准备：打印相关工作规则、要求。

3. 学生准备：口罩等卫生用品。

（三）活动内容

1. 参观中医医院

在指导医生的带领下，参观中医医院各楼层，了解各楼层的科室、收费处、取药处、盥洗室等重要场所及所在的大致位置，同时对医院特色科室针灸科进行全面的了解与认识。

2. 学习自助挂号机的操作

（1）结对指导医生

以某位医生作为自己的导师进行结对，全程听从指导医生的讲解并学习。

（2）指导医生示范、讲解

指导医生介绍医院的基本情况（医院历史、科室分布、重要场所位置、医院特色等）和当天的工作重点。

重点讲解和示范自助挂号机的使用方法，同时明确和病患沟通时在仪容仪表和态度方面都需注意的地方。

（3）学生尝试练习

学生尝试并练习自助挂号机的使用，指导医生进行指导。

学生尝试与前来询问的病人或其家属进行沟通指引，指导医生在旁观察其交流时的仪态仪表。若遇到问题，及时指正。

注意事项：仪态仪表大方得体，在自助挂号机指导时要耐心细致，特别是面对老年人与行动不便的病患。

（4）学生独立工作上岗

在学生熟练习得相关技能和沟通技巧之后，学生可单独面对病人，开展自助挂号机的使用指导、导医、导诊、咨询等工作。

注意事项：仪态仪表大方得体，一定要清楚了解病人所需所求（是去付费还是取药，是去科室就诊还是如厕等），切忌给病人指错路。

3. 总结与交流

学生交流：分享本次在中医医院参加职业体验活动的感悟和收获。

指导医生对学生的表现进行点评。

活动总结，表达感谢。

（四）活动任务单

职业体验参与人 学校：　　　　　　　　　　班级：　　　　　姓名： 职业体验地点： 职业体验时间：　　　年　　　月　　　日	
一、实践体验 1. 了解中医医院。上海市中医医院设有______等科室。（至少写出 6 个） 2. 在自助挂号机操作时应注意哪些方面？ 3. 你从哪些方面着手介绍中医医院的针灸科？	
二、自我反思（涂星号表示） 1. 作为医院志愿者，你觉得对以下能力的要求如何	
自助挂号机的操作	☆☆☆☆☆
医院历史和科室的了解	☆☆☆☆☆
技术的要求	☆☆☆☆☆
沟通表达能力	☆☆☆☆☆
体力的要求	☆☆☆☆☆
其他（可自行补充）	☆☆☆☆☆
2. 我的自评	
完成活动的评价	☆☆☆☆☆
我对此次活动的兴趣	☆☆☆☆☆
我还会从事相关志愿活动	☆☆☆☆☆
三、活动拓展 1. 在志愿工作中你认为在与病患（或其家属）沟通交流时应注意些什么？ 2. 对于如今各类医院提供的挂号服务，你有什么更好的服务建议？ 3. 在向大众介绍品牌特色时，你觉得最重要的是应该介绍哪部分的内容？	

上海市第六十中学　栗方捷

中医医院小助手

一、职业体验地点简介

1. 名称：上海市中医医院

2. 开放时间：上午 9:00—11:00；下午 13:30—16:30

3. 基地介绍：上海市中医医院是一家市级三甲医院，在带教医生指导下，为学生提供导医或医护职业体验。

4. 地址：上海市静安区芷江中路 274 号

二、职业体验内容与职业维度

1. 体验医生职业的酸甜苦辣。

2. 体验中医传统文化的博大精深。

3. 霍兰德职业代码：S、I。

三、职业体验基地适合的学段

高一年级

四、活动项目

（一）活动目标

1. 初步了解医院的科室类别与科室医生的成长经历及其专长，尝试发现中医医生职业要求与职业价值观，体验医生在专业成长期间的“挣扎”及其专业成功带来的自豪感。

2. 初步了解医院的科室楼层分布及相关医生，见习导医职业规范及工作流程。

3. 学会使用自助挂号设备，独立帮助患者挂号、充值、报告打印等业务，增加独立解决问题的自信心，体验助人的快乐。

4. 树立传承中医传统文化的目标与信心。

（二）活动准备

1. 基地准备：工作牌、工作规范与安全注意事项。

2. 学校准备：打印活动规则和安全事项，准备学习单。

3. 学生准备：准备访谈提纲，竞聘导医体验岗位。

（三）活动内容

1. 网寻中医医院

学生上网查找中医医院相关资料，认识中医医院发展概况，初步了解中医医院科室类别及相关专家，寻找自己感兴趣的科室及敬佩的专家的专业成长历程，了解医生的职业要求，感受专家医德医术带来的积极效应。

2. 参观中医医院

（1）跟随带教医生参观中医医院，初步了解导医职业规范以及中医医院科室类别及其所在楼层，为病人挂号咨询服务储备相关知识。

（2）认识并访谈敬佩的医生，初步了解医生的专业背景及其发展前景、医生的工作状态、薪资报酬和福利待遇。

3. 探索挂号机

在医院相关工作人员的带领下，认识挂号机的功能，了解自助挂号、自助充值、打印报告的操作过程。

4. 观摩并参与导医服务

通过本活动，增进对中医医院及其导医职位的认识，提高传承中医传统文化的兴趣和信心。

5. 总结与交流

学生交流导医服务收获，反思职业体验历程，明确自我成长的方向，填写学习单。

（四）学习单

职业体验参与人 学校：　　　　　　班级：　　　　　姓名： 职业体验地点： 职业体验时间：　　年　　月　　日	
一、实践体验	
1. 本次活动，我准备了医生职业访谈提纲。	我对活动的感兴趣程度： ☆☆☆☆☆ 完成活动的自我评价： ☆☆☆☆☆
2. 今天，我学习并体验了导医岗位。 在体验导医服务的过程中，我得到了带教医生和患者的______评价。	我对活动的感兴趣程度： ☆☆☆☆☆ 完成活动的自我评价： ☆☆☆☆☆
3. 今天，我对医生进行了职业访谈。 在访谈的过程中，我的体会是：	我对活动的感兴趣程度： ☆☆☆☆☆ 完成活动的自我评价： ☆☆☆☆☆
二、兴趣延伸	
1. 我会向其他人介绍今天的体验活动和学到的知识。	□是 □否 □不确定
2. 我有兴趣深入探索医生工作。	□是 □否 □不确定
3. 我希望能再次来到医院参加职业体验活动。	□是 □否 □不确定

三、自我拓展 通过医生职业体验，我认识到，为从事医生职业，我需要做以下准备： 1. 高等院校专业及加选科目、高考成绩 2. 我要加选的学科
四、自我诊断 1. 我目前的学科成绩及学习习惯 2. 我的家庭资源 3. 自我改进计划 4. 我身边的学习榜样 5. 我选择他成为我榜样的原因是 6. 我的课余及闲暇时间管理计划

上海市市北中学　梁翔飞

社会调查研究员

一、职业体验地点简介

1. 名称：静安寺街道

2. 开放时间：寒暑假

3. 基地介绍：静安寺街道辖区面积1.57平方公里，下设21个居委会。地铁2号线、延安路高架横贯街区，静安古寺和新恩堂基督教堂在此坐落。社会事业发达，华山医院、华东医院、文艺会堂、市西中学、一师附小等一批知名文化、医疗、教育设施均在该街道。静安寺地区以集高楼林立、商厦栉比、宾馆云集、交通便捷、科技繁荣、人文荟萃于一体而闻名沪上。

静安寺街道保存着上海仅有的较大规模的成片弄堂，是上海难得的历史文化遗存。上海市领导曾在考察中指出："我们要尽全力去保护我们这座城市的老建筑，挖掘城市文脉，留住城市记忆，尤其是成片保护。"

4. 地址：静安寺街道办事处，万航渡路55弄7号

二、职业体验内容

"文化弄堂"社会调查小研究员

三、职业体验基地适合的学段

高中年级

四、活动项目

（一）活动目标

1. 感受地域特色历史文化，提升对城市历史的热爱和保护的意识。

2. 通过调查研究，了解社会调查研究员的工作内容，提升社会调查的能力。

3. 深入社会社区，在调查研究中对所工作的世界产生更进一步的了解。

（二）活动内容

1. 前期准备

街道负责人、高校研究项目的负责人与学生见面，了解学生情况，针对学生开展相关调研的培训，使学生具备一定的社会调查知识和技能。

对学生进行分组，开展前期图文资料的收集和梳理，请学生开展前期的了解和学习。

2. 中期调研

由高校研究团队牵头，带领学生调查小组，开展“邨、坊、里、弄”文化弄堂调研。研究小组进行集中入户调研，学生协助高校研究者对社区老人开展问卷调查，为不熟悉沪语的研究者提供翻译，并做好填报问卷的指导、收集和数据采集工作。主要的研究方向有：覆盖区域总体历史发展研究、典型里弄社区的空间与建筑调研，相关人文社会与生活方式调研。

3. 后期整理

经过深入调查，研究小组分组对调查资料开展分析和整理，撰写研究报告，分析城市文化遗产的历史演变及核心价值，探讨传统社区现存问题及矛盾，提出具有建设性的解决方案，以维系城市与居民的和谐。

（三）学习单

职业体验参与人 学校：　　　　班级：　　　　姓名： 职业体验地点： 职业体验岗位： 职业体验时间：　　年　　月　　日	
一、自我反思 1. 你认为做一名社会调查研究员： 需要掌握的知识范畴有： 需要掌握的技能工具有： 需要具备的职业价值观有： 需要培养的性格特质有： 需要掌握的能力的重要程度是：（越重要星星越多）	
沟通表达能力	☆☆☆☆☆
人际交往能力	☆☆☆☆☆
逻辑分析能力	☆☆☆☆☆
动手操作能力	☆☆☆☆☆
组织管理能力	☆☆☆☆☆
创意创造能力	☆☆☆☆☆
其他（可自行补充）	☆☆☆☆☆
2. 我的自评：	
完成活动的评价	☆☆☆☆☆
我对此次活动的兴趣	☆☆☆☆☆
我还会从事相关活动	☆☆☆☆☆
二、活动拓展 1. 你在这次社会调查研究中有哪些收获和体验？ 2. 你认为在社区还可以开展哪些主题的社会调查研究？ 3. 你对在社区持续开展社会调查研究有何想法或建议？	

上海市市西中学　康元艺

养护院里的生涯访谈

一、职业体验地点简介

1. 名称：上海和养临汾养护院

2. 开放时间：不定期周末

3. 基地介绍：“和养”是上海凯成控股有限公司旗下的养老事业品牌，该公司属静安区管重点国企，目前运营着辖区内 3 家养护院（和养临汾养护院、和养宝华养护院、和养彭浦养护院）。公司以养护院为核心，呈“基站”式向居家养老、社区养老等领域辐射，构建三位一体的养老产业平台和服务体系。

和养临汾养护院位于静安区临汾路街道，总建筑面积 10954 平方米，内设 50 个房间，核定床位 321 张，其中半护理、全护理床位 204 张，房间设置以 4—8 人间为主，院内设施包括独立卫生间、公共浴室、理发室、棋牌室、起居厅、影视厅、阳光房、露天阳台等，可以满足老人的不同需求。

和养临汾养护院十分欢迎学生到这里做志愿活动，关爱老人，这里已成为学校一个非常有代表性的生涯基地。

4. 地址：上海市静安区汾西路 360 号

二、职业体验内容

在活动中志愿者们聆听老人们的故事，汲取他们的精神力量并且发扬光大。老人也在这种服务学习的形式下获得温暖与陪伴，可以倾诉与传递。

学生们陪伴老人，了解老人们的生活状态，了解老人们之前的生活经历，同时传达对他们的关心。学生在活动中领悟帮助老人所获得的快乐，了解到老人们一生发展的历程，结合自身的状态，对自己今后的发展能够有所感悟。

三、职业体验基地适合的学段

高中年级

四、职业兴趣维度

学生为老人们服务，倾听老人们讲述自己的经历。根据霍兰德职业兴趣分类，属于社会型 S。

五、活动项目

（一）活动目标

1. 学生帮助、关爱老人，增强服务社会的意识，提升社会责任感。

2. 了解老人的生命故事，思考自身生涯发展之路。

（二）活动准备

1. 基地准备：对志愿者集体培训，提供老人的基本信息以及相关特征，避免学生问到让老人伤心的事情。

2. 教师准备：提前一周与和养临汾养护院（主办方）取得联系，商议活动内容，确定活动地点，明确相关事宜。

3. 学生准备：做好分组、准备访谈提纲，自行带好与活动相关的材料和必备工具。

（三）活动内容

1. 到达和养临汾养护院之后，按原先的分组，每组学生负责帮助和访谈两位老人。

2. 访谈过程中合理分工，使老人感受到温暖。

3. 学生和老人参加座谈会，一起分享心得与感悟。

4. 学生总结此次活动给自己带来的帮助，老人们分享经验。

5. 全体参与者合影留念，学生按原路返校，活动结束。

六、活动反思

关爱老人体现了青少年温情的一面，同时可以增强学生为社会服务的意识和社会责任感。学生在活动结束后，均感慨良多。

1. 活动设计与执行

活动均是由学生设计组织，包括设计访谈提纲，策划活动，以及为老人提供哪些帮助。学生体验到自主学习、自主管理的乐趣，学生互相帮助，分工合作。本次活动锻炼了他们的社会实践能力。

2. 访谈老人，感受老人生涯发展

学生倾听老人的生涯故事，同时思考今后如何走好自己的生涯之路。

3. 体验服务之乐，感受社会互助之美

学生为老人服务，帮助老人做一些力所能及的事情，体验到帮助别人的快乐，同时在实践中验证自己的职业兴趣类型。

七、活动任务单

访谈任务单

称谓：　　　（×× 爷爷或 ×× 奶奶）　　　时间：

访谈成员：

1. 身体状况

（1）您看那边（远处），那个同学手里拿的是什么呀？

（2）您能听清楚我跟您说的话吗？

（3）您能说一说上周印象比较深刻的事情吗？

（4）您能自己独立地做哪些事情？

（5）您有老年疾病吗？给您带来什么样的困扰？

2. 娱乐活动

（1）现在您经常做的娱乐活动是什么呢？感觉如何？

（2）觉得生活中什么事情能给您带来快乐？

3. 生涯发展

（1）您年轻的时候是做什么的？

（2）您觉得自己最得意的一件事是什么？

（3）您觉得自己做得最好的一件事是什么？

（4）您年轻时的兴趣爱好是什么？

（5）您年轻时，最热门的职业是什么？

（6）如果您能够重新回到50年前，您想做什么？

（7）如果说，您的一生就像一本故事书，您最想说的是哪一段？

上海田家炳中学　刘林梦

史料收藏员

一、职业体验地点简介

1. 名称：中共二大会址纪念馆

2. 开放时间：9:00—16:30（16:00 停止进馆），周一全天闭馆

3. 基地介绍：中共二大会址在老成都北路 7 弄 30 号，是一幢两层的老式石库门里弄建筑。据中共二大会址纪念馆官网公开资料显示，1922 年 7 月 16 日至 23 日，这里召开了中共历史上一次十分重要的会议——中共二大。这次会议第一次提出了党的民主革命纲领，第一次提出党的统一战线思想，制定了第一部党章，第一次比较完整地对工人运动、妇女运动和青少年运动提出了要求，第一次决定加入共产国际，第一次提出“中国共产党万岁”的口号。

纪念馆展区由序厅、中共二大展厅、党章历程厅、中共二大会议旧址、平民女校旧址展厅五个展区组成，展出珍贵史料 300 余件，辅以先进的展示手段，真实再现中国共产党创建初期的峥嵘岁月。

4. 地址：上海市静安区老成都北路 7 弄 30 号

二、职业体验内容

1. 参观中共二大会址的各个区域，了解整个场馆有哪些工作岗位。

2. 选择自己感兴趣的藏品，向工作人员了解它的历史故事。

3. 当一回小小史料收藏员，向其他同学展示自己感兴趣的藏品。

三、适合的学段

小学、初中年级

四、活动项目

（一）活动目标

1. 了解中共二大会址里有些什么工作岗位。

2. 仔细参观馆里藏品，了解其背后的历史故事。

3. 学习史料收藏、展示和讲解过程，把了解到的历史故事分享给其他同学。

（二）活动内容

1. 班级活动

学生在讲解员的带领下参观中共二大会址的各个区域，了解历史知识。

2. 小组活动

按照对场馆里工作岗位的兴趣，将学生分成若干小组，对同一岗位感兴趣的学生组成一组，一起去采访该岗位的工作人员，同时完成学习任务单。

3. 个人自由活动

学生在馆里寻找自己感兴趣的藏品并拍照，仔细阅读与其相关的文字介绍，或者询问讲解员，了解其背后的历史知识，将其记录下来。

4. 课后深入挖掘

课后，在父母的帮助下，通过调查文献等方式继续深入了解藏品所代表的这一段历史。

5. 藏品展

回到学校后，开展一次藏品展。每位学生把自己挑选并充分了解其背景的藏品照片（至少一件藏品）打印出来，布置在展台上，并学习当一回小小讲解员，模仿会址里讲解员的讲解方式，向其他学生介绍自己挑选的藏品。

（三）学习单

探索内容	
挑选一件最能触动你的藏品，拍照并记录下来。	**（此处贴照片）** 我挑选的藏品是： 我选择这件藏品是因为：
向一位工作人员（如史料研究员、藏品保管员、讲解员）深入了解你所挑选的藏品。	我采访的工作人员的岗位是： 这个藏品的来源： 这个藏品的作用： 我了解到这件藏品背后有这样的故事：
听了其他同学的讲解后，记录下最打动你的几样藏品。（在班级藏品展之后完成）	藏品 1： 我了解到它： 藏品 2： 我了解到它： 藏品 3： 我了解到它：
我与生涯人物合影（请与中共二大会址的一位工作人员合影留念，如藏品保管员、讲解员、史料研究员等）	**（此处贴照片）**

上海市静安区第一中心小学　汪珮琪

小小收藏家

一、职业体验地点简介

1. 名称：西王花园弄堂博物馆

2. 开放时间：周一至周六 9:00—12:00

3. 基地介绍：位于西王小区内的弄堂博物馆依靠西王小区的深厚历史文化，是以展示静安区石门二路街道西王小区的人文历史、艺术民俗为主，具有地域特色的弄堂博物馆。在西王博物馆展柜内摆放着各种不同年代的老上海物件及日常生活用品。现场通过展板、照片、实物以及短片等形式展现了历史悠久的上海海派弄堂文化，唤起了许多参观者童年的回忆。作为上海第一家弄堂博物馆，西王花园弄堂博物馆以打造市民博物馆为宗旨，为广大观众提供精品展览和精彩活动，以便享受更好的开放服务，得到更美的观赏体验。

4. 地址：上海市静安区奉贤路 68 弄西王小区入口处

二、职业体验内容

1. 参观弄堂博物馆，了解不同时代上海传统弄堂文化的特点。

2. 聆听博物馆工作人员的介绍，了解展出藏品背后的故事。

3. 结合博物馆每月定期举办的具有传统文化特色的文化主题展览，走近一位藏品人。

4. 在校内策划并布置一个小型藏品展。

三、职业体验基地适合的学段

初预、初一、初二年级

四、活动项目

（一）活动目标

1. 通过参观学习，了解上海弄堂文化及不同时期藏品背后的历史和文化故事。

2. 走近藏品人，聆听收藏故事，了解其收藏历程。

3. 策划、实施一个藏品展，加深对藏品人的了解。

（二）活动准备

1. 基地准备：博物馆讲解员一名。

2. 教师准备：制订活动方案、了解每月文化主题展览的信息。

3. 学生准备：完成小组分组，设计一份生涯人物采访单。

（三）活动内容

1. 参观弄堂博物馆，了解不同时代上海传统弄堂文化的特点。

2. 聆听博物馆工作人员的介绍，了解展出藏品背后的故事。

3. 结合博物馆每月定期举办的具有传统文化特色的文化主题展览，走近一位藏品人。

4. 策划并布置一个小型藏品展。

（四）活动任务单

学校：	班级：	姓名：
体验地点：	体验时间：	
1. 在参观过程中，你印象最深的反映上海传统弄堂文化特点的代表性藏品是什么？		
2. 你了解这件藏品背后的故事吗？		
3. 设计一份生涯人物采访单，采访单须包含藏品人的基本信息（如姓名、出生年月、民族、学习经历、收藏经历等），除基本信息部分外，请根据你自己感兴趣的问题完善采访单。		
4. 在采访收藏人之后，你印象最深的部分是什么？哪些部分给你带来了新的认识？		
5. 以小组为单位，在学校内策划一个小型藏品展，确定主题、展出名称、展出周期、定制展出方案并具体实施。（选做）		
6. 我对本次体验活动的评价：☆☆☆☆☆		

上海市五四中学　陈佳桦

鲁庵印泥小匠人

一、职业体验地点简介

1. 名称：鲁庵印泥制作技艺传习所（静安区文化馆非遗展示厅）

2. 开放时间：周一至周五 9:00—11:00；13:00—16:30

3. 基地介绍：鲁庵印泥是静安区国宝级非物质文化遗产的瑰宝。2006 年，静安区文物史料部门向上海市文化局展开“鲁庵印泥”项目推荐与申报工作。2008 年，上海鲁庵印泥入选第二批国家级非物质文化遗产项目。2013 年，国宝鲁庵印泥制作技艺传习所揭牌仪式举行，向社会免费开放。同年上海市非遗有关部门认定符海贤先生为国家级非物质文化遗产项目印泥制作技艺（上海鲁庵印泥）区级代表性传承人。现静安区文化馆非遗展示厅也辟出专门的展区及体验区，为鲁庵印泥技艺传承发展提供了更好的平台。

4. 地址：上海市静安区乌鲁木齐北路 459 号

二、职业体验内容

1. 参观鲁庵印泥技艺传习技艺展，了解世界级、国宝级非物质文化遗产印泥的起源与发展。

2. 采访鲁庵印泥传习人，聆听匠人故事，感受匠人精神。

3. 选择一种制作鲁庵印泥的原料，进行深度的了解和探究。

4. 动手体验鲁庵印泥的制作，了解其制作流程。

三、职业体验基地适合的学段

初预、初一、初二年级

四、活动项目

（一）活动目标

1. 了解世界级非物质文化遗产“鲁庵印泥”，了解印泥的起源与发展，知晓制作鲁庵印泥的原材料。

2. 走近生涯人物，了解印泥技艺传承人的生涯经历。

3. 体验印泥制作工艺，了解制作流程。

4. 增强对传统文化的认同，保持对文化生命力坚定的信心，加强传承与弘扬中国传统文化的内在动力，增强对自身禀赋的了解并积极实践。

（二）活动准备

1. 基地准备：工作人员接待陪同和介绍；准备制作鲁庵印泥的工具和材料。

2. 教师准备：联系基地方面工作人员，制定相关活动的流程和要求。

3. 学生准备：初步了解鲁庵印泥的概况，以小组为单位事先完成一份生涯人物采访单。

（三）活动内容

1. 参观和学习：在工作人员的陪同下参观鲁庵印泥技艺展，对鲁庵印泥的起源、发展、作品等形成初步了解。聆听印泥第三代传承人符海贤先生讲述印泥故事，使学生对不同历史时期的鲁庵印泥有进一步的了解。根据事先设计完成的生涯人物采访单，采访鲁庵印泥的第三代传承人符海贤先生，了解传承人的生涯经历。

2. 实践及体验：在符海贤先生的带领和介绍下，认识制作鲁庵印泥的原材料，选择一种材料，对其产地、分类、特征、作用等进行深度的了解和探究。在符先生的示范、指导下，了解鲁庵印泥的制作环节及各个环节的注意事项，并体验一次完整的制作流程。

3. 交流与分享：分享本次活动的感受，交流自己对传统文化、传统技艺的保护与传承的体会和想法。

（四）学习单

<table>
<tr><td colspan="3">职业体验参与人
学校：　　　　　　　　　　班级：　　　　姓名：
职业体验地点：
职业体验时间：　　　年　　　月　　　日
活动自评（涂星）：☆☆☆☆☆</td></tr>
<tr><td>探索任务</td><td>主要内容说明</td><td>活动记录</td></tr>
<tr><td>印泥故事</td><td>记录一个你听到的或查到的关于鲁庵印泥的故事。
它的讲述者或来源是：
这个故事是关于：
了解了这个故事后，你的感受是：</td><td></td></tr>
<tr><td>生涯人物</td><td>根据事先设计完成的生涯人物采访单，采访鲁庵印泥的第三代传承人符海贤先生。
采访单样例：
姓名：　　　出生年月：　　　民族：
学习经历：　　　从业经历：
（除基本信息部分外，学生可以根据自己感兴趣的问题完善采访单。）</td><td></td></tr>
</table>

制作原料	在制作鲁庵印泥的众多原料中，选择一种进行深度了解和探究。 这种原料是： 这种原料的产地： 这种原料的分类： 这种原料的特征： 这种原料的作用： 这种原料的要求：	
制作体验	在老师的指导下，体验一次完整的制作流程。了解鲁庵印泥的制作环节及各个环节的注意事项。	
精彩瞬间	我和印泥制作人合个影	

上海市五四中学　唐晓岚

做个小小导览员

一、职业体验地点简介

1. 名称：四行仓库抗战纪念馆

2. 开放时间：周二至周六 9:00—16:30

3. 基地介绍：四行仓库抗战纪念馆位于四行仓库一至三楼的西侧局部，占地面积1300 平方米，总建筑面积 3800 平方米，其前身为四行仓库八百壮士抗战陈列室，扩建后包括序厅、“血鏖淞沪”“坚守四行”“孤军抗争”“不朽丰碑”及尾厅六个部分，是上海市重要的爱国主义教育基地。

4. 地址：上海市静安区光复路 21 号

二、职业体验内容

1. 查阅相关资料，对四行仓库以及谢晋元率八百壮士浴血奋战的历史资料有初步的了解。

2. 参观四行仓库抗战纪念馆，熟悉工作环境。

3. 听取工作人员介绍，了解导览员的工作范围、职责和要求，参加工作技能培训。

4. 体验导览员工作。

三、职业体验基地适合的学段

初中年级

四、活动项目

（一）活动目标

1. 学习了解四行仓库抗战纪念馆的相关历史资料。

2. 体验馆内导览员的工作流程，理解每一份工作背后的辛苦和不易。

3. 在学习体验的过程中，更深切地了解当年谢晋元率领八百壮士浴血奋战的事迹，铭记这些在抗日战争中作出巨大贡献的将士们。

（二）活动准备

1. 基地准备：导览员进行工作内容讲解和技能培训，工作牌。

2. 教师准备：学生分组，打印相关工作规则、要求。

3. 学生准备：相关资料查找。

（三）活动内容

1. 参观四行仓库抗日纪念馆

在工作人员的带领下，参观四行仓库，了解熟悉各个场馆。

2. 学习导览工作

跟随老师学习、了解导览员工作内容：在馆内公共区域为参观者提供参观咨询、客流引导、资料分发、特殊援助及协助秩序维护等工作。

岗位所需相关业务知识 / 信息 / 技能培训：熟悉导览服务操作程序；熟悉馆区交通信息；熟悉场馆各区域位置分布；熟悉馆区内当日文化活动信息。

3. 学生尝试导览

可在组内分工，每个学生承担一个区域的导览工作，各组共同合作完成整个场馆的导览。工作流程如下：

（1）准备工作，准备完毕；

（2）检查仪容、仪表；

（3）检查完毕，参加前班会；

（4）按规定的到岗时间上岗；

（5）在岗中，热心回答游客所提的各类问题，指引方位，疏导客流，维护秩序等；

（6）下岗后，认真、仔细做好工作记录。

4. 小组交流分享问题

通过实践，各组对自己的工作有了体验和感受。各组交流在导览工作中遇到的问题、产生的疑问、获得的感受等。

5. 采访馆内导览员，了解其生涯故事。

（四）学习单

职业体验参与人 学校：　　　　　　　　班级：　　　　姓名： 职业体验地点： 职业体验时间：　　　年　　　月　　　日	
一、实践体验	
1. 今天我了解了四行仓库八百壮士浴血奋战的历史。	☆☆☆☆☆
2. 今天，我学习并体验做一名小小导览员。 在导览过程中，我得到了___星评价。	☆☆☆☆☆
3. 今天的体验让你对导览工作有了什么更多的了解呢？（如导览工作的日常任务；困难和挑战；胜任这份工作的技能；导览岗位常需要用到的语言等）	
4. 我给“生涯人物”画像：根据采访的内容用图文简要介绍采访对象。	
二、兴趣延伸	

1. 我会向其他人介绍今天的体验活动和学到的知识。	☆是 ☆否
2. 我有兴趣了解纪念馆的其他工作。	☆是 ☆否
3. 我希望能再次来参加职业体验活动。	☆是 ☆否

上海市育才初级中学　张雯雯

图书管理我能行

一、职业体验地点简介

1. 名称：静安区图书馆

2. 开放时间：周二至周日 08:30—20:30

3. 基地介绍：馆舍建筑总面积为4800平方米，共三层。其中，一楼为一体化的图书借阅室；二楼为少儿馆、活动小舞台、全国文化信息共享工程观摩厅；三楼为报纸杂志阅览室、多功能厅、商务印书馆版本主题馆、专家研究室、会议室。静安区图书馆藏书于社区之中，立足传统，面向未来，提供专业而有亲和力的服务，是您身边的“大书房”。

4. 地址：上海市静安区闻喜路800号

二、职业体验内容

1. 参观静安区图书馆。

2. 学习借、还书机器的操作，体验借、还书活动。

3. 体验整理书本活动，初步掌握整理书籍的流程。

三、职业体验基地适合的学段

初二年级

四、活动项目

（一）活动目标

1. 初步了解图书馆工作人员的工作情况。

2. 懂得图书的分类、图书管理知识、整理图书的办法。

3. 感受图书管理员的工作价值和不易，体验图书管理工作的复杂和烦琐，理解工作人员的辛苦。

4. 学以致用，运用图书馆管理图书方法来整理自己家里的书籍。

（二）活动内容

1. 参观图书馆

在图书馆工作人员的带领下，参观图书馆，了解图书馆的陈设以及图书管理员的日常工作情况。

2. 借、还书活动体验

（1）借、还书仪器使用

学生认真观察借、还书仪器，研读仪器使用说明书。

（2）管理员讲解

图书管理员现场示范，讲解借、还书仪器的使用方法。

给学生一定量的书本进行练习。

（3）上岗工作

借书、还书工作体验，统计自己在规定时间内操作借、还书的数量。

（4）点评奖励

图书管理员对学生工作情况进行点评。

3. 图书整理活动

（1）图书管理员介绍图书的位置、分类、要求和注意事项。

（2）学生分组。

（3）小组整理图书比赛：在规定时间内完成同样书目的图书整理。

（4）点评与奖励。

4. 总结与交流

学生交流：分享本次在图书馆参加职业体验活动的感悟和收获。

总结交流，表达感谢。

（四）我的任务单

职业体验参与人 学校：　　　　　　　　　　班级：　　　　　姓名： 职业体验地点： 职业体验时间：　　　年　　　月　　　日
学习准备
组长：　　　　　　　　　　　　组员： (并在旁边标注组长和分工)
我想知道： （ ）了解图书馆工作人员的工作情况。 （ ）懂得图书的分类、图书管理知识。 （ ）如何整理图书。 ……
1. 你知道的静安区域内的图书馆有哪些？ 2. 你觉得图书馆的用途是什么？ 3. 你认为图书馆里需要哪些工作人员？

<table>
<tr><td colspan="3">我要注意：
以下这些参观中需要注意的事项，你都能做到吗？你觉得还有哪些事项需要提醒同学们注意？（多项选择）
□自觉配合安全检查。
□不携带易燃易爆等危险物品入馆。
□文明参观，遵守馆规。
□爱护馆内图书及设备。
□衣着整洁。
其他：</td></tr>
<tr><td colspan="3">学习记录</td></tr>
<tr><td rowspan="5">学习一</td><td colspan="2">在参观过程中，你遇到过哪些职业人？</td></tr>
<tr><td colspan="2">他们给你带来怎样的印象？</td></tr>
<tr><td colspan="2">他们的工作环境如何？工作时间多长？</td></tr>
<tr><td>令你印象最深刻的一个职业人是谁？
请你采访他，做个职业人物介绍。</td><td>生涯人物简介：（建议介绍内容：姓名、出生年月、民族、毕业学校、具体职业岗位、从业经历等）</td></tr>
<tr><td colspan="2">体验过程（附图，可以画画或者呈现照片）</td></tr>
<tr><td>学习二</td><td>请详细介绍你最喜欢的部分。</td><td>1. 职业种类：
2. 职业名称：
3. 工作环境：
4. 工作内容：
5. 发展前景：
……</td></tr>
<tr><td>学习反馈</td><td colspan="2">1. 上交职业探访学习单。
2. 完成与职业探访有关的九宫格一份。
3. 完成与职业探访有关的思维导图一份。主题可自选。如：图书馆的作用、借阅图书流程、图书馆优化服务建议……
4. 利用所学图书管理技能，学习在家里整理自己的书籍。</td></tr>
</table>

上海市彭浦初级中学　王思思

小小解说员

一、职业体验地点简介

1. 名称：中共三大后中央局机关历史纪念馆（原闸北史料馆）

2. 开放时间：周二至周日 9:00—16:30（16:00 停止入内）

3. 基地介绍：原闸北的一个重要爱国主义教育基地，生动再现了中共三大之后，中央局机关在上海开展工作的情况。陈列馆由中心展区和分中心展区及一个多功能厅组成，重点用于介绍“三曾里”、党中央领导机关在其中的历史足迹。

4. 地址：上海市静安区浙江北路 118 号

二、职业体验内容

1. 通过对展厅的参观，了解展厅展出的主要内容，重点了解原闸北“三曾里”的变迁，增强归属感。

2. 以小队合作形式进行，引导学生从多种途径收集整理信息，以及表达呈现信息的能力。

3. 体验讲解员的工作，初步了解讲解员工作的基本流程，引导参观、介绍展品、讲解红色故事。

三、职业体验基地适合的学段

小学中高年级、初中年级

四、活动项目

（一）活动目标

1. 培养学生收集信息的能力，锻炼学生的语言表达能力。

2. 感受讲解员的工作意义和社会责任感。

3. 培养学生合作学习的意识，增强集体观念。

4. 了解老闸北的红色历史，培养学生的爱国主义情感。

（二）活动准备

1. 基地准备：场馆志愿者帽子、话筒等，现有的场馆资料。

2. 教师准备：提前预约，安排好衔接工作。

3. 学生准备：提前收集有关老闸北“三曾里”的资料或者红色故事。

（三）活动内容

1. 参观纪念馆

在讲解员的带领下，参观中共三大后中央局机关历史纪念馆。

讲解员讲解工作要求与范围。

2. 制订引导方案

（1）选择讲解板块

以小组为单位，选择展厅的一块地方作为讲解内容。

（2）再次研读展块内所有展出的内容与资料

根据实际情况，制定参观路线，安排每个部分讲解的同学。

（3）学生自行准备讲解内容

每个学生结合资料，撰写对该部分内容的讲解稿。讲解员巡视，对学生进行指导。

（4）选择匹配的红色故事

小组内讨论选择适合本板块的故事内容作为补充内容，选择合适的环节穿插红色故事。

3. 讲解员体验活动

（1）讲解员培训语言表达要求

声音：清晰洪亮，使用标准的普通话。

解说：熟记文本，保持原意，断句合理。

模拟：以小组为单位，整体演练解说展板内容。

比较不同情况：原文照搬讲解展板内容，选择内容讲解展板内容，用自己的语言讲解展板内容。

小结：着重核心素材，调整其他素材，储备后备素材。

（2）讲解员示范体态注意事项（示范 + 模仿）

站姿：站立自然，挺胸收腹，避免弯腰弓背。

行姿：步态放松，步子适中，避免慌张奔跑。

举止：面带笑容，保持距离，适当手势。

模拟：以小组为单位，学生扮演“讲解员”和“参观者”两种角色，分角色进行体验。“参观者”模拟游客，跟随“讲解员”进行参观，并根据讲解，进一步感受爱国主义教育。

（3）小结

讲解员对模拟“讲解员”的言语与行动进行点评，提出合理化建议，并评选出最合格的“讲解员”小组。

4. 总结

收获：学生交流分享本次在纪念馆参加职业体验活动的感悟和收获。

活动总结，表达感谢。

（四）任务单

<table>
<tr><td colspan="4">职业体验参与人
学校：　　　　　　　　　班级：　　　　姓名：
职业体验地点：
职业体验时间：　　年　　月　　日</td></tr>
<tr><td colspan="4">一、实践体验</td></tr>
<tr><td>我负责的讲解稿：</td><td>评价项目：</td><td>自评：</td><td>他评：</td></tr>
<tr><td></td><td>讲稿匹配度：</td><td>☆☆☆☆☆</td><td>☆☆☆☆☆</td></tr>
<tr><td></td><td>讲解完成度：</td><td>☆☆☆☆☆</td><td>☆☆☆☆☆</td></tr>
<tr><td></td><td>语言与表达：</td><td>☆☆☆☆☆</td><td>☆☆☆☆☆</td></tr>
<tr><td></td><td>行为与举止：</td><td>☆☆☆☆☆</td><td>☆☆☆☆☆</td></tr>
<tr><td></td><td>感兴趣程度：</td><td>☆☆☆☆☆</td><td>☆☆☆☆☆</td></tr>
<tr><td colspan="4">二、兴趣延伸</td></tr>
<tr><td>1. 愿意和父母分享本次体验活动和所学知识。</td><td colspan="3">□会 □不会 □无法确定</td></tr>
<tr><td>2. 愿意再次参与讲解员的志愿服务工作。</td><td colspan="3">□会 □不会 □无法确定</td></tr>
<tr><td colspan="4">三、自我拓展
1. 我眼中的中共三大后中央局机关历史纪念馆。

2. 我来做一做小设计师。（给学校设计一份简易的讲解流程和讲解稿）</td></tr>
<tr><td colspan="4">四、我与生涯人物合影（请与一位讲解员进行合影留念）</td></tr>
</table>

上海市静安区闸北第一中心小学　葛帆

木版水印师

一、职业体验地点简介

1. 名称：朵云轩

2. 开放时间：周一至周五

3. 基地介绍：朵云轩是中国收购、经销、出版、收藏书画及其他艺术品的机构。1900年开设于上海。朵云轩木版水印技艺是上海市的地方传统手工技艺，属于非物质文化遗产之一。镂象于木，印之素纸的传统木版水印艺术源于中国古老的雕版印刷术，是古代中华文明和中国传统文化的重要组成部分。勾描、刻板、水印、装裱等都是中华文化的重要表现方式。

4. 地点：因人数不同会安排在不同工作室接待

特别说明：由于朵云轩场所涉及许多专利技术和贵重艺术作品，具有特殊性，须得到对方同意才能开展体验活动。

二、职业体验内容

1. 学生参观勾描工作室、雕版工作室、水印工作室，了解勾描、雕版、水印的表现方式及其历史演变。

2. 学生参与勾描、雕版、水印的具体工序过程，在朵云轩工作人员的示范下进行实践与操作，并形成初步作品。

三、职业体验基地适合的学段

初中、高中年级

四、活动项目

（一）活动目标

1. 学生初步了解并参与木版水印的制作过程。

2. 学生感受木版水印这项非物质文化遗产的魅力，体会艺术表现形式的多样性。

（二）活动准备

1. 基地准备：工作人员接待陪同和介绍；准备木版水印制作的工具和材料，现场教授和指导简单作品的创作。

2. 教师准备：联系基地方面工作人员、制定相关工作的流程和要求。

3. 学生准备：初步了解和认识我国源远流长的木版水印文化。

（三）活动内容

1. 参观和学习

参观朵云轩：在工作人员的带领下，参观朵云轩藏品展示大厅，参观勾描工作室、雕版工作室、水印工作室，了解勾描、雕版、水印的表现方式及其历史演变。学生在参观学习过程中进行体会和交流，获得进一步深刻的文化和情感体验。

2. 实践及体验

（1）朵云轩的非遗传人介绍水印的发展演变过程，介绍工作中的常用工具；示范并讲解水印制作过程，提醒制作过程中的要点、手势力度等。

（2）制作：学生运用所学，在非遗传人的指导下印出一张属于自己的朵云信笺。

3. 交流与分享

（1）交流学习体会，根据活动任务单的要求和指引，进行交流和评比。

（2）各抒己见谈一谈自己对木版水印技术的初步理解、对百年老字号企业文化的感受，说一说自己对朵云轩具体某工作的体会和想法。

（四）活动任务单

<table>
<tr><td colspan="2">职业体验参与人
学校：　　　　　　　　　　班级：　　　　　姓名：
职业体验地点：
职业体验时间：　　　年　　　月　　　日
自我评价（涂星）：☆☆☆☆☆</td></tr>
<tr><td>▲感悟一次艺术文化
在职业体验过程中，工作人员和我们讲解了很多我国的木版水印技术与文化，请结合参观体会，谈一谈你所感悟到的这项非物质文化遗产的魅力。</td><td></td></tr>
<tr><td>▲制作一张朵云信笺
亲手制作一件朵云作品，一定是我们这次职业体验最有意义的环节之一啦。简单记录和分享一下你制作朵云信笺的过程吧。你制作的这张信笺打算发挥什么作用呢？</td><td></td></tr>
<tr><td>▲介绍一个生涯人物
在这次体验活动过程中，你一定遇见或了解了一些不同的人吧。他（她）可能是你本次了解到的历史人物，也可能是你遇见的工作人员，等等。请介绍一位让你印象最深刻的人物吧。</td><td></td></tr>
<tr><td>▲经历一次职业体验
通过这次职业体验活动，你最大的体验和感受是什么呢？无论以后你想从事怎样的职业，你认为从现在开始，你自己可以做些什么准备呢？</td><td></td></tr>
</table>

上海市西初级中学　陈捷

小小媒体人

一、职业体验地点简介

1. 名称：上海广播电视台

2. 开放时间：提前预约

3. 基地介绍：上海广播电视台作为全国规模最大、实力雄厚、种类齐全的省级广播电视播出机构，拥有国内首屈一指的新闻生产能力和一流的节目播出能力。电视台所属机构包括台总编室、广播频率和电视频道编审部门、播出总控、电视新闻中心、广播新闻中心等。

4. 地址：上海市静安区威海路 298 号

二、职业体验内容

1. 参观东方财经演播厅，初步了解媒体人的工作环境与工作内容。

2. 了解一档电视节目诞生的背后，不同职业工作人员的通力合作。

3. 体验学习财经媒体人的播报工作。

三、职业体验基地适合的学段

小学五年级

四、活动项目

（一）活动目标

1. 初步了解并体验电视媒体人的工作。

2. 感受电视媒体人的工作价值和品牌意识，理解成人工作的艰辛。

（二）活动准备

参观准备：事先预约。

（三）活动内容

1. 参观东方财经演播厅

（1）在电视台工作人员的带领下，参观东方财经演播厅，初步了解电视媒体人的工作环境及前期准备工作。

（2）现场感受演播设备进步带来的便利（在演播室实时观看外滩景象）。

2. 了解一档电视节目的诞生故事

（1）以“第一财经”频道的“财经早班车”节目为例，通过前期收集资料、现场采访等形式，了解一档电视节目的诞生背后，有哪些不同职业的工作人员，他们的工作内容是什么。

（2）将了解到的职业信息，制作成一份思维导图或流程图。

（3）选择其中自己最感兴趣的一个职业，寻找一位媒体人，与之合影。

（四）学习单

职业体验参与人
学校：　　　　　　班级：　　　　姓名：
职业体验地点：
职业体验时间：　　　年　　月　　日
我采访的职业人是：　　　部门　　　　（姓名）

合影照片

上海市静安实验小学　孟青

小小实验员

一、职业体验地点简介

1. 名称：上海自然博物馆

2. 开放时间：9:00—17:15；15:30 停止入场（周一闭馆）

3. 基地介绍：上海自然博物馆（上海科技馆自然分馆）是中国最大的自然博物馆之一。位于上海市中心，建筑面积为 12880 平方米，现有标本收藏量近 27 万件，以“自然 · 人 · 和谐”为主题，呈现“演化的乐章”“生命的画卷”“文明的史诗”三大主线，包括起源之谜、生命长河、演化之道、大地探珍、缤纷生命、生态万象、生存智慧、人地之缘、上海故事、未来之路 10 个常设展区及 1 个临展厅、4D 影院、探索中心等配套功能区域。

4. 地址：上海市静安区山海关路 399 号

二、职业体验内容

以“博物馆展品展项及其背后的科学原理”为切入点，以小组为单位，通过分工合作共同准备一个科学小实验，并在场馆中进行现场实验展示。

三、职业体验基地适合的学段

小学三年级及以上

四、活动项目

（一）活动目标

1. 激发学生对自然博物馆的兴趣、对科学知识的渴求与探索。

2. 在实践中体验科普工作，初步了解该工作对各方面能力的要求。

3. 培养学生的团队合作精神、动手能力和创新能力。

（二）活动准备

1. 联系场馆：与场馆工作人员取得联系，确定科学小实验展示的主题和内容，以及时间、场地、道具等要求。

2. 组成小组：根据兴趣爱好等，自由组合 3—6 人为一个小组，通过讨论，确定科学小实验的表演内容和分工。

3. 确定导师：可联系场馆工作人员、学校相关学科老师或学生家长担任导师，导师负责对实验的科学内容进行指导。

4. 查找资料：通过网络、书籍等查找相关资料，了解实验背后的原理和科学知识。

5. 编排练习：对要表演的科学小实验进行编排和预演。

（三）实践活动

1. 提前到达场馆，按工作人员的要求准备好实验所需道具和器材等。

2. 小组成员合作完成本次科学小实验展示。在展示过程中要步骤清晰，讲解清楚实验原理，并回答观众的提问。

（四）总结反馈

1. 通过采访观众、工作人员等，获得他们对此次实验展示的评价。

2. 与生涯人物合影：小组成员与场馆工作人员、导师等合影。

（五）学习活动单

<table>
<tr><td colspan="3">职业体验参与人
学校：
班级：
姓名：
职业体验地点：
职业体验时间：　　　　年　　　月　　　日</td></tr>
<tr><td colspan="3">我们展示的科学小实验是：

简单介绍一下实验的基本原理：

我们的小组分工：</td></tr>
<tr><td>组员姓名</td><td>组内角色</td><td>工作内容</td></tr>
<tr><td></td><td></td><td></td></tr>
<tr><td></td><td></td><td></td></tr>
<tr><td></td><td></td><td></td></tr>
<tr><td></td><td></td><td></td></tr>
<tr><td></td><td></td><td></td></tr>
<tr><td colspan="3">1. 我觉得，为了更好地进行科学小实验，我们还可以做一些改进：

2. 精彩一瞬：我们的实验现场

3. 与生涯人物合影：</td></tr>
</table>

上海市第一师范学校附属小学　陈咏梅

学做图书管理员

一、职业体验地点简介

1. 名称：临汾路街道图书馆

2. 开放时间：双休日、寒暑假

3. 基地介绍：临汾路街道图书馆建于1990年，现有馆舍面积523平方米，拥有各类图书40000余册，订阅报纸、期刊共130种，馆内WiFi无线覆盖，书刊借阅实现全市联动模式，提供阅览座席130余席。环境舒适，宽敞明亮，阅读氛围浓厚，是临汾社区及周边读者理想的阅读、自习、休闲、交流的场所。

4. 地址：上海市静安区临汾路街道保德路181号三楼北侧

二、职业体验内容

1. 了解图书馆的基本设施配备及各项功能。

2. 了解图书管理工作的有关规章制度。

3. 体验图书管理员的日常工作，初步学会图书分类整理。

三、职业体验基地适合的学段

初中、高中年级

四、活动项目

（一）活动目标

1. 了解图书馆的基本功能以及图书管理员的职能。

2. 学习图书管理的基本方法。

3. 实践图书管理员常规工作，进行图书分类整理。

（二）活动准备

1. 基地准备：图书馆相关情况介绍的资料。

2. 教师准备：印发相关工作规则及活动任务完成后的评比条件。

3. 学生准备：上网了解图书分类管理的相关知识。

（三）活动内容

1. 体验、了解图书馆的各功能区。

2. 听工作人员讲解图书馆的历史及现代新颖的管理方法。

3. 在工作人员的指导下，初步了解图书分类等相关工作要求。

4. 实践图书整理工作。

5. 工作人员进行专业性的点评。

6. 师生总结体验情况，表达感谢。

（四）学习单

职业体验参与人 学校：　　　　　　　　　　　　班级：　　　　　　姓名： 职业体验地点： 职业体验时间：　　　　年　　　月　　　日
一、实践体验 1. 今天的体验活动，使我了解了图书馆的基本情况和图书管理的知识及方法，并且在工作人员的指导下，和大家一起完成了新书归类整理的工作，体会到图书管理员的工作是____________________。 2. 我对这次活动的感兴趣程度：☆☆☆☆☆ 3. 完成活动的自我评价：☆☆☆☆☆
二、兴趣延伸 1. 我会把这次活动收获告诉朋友或其他人，一起分享活动的快乐。 □是 □否 □不确定 2. 我有兴趣继续对图书馆的工作进行进一步的了解。 □是 □否 □不确定 3. 我期待能再次来这里参加职业体验活动。 □是 □否 □不确定
三、自我拓展、小结 图书馆是供读者进行学习和研究的文化教育机构。从某种意义上说，它是一个国家、地区文明程度的标志。作为人们共同使用的精神财富的一种组织形式，图书馆具有明显的社会性、学术性、服务性、依附性和辅助性。在科学日益发展的今天，图书馆的功能及管理也将越来越具有科学性和先进性。图书管理工作意义重大。 （以上供参考）

上海市民办风范中学　梅寒芳

做一天阅读小达人

一、职业体验地点简介

1. 名称：彭浦镇图书馆

2. 开放时间：周一至周日 8:30—20:30

3. 基地介绍：彭浦镇图书馆（新馆）于 2009 年正式对外开放，馆舍面积 800 平方米，阅览座位 200 余座。馆内设有成人馆、少儿馆、图书报刊阅览区（新配置了触摸式电子阅报屏）、自习区、电子视听休闲区及摄影主题馆六大区域。馆藏图书有思想政治类、经济哲学类、文化休闲类、地理科学类、医药卫生类、文教体育类、少儿类等，总量约 4.5 万册，各类报纸杂志 170 余种。彭浦镇图书馆先后四次被市文广局评为上海市街道（乡镇）特级图书馆荣誉称号，是上海市公共图书馆行业规范服务首批达标单位，上海市中心图书馆（一卡通）基层服务点及市“全国文化信息资源共享工程”基层服务点。2016 年被市文广局评为上海市街道（乡镇）示范级图书馆荣誉称号。彭浦镇图书馆的宗旨是“读者第一，服务至上”。多年来，坚持奉行“一视同仁，耐心细致，及时快捷，想方设法”的服务承诺，深受广大新老读者的好评。

4. 地址：上海市静安区灵石路 745 号彭浦镇社区文化活动中心二楼

二、职业体验内容

借阅导览

三、职业体验基地适合的学段

高中年级

四、职业兴趣维度

研究型、社会型

五、活动项目

（一）活动目标

学生通过借阅导览的活动，为借阅者提供服务，增强交流共同的能力，同时查阅自己感兴趣的知识领域的相关书籍，积累知识。

（二）活动内容

1. 分工：按照图书馆的藏书种类和学生自己的兴趣，分配各类书籍的导览员。

2. 导览内容准备：查找资料，了解各自负责种类的图书馆藏书及大致内容，并准备导览宣讲材料。

3. 宣讲：在图书馆指定的时间到岗，主动与借阅者沟通，或接受借阅者询问，向借阅者介绍所负责种类的书籍，并依据借阅者需求提出建议。

（三）学习单

班级		学号		姓名	
1. 负责书籍种类及主要内容：					
2. 你最喜欢的书籍及其简介：					
3. 借阅者的诉求及你的应对：					

上海市民办新和中学　徐芸生

我当一天图书管理员

一、职业体验地点简介

1. 名称：凌云街道图书馆

2. 开放时间：周二至周日 10:00—18:00

3. 基地介绍：凌云街道图书馆是面向社区居民的一家收集、整理和保存文献资料并向读者提供服务的科学、文化、教育机构，与上海市图书馆联网，凭上海市图书馆借书证可借还图书。学生须在图书馆工作人员的同意和指导下开展体验活动。

4. 地址：上海市徐汇区梅陇路 415 号

二、职业体验内容

1. 参观图书馆，初步了解图书馆各部分（杂志区、少儿图书馆、国外图书、借书区等）结构及主要功能。

2. 学习图书分类、编目、排架、流通的流程和方法。

3. 体验图书管理员的日常工作。

三、职业体验基地适合的学段

初中、高中（中职校）年级

四、活动项目

（一）活动目标

1. 初步了解并体验图书管理员的工作。

2. 感受图书管理员的工作价值与业务学习的枯燥和不易，理解成人工作的辛苦。

3. 树立积极应对困难、解决问题的价值观。

（二）活动准备

1. 基地准备：图书管理员工作牌。

2. 教师准备：打印相关工作规则、要求。

3. 学生准备：提前了解图书管理员相关信息（要求、工作内容等）。

（三）活动内容

1. 参观图书馆。

在图书馆工作人员的带领下，参观图书馆对外服务的各区域，了解图书馆的主要服务功能。

2. 学习中图法分类编码方法，为图书整理做准备。

（1）图书馆工作人员介绍中图法分类编码方法，学生认真听课并做好笔记。

（2）按照所学内容参观了解图书分类、上架，感受所学内容。

3. 学习图书馆规章制度，为维持秩序、提供咨询服务做准备。

（1）学习针对读者的“入馆须知”。

（2）了解“办证规则”。

（3）了解“借阅规则”。

（4）学习“服务规则”。

4. 体验图书管理员日常工作，主要是整理书架、维持秩序、提供咨询。

5. 总结与交流。

学生交流：分享本次在图书馆参加职业体验活动的感悟和收获。

活动总结，表达感谢。

（四）学习单

职业体验参与人 学校：　　　　班级：　　　　姓名： 职业体验地点： 职业体验时间：　　年　　月　　日	
一、实践体验	
1. 今天我学习并体验了图书分类上架方法，将图书快速、准确归位。	我对活动的感兴趣程度：☆☆☆☆☆ 完成活动的自我评价：☆☆☆☆☆
2. 今天我学习并体验了维持图书馆秩序和提供咨询等服务工作。	我对活动的感兴趣程度：☆☆☆☆☆ 完成活动的自我评价：☆☆☆☆☆
二、兴趣延伸	
1. 我会向其他人介绍今天的体验活动和学到的知识。	□是 □否 □不确定
2. 我有兴趣了解图书馆的其他工作。	□是 □否 □不确定
3. 我希望能再次来到图书馆参加职业体验活动。	□是 □否 □不确定
三、自我拓展 1. 通过体验，我发现自己________（比较偏向 / 不太有 / 有 / 完全没有）常规型、社会型两类职业兴趣。 2. 通过体验，我发现自己在能力方面比较强的是________，需要增强的是________________________________。	

上海市聋哑青年技术学校　宋英卓

图书管理小能手

一、职业体验地点简介

1. 名称：安亭图书馆

2. 开放时间：周一到周日 10:00—20:00

3. 基地介绍：安亭图书馆占地面积 5 亩，建筑面积 1900 平方米，环境优美，设施齐全，是广大居民学习、读书的好地方，也是传递精神文明的重要窗口。馆内设有成人外借、阅览，少儿外借、阅览，电子阅览、自助借还、视障阅读区。

4. 地址：上海市嘉定区安亭镇墨玉路 149 号

二、职业体验内容

1. 参观图书馆主要的组成部分，了解各岗位的职责。

2. 体验整理书籍，帮助读者更好地找到书籍。

3. 参加有关中国文学的讲座，了解更多的知识。

三、职业体验基地适合的学段

小学四、五年级；初中、高中年级

四、活动项目

（一）活动目标

1. 初步了解和体验图书馆管理员的工作。

2. 感受图书馆管理员的工作价值和不易，理解他们工作的辛苦。

3. 树立积极应对困难、解决问题的价值观。

（二）活动准备

1. 基地准备：图书馆管理员工作牌、工作服。

2. 教师准备：与基地做好协商，打印相关工作规则和要求。

3. 学生准备：学会图书分类和整理。

（三）活动内容

1. 参观图书馆

在图书馆老师的带领下，参观图书馆各楼层，了解各部门的分工。

2. 整理书籍体验活动

3. 书籍分类并进行规整

（四）学习单

<table>
<tr><td colspan="2">职业体验参与人
学校：　　　　　　　　　　　　班级：　　　　　姓名：
职业体验地点：
职业体验时间：　　　　年　　　　月　　　　日</td></tr>
<tr><td colspan="2">一、实践体验</td></tr>
<tr><td>1. 今天我了解了图书馆的各个部门，共有________个。</td><td>我对活动的感兴趣程度：
☆☆☆☆☆
完成该活动的自我评价：
☆☆☆☆☆</td></tr>
<tr><td>2. 今天我学习并体验了向读者介绍书籍，我得到了读者________星的评价。</td><td>我对活动的感兴趣程度：
☆☆☆☆☆
完成该活动的自我评价：
☆☆☆☆☆</td></tr>
<tr><td colspan="2">二、兴趣延伸</td></tr>
<tr><td>1. 我会向其他人介绍今天的体验活动和学到的知识。</td><td>□是 □否 □不确定</td></tr>
<tr><td>2. 我有兴趣了解图书馆的其他工作。</td><td>□是 □否 □不确定</td></tr>
<tr><td>3. 我希望能再次来到图书馆参加职业体验活动。</td><td>□是 □否 □不确定</td></tr>
<tr><td colspan="2">三、自我拓展
文献是记录有知识的一切载体，它的基本构造要素包括__________、____________、____________、__________。文献按载体形式可分为__________、____________、______________、______________。</td></tr>
</table>

上海市育才中学　何思怡

体育赛事引导员

一、职业体验地点简介

1. 名称：上海火车头体育场

2. 活动时间：2018 年 9 月 22 日（周六）上午 8:00—11:00

3. 基地介绍：1956 年，静安区工会与区体协在中山北路以南、共和新路以东筹建体育场。1957 年，体育场建成，定名为“上海火车头体育场”。场内设篮球场、小型足球场各 1 个，标准大型足球场和 400 米跑道的田径场各 1 个，简易看台 6 座，能容纳 3000 多名观众。

4. 地址：上海市静安区共和新路 955 号

二、职业体验内容

1. 组织并引导各参赛代表队参加开幕式。

2. 负责各代表队参赛项目的检录引导。

3. 维护比赛场地秩序，保证比赛顺利进行。

4. 与各代表负责人保持全程联络，处理突发问题。

三、职业体验基地适合的学段

高中年级

四、活动项目

（一）活动目标

1. 全方位、多角度了解体育运动赛事的流程。

2. 初步获得串联整个赛事的工作环节和工作任务。

3. 实践体验体育赛事引导员所需工作能力以及人格特质。

4. 培养工作细致、考虑周到、有条不紊的工作能力。

（二）活动准备

1. 基地准备：由体育公司负责安排所有体育赛事器材及裁判员、记录员。

2. 教师准备：打印相关工作规则、要求。

3. 学生准备：穿着工作人员服装准时准点到岗。

（三）活动内容

1. 提前到场，跟随工作人员熟悉体育场结构和各项比赛项目的具体位置。通过工作人员的流程讲解，清楚整个赛事的大致流程。

2. 认领各自负责的运动代表队，与代表队负责人确认对讲机频道，以保证工作顺利。

3. 带领所负责代表队就位，准备入场。

4. 入场完毕后，引导运动队队长，并带到相应的观众席入座。

5. 比赛开始后，保持与队伍负责人的联系，确保每一项比赛开始前，带领运动员到签到处签到并准备比赛。

6. 让自己成为代表队的一员，为运动员加油。

7. 处理队伍或运动员的一些突发情况，如受伤、物资需求等。

8. 听从总负责人指挥，完成一些琐碎的工作任务，如传递器材、道具、跑腿、带话等。

9. 赛事结束，帮忙收归器材、道具，清理现场，总结与交流。

（四）学习单

职业体验参与人 学校：　　　　　　班级：　　　　姓名： 职业体验地点： 职业体验时间：　　　年　　　月　　　日	
一、实践体验	
1. 今天我学习并体验了体育赛事引导员。	我对活动的感兴趣程度： ☆☆☆☆☆ 完成活动的自我评价： ☆☆☆☆☆这项工作的霍兰德兴趣类型是： RIASEC
2. 今天我学习并体验了全方位、多角度了解体育运动赛事的流程。	我对活动的感兴趣程度： ☆☆☆☆☆ 完成活动的自我评价： ☆☆☆☆☆这项工作的霍兰德兴趣类型是： RIASEC
3. 今天我学习并体验了处理队伍或运动员的一些突发情况，如受伤、物资需求等。	我对活动的感兴趣程度： ☆☆☆☆☆ 完成活动的自我评价： ☆☆☆☆☆这项工作的霍兰德兴趣类型是： RIASEC
二、兴趣延伸	
1. 我会向其他人介绍今天的体验活动和学到的知识。	□是 □否 □不确定
2. 我有兴趣了解体育赛事的其他工作。	□是 □否 □不确定
3. 我希望能再次来到体育场馆参加职业体验活动。	□是 □否 □不确定

三、自我拓展 1. 在体验_____工作时，我感受到了以前从未体验过的愉悦感受。在体验_____工作时，我感受到了无助、乏味。在体验____工作时，我感受到了兴奋，好奇，还想对这个工作的周边有更多的了解。 2. 在体验______工作时，我觉得自己的_____能力得到了发挥。在体验____工作时，我觉得自己的_____能力还需要加强。在体验_____工作时，我觉得自己的____能力明显出众。在体验_____工作时，我觉得自己的______能力在所有的工作中都很重要，我希望在未来自己可以通过_____途径去拥有这个能力。 3. 在体验____工作时，我感受到了一种从未有过的价值感，这个工作让我觉得自己很重要。 4. 通过社会实践，我拓展了自己的职业兴趣，同时对自己的霍兰德职业兴趣类型更加确定，我的霍兰德兴趣前三位是_____、_____、_____。

上海大学市北附属中学　汪嘉庆

我们来当史学家

一、职业体验地点简介

1. 名称：陕西北路中国历史文化名街

2. 开放时间：全年开放

3. 基地介绍：新闸路—巨鹿路段是陕西北路的精华所在，曾入选 2013 年第五届中国历史文化名街。它长 1000 米，宽 9.2 米。街区以陕西北路为主线，沿线多为独立式花园住宅，近千米的距离集聚了名人旧居、典型风格建筑、革命遗迹等历史文化景观 21 处。无论建筑、环境、人文均体现出海派文化典型特征，是一条拥有百年历史、保存比较完整的上海“老马路”。

4. 地址：上海市静安区陕西北路（新闸路—巨鹿路段）历史文化名街

二、职业体验内容

体验史学家的研究状态，树立历史研究的态度，学习历史研究的方法，体验历史研究的过程，带着自己的研究成果，与真正的史学家进行交流。

三、职业体验基地适合的学段

初二年级；高一、高二年级

四、活动项目

（一）活动目标

1. 深入了解陕西北路一处历史文化建筑的过去和现在，感悟陕西北路的文化底蕴。

2. 学会运用“史由证来，证史一致，史论结合，论从史出”的历史研究方法，通过基本的调查、文献研究，采访寻找历史素材，通过分析、归纳和思考，形成自己的历史视角和观点，培养独立思考能力和创新意识。

3. 感受到史学家的工作状态并非遥不可及，但也不是轻而易举。

（二）活动准备

1. 教师准备：向学生明确相关规则和要求，在过程中提供学生所需的指导。

2. 学生准备：

（1）分组选定所探究的建筑。

（2）搜集整理相关资料。

（3）人员分工。

（4）器材准备。

（5）访谈提纲拟定。

（三）活动内容

1. 以小组为单位，选取陕西北路上的一处历史文化建筑，查阅相关基础资料。

2. 制订计划，进行一次实地考察。在考察的过程中：

（1）拍摄这栋建筑如今的风貌，具有特色的建筑细节以及周边环境，绘制出建筑的生态地图。

（2）寻找一位对这栋建筑比较了解的相关人士进行访谈，可以是附近的居民，也可以是相关工作人员等，了解这栋建筑曾经的故事，历年来的变迁，现在的功能，大家对这栋建筑的看法和发展展望等信息。

3. 以小组为单位，通过分析、归纳之前搜集到的信息，进行讨论和思考，形成自己的历史视角和观点，撰写相关研究报告，制作展示材料。

4. 邀请静安区文史馆馆长或相关史学工作研究人员到场，观看和考核各个小组的研究成果，学生分享活动感悟，专家点评和交流自身的工作和成长经历。

（四）活动任务单

我们来当史学家 ——探寻陕西北路历史文化建筑的前世今生 课题小组成员： 1. 我们打算研究的历史文化建筑是______，它位于陕西（北 / 南）路_____号。 2. 请用两三百字概括介绍一下你们小组所选的这个历史文化建筑。   3. 考察计划 考察目的： 考察时间： 考察路线： 考察内容和方式： （1）现场观察，搜集如下资料： （2）采访_____，了解以下几方面内容： （3）组员分工： 摄像师：　　　　摄影师：　　　　采访员： 记录员：　　　　资料整理员： （　　）： （4）所需考察工具、条件和帮助： （5）工具：照相机 （6）访谈提纲：

开场白：   4. 生态地图 请将你们研究的建筑及其周边的环境（其他建筑和设施等）按照一定比例，呈现在下面：   5. 访谈记录 访谈小结： (附访谈对话实录) 6. 讨论和结论   7. 活动评价和感悟 我对活动的感兴趣程度是：☆☆☆☆☆ 我对完成活动的自我评价是：☆☆☆☆☆ 专家对我们完成活动的评价是：☆☆☆☆☆ 经历了此次相对完整的史学研究过程，你的感受如何？你对史学家的工作有何看法？

上海市民立中学　刘懿

体育记者是怎样炼成的

一、职业体验地点简介

1. 名称：静安区运动健身中心游泳馆

2. 开放时间：“民立杯”游泳比赛期间

3. 基地介绍：静安体育中心是一座现代化的综合体育活动馆。该中心设备齐全，设施先进。现开放的项目有羽毛球、乒乓球、健身、桌球、瑜伽等，尤其以游泳为主要活动项目。游泳池配有一个标准池，两个准备池，还有两个观众台，是一流的室内游泳场馆。

4. 地址：上海市静安区康定路 151 号

二、职业体验内容

了解游泳这项运动的文化、规则，体验摄影、采访、报道等体育记者的工作环节。

三、职业体验基地适合的学段

高一、高二年级

四、活动项目

（一）活动目标

1. 多角度、多方位、多层次地了解游泳运动与游泳文化的内容。

2. 了解体育记者的工作内容与要求。

3. 通过实践，增强观察、记录和表达的能力，初步感受体育记者的工作状态以及自己需要努力的方向。

（二）活动准备

1. 基地准备：为体验学生提供观赛资格，尽可能开放新闻中心相关通道。

2. 教师准备：向学生明确相关规则和要求。

3. 学生准备：了解基础知识，做好采访报道的相关提纲以及器材准备。

（三）活动内容

1. 查找资料，了解游泳运动与游泳文化，如历史、分类、泳坛名将、重大游泳赛事等。

2. 查找资料，了解“民立杯”游泳比赛的规则和赛制，收集参赛选手的基本信息。

3. 通过查阅资料，了解著名体育记者的成长经历，观看既往比赛报道、采访等，了解体育记者的工作内容与要求。

4. 为你要写的消息报道设想一个假定的主题，拟订一份全面、深入、思路清晰的采访提纲。

5. 观看、记录比赛，实施采访，撰写赛事报道。

6. 查找专业体育记者对当天赛事的报道，并进行对比，发现自己需要提升的地方，总结经验和感想。

（四）活动任务单

1. 查找资料，将相关信息梳理成一幅思维导图，至少包含以下三个方面的相关信息： （1）游泳运动与游泳文化，如历史、分类、泳坛名将、重大游泳赛事等。 （2）“民立杯”游泳比赛的规则和赛制，参赛选手的基本信息。 （3）体育记者的工作内容与要求，可通过了解著名体育记者的成长经历，观看既往比赛报道或采访等形式。 （请附页） 2. 采访准备 （1）采访对象及主题： （2）访谈提纲： 开场白：   3. 观看、记录比赛，实施采访，撰写赛事报道。 （请附页） 4. 查找专业体育记者对当天赛事的报道，并进行对比，发现自己需要提升的地方，总结经验和感想。

上海市民立中学　刘懿

图书馆借阅检索员

一、职业体验地点简介

1. 名称：静安区闸北少儿图书馆

2. 开放时间：周二至周日 9:00—17:00

3. 基地介绍：人们常说广读诗书才能知天下，古人也常教导我们要读万卷书，在图书馆中书籍又何止万卷。借阅引导员的工作正是要把万卷的诗书整理、编码、上架，以方便读者取阅，工作虽然琐碎，但你可以近水楼台多读书！

4. 地址：上海市静安区汾西路 261 弄 24 号

二、职业体验内容

1. 帮助需要阅览图书的市民操作电脑检索书刊。

2. 对书刊进行分类、编制书目索引，了解书籍的主要内容。

3. 负责各分馆管理，审查借阅者身份，维护图书馆秩序。

4. 浏览、查询、统计、添加、删除和修改图书借阅者的基本信息。

三、职业体验基地适合的学段

高中年级

四、活动项目

（一）活动目标

1. 初步了解并体验借阅检索员的工作。

2. 感受借阅检索员的工作价值，理解成人工作的辛苦。

3. 树立积极应对困难、解决问题的价值观。

（二）活动准备

1. 基地准备：负责分发工作牌，进行简单的岗位指导。

2. 教师准备：打印相关工作规则、要求。

3. 学生准备：了解借阅检索员的工作职责。

（三）活动内容

1. 友好、微笑面对前来询问的阅览人。

2. 打开检索电脑，鼠标点击相关检索软件进行图书检索。

3. 检索完成，则帮助阅览人找到所要书籍；若没检索到，则帮助阅览人通过百度等搜索引擎寻找书籍的相关资料，并记录下所缺书籍名单以便于图书馆引进。

（四）学习单

<table>
<tr><td colspan="2">职业体验参与人
学校：　　　　　　　　　　　　班级：　　　　　姓名：
职业体验地点：
职业体验时间：
　　　　年　　　　　月　　　　　日</td></tr>
<tr><td colspan="2">一、实践体验</td></tr>
<tr><td>1. 今天我学习并体验了借阅检索员。</td><td>我对活动的感兴趣程度：
☆☆☆☆☆
完成活动的自我评价：
☆☆☆☆☆</td></tr>
<tr><td>2. 今天我帮助市民检索了需要借阅的书籍，在体验过程中，我得到______星评价。</td><td>我对活动的感兴趣程度：
☆☆☆☆☆
完成活动的自我评价：
☆☆☆☆☆</td></tr>
<tr><td colspan="2">二、兴趣延伸</td></tr>
<tr><td>1. 我会向其他人介绍今天的体验活动和学到的知识。</td><td>□是 □否 □不确定</td></tr>
<tr><td>2. 我有兴趣了解图书馆的其他工作。</td><td>□是 □否 □不确定</td></tr>
<tr><td>3. 我希望能再次来到图书馆参加职业体验活动。</td><td>□是 □否 □不确定</td></tr>
</table>

上海市彭浦中学　王子浩

图书期刊阅览室管理员

一、职业体验地点简介

1. 名称：芷江西路街道图书馆

2. 开放时间：9:00—20:00

3. 基地介绍：芷江西路街道图书馆建于1972年，原址在南山路109号，1993年迁入大统路统北村17号甲，1995年街道改扩建成具有江南书院风格的庭院式图书馆，2013年8月迁入芷江西路街道文化中心3楼（芷江西路151号）。

芷江西路街道图书馆现占地面积为500平方米，图书馆现有藏书28342册，阅览座位98座，年订各类报纸杂志100余种，触摸读书读报设备1台，电脑5台，iPad 2台，汉王电子书借阅机4台，可供读者借阅电子书刊，年借阅约9万余人次。

芷江西路街道图书馆于1994年开办了“聋人周日文化茶座”。该茶座曾被中央电视台、上海东方电视台誉为“默默无闻的精神盛宴”。无声沙龙曾获得市聋协“上海市十佳优秀集体”称号，并多次在新闻媒体上得到报道。芷江西路街道图书馆于2016年11月18日成立光阴读书会。读书会在芷江西路街道图书馆的引领下紧紧围绕终身教育的主题，以终身学习为目标，以永不散场的学习团队为抓手，凝聚社区各类书友，丰富社区居民读书活动形式，带动全街道阅读氛围。

4. 地址：上海市静安区芷江西路151号

二、职业体验内容

1. 参观社区图书馆，了解场馆分布与相关知识。

2. 学习图书管理知识。

3. 协同进行图书整理、档案资料整理、文件物品整理等工作。

三、职业体验基地适合的学段

高中年级

四、活动项目

（一）活动目标

1. 初步了解图书管理员的工作和职业要求。

2. 体验探索图书管理员的工作内容。

3. 培养学生细致认真的工作精神。

（二）活动准备

1. 基地准备：清扫工具和统一袖章。

2. 教师准备：打印相关工作规则、要求。

3. 学生准备：学习单。

（三）活动内容

1. 参观芷江西路街道图书馆

组织学生参观图书馆，了解不同场馆的分布位置与不同类型书本的放置位置。

2. 图书馆负责人讲解图书管理知识

由图书馆负责人和指导教师为学生讲解在本次生涯体验过程中需要掌握的一些基本知识和操作，如图书的防盗、图书的检索、图书的在馆情况、馆际互借、归还情况、图书的序列，等等。

3. 期刊管理

（1）严格进行报刊的清点验收，发现问题及时纠正。

（2）保持期刊的及时上架与有序排列。新到期刊当天验收、电脑签到，加盖馆藏章、填写现刊排架号，并在当天上架。

（3）维护期刊的完好，发现破损或有其他问题的期刊要及时按有关规定处理。对优质、利用率高的期刊加强管理：加上磁条、在重要文章上盖馆藏章等，以降低刊物的丢失、损坏率。

（4）下架的期刊要按送外装订和内部装订分别进行整理，填写装订单，及时送交装订。

（5）熟悉本室入藏期刊的品种、数量、质量及出版频率，掌握各种检索工具，提供一般的查询服务。宣传推介期刊，主动、热情地帮助读者获取所需报刊。

（6）保持期刊室的整洁、安静，经常巡视检查，制止各类违规行为（如：损坏报刊、偷书、喧哗、抽烟、吃东西等）。

（7）维护期刊室的安全，严格按照防火、防盗、防水的规章管理期刊室。

（8）期刊按书架上的分类区分，从大到小竖立放好。期刊上方不得有其他期刊杂放。

（9）文件物品整理。

4. 总结与交流

学生交流：分享本次在参加社区图书馆管理员职业体验活动中的感悟和收获，交流并进行反思。

指导老师根据学生的具体表现进行客观点评。

活动总结，对实践基地表达感谢。

（四）学习单

职业体验参与人 学校：　　　　　　班级：　　　　姓名： 职业体验地点： 职业体验时间：　　年　　月　　日	
一、实践体验	
具体体验过程及描述： 体验后感悟：	
二、自我评价	
1. 此次活动的自我评价	☆☆☆☆☆
2. 我对此次活动的兴趣	☆☆☆☆☆
3. 我以后会从事相关职业	☆☆☆☆☆
三、活动拓展 1. 上网查询了解从事这一行业需要具备什么能力。 2. 上网查询上海市内其他图书馆的信息，并选择其中一家前往了解其场馆设置与管理员的工作职责。	
四、活动图片	
五、基地指导教师点评	

上海市回民中学　陈雅婷

中国劳动组合书记部旧址讲解员

一、职业体验地点简介

1. 名称：中国劳动组合书记部旧址陈列馆

2. 开放时间：周二至周四 9:00—11:00，13:00—16:00（节假日除外）

3. 基地介绍：该陈列馆原系中国劳动组合书记部总部所在地（北成都路 19 号，今成都北路 899 号）。中国劳动组合书记部是中国共产党早期公开领导工人运动的总机关即中华全国总工会的前身。它诞生于 1921 年 8 月。1922 年 7 月 18 日，总部迁往北京，主任是邓中夏。1923 年 2 月，北京总部又遭军阀查禁仍迁回上海，直到 1925 年 5 月第二次全国劳动大会前夕，完成其历史使命而宣告结束。

4. 地址：上海市静安区成都北路 897、899 号

二、职业体验内容

1. 参观中国劳动组合书记部旧址陈列馆。

2. 体验陈列馆讲解员工作，为参观者提供讲解和帮助。

三、职业体验基地适合年龄段

高一、高二年级

四、职业兴趣维度

社会型（S）

1. 共同特征

喜欢与人交往、不断结交新的朋友、善言谈、愿意教导别人。关心社会问题、渴望发挥自己的社会作用。寻求广泛的人际关系，比较看重社会义务和社会道德。

2. 典型职业

喜欢要求与人打交道的工作，能够不断结交新的朋友，从事提供信息、启迪、帮助、培训、开发或治疗等事务，并具备相应能力。如：教育工作者（教师、教育行政人员），社会工作者（咨询人员、公关人员）。

五、活动项目

（一）活动目标

1. 初步了解并体验陈列馆讲解员的工作。

2. 感受讲解员平日工作的不易，理解成人工作的辛苦。

3. 树立积极应对困难的正确做法。

（二）活动准备

1. 基地准备：陈列馆各个场馆解说稿。

2. 教师准备：打印场馆工作规则和要求。

3. 学生准备：熟练背出解说词以便为参观者解说。

（三）活动内容

1. 参观中国劳动组合书记部旧址陈列馆，了解陈列馆的发展历程。

2. 体验陈列馆讲解员工作，为参观者提供讲解和帮助。

3. 根据讲解材料提炼、编写讲解词，文字流畅、词汇丰富、实事求是，在实际讲解中找到适合自己的讲解风格。

六、总结与反思

在中国劳动组合书记部旧址陈列馆的讲解员工作让学生体验到了作为一个成年人工作的辛苦，也为他们将来的就业提供了很好的帮助和指导。在服务过程中，有的学生意识到服务热情还有所欠缺，对于解说稿还不够熟练，这将会促使他们积极反思并做出改进。

同济大学附属七一中学　朱育钧

禁毒演说家

一、职业体验地点简介

1. 名称：上海市禁毒科普教育馆

2. 开放时间：每天 9:00—16:00（节假日照常对外开放）

3. 基地介绍：上海市禁毒科普教育馆原名上海市禁毒教育馆，场馆运用数字媒体、仿真场景、故事演绎等科学技术教育手段，以提高参观者对毒品及其严重危害的认识，增强防范毒品的意识和能力。

4. 地址：上海市静安区汉中路 188 号

二、职业体验内容

1. 前往上海禁毒科普教育馆进行调研，了解目前我国禁毒工作的现状和遇到的问题。

2. 参观上海市禁毒科普教育馆，初步了解毒品的相关知识。

3. 参观上海市禁毒科普教育馆，初步了解演讲馆的各个单元和展区的特点、地形分布。

4. 参加禁毒演说知识培训，了解演说内容和表达要点及注意事项。

5. 背诵演说稿，练习肢体语言协调能力和语言表达能力。

6. 反思演说重点和不足之处，总结相关经验和教训，进一步提升演说的水平和效果。

三、职业体验基地适合的学段

初二、初三及高中年级

四、活动项目

（一）活动目标

1. 初步了解目前我国禁毒工作开展情况，结合自身演说，思考通过演说这一形式对禁毒工作有哪些积极的影响和推进。

2. 深入了解并体验禁毒科普教育馆工作人员的工作和遇到的困难。

3. 感受禁毒科普场馆的工作价值与业务学习的重要性，深入了解演说工作的艰辛和遇到的困难。

4. 通过禁毒科普知识演说，提升学生的语言表达能力与交往能力，感受演说工作的重要意义。

（二）活动准备

1. 基地准备：禁毒科普教育馆演说员岗位的培训资料。

2. 教师准备：制定活动相关流程，做好学生思想教育、出勤工作和礼仪指导工作及活动评价工作。

3. 学生准备：全面了解毒品的相关知识，禁毒工作的重要性。初步了解演说员的岗位职责、工作技能和应有的工作态度。

（三）活动内容

1. 对禁毒工作进行调研

了解目前国家禁毒工作遇到的问题，以及演说形式能给禁毒工作的开展带来哪些方面的帮助。

2. 参观禁毒展馆

在禁毒科普教育馆工作人员的带领下，参观禁毒馆，了解毒品相关知识。进一步熟悉禁毒场馆的地形结构，为禁毒演说工作做好充分的前期准备。

3. 接受岗位培训

（1）在禁毒科普教育馆工作人员的指导下，明白禁毒演说员的工作意义。

（2）在禁毒科普教育馆工作人员的指导下，了解禁毒演说员的工作要领和注意事项。

（3）在禁毒科普教育馆工作人员的指导下，获取禁毒演说的相关资料，掌握演说技巧，并反复练习，熟练掌握肢体和言语相协调的工作技巧。

4. 体验场馆内禁毒演说工作

（1）体验第一展区演说主题“毒品近在你我身边”。

（2）体验第二展区演说主题“毒品是罪恶之源”。

（3）体验自述屋演说主题“千万不要吸第一口”。

5. 记录服务体验的过程、心得与收获

（1）跟随科普工作人员进行模拟演说，为正式演说做好充分的准备

（2）拍摄演说视频、找寻演说中的不足之处，提出自我改进的意见。

（3）撰写演说心得、体会和收获。

6. 总结与交流

学生交流：分享担任禁毒科普教育馆演说家的体验与收获。

活动总结，表达感谢、完成体验报告、对禁毒工作提出自己的建议和意见，进一步投身践行禁毒工作中。

（四）学习单

<table>
<tr><td colspan="2">职业体验参与人
学校：　　　　　　　　　　　班级：　　　　姓名：
职业体验地点：
职业体验时间：　　　年　　　月　　　日</td></tr>
<tr><td colspan="2">一、实践体验</td></tr>
<tr><td>1. 今天我深入了解了国家的禁毒工作。在一天时间内，我与____人次进行交谈，并进行了_____页的调研记录。我觉得目前我国的禁毒工作面临如下一些问题。(选取一个角度讲述)</td><td>我对活动的感兴趣程度：☆☆☆☆☆
完成活动的自我评价：☆☆☆☆☆</td></tr>
<tr><td>2. 今天我对禁毒科普教育馆进行了调研。上海市禁毒科普教育馆分为____展区，需要演说的展区有____。展区日接待_____人次。</td><td>我对活动的感兴趣程度：☆☆☆☆☆
完成活动的自我评价：☆☆☆☆☆</td></tr>
<tr><td>3. 今天我学习并体验了____展区的演说工作，在演说工作中，我演说的主要内容为____。演说对象_____人次，获得了演说对象____等级的评价。
演说时注意事项：
今后改进的方向：</td><td>我对活动的感兴趣程度：☆☆☆☆☆
完成活动的自我评价：☆☆☆☆☆</td></tr>
<tr><td colspan="2">二、兴趣延伸</td></tr>
<tr><td>1. 我会向其他人介绍今天的体验活动和学到的知识。</td><td>□是 □否 □不确定</td></tr>
<tr><td>2. 我有兴趣了解禁毒馆的其他工作。</td><td>□是 □否 □不确定</td></tr>
<tr><td>3. 我希望能再次来到禁毒馆参加职业体验活动。</td><td>□是 □否 □不确定</td></tr>
<tr><td colspan="2">三、自我拓展
1. 随着时代的发展，娱乐方式也越来越多样，例如：______________、______________、______________、______________、___________等，给我们的生活带来了很多乐趣。但是，通过毒品来获取快乐的方式是不可取的。现有的沾染毒品的人员数量仍然还有不少，该人群数量有逐年上升的趋势。针对这一现象，你认为可以从哪些方面增加举措，进一步减少该类人群的增多现象？具体措施如下：_____________。
2. 如何实施有效的禁毒演说工作？禁毒工作除了讲演之外，还可以采用怎样的形式？请你提几点建议和意见：</td></tr>
</table>

上海市久隆模范中学　杨汤颖　丁敏芳

基地讲解员职业价值亲体验

一、职业体验地点简介

1. 名称：四行仓库抗战纪念馆

2. 开放时间：周二至周日 9:00—16:30

3. 基地介绍：四行仓库抗战纪念馆运用实物、雕塑、现代科技等手段再现当年战斗场景，通过图文展板、巨幅绘画等形式展示上海人民投身全民族抗战、共御外侮的历史事实。四行仓库抗战纪念馆是上海市唯一的战争遗址类爱国主义教育基地，能让参观者更好地走近历史，激发保家卫国之情，形成积极的价值观。

4. 地址：上海市静安区光复路 21 号

二、职业体验内容

1. 参观四行仓库抗战纪念馆，学习八百将士的事迹。

2. 熟背讲解稿，体验四行仓库抗战纪念馆的讲解工作。

3. 了解爱国主义教育基地讲解员工作的特性和价值。

4. 澄清自己的职业价值观和社会主义核心价值观的联系。

三、职业体验基地适合的学段

高中年级

四、活动项目

（一）活动目标

1. 通过讲解过程让参观者走近历史，以史为鉴，激发爱国之情。

2. 了解并体验爱国主义教育基地讲解员的工作，感受讲解员的职业价值。

3. 更好地认识自我，澄清自己的职业价值观，并融入社会主义核心价值观的重要内涵。

（二）活动准备

1. 基地准备：职业体验情景创设。

2. 教师准备：职业生涯教育初步指导。

3. 学生准备：前期参观和讲解稿的背诵。

（三）活动内容

1. 学校职业生涯教育指导

学校利用校会课和心理课等时间对学生进行职业生涯辅导。

2. 了解并体验讲解员的工作

（1）场馆讲解员示范、指导讲解方法

在场馆工作人员的带领下，参观四行仓库的各展厅，了解场馆的布局及展厅内容。场馆讲解员现场示范讲解。重点指导讲解时注意深入引导参观者走近历史，感受八百将士事迹，从而激发保家卫国之情。

（2）学生内化所学，反复实践体验

学生熟记讲解内容，尝试并练习学到的讲解方法，在实践中提高讲解服务能力和情感渲染力。

3. 获取反馈，不断改进

与场馆讲解指导老师进行交流，提升讲解员职业技能。与参观者进行交流，进一步感受爱国主义教育基地工作者的价值和意义。

4. 点评与奖励

场馆讲解员对学生讲解时的综合表现进行点评和打分，并对表现优异的学生授予“金牌讲解员”的称号。

5. 感悟与交流

学校生涯辅导教师引导学生对本次职业体验进行反思，并将社会主义核心价值观融入学生对自身职业价值观的建设之中。学生分享交流本次在四行仓库抗战纪念馆职业体验活动的感悟和收获。

（四）学习单

职业体验参与人 学校：　　　　　　　　　　班级：　　　　姓名： 职业体验地点： 职业体验时间：　　　　年　　　　月　　　　日 在本次职业体验过程中，我发现场馆讲解员的工作是____________(形容词)，要成为一名场馆讲解员需要具备____________________(怎样的能力)。 爱国主义教育基地工作者的意义在于_________________________。 在未来职业的选择上，我比较看重____________________。 目前，我知道的符合我职业价值观的职业有____________。

上海市久隆模范中学　丁敏芳　许萍萍　沈静

不一样的故居

一、职业体验地点简介

1. 名称：刘长胜故居

2. 开放时间：周二至周日 9:00—16:30

3. 基地介绍：中共上海地下组织斗争史陈列馆暨刘长胜故居，上海局的秘密机关旧址之一，也是刘长胜同志1946年至1949年在沪从事地下革命斗争时的居住地。1992年6月，被上海市人民政府公布为上海市纪念地，2004年5月27日正式对社会开放。陈列馆建筑面积约为800平方米，共设有三层展览区，底层复原了文委筹建左联的地点公啡咖啡馆；二、三楼展馆通过油画、雕塑、实物陈列，场景展示，情景模拟，影视合成等一系列表现手法，展示了刘晓、刘长胜、张承宗等同志领导下的中共上海地下组织发展、斗争的历程。

4. 地址：上海市静安区愚园路81号

二、职业体验内容

1. 参观刘长胜故居，认真查阅资料，获得历史、建筑等相关信息；完成团队作业，生成及升华对历史的感知。

2. 协助工作人员，讲解馆内重要馆藏，发放体验项目单，进行楼层引导，安全教育等，体验场馆讲解员、引导员的工作。

三、职业体验基地适合的学段

小学、初中、高中年级

四、活动项目

（一）活动目标

1. 通过基本的调查、文献研究，了解中共上海地下组织发展、斗争的历程，深入了解上海在解放战争时期的历史，体验史学家的研究状态。

2．通过编写刘长胜等地下工作者的战斗故事等活动，感受上海地下工作者可歌可泣的事迹，让艺术渗透到历史教育。

3．查阅刘长胜故居整体东移工程，寻找相仿的各类建筑物移位，了解建筑中移位的核心技术。

4. 感受到无论是史学、建筑还是艺术等工作者的工作都需要兴趣支撑，以及需要全面的知识。

（二）活动准备

1. 基地准备：工作背心、工作牌。

2. 教师准备：向学生明确相关规则和要求，礼仪接待能力，准备任务单，以及在过程中提供学生所需的指导。

3. 学生准备：

（1）搜集整理相关资料。

（2）分组及人员分工。

（3）拍摄及相关器材准备。

（三）活动内容

以小组为单位，进行体验，包括：

1. 以小组为单位，查找刘长胜故居的相关基础资料。

2. 预先制订计划，明确自己重点考察的部分（偏建筑或偏艺术或偏史学）。

3. 进行一次实地考察：

（1）初步参观馆内三个楼层

在工作人员的带领下参观，认真听讲相关的史料，做好记录。

（2）培训相关工作内容及礼仪

场馆老师通过现场提问和示范等互动形式，让学生明确作为讲解员、引导员的工作要求，包括志愿者服务理念、工作介绍、讲解接待礼仪培训、展厅示范讲解等。

（3）分组活动

①接待与讲解服务组

按照场馆及学校的要求，开展讲解以及引导工作。

完成作业单。

对讲解员及引导员的要求：对于负责的馆藏知识进行记忆，能够流畅地解说。同时，做到馆内位置全知晓，对于楼层进行指导，灵活应对馆内发生的突发情况，关注人员流动情况，做好安全防范工作。

②考察组

在考察的过程中，根据任务的需要、自己感兴趣的点（偏建筑或偏艺术或偏史学），进行拍照（在场馆的许可下），例如对建筑感兴趣的同学，可以拍摄这栋建筑的风貌，具有特色的建筑细节以及周边的环境……

可行的话，寻找相关人士进行访谈，附近的居民、相关工作人员等均可。也可以事先或参观后做。

进行资料整理，完成作业单。

两组轮换活动内容。

4. 总结与交流

（1）全体交流和分享

分享活动任务单上的内容以及本次体验活动的感悟和收获。

老师及工作人员观看和考核各个小组的研究成果，对学生的表现进行点评，可以的话，交流自身的工作和成长经历。

（2）活动总结，表达感谢

（3）布置后续的拓展作业

（四）活动任务单

不一样的故居 ——刘长胜故居里的秘密 学校：　　　　　　　　　　班级：　　　　　　　姓名： 课题小组其他成员： 职业体验时间：　　　年　　　月　　　日
1. 事先通过查找资料，了解到______________________________。 通过馆内人员介绍及实地走访，你了解到______________________________ ______________________________。 2. 据记载，刘长胜当年曾住在洋房二楼，扮作“荣泰烟号”的小老板，出入总是身着一件灰布长衫，圆圆的脸上架着一副宽边圆眼镜，活脱脱一副家境殷实的商人模样。街坊邻居都亲切地唤他作“刘胖老板”……你能为刘长胜本人画一幅速写吗？ 3. 小组的考察计划  （1）考察目的： （2）考察路线： （3）考察内容： 4. 兴趣点选择：建筑（　）史学（　）艺术（　） 建筑类——刘长胜故居这幢房子是首次运用建筑整体加固推移技术的砖木结构的洋房，根据资料查阅，你知道的建筑移位有哪些案例？其核心技术是什么？ 史学类——现场观察，请整理搜集到的资料来补充你对上海解放战争的理解。 艺术类——为了开展工作，刘长胜曾以刘浩然老板的名义，在上海常德路65号开了一家荣泰烟号作为联络站……请发挥你的想象力，创编一个袖珍小剧本，展现刘长胜同志的日常。

5. 活动评价和感悟 我对活动的感兴趣程度是：☆☆☆☆☆ 我对完成活动的自我评价是：☆☆☆☆☆ 老师对我们完成活动的评价是：☆☆☆☆☆ 经历了此次参观体验活动，你的感受如何？你对生涯有何看法？

上海戏剧学院附属高级中学　陆婷

自然博物馆志愿者

一、职业体验地点简介

1. 名称：上海自然博物馆

2. 开放时间：9:00—17:15（15:00 点后禁止入场）

3. 基地介绍：自然博物馆是收藏、制作和陈列天文、地质、植物、动物、古生物和人类等方面具有历史意义的标本，供科学研究和文化教育的机构。

4. 地址：上海市静安区北京西路 510 号

二、职业体验内容

担任馆内和街道的志愿者，为游客指导方向以及维持场馆秩序。介绍不同分场馆内陈设的标本，介绍相关的科学文化知识。

三、职业体验基地适合的学段

高一、高二年级

四、职业兴趣维度

社会服务、宣讲科学文化知识

五、活动项目

（一）活动目标

1. 实践社会服务，提升服务意识，帮助那些需要帮助的人，给社会贡献一份自己的力量，传递正能量。

2. 学习相关自然科学文化知识，提升科学素养，传播科学精神。

（二）活动内容

1. 活动准备

以 20 位同学为一组，组成寒暑假期间的自然博物馆服务队。在活动期间接受自然博物馆专业老师的相关培训，了解自然博物馆的场馆地理分布、场馆陈列内容、场馆工作纪律和工作流程、方法等。

需要特殊讲解的岗位，需要提前结合实物背诵解说词，以便在被游客询问时能够流利正确地回答问题。

2. 具体活动内容

每次活动为期 2—5 天，每天工作 8 小时。

（1）引导服务

在入口、关键路口等处引导游客，包括在游客询问时指路，在游客人数众多时进行疏散引导等。

（2）讲解服务

在特殊的陈列标本前，向游客讲解相关生物、地理等科学文化背景知识，帮助游客更好地理解该标本陈列的意义，提升参观品质。

（3）互动服务

与前来参观的游客主动打招呼，微笑接待，与小朋友们互动问答，活跃参观气氛，提高游客的参观乐趣。

（4）维持秩序

在场馆游客拥挤时，及时疏散引导。当游客出现不文明或危险的举止时，及时予以制止。当场馆内出现突发情况时，及时报告场馆负责人。

（三）学习单

职业体验参与人 学校：　　　　班级：　　　　姓名： 职业体验地点： 职业体验时间：　　　　年　　　　月　　　　日
一、职业体验项目 1. 你参加的项目内容是什么？ 2. 你在活动中担任了哪些工作？
二、职业体验感受 1. 在活动中你有什么发现和感受？ 2. 这次活动后你对自然博物馆有什么新的认识？
三、自我发展 1. 这次活动你的兴趣点更多放在哪些方面？ 2. 如何评价你在活动中的表现？

上海市第一中学　楼雪阳

美术馆引导员

一、职业体验地点简介

1. 名称：梅尔尼科夫美术馆

2. 开放时间：周二至周日 12:00—17:00，周一闭馆

3. 基地介绍：上海梅尔尼科夫美术馆是国内唯一以俄罗斯当代艺术大师梅尔尼科夫姓氏命名的艺术机构，系经大师法定继承人正式授权并经上海市政府批准成立，建馆 7 年来坚持向公众免费开放。

4. 地址：上海市静安区西藏北路 1355 号 C 座

二、职业体验内容

1. 熟知美术馆观光、展览、综合服务内容。

2. 负责解答观众咨询、参观的相关问题。

3. 负责画作的安全防范工作，维护秩序。

三、职业体验基地适合的学段

高中年级

四、活动项目

（一）活动目标

1. 初步了解并体验美术馆引导员的工作。

2. 感受美术馆引导员的工作特点。

3. 提高人际沟通能力，树立良好的职业观。

（二）活动背景

安德烈·梅尔尼科夫（1919—2012），世界当代画坛顶级艺术大师，现实主义学派巨匠，俄罗斯现实主义油画大师，俄罗斯艺术科学院副主席、院士，人民艺术家，列宾美术学院教授。他曾多次获苏联国家勋章，并获得了国家艺术最高奖——列宁奖章，获得苏联人民艺术家称号，是美术界公认的艺术泰斗。

梅尔尼科夫是一位抒情画家，这种抒情气质尤其表现在他的肖像画和风景画中。肖像画一直是梅尔尼科夫喜爱的题材，他画得最多的是他的亲人和他的熟人，他画他们不易觉察的微笑和惊喜的神态，并用恰到好处的环境来加强对象的美，因此他的肖

像画亲切动人，并富于诗意。

在风景画中，以色彩来抒情是梅尔尼科夫的特长，他善于用丰富、饱满的画笔表现景物的特点。而平面性与立体性的结合、装饰性与纪念性的结合，是梅尔尼科夫油画创作的又一特点。

梅尔尼科夫钟情于古俄罗斯壁画和东方绘画，因此在色彩语汇上做了大胆的革新。他自由地把原涂和薄敷相结合，造成特殊的肌理效果，且有意识地把笔触和刮刀的痕迹，作为绘画语言的一部分，酣畅地以此传达自己的内心感情。他尤擅干黑、褐红、绿等色彩的运用，并巧妙地掌握色调的微妙变化，使色调有了丰富的呈现。

（三）活动准备

礼仪是一个人思想道德水平、文化修养、交际能力的外在表现。对一个社会来说，礼仪是一个国家社会文明程度、道德风尚和生活习惯的反映。引导员在服务中展现的礼仪是个人的风采，也展现了工作人员的职业形象。无论是何种身份，都应当知道日常的基本礼仪并去做到，给自己的服务工作和生活增添光彩。

1. 基本要求

（1）仪容要求：面部清洁、卫生；头发干净、整洁；不化妆、不留怪异发型。

（2）仪态要求：上岗期间应保持端庄得体的站姿、坐姿及步态。

（3）着装配备要求：统一着校服，佩戴志愿者工作证。

2. 基本文明用语

招呼语：您好！早上好！上午好！下午好！

称呼语：您、先生、小姐、女士、小朋友。

请托语：请问、请留步、请稍候、请指教。

歉意语：对不起、打扰了；请原谅；很抱歉；请稍候；给您添麻烦了；让您久等了；对不起，我也不清楚，请您咨询那位工作人员；请稍等，我帮您问一下。

感谢语：谢谢！谢谢您的提醒！谢谢您的建议！

答谢语：不用谢；没关系；不客气。

询问语：有什么可以帮助您？您还有什么问题吗？

结束语：很高兴为您提供服务！

（四）活动内容

1. 参观熟悉梅尔尼科夫美术馆

参观了解梅尔尼科夫美术馆的相关背景知识，学习各自负责区域的作品讲解。

2. 引导员岗位体验活动

（1）美术馆工作人员讲解基本的引导员礼仪规范，示范上岗。

（2）学生分组：根据美术馆的展区，学生分岗到位，重点学习自己负责岗位的相关内容。

（3）模拟讲解：学生分成两组，分别扮演“引导员”和“参观人员”，进行正式上岗前的练习。

3. 总结与交流

学生交流：分享本次在梅尔尼科夫美术馆参加职业体验活动的感悟和收获。

活动总结，表达感谢。

（五）学习单

职业体验参与人 学校：　　　　　　　　班级：　　　　姓名： 职业体验地点： 职业体验时间：　　　年　　　月　　　日	
一、实践体验 1. 请介绍美术馆中最有特色的一个部分。 2. 你认为在这个岗位上最重要的一个特质是什么？	
二、兴趣延伸	
1. 我会向其他人介绍今天的体验活动和学到的知识。	□是 □否 □不确定
2. 我有兴趣了解美术馆的其他工作。	□是 □否 □不确定
3. 我希望能再次来到展馆类场所参加职业体验活动。	□是 □否 □不确定

上海市第六十中学　杨涵茵

禁毒科普教育助理馆员

一、职业体验地点简介

1. 名称：上海市禁毒科普教育馆

2. 开放时间：每天 9:00—16:00（节假日照常对外开放）

3. 基地介绍：上海市禁毒科普教育馆是上海市市级学校社会实践基地，为上海市学生提供助理馆员实践岗位。

4. 地址：上海市静安区汉中路 188 号上海市青少年活动中心

二、职业体验内容

1. 参观禁毒馆。

2. 体验馆员接待宣传、维护安全等日常工作。

3. 禁毒馆馆员的专业背景及其他。

三、职业体验基地适合的学段

高一年级

四、职业兴趣维度

CAS\ESI

五、活动项目

（一）活动目标

帮助学生明确毒品的危害，了解禁毒科普教育馆的历史现状及将来的发展趋势，明确馆员的工作价值及岗位职责要求，体验禁毒馆助理馆员的日常工作，初步掌握馆员工作基本技能，明确珍爱生命、远离诱惑、谨慎交友、洁身自爱、奋发进取的意义。

（二）活动准备

1. 基地准备：岗位职责要求及工作牌。

2. 教师准备：打印实践活动规则及安全要求、实践活动反馈表。

3. 学生准备：“毒品的演变、类型及危害”调查问卷、职业访谈提纲。

（三）活动内容

1. 参观禁毒馆

在馆员的带领下，参观禁毒科普馆，见习馆员工作，认识科普馆成立的历史与意义，明确馆员职责及安全要求。

2. 体验馆员工作

（1）角色扮演

学生分组扮演“馆员”与“观众”，相互交换角色分别进行体验。

（2）助理馆员体验活动

· 接待参观者

指导观众登记、说明安全要求，指导参观路线。

· 宣传讲解

发放调查问卷，带领观众参观禁毒馆、讲解相关内容，参观结束后收齐调查问卷。

3. 访谈禁毒馆馆员

了解禁毒馆馆员的学历专业、薪酬待遇、晋升途径、从事该职业的感悟、对社会实践高中生的期待。

4. 总结与反思

学生交流并总结本次在科普教育馆职业体验活动的感悟和收获，明确进一步努力的方向，表达感谢。

（四）学习单

职业体验参与人 学校：　　　　　　班级：　　　　姓名： 职业体验地点： 职业体验时间：　　　年　　　月　　　日	
一、实践体验	
1. 本次活动，我提前学习并了解了毒品的演变与危害，设计了调查问卷。	我对活动的感兴趣程度：☆☆☆☆☆ 完成活动的自我评价：☆☆☆☆☆
2. 今天，我体验了馆员的接待与宣传、安全维护工作。在接待宣传与安全维护工作中，我得到“观众”________星评价。	我对活动的感兴趣程度：☆☆☆☆☆ 完成活动的自我评价：☆☆☆☆☆
3. 今天我对禁毒馆馆员进行了访谈。	我对活动的感兴趣程度：☆☆☆☆☆ 完成活动的自我评价：☆☆☆☆☆
二、兴趣延伸	
1. 我会向其他人介绍本次体验活动和学到的知识。	□是 □否 □不确定
2. 我有兴趣了解更多毒品预防的途径。	□是 □否 □不确定
3. 我希望能再次来到科普馆参加职业体验活动。	□是 □否 □不确定

三、自我拓展 1. 随着科技的发展，毒品的包装愈来愈具有欺骗性，毒品的传播方式愈来愈隐蔽，途径更加广泛。例如，________、________、________等。 我愿意更多参与毒品预防宣传工作，带领我的家人和朋友养成积极的生活方式、学会拒绝、学会选择。 2. 本次职业体验，我的体会是： 3. 通过本次职业访谈，我认识到如果从事与禁毒馆馆员相类似的工作并能得到长远发展，我需要做好以下准备：

上海市市北中学　梁翔飞　赵志轩

樟叶寄思念，伟人在心间

一、职业体验地点简介

1. 名称：宋庆龄故居纪念馆

2. 开放时间：9:00—16:30

3. 基地介绍：上海宋庆龄故居是宋庆龄长期居住和生活的地方。1949 年春宋庆龄入居此处，在此迎来了上海的解放。1949 年 8 月，宋庆龄就是在这里欣然接受中国共产党的邀请，北上出席中国人民政治协商会议，参与制定建国大政方针，并当选为中央人民政府副主席。新中国成立以后，她经常在此寓所会晤和宴请来访的各国贵宾，积极促进中外交往，维护国际正义。她创建的新中国妇幼文化福利事业和对外宣传刊物也都是在这里酝酿、筹划的。1981 年宋庆龄在北京去世后，这里作为她在上海的故居供人瞻仰。2001 年 6 月 25 日，上海宋庆龄故居被国务院公布为全国重点文物保护单位。

4. 地址：上海市徐汇区淮海中路 1843 号

二、职业体验内容

1. 打扫宋庆龄故居纪念馆，收集樟树落叶，制作叶脉书签。

2. 担任场馆讲解员，介绍宋庆龄女士的伟大事迹。

三、职业体验基地适合年龄段

高一、高二年级

四、职业兴趣维度

社会服务、宣讲、手工制作

五、活动项目

（一）活动目标

1. 打扫宋庆龄故居纪念馆，保持场馆清洁。

2. 制作纪念版叶脉书签，用小小的樟叶寄托对伟人的追思。

3. 学习讲解知识与技能，向公众介绍宋庆龄女士的伟大事迹，提升爱国情怀。

（二）活动内容

1. 打扫宋庆龄故居纪念馆

以 5 人为一个小队，在每年 4—6 月，利用周末时间到上海市宋庆龄故居纪念馆打扫纪念馆里飘落的香樟树叶子。

向故居游客介绍香樟树的来历和宋庆龄女士对香樟树的喜爱。

收集并清洗美丽的香樟树叶子留用。

2. 制作纪念版叶脉书签

清洗后的香樟树叶子，通过生物化学的方法制作成叶脉标本，结合故居活动主题，制作成书签或者明信片，进行爱心义卖活动。

3. 宣讲宋庆龄女士的伟大事迹

故居纪念馆参观导游，介绍故居建筑，发生在房间里的重要历史事件。

介绍宋庆龄女士的伟大事迹和平易近人的生活作风。

开展展板进校园活动，向学校里更多的同学介绍相关的历史知识，宣扬爱国主义精神。

（三）任务单

职业体验参与人 学校：　　　　　　　　班级：　　　　　　姓名： 职业体验地点： 职业体验时间：　　　　年　　　　月　　　　日
一、职业体验项目 1. 你参加的项目内容是什么？ 2. 你在活动中担任了哪些工作？ 二、职业体验感受 1. 在活动中你有什么发现和感受？ 2. 这次活动后你对宋庆龄女士的精神有了什么新的认识？ 三、自我发展 1. 这次活动你的兴趣点更多放在哪些方面？ 2. 如何评价你在活动中的表现？

上海市第一中学　楼雪阳

红色讲解员

一、职业体验地点简介

1. 名称：甲秀里毛泽东旧居

2. 开放时间：周二至周日 9:00—16:30

3. 基地介绍：甲秀里毛泽东旧居建筑面积约 576 平方米，是一幢石库门房子，有天井、客堂、前楼和厢房等。毛泽东 1924 年第十次来到上海工作时居住的地方，也是他在上海居住时间最长并和杨开慧一起开展革命工作的住所。2017 年经重新修缮后，建筑本体风貌还原，场馆内运用图、文、物互融并举的翔实展陈，以及声、光、电、影像等互动手段，为参观者进行回首峥嵘岁月、传承红色基因、坚定理想信念、畅想美好未来的精神洗礼。

4. 地址：上海市静安区茂名北路 120 弄 7 号

二、职业体验内容

为前来参观的游客提供旧居的红色讲解服务。

三、职业体验基地适合的学段

高中年级

四、活动项目

（一）活动目标

1. 了解毛泽东在上海从事的革命工作及革命历史。

2. 锻炼语言表达能力、人际交往能力和创新创意能力。

3. 感受红色讲解工作的精神内核，体会红色讲解工作的价值和意义。

（二）活动内容

1. 参观旧居

在旧居工作人员的带领下参观旧居，了解毛泽东在上海时期的工作内容，以及旧居讲解员的主要工作内容。

2. 上岗培训

（1）结合历史学科中的相关内容，对旧居的历史进行进一步了解和梳理，并在小组中开展讨论。

（2）在旧居工作人员的指导下，了解、熟悉和背诵旧居的讲解词，并在小组中开展自查和互查。

（3）开展“红色故事讲解大赛”，以小组为单位进行准备，对红色精神的传承和发扬产生进一步的理解，进一步树立理想信念。

（4）请旧居讲解员对各小组和学员的学习情况进行考核，考核合格后方可上岗。

（5）志愿小结或活动体验感悟。

（三）学习单

职业体验参与人 学校：　　　　　　班级：　　　　姓名： 职业体验地点： 职业体验时间：　　年　　月　　日	
一、实践体验	
1. 今天我学习了毛泽东旧居的历史。给我印象最深的是：	我对活动的感兴趣程度：☆☆☆☆☆ 完成活动的自我评价：☆☆☆☆☆
2. 今天我体验了做旧居讲解员的工作。 在为参观者提供讲解服务时，得到了__________星评价。	我对活动的感兴趣程度：☆☆☆☆☆ 完成活动的自我评价：☆☆☆☆☆
二、自我反思 作为旧居讲解员，你觉得对以下能力的要求是	
记忆能力	☆☆☆☆☆
表达沟通能力	☆☆☆☆☆
人际交往能力	☆☆☆☆☆
体力的要求	☆☆☆☆☆
其他（可自行补充）	☆☆☆☆☆
我的自评	
完成活动的评价	☆☆☆☆☆
我对此次活动的兴趣	☆☆☆☆☆
我还会从事相关活动	☆☆☆☆☆
三、自我拓展 1. 你如何理解红色讲解员工作的价值和意义？这对你今后择业有什么启发？ 2. 你认为要做好一名红色讲解员，需要培养哪些特质和知识储备？ 3. 对于红色讲解工作，你有什么更好的服务建议？	

上海市市西中学　康元艺

医护小助手

一、职业体验地点简介

1. 名称：芷江西路街道社区卫生服务中心

2. 开放时间：周一至周日 9:00—17:00

3. 基地介绍：所提供的职业体验项目主要针对高中生。体验项目有导医、病房陪伴、后勤工作等不同职业。

4. 地址：上海市静安区芷江西路 335 号

二、职业体验内容

1. 在门诊部学习认识病人常见的症状。

2. 通过观察和提问，了解护士是如何接待病人的。

3. 体验向导的工作，引导病人就诊并维护和疏导楼层秩序。

三、职业体验基地适合的学段

高一至高三年级

四、职业兴趣维度

1. 在门诊部，通过学习认识病人常见的症状，通过观察护士是如何接待病人的，引导病人就诊，进一步提高自己的沟通和表达能力。【社会型（S）】

2. 病房部的学生要学习和了解病人尤其是老年病患心理上的需求，通过适当的伴读、聊天、文艺表演等不同方式，在关怀病患的同时，自己也体验到责任和使命。此外，学生还需要做好分工合作，通过自己设计的不同陪伴活动，以团队的形式，给病人带去欢乐。【社会型（S）和艺术型（A）】

3. 后勤工作也向学生开放，比如保洁卫生，清理烟头，劝阻病人家属吸烟等不当行为，维护文明院区。学生能看到和真实体验到基础工作的不简单和不平凡，要按照规章和计划，有耐心有条理地完成具体工作，同时要关注细节。【实际型（R）】

五、活动项目

（一）活动目标

1. 初步了解并体验社区卫生中心医生和护士的工作日常。

2. 感受医护人员的工作价值与业务学习的不易，理解医护工作者的辛苦。

3. 学习体验积极观察，大方地接待病人，了解病人需求，进一步提高自己的沟通和表达能力。

（二）活动准备

1. 基地准备：适合学生体验且不打扰病人休息的病房，辅助医护工作的基本工具、工作牌。

2. 教师准备：打印相关工作规则、要求。

3. 学生准备：统一穿校服，保持个人卫生整洁。

（三）活动内容

1. 门诊部，学习认识病人常见的症状。

在医护人员的带领下初步了解基本的医护知识，对卫生站的工作有初步了解。

2. 通过观察和提问了解护士是如何接待病人的，并参加楼层的向导工作。

（1）通过观察和提问了解护士如何接待病人

学生跟随护士观察护士接待病人时运用的专业知识和随机应变的能力。

（2）组织学生进行楼层的导航工作

组织学生在各楼层对前来就医的病患进行引导，给予适当的帮助，在必要的时候进行疏导。

（3）让学生辅助医师的工作

在适当的范围内帮助医生。

（4）组织学生总结工作经验

在体验结束之后总结一天医护工作的感受和印象，树立正确的价值观和人生导向。

3. 组织学生在病房部慰问

（1）在医师的带领下进入病房对患者进行慰问，配合患者聊天

感受卫生站和谐的医患关系，感受白衣天使工作的重要和不易。

（2）学生分组

分成陪读聊天组和才艺展示组。

①陪读聊天组：进入病房，在不影响病人休息的前提下与病人陪读、聊天，在关怀病患的同时，自己也体验到责任和使命。

②才艺展示组：学生以文艺表演的形式给病人带去慰问，要满足病人尤其是老年病患心理上的需求，给他们带去快乐。

4. 点评与奖励

（1）医护人员对学生的表现进行点评，对完成得好的学生授予“医护小助手”称号。

（2）学生交流：分享本次在芷江西路街道社区卫生服务中心体验活动的感悟和收获。

（3）活动总结，表达感谢。

（四）学习单

<table>
<tr><td colspan="2">职业体验参与人
学校：　　　　　　　　　　班级：　　　　姓名：
职业体验地点：
职业体验时间：　　　年　　　月　　　日</td></tr>
<tr><td colspan="2">一、实践体验</td></tr>
<tr><td>1. 今天我学习并体验了医护工作。我帮助了___位病人。</td><td>我对活动的感兴趣程度：
☆☆☆☆☆
完成活动的自我评价：
☆☆☆☆☆</td></tr>
<tr><td>2. 今天我为老人表演了才艺。在表演结束后，我得到病人们的__________星评价。</td><td>我对活动的感兴趣程度：
☆☆☆☆☆
完成活动的自我评价：
☆☆☆☆☆</td></tr>
<tr><td colspan="2">二、兴趣延伸</td></tr>
<tr><td>1. 我会向其他人介绍今天的体验活动和学到的知识。</td><td>□是 □否 □不确定</td></tr>
<tr><td>2. 我有兴趣了解医护的其他工作。</td><td>□是 □否 □不确定</td></tr>
<tr><td>3. 我希望能再次来到医院参加职业体验活动。</td><td>□是 □否 □不确定</td></tr>
<tr><td colspan="2">三、自我拓展
1. 在如今略为紧张的医患关系中，要稳定患者的情绪，给予适当的帮助，我认为需要做的是____________、____________、____________、____________等。
2. 在网上了解更多的基本卫生知识，以备不时之需。</td></tr>
</table>

上海市民办扬波中学　黄勇

在公益的天空下

一、职业体验地点简介

1. 名称：上海公益新天地园

2. 开放时间：不定期开放

3. 基地介绍：上海公益新天地园前身为辛亥革命后建立的“新普育堂”。如今，该地汇聚了国内外最具创新和互动特色的公益机构与社会企业，构建可持续发展的公益生态集群。

4. 地址：上海市黄浦区普育西路105号

二、职业体验内容

为低龄儿童讲述保护眼睛的重要性，学生通过设计小品、体验感想以及二维码和手机壳等服务创意，最终以演讲的形式展现服务成果，让公益成为一种生活方式。

三、职业体验基地适合的学段

高中年级

四、职业兴趣维度

公益工作是一个为社会做贡献的职业，虽然大部分为无偿服务，但与此同时，公益工作者能收获充实的成就感和满足感。

1. 在看见爱儿童视觉健康早期教育课程担任导师。【社会型（S）】

2. 参加看见爱青少年志愿者服务创意大赛。【艺术型（A）】

3. 参与活动的宣传。【实际型（R）】

五、活动项目

（一）活动目标

1. 为低龄儿童讲述保护眼睛的重要性。

2. 让学生感受到公益活动的重要性。

（二）活动内容

1. 学生在课堂里担任讲师，讲授少儿保护眼睛的要领。

2. 参加志愿者活动。

3. 活动形式：学生以小组为单位，前往指定地点参加。

（三）活动过程

1. 活动前期准备

（1）提前一周与主办方取得联系，商议活动内容，确定活动地点，明确相关事宜。

（2）事前做好出行计划，了解注意事项。

（3）自行带好与活动相关的材料和必备工具。

（4）关注场地位置，做好出行攻略，准时集合，不准迟到。

2. 具体活动过程

（1）活动期间，要保持微笑，给来访者留下良好印象。

（2）作为志愿者，要耐心讲解，提供必要帮助。

（3）活动中可相互分享创意构思、交流创作心得，普及生活小窍门。

（4）活动结束，把废弃物品倒入附近垃圾桶内。

（5）全体参与者合影留念，按原路返校活动结束。

六、活动思考

思考 1：让大家自愿参与到公益活动中，感受少儿保护眼睛的重要和置身于公益活动的快乐，虽然是无偿服务但是取得的成果值得欣喜。

思考 2：本次活动让大家主动探索社会、实践社会，用所学专业知识回报社会、服务大众。

思考 3：以公益的方式让大家体验职业生涯，在锻炼组织能力与判断能力的同时，展示出中学生的良好风采，实现自身价值。

思考 4：团队合作增进了同学之间的友谊，大家在互助中成长。

上海市民办扬波中学　宋晋贤　黄勇

我当非遗传承人

一、职业体验地点简介

1. 名称：上海工艺美术博物馆、上海市非物质文化遗产保护中心

2. 开放时间：全年开放

3. 基地介绍：①上海工艺美术博物馆建于 2001 年，陈列着近 300 件代表上海特色的工艺美术品。馆内还设立了上海剪纸、上海灯彩、上海绒绣、竹刻、黄杨木雕等十余个非遗传承工作室，基本涵盖了上海本地急需保护的非遗项目。②上海市非物质文化遗产保护中心成立于 2005 年，作为本市保护非物质文化遗产的专业机构，设在上海市群众艺术馆内。主要职责为：指导各区非物质文化遗产保护分中心；组织上海市范围内非物质文化遗产保护学术研究；举办学术、展览（演）及公益活动，交流、推介、宣传保护工作的成果和经验；组织举办全市文化遗产主题活动和民俗节庆文化活动等。

4. 地址：上海工艺美术博物馆（上海市徐汇区汾阳路 79 号）

上海市非物质文化遗产保护中心（上海市徐汇区古宜路 125 号）

二、职业体验内容

1. 采访非遗保护专家，了解国家级非物质文化遗产——豫园灯会与上海灯彩的历史、现状及发展困境。

2. 实地探访上海灯彩项目传承人，体验其职业艰辛。

3. 利用新媒体、游园会、展会等形式宣传豫园灯会与上海灯彩，体验传承人保护、宣传非遗工作的不易。

三、职业体验基地适合的学段

高一、高二年级

四、活动项目

（一）活动目标

1. 走近上海灯彩传承人，了解豫园灯会与上海灯彩的历史和现状，并找到其当下发展的困境及解决方案。

2. 学会社会类问题的解决路径，借助基本的文献研究、史料搜集、实地调研等

方法，通过分析、归纳和思考，形成社会调研报告，培养独立思考能力和实证主义精神。

3. 感受非遗传承人的不易，为传承非物质文化遗产尽一份绵薄之力。

（二）活动准备

1. 教师准备：

（1）制订整个活动方案，向学生布置活动任务。

（2）做好前期文献资料搜集工作。

（3）联系上海工艺美术博物馆、上海非物质文化遗产保护研究中心的调研事宜。

（4）在过程中适时给予指导。

2. 学生准备：

（1）小组破冰，人员分工。

（2）搜集整理相关文献资料。

（3）访谈提纲的拟定，初步形成报告的问题意识。

（4）器材准备（包括录音、录像设备）。

（5）非遗保护活动的策划。

（三）活动内容

1. 选取“豫园灯会与上海灯彩”为非遗项目切入点，查阅上海图书馆文献资料、网上资源，初步了解豫园灯会及上海灯彩的历史，制成“灯彩小史”。

2. 制订计划，进行一次实地调研。

（1）撰写采访提纲，采访上海非物质文化遗产保护研究中心专家，了解豫园灯会及上海灯彩的现状和保护困境。

（2）带着问题意识，与上海灯彩传承人对话，体验上海灯彩的制作技艺，理清上海灯彩传承人的生存现状及困境。

3. 以小组为单位，通过分析、归纳之前搜集到的信息，进行讨论和思考，形成自己的视角和观点，撰写相关调研报告，并试图找到上海灯彩传承困境的解决方案。

4. 策划豫园灯会与上海灯彩的保护与宣传活动。

（1）成立非遗保护社，致力于非遗项目的宣传与传承。

（2）利用学校“英语节”“游园会”“志愿服务活动”“静安区社团展示活动”等一系列学生活动，搭设展台，既在校园内，也在社会上展示灯会历史和灯彩艺术，宣传豫园灯会和上海灯彩。

（3）制作豫园灯会与上海灯彩的视频短片，在各大新媒体平台投放，宣传灯彩艺术。

5. 邀请上海静安晹昇创益青少年发展中心专家，现场评估学生本次非遗传承人的完成效果，专家结合自己的公益活动实践，给出更好的建议。

（四）活动任务单

我当非遗传承人——探寻豫园灯会和上海灯彩的前世今生 1. 我们的“灯彩小史”   2. 我们的调研计划 ①调研目的： ②调研时间： ③调研路线： ④调研内容和方式： 现场观察，搜集如下资料： 采访____，了解以下几方面的信息： 3. 根据前期收集的文献资料，结合现场观察和采访的资料，请你说说豫园灯会与上海灯彩目前传承遇到的困境，并提出你对解决当前困境的想法或建议。   4.“非遗由我来传承”活动设计 请你为豫园灯会与上海灯彩策划一次宣传活动（附活动策划方案）。   5. 活动评价和感悟 我对活动的感兴趣程度是：☆☆☆☆☆ 我对完成活动的自我评价是：☆☆☆☆☆ 专家对我们完成活动的评价是：☆☆☆☆☆ 6. 经历了此次“我当非遗传承人”活动，你对豫园灯会与上海灯彩的前世今生有何看法？

上海市闸北第八中学　王娇

小法官在行动

一、职业体验地点简介

1. 名称：上海市静安区人民法院

2. 开放时间：周一至周五（需提前预约）

3. 基地介绍：上海市静安区人民法院秉承服从和服务于全区工作大局的工作理念，为发挥静安地域优势，积极履行审判职能，开拓创新，坚持司法为民、公正司法，加强法院管理和队伍建设，服务保障静安现代化国际城区建设。法院职能：依法审判法律规定由本级人民法院管辖的第一审刑事、民事、行政案件。受理不服本院已经发生法律效力的判决、裁定的申诉和申请再审案件以及本院审判委员会讨论决定的再审案件。接受上级法院指令再审和交办的案件。依法行使司法执行权和司法决定权。对案件审理中发现的问题提出司法建议。组织本院法官与其他法院间的司法交流活动。抓好本院的思想政治、教育培训工作；按照权限管理本院法官和其他工作人员。管理本院的经费、物质装备。结合审判业务，开展法制宣传，教育公民自觉遵守宪法、法律。对人民调解组织和镇、街道司法助理员进行业务指导。承办其他应由本院负责的工作。

4. 地址：上海市静安区共和新路 3009 号（本部）及康定路 1097 号（分部）

二、职业体验内容

1. 参观法院，初步了解法院结构和各项业务。

2. 体验法治故事，撰写法律小故事。

3. 体验庭审过程，初步了解庭审的基本流程。

三、职业体验基地适合的学段

小学四、五年级，初中年级

四、活动项目

（一）活动目标

1. 初步了解法院各个岗位的工作内容。

2. 感受法院内不同岗位工作的价值，培养逻辑思维，积极参与创新社会治理。

3. 树立法治意识，增强社会安全感。

（二）活动准备

1. 基地准备：法庭开放，法院工作人员制服，庭审专业术语，媒体设备。

2. 教师准备：筛选指导优秀法律小故事，打印相关庭审流程、要求。

3. 学生准备：准备笔记本和笔，撰写法律小故事。

（三）活动内容

1. 参观静安区人民法院，在法院工作人员的带领下，参观法院法庭，了解相关各项工作岗位。

2. 学习历届优秀法律小故事，在老师的指导下自己尝试撰写有理有据的法律小故事。

3. 筛选出优秀的法律小故事，由法院工作人员提供庭审纲要，老师筛选出法官、书记员、法警、律师、被告、原告、陪审人员等角色。

4. 学生扮演庭审的工作人员，体验开庭审理案件。

5. 总结与交流：分享在法院参加职业体验的活动感悟和收获。

（四）任务单

同学根据自己的实际参与情况，完成任务单一；选做任务单二或三。

职业体验参与人 学校：　　　　　　班级：　　　　姓名： 职业体验地点： 职业体验时间：　　　年　　　月　　　日	
任务单一：我眼中的法院和法官	
实践体验 我了解的法院岗位有：	我对本次活动的感兴趣程度 ☆☆☆☆☆ 完成活动的自我评价 ☆☆☆☆☆
令你印象最深刻的一个职业人是谁？请你采访他，做一份职业人物介绍。（建议介绍内容：姓名，出生年月，民族，毕业学校，具体职业岗位，从业经历等）	我对本次活动的感兴趣程度 ☆☆☆☆☆ 完成活动的自我评价 ☆☆☆☆☆
我参观法院的感悟：	我对本次活动的感兴趣程度 ☆☆☆☆☆ 完成活动的自我评价 ☆☆☆☆☆
任务单二：撰写法律小故事 我撰写的法律小故事名称： 小故事内容梗概： 小故事所属案件类别：□民事案件 □刑事案件 涉及的法律条文：	

任务单三：小法官审案 （1）我的庭审团队 审判员：　　书记员：　　法警： 原　告：　　被　告：　　诉讼代理人： （2）我的庭审提纲：   （3）小法官后语：

上海市风华初级中学　龚梁

交警小达人

一、职业体验地点简介

1. 名称：静安交警支队五大队

2. 开放时间：8:30—17:00

3. 基地介绍：交警支队有各个职能部门，主要负责对路面进行巡逻监控，检查纠正各类交通违章，向群众开展有关的交通法规宣传，维护交通秩序。

4. 地址：上海市静安区共和新路 1985 号

二、职业体验内容

1. 参观交通警察工作场所，初步了解交通警察的工作职能。

2. 观看交通安全宣传片，认识交通标志，学习指挥交通的基本手势。

3. 开展交规知识竞赛，参与交通法规宣传，体验维护交通秩序。

三、职业体验基地适合的学段

小学四、五年级

四、活动项目

（一）活动目标

1. 初步了解和体验交通警察的工作。

2. 认识交通标志，学习指挥交通的手势，知道交通法规的重要性。

3. 体会遵守交规的重要性，树立文明出行、珍爱生命的思想意识。

（二）活动准备

1. 基地准备：交通宣传片，交通标志，交通法规宣传海报和交警指导员。

2. 教师准备：打印相关的交通法规，制作活动学习单。

3. 学生准备：了解简单的交通法规，准备一张卡纸和若干水彩笔。

（三）活动内容

1. 走近交警

（1）参观交警工作环境，了解交通警察的工作职能。

（2）请交警讲一讲“我的工作故事”。

2. 学习交通法规知识

（1）看一看：观看交通安全宣传片，感受交通安全的重要性。

（2）认一认：与道德与法治课结合，开展游戏“交通标志对对碰”，了解常见的交通标志的含义。

（3）学一学：学习指挥交通的基本手势，如停止、直行、左转、右转、变道、减速慢行、示意车辆靠边停车。

（4）测一测：开展有关交通法规和交通手势的知识竞赛。

（5）评一评：针对“交通标志配对”“基本手势学习”和“交通法规测试”三项，交警指导员对学生进行评星点评。

3. 体验交警工作职能

（1）分小组制作“文明出行，珍爱生命”的宣传海报和指挥交通的小黄旗。

（2）穿好黄马甲，实地体验交警工作，在斑马线的红绿灯处维持交通秩序。

（3）在学校附近社区以“文明出行，珍爱生命”为主题进行交通法规宣传，收集签名。

（4）点评与奖励。

交警指导员结合学生学习和体验两个活动中的表现进行评星评议，学生根据表现进行自评。在各项中表现出色的同学获得“交警小达人”的称号。

4. 总结与交流

（1）分小组制作一份活动小报，介绍亮点，附上照片，留下感言。

（2）开展一次“文明出行，珍爱生命”的主题班会，在会上展示活动小报内容，分享职业体验活动的感悟与收获。

（四）活动任务单

职业体验参与人 学校： 班级： 姓名： 职业体验地点： 职业体验时间： 年 月 日		
一、学做“小交警”		
1. 走近交警	自我评价：☆☆☆☆☆	
2. 观看交通安全宣传片	我知道了：________________	
3. 交通标志对对碰	我的得分：☆☆☆☆☆	
4. 指挥交通的手势	我学会了____种手势。 自我评价：☆☆☆☆☆	
5. 知识竞赛评比	我的得分：☆☆☆☆☆	
二、体验“小交警”		
1. 制作交通安全宣传海报（小组合作）	我的分工是：_____ ________。	活动的自我评价： ☆☆☆☆☆
2. 实地体验，维持交通秩序	我的任务是：_____ ________。	活动的自我评价： ☆☆☆☆☆
3. 社区宣传，收集签名	我收集到____个签名。	活动的自我评价： ☆☆☆☆☆

三、"小交警"的心里话 交警叔叔，您好！通过今天的体验活动，我   四、与生涯人物合影
在这次活动中，获得的总评分数是：__________颗星。 □祝贺你获得"交警小达人"称号！ □你做得很不错，再接再厉哦！ 评价人：

上海市静安区闸北实验小学　王莹玉

居委会“见习主任”

一、职业体验地点简介

1. 名称：运城路居委会

2. 开放时间：8:30—11:30，13:30—17:00（全年无休）

3. 基地介绍：2004年6月正式成立。管辖范围东临大宁路，西至宜川路，南邻运城路，北邻万荣路。小区占地200余亩，总建筑面积30万平方米，现有居民楼组125个，居民户口2194户，居民人口7665人。

4. 地址：上海市静安区大宁路883弄43号101室

二、职业体验内容

1. 帮助居委会处理日常事务，管理志愿服务。

2. 进行日常的资料录入，以及相关宣传等工作。

3. 通过实地走访、岗位访谈等方式了解基层职业。

三、职业体验基地适合的学段

高中年级

四、活动项目

（一）活动目标

1. 拓宽学生对不同职业的了解，了解不同岗位的需求。

2. 体验基层工作的辛苦与不易，增强人际交往能力与应对困难的能力。

3. 培养学生的志愿精神，增强学生的社会责任感，提升学生的公民意识。

（二）活动内容

1. 帮助社区主任处理日常事务，管理志愿服务。

清洁小区环境，为社区新年活动做场地布置，协助组织和召集社区志愿者活动。

2. 进行日常的资料录入，以及相关宣传等工作。

张贴海报，派发传单，为社区活动写简讯，制作社区微信公众号。

3. 通过实地走访、岗位访谈等方式了解基层职业。

采访相关岗位的工作人员，了解职业的要求和内容，以文字、照片、视频等形式，制作成采访报告。

（三）活动任务单

访谈对象信息： 被采访人姓名： 被采访人职业： 被采访人职位或岗位： 被采访人所学专业：
1. 您一天的工作是什么样子的？您通常花多少时间在工作上？ 2. 您经常性的任务是什么？您担负的职责是什么？ 3. 这个职业吸引您的地方是什么？ 4. 这个职业让您感到不满意的是什么？ 5. 要从事这个职业，需要具备什么知识、技能、能力、品质？ 6. 请问您是用什么方法找到这个工作的？ 7. 如果我将来想从事这份职业，从现在开始我要做什么准备？您能给我一些建议吗？

上海市风华中学　邹歆

小小社工

一、职业体验地点简介

1. 名称：宁远社工事务所

2. 开放时间：周五及双休日

3. 基地介绍：上海宁远社工事务所成立于2014年，是一家专注和深耕于社区发展领域的社会组织。事务所通过家庭发展、邻里融合和社区培力等多元化的参与方式，协同推进社区健康可持续发展。

事务所的业务范围：社区服务、社区发展、项目管理、实务研究、项目代理、社区能力建设、志愿服务和家庭支持服务等，承接政府购买服务。

组织宗旨：

（1）愿景：致力于社区健康可持续发展，实现社区幸福和谐。

（2）使命：以家庭发展、邻里融合和社区培力等多元参与方式，协作推动社区健康可持续发展。

（3）目标：通过机构的积极参与和努力奋斗，实现社区健康可持续发展梦。

（4）文化：生命影响生命——意诚，心正和身修。

4. 地址：上海市静安区平型关路1115号202室

二、职业体验内容

小小社工

三、职业体验基地适合的学段

高中年级

四、活动项目

（一）活动准备

1. 早上9点，小小社工就已经在家长的陪同下分别抵达不同的社工体验点。社工姐姐以小组的模式，让大家先在软垫上感受到舒适感，再通过破冰游戏让学生自我介绍以及相互熟悉，促使学生之间相互认识，形成一定的小组凝聚力。

2. 小小社工面对陌生的小伙伴一点也不慌张，反而是迫不及待地想认识大家。为了便于别人记住自己，小小社工纷纷发挥天马行空的想象力，给自己取了一个个富有象征意义的名字。

3. 紧接着，社工姐姐让作为小组成员的小小社工自己讨论，制定了大家要共同遵守的小组契约，包括“要准时到达”“别人在讲话的时候要相互尊重”“学会聆听我们的服务对象”。

4. 接下来便是今天的主题——“社工”岗位体验。社工姐姐向大家详细地介绍了什么是社工，如何做一个好的社工。小小社工听完社工姐姐的讲解后，由一开始对社工的“一无所知”转为对社工有了大致的了解。面对社工姐姐的提问，小小社工的认识从一开始的“社工就是扫垃圾的”，“社工就是义工”转为“社工要去帮助困难的人”“社工是一份有爱心的职业”。

5. 简介之后，大家一起认真观看视频“一个人的剧场”。看完视频，社工姐姐进一步为小小社工讲解视频想要表达的理念以及本次社工职业体验的服务内容——“一个人的剧场”。社工给学生们播放与社工相关的视频。(“一个人的剧场”是一项通过培育社区文化志愿者对高龄老人、孤寡老人、空巢老人、残疾人上门演出和交流，为老人提供关怀的公益项目。）经过讲解，小小社工认识到每个人都会变老，老人们并不需要太多的经济帮助，只是希望有人到他们身边唱首歌，陪伴他们，哪怕只是握着他们的手，温暖就会来到他们身边。小小社工认真听讲的表情透露出他们意识到美好的生活背后还有许许多多需要帮助的人，同时也加深了他们对社工“助人”理念的理解，激发了他们的同理心和想要传递爱与关怀的善念。

6. 在学生了解了“一个人的剧场”后，社工姐姐介绍本次岗位的服务内容，即探访几位喜欢热闹的老人家。社工姐姐向大家说明需要探访老人的具体情况。为了完成这项服务，给老人们带去关怀，我们小小社工分成了两大组。两组小小社工自行设计表演节目，准备在第二天上门探访。经过一番激烈的讨论，最终男生组确定表演节目为相声、唱歌，而女生组的节目则为舞蹈和歌曲。节目确定之后，大家都很认真地抓紧时间进行排练。

（二）活动内容

1. 早上 9 点，小小社工准时到达，在社工姐姐的带领下分别前往社区养老机构进行探望。

陪老年人聊天，分享着其成长记忆，看着照片，小小社工都迫不及待地等着听那个充满回忆的故事。

2. 帮老年人量血压。

3. 表演戏剧给老年人看。

4. 和老年人告别，大合照。

5. 回到机构后，社工姐姐先让小小社工观看了今天表演的视频，然后邀请每个小小社工分享各自的感受，小小社工都认为活动很有意义，表示以后如果有机会还愿意再去探访老人，也希望能拿到今天的照片作为留念。当再一次问及对社工的认识时，小小社工纷纷表示，社工是一个“光荣的岗位”“神圣的岗位”“助人为乐的”“带给对方快乐的职业”。

（三）学习单

姓名：	班级：	学号：
时间：	地点：	
体验过程：		
体验感悟：		

上海市民办风范中学　张倩

居委会社区工作

一、职业体验地点简介

1. 名称：芷江西路街道123弄居委会

2. 活动时间：不定期的周末及寒暑假期间

3. 基地介绍：居民委员会是居民自我管理、自我教育、自我服务的基层群众性自治组织，为中国大陆地区城市街道、行政建制镇的分区即“社区”的居民组织，即城镇居民的自治组织，工作服务的对象以城市、镇非农业居民为主。居委会社工所做的是非营利、服务于他人和社会的工作和活动。

4. 地址：上海市静安区芷江西路123弄36号

二、职业体验内容

1. 参观学习居委会工作。

2. 布置社区宣传栏、美化社区环境。

3. 慰问社区老年居民。

三、职业体验基地适合的学段

高一至高三年级

四、活动项目

（一）活动目标

1. 初步了解并体验居委会和社区工作。

2. 感受居委会社工工作的枯燥和不易，理解工作的辛苦。

3. 通过参与职业生涯教育体验，提升社会服务意识，实地体验霍兰德职业兴趣测试中社会型（S）、常规型（C）、实际型（R）职业的特点，提高职业兴趣的匹配度。

（二）活动准备

1. 基地准备：由居委会指派负责的带队老师，提供劳动工具和活动材料。

2. 教师准备：提前与基地取得联系，确定参与学生名单及负责人，告知注意事项。

3. 学生准备：穿着校服准时到岗，携带活动需要的材料（如有需要会提前通知）。

（三）活动内容

1. 准时报到，由学生负责人点齐人员，找到负责的基地老师，并进行交流沟通。

2. 参观居委会工作，在基地老师的引领和介绍下，观察了解居委会的日常工作。

3. 体验居委会社工工作：

（1）打扫社区卫生。由居委会提供劳动工具，进行小区、小公园、公共绿地等处的清扫工作，保持社区卫生，美化环境。

（2）帮助布置社区宣传栏，悬挂宣传标语。

（3）慰问社区老年居民。跟随基地老师慰问老人，到老人家里送温暖，给老人送去慰问品、帮助老人打扫家居卫生、陪老人聊天。

（四）学习单

<table>
<tr><td colspan="2">职业体验参与人
学校：　　　　　　　　　　　　班级：　　　　　姓名：
职业体验地点：
职业体验时间：　　　　　年　　　　　月　　　　　日</td></tr>
<tr><td colspan="2">一、实践体验</td></tr>
<tr><td>1. 今天我学习并体验了社区打扫工作。</td><td>我对活动的感兴趣程度：☆☆☆☆☆
完成活动的自我评价：☆☆☆☆☆
这项工作的霍兰德兴趣类型是：
R I A S E C</td></tr>
<tr><td>2. 今天我学习并体验了布置社区宣传栏、美化社区环境工作。</td><td>我对活动的感兴趣程度：☆☆☆☆☆
完成活动的自我评价：☆☆☆☆☆
这项工作的霍兰德兴趣类型是：
R I A S E C</td></tr>
<tr><td>3. 今天我学习并体验了慰问社区老年居民工作。</td><td>我对活动的感兴趣程度：☆☆☆☆☆
完成活动的自我评价：☆☆☆☆☆
这项工作的霍兰德兴趣类型是：
R I A S E C</td></tr>
<tr><td colspan="2">二、兴趣延伸</td></tr>
<tr><td>1. 我会向其他人介绍今天的体验活动和学到的知识。</td><td>□是 □否 □不确定</td></tr>
<tr><td>2. 我有兴趣了解生活中其他需要社工的工作。</td><td>□是 □否 □不确定</td></tr>
<tr><td>3. 我希望能再次来到居委会参加职业体验。</td><td>□是 □否 □不确定</td></tr>
<tr><td colspan="2">三、自我拓展
1. 居民委员会是居民自我管理、自我教育、自我服务的基层群众性自治组织，在这个基层组织中，有以下工作可以体验，例如__________、__________、__________、__________等。
2. 在体验各项工作过程中，我对自己有以下发现_______。
3. 在体验______工作时，我感受到了以前从未体验过的愉悦感受。在体验______工作时，我感受到了无助、乏味。在体验______工作时，我感受到了兴奋、好奇，还想对这个工作的周边有更多的了解。
4. 在体验______工作时，我觉得自己的______能力得到了发挥。在体验______工作时，我觉得自己的______能力还需要加强。在体验______工作时，我觉得自己的______能力明显出众。在体验______工作时，我觉得自己的______能力在所有的工作中都很重要，我希望在未来自己可以通过______途径去拥有这个能力。
5. 在体验______工作时，我感受到了一种从未有过的价值感，这个工作让我觉得自己很重要。</td></tr>
</table>

6. 通过社会实践，我拓展了自己的职业兴趣，同时对自己的霍兰德职业兴趣类型更加确定，我的霍兰德兴趣前三位是________、________、________。

上海大学市北附属中学　祝岩岩

社区事务受理工作初体验

一、职业体验地点简介

1. 名称：江宁街道社区事务受理服务中心

2. 开放时间：周一至周五 8:30—16:30；双休日和国定节假日 8:30—11:30

3. 基地介绍：江宁街道社区事务受理服务中心经常会不定期开展一些活动，活动形式多样且丰富多彩。学习要做好一名合格的小助手，做好志愿者服务工作。

4. 地址：上海市静安区常德路 818 号

二、职业体验内容

体验社区的服务工作（无具体特定工作，根据社区服务中心指导老师的需求分配任务）。

三、职业体验基地适合的学段

高一、高二年级

四、职业兴趣维度

常规性（C）

1. 共同特征

尊重权威和规章制度，喜欢按计划办事，细心、有条理，习惯接受他人的指挥和领导，自己不谋求领导职务。喜欢关注实际和细节情况，通常较为谨慎和保守，缺乏创造性，不喜欢冒险和竞争，富有自我牺牲精神。

2. 典型职业

要求注意细节、精确度、有系统有条理，记录、归档、按特定要求或程序组织数据和文字信息的职业，并具备相应能力，如行政助理。

五、活动项目

（一）活动目标

1. 初步了解社区服务行政助理的工作。

2. 感受社区行政助理平日工作的不易，理解成人工作的辛苦。

3. 树立对于积极应对困难的正确做法，如何在短时间内处理好文案整理、编辑等多项工作。

（二）活动准备

1. 基地准备：工作牌。

2. 学生准备：打印场馆工作规则和要求。

（三）活动内容

做好材料收集、档案管理、文书起草、文件收发，协助活动中心老师做好各项服务工作，主要是体验社区服务人员的不易，并锻炼自己的能力。

六、总结与反思

街道社区事务受理服务中心的工作可以说是最困难也可以说是最轻松的，它不像其他活动任务对学生有特殊硬性的要求，但这也是其最困难之处，因为它锻炼的是同学们的交流能力，历练的是同学们随机应变的能力。它活动多且丰富，不是那么枯燥，挑战中也带着一丝机遇，适合一些初入志愿者队伍的学生参与。

同济大学附属七一中学　黄钧峰

居委会主任成长记

一、职业体验地点简介

1. 名称：静安区威海居委

2. 开放时间：周一到周日 8:30—11:30，1:30—5:00

3. 基地介绍：居民委员会是居民自我管理、自我教育、自我服务的基层群众性自治组织。在中国的城市地区有4亿多居民通过这一制度直接行使宪法赋予的自治权和民主管理经济、文化和社会事务的权利。

4. 地址：上海市静安区延安中路740弄18号

二、职业体验内容

参观居民委员会，了解各个部门及其职能，体验居委会主任的日常工作。

三、职业体验基地适合的学段

高一、高二年级

四、活动项目

（一）活动目标

1. 深入了解居民委员会的基本职能和任务，各个部门的分工以及运作机制。

2. 从日常事务中直观了解居委会主任的工作常态。

（二）活动准备

1. 基地准备：为前来体验的学生提供讲解和指导。

2. 教师准备：向学生明确相关规则和要求。

3. 学生准备：了解基础知识，摆正学习的心态。

（三）活动内容

1. 查找阅读居委会主任的工作汇报和小结，梳理出主要工作的脉络。

2. 实地参观居民委员会，了解各个部门及其职能。

3. 跟岗学习，体验居委会主任的日常工作。

4. 居委会工作人员就学生的表现给予评价。

5. 学生对感受与收获进行梳理及小结。

（四）活动任务单

见习居委会主任
1. 查找并阅读至少三篇居委会主任的工作汇报和小结，梳理出主要工作的脉络，制作成一张思维导图。

2. 实地参观居民委员会，了解各个部门及其职能，将居委会的组织架构图画在下面。

3. 我对完成活动的自我评价是：☆☆☆☆☆
居委会工作人员对我的评价是：☆☆☆☆☆
4. 写一写跟岗学习带给你哪些思考，感悟和收获。

上海市民立中学　刘懿

第二篇 “五育”并举篇

在生涯地图体验活动中培养社会主义核心价值观的探索

一、在生涯地图体验活动中培养中小学生社会主义核心价值观的背景

社会主义核心价值观是当代中国精神的集中体现，持续深入地培育和践行社会主义核心价值观意义重大而深远。党的十九届四中全会指出："坚持以社会主义核心价值观引领文化建设制度。"党的十九大报告中指出："发挥社会主义核心价值观对国民教育、精神文明创建、精神文化产品创作生产传播的引领作用，把社会主义核心价值观融入社会发展各方面，转化为人们的情感认同和行为习惯。"

中小学教育是国民教育的重要内容，中小学校是培育和塑造社会主义核心价值体系最重要、最关键、最有效的阵地之一。对中小学生进行社会主义核心价值体系教育，有助于把他们培养成中国特色社会主义可靠接班人和合格建设者。随着时代的发展与变化，中小学生涯教育越来越受到国家重视，20 世纪 90 年代，原国家教委制定了一系列关于生涯教育的纲领性文件。1992 年，原国家教委基础教育司印发了《普通中学职业指导教育实验纲要（草案）》。1995 年，原国家教委基础教育司再次下发了《普通中学职业指导纲要（试行）》。2002 年，中华人民共和国教育部颁发了《中小学心理健康教育指导纲要》，2012 年进行了修订，明确将生涯教育作为心理健康教育的内容之一，提出要让学生在充分了解自己的兴趣、能力、性格、特长和社会需要的基础上，确立自己的职业志向，培养职业道德意识，进行升学就业的选择和准备，培养担当意识和社会责任感。[①]2018 年，上海市教育委员会印发了《关于加强中小学生涯教育的指导意见》，要求中小学生涯教育实现全覆盖。自此，上海市中小学生涯教育的探索有据可依，推动了上海市中小学生涯教育一体化发展的宏图徐徐展开，生涯教育不止在高中全面开展，也在初中和小学逐步得以推进。[②]

与此同时，中小学阶段是每个学生对价值观深刻认知的重要阶段，社会主义核心价值观与中小学生涯教育的积极融入，不仅是全面深化教育改革的重要举措，更是在教育中培养和坚持立德树人观念的重要体现。

核心价值观是一定社会形态社会性质的集中体现，在一个社会的思想观念体系中

① 李金碧. 生涯教育：基础教育不可或缺的领域[J]. 教育理论与实践，2005（07）:15-18.

② 沈之菲. 上海市中小学生涯教育的发展和展望[J]. 现代教学，2021（Z2）:9-12.

处于主导地位，体现着社会制度、社会运行的基本原则和社会发展的基本方向。它包含着三个方面的内涵：一是核心价值观具有理想性，它承载着一个民族、一个国家的精神追求；二是核心价值观具有阶段性，反映一定政治经济文化；三是核心价值观具有持久性，作为全体社会共同认可的一种准则，拥有最持久、最深层的力量。

党的十八大明确提出，倡导富强、民主、文明、和谐，倡导自由、平等、公正、法治，倡导爱国、敬业、诚信、友善，积极培育和践行社会主义核心价值观，是契合中国特色社会主义发展要求，承接中华优秀传统文化和人类文明优秀成果，是中国共产党凝聚全党全社会价值共识做出的重要论断。它分别从国家、社会、个人三个层面提供明确的价值规范。

二、社会主义核心价值观培养与中小学生涯教育的内在关联

《社会主义核心价值体系融入中小学教育指导纲要》明确指出，要利用当地的德育资源，“引导中小学生树立远大志向；弘扬以爱国主义为核心的民族精神和以改革创新为核心的时代精神，培育中小学生的爱国情感和创新意识；引导树立社会主义荣辱观，培养中小学生正确的是非观念、良好的品德和行为习惯”。

2016年9月13日，《中国学生发展核心素养》总体框架正式发布，从文化基础、自主发展、社会参与三个维度定义“学生应具备的适应终身发展和社会发展需要的必备品格和关键能力”，并将其归纳为人文底蕴、科学精神、学会学习、健康生活、责任担当、实践创新六大素养。“中国学生发展核心素养”课题组负责人、北京师范大学教授林崇德此前指出，中国学生发展核心素养是深入回答“立什么德、树什么人”的“教育DNA”，是对素质教育内涵的丰富与深化，有效整合了个人、社会和国家三个层面对学生发展的要求。

生涯教育旨在满足学生全面、个性化与终身发展的需要，而不仅仅是对学生进行升学与就业指导，而是要根据人的身心发展不同阶段的需求，提供相应的生涯发展指导。所以生涯教育需要为不同群体、不同兴趣特点、不同能力倾向的学生提升适切的指导，在职业平等观的引领下，激发每个学生主动发展的内在动力，使每个学生都能找到适合自己的发展方向。

中小学生涯教育以培养学生发展核心素养作为生涯教育的着力点。将学生发展核心素养转化为教育目标，让学生学会选择，促进学生全面而有个性的发展，具备适应未来社会发展的关键能力与必备品格。在一个充满“不确定”的社会，培养学生的核心素养成为教育重要的任务之一，为他们未来能更好地适应社会奠定坚实的基础。

综上所述，社会主义核心价值观与中小学生涯教育的内在关联体现在社会主义核心价值观在国家、社会、个人三个层面与中小学生涯教育内在目标具有一致性。旨在满足学生全面、个性化和终身发展需要的生涯教育完全承载着“富强、民主、文明、和谐、自由、平等、公正、法治、爱国、敬业、诚信、友善”社会主义核心价值观的理念。在国家层面上，确立了生涯教育“富强、民主、文明、和谐”的整体目标，在

社会层面上规范了生涯教育“自由、平等、公正、法治”的行为准则，在个人层面明确了生涯教育“爱国、敬业、诚信、友善”的人才素养。

三、社会主义核心价值观培养融入生涯地图体验活动的探索

（一）在生涯地图体验活动中培育社会主义核心价值观的可行性

1. 生涯地图体验活动为社会主义核心价值观培养提供实践平台

一种价值观要想真正有效发挥出其价值，自然需要真正有效融合到社会与生活之中，真正让学生在实践中领悟与认同，所以我们需要将所提倡的社会主义核心价值观与学生日常生活紧密联系在一起。社会主义核心价值观培养的实践需求离不开现实的抓手，也离不开国家层面的价值目标与社会层面的价值取向指导，因此将社会主义核心价值观落实到中小学生涯教育中，能够更好地指导学生在实践中了解个人与社会、国家之间的关系，进一步促进学生对社会主义核心价值观的认识与认同，从而真正有效实现社会主义核心价值观的培养和落实。

2. 生涯地图体验活动为社会主义核心价值观培养提供有效载体

基于社会主义核心价值观教育在中小学践行“知行缺位”和“过于形式”的问题，导致对学生的核心价值观的培育过于表面，而无法真正深入学生内心世界，得到认同和理解。而生涯教育大部分是采用“体验式”的学习和社会实践活动，基于自身现实的生涯发展问题，进一步实践和运用相关的知识来探索和规划学生自己的生涯。因此，将生涯教育相关的体验式课程和社会实践活动作为培养学生核心价值观的有效载体，能够起到润物细无声的效果。

3. 生涯地图体验活动育人目标与社会主义核心价值观十分契合

社会主义核心价值观将国家、社会与个人三个层面的目标价值高度统一，其内在价值主要体现在尊重人的主体地位，同时还会立足于社会层面将个人价值与社会发展有效结合在一起，最终目标是为了能够促使人得到更为全面的发展。随着社会的发展和时代的变迁，在这个充满不确定的社会中，生涯教育则显得尤为重要，生涯教育的本质是帮助个体自我成长的过程，帮助学生形成与自己今后职业发展相适应的价值理念，同时明确自身今后的目标与发展追求，最终促进自身全面发展与提升。因此，从两者目标价值来分析的话，基本上是一致的，在生涯教育中培育社会主义核心价值观自然能够起到相互渗透与促进的效果。

（二）在生涯地图体验活动中培育社会主义核心价值观的具体途径

1. 在生涯地图体验活动的目标中凸显社会主义核心价值观引领

坚持在活动中体验学习与价值观塑造相结合的理念。在宏观层面上，以社会主义核心价值观引领进行活动设计，将价值观教育融入活动体验全过程；在微观层面上，活动设计围绕着职业平等、职业精神、职业道德等方面，厚植学生的家国情怀，以社会主义核心价值观的二十四字内容所体现的价值和内涵框定生涯地图体验活动的内容。

2. 用社会主义核心价值观指导生涯地图体验活动的反馈与评价

中小学在生涯地图体验活动中要想培育学生社会主义核心价值观，可以借助社会主义核心价值观对学生的生涯地图体验活动的反馈与评价进行指导，不论是在活动中的过程性评价还是结果性评价，或者采用多元评价，都可以在评价中依据社会主义核心价值观来进行指导，从而达到真正将社会主义核心价值观落实到生涯教育当中，进一步升华生涯教育的效果。

3. 加强社会主义核心价值观融入生涯地图体验活动的师资培养

整合校内现有资源，打造高素质、专业化的生涯教育教师队伍，对当前校内从事生涯教育相关的教师进行针对性培训，提升社会主义核心价值观教育底气，完善以核心价值观为引领的师资队伍选聘机制，对教师师德方面进行重点考察，对师资队伍进行量化考核，把学生对教师的满意度、对社会主义核心价值观的内化和教学应用、教学水平等方面纳入考核标准。此外，还需提高教师的自主创新能力，教师需要不断将社会主义核心价值观创新性融合日常教学，不断提高教书育人水平。

（三）在生涯地图体验活动中培育社会主义核心价值观的实践推进

1. 探索职业价值观融入生涯地图体验活动

职业价值观是价值观的重要组成，影响着高中对于自己职业的选择和未来的发展。处在青春期的高中生们，正处在价值观形成和趋于稳定的关键时间，他们自然地在这个时候思考：我要成为一个什么样的人，我想要过什么样的生活？而这背后就是他们的价值观。引导学生去思考并澄清自己的价值观，才能在未来的人生选择时，选择并为自己认为值得的部分努力，得到意义感和幸福。

职业价值观呈现出多元化的特点，有的重视个人价值的实现，轻视社会价值，有的理性务实，在多种因素影响下，其职业价值观也存在差异，并在自我认知变化中随之改变。因此，在生涯地图体验活动中，引导学生形成正确合理的职业价值观，在科学职业价值观的指导下，塑造职业认同，更好地做出职业选择。①

1.1 活动主题：生涯的罗盘——探索职业价值观的形成

1.2 活动目标：

了解职业价值观含义和特点。

探索自己职业价值观的类型，对职业价值观进行澄清和排序。

引导学生对职业价值观保持“积极的不确定性”，需要适时更新和确认。

1.3 活动内容：

（1）体验：选择我的人生十样

①根据个人理解，选出 10 项你认为最重要的价值观。

②按重要程度，依次在纸上圈出你的“人生十样”。

① 鹿鸣. 工匠精神柔性培育视野下的高职学生职业生涯规划教育[J]. 科技资讯，2020，18（17）:234-235.

③可罗列表中未呈现的价值观；

美丽	贡献	地位	接纳	权威	艺术
团队	信任	安全感	亲情	爱情	自主性
多样化	友谊	被认可	健康	财富	平衡
和谐	诚实	责任	节制	影响力	创造力
有益	善良	受尊重	助人	领导力	好奇
正直	忠诚	稳定感	谨慎	恭敬	独立
公正	意义	控制	冒险性	地位	知识
享乐	服务	成就	开心	竞争	名望
精神性	团队	挑战	愉悦	幽默	博学
智慧	合作	……	……	……	……

（2）确认：定义你的价值观

曾经做过哪些选择或事情体现你的价值观？请在每一项价值观后面加上一些词语来表示它对于你的意义，越具体越好。

价值观	定义（越具体越好）	我的选择或事件

（3）践行：实现我的价值观

在生活中，你能做什么来实现它呢？

价值观	我的决策或行动
1. 美的追求	参加学校的美术社团，积极参加各类画画比赛，关注与艺术有关的一些公众号，看看画展，平常有空时看一些与美有关的纪录片、视频以及书。

2. 工匠精神融入生涯地图体验活动

工匠精神是一种职业精神，倡导在工作中保持严谨的科学态度，坚守岗位，精益求精；同时工匠精神也是一种良好的职业道德，在职场发展中拥有高尚的品质，爱岗敬业，奉献社会；[①] 工匠精神更是对自己所从事职业的价值认同，其核心内容是爱岗敬业，理念是品质至上，态度是精益求精，灵魂是守正创新，这与社会主义核心价值观倡导的三个层面内容有着紧密关联。[②]

① 鹿鸣. 工匠精神柔性培育视野下的高职学生职业生涯规划教育 [J]. 科技资讯，2020，18（17）:234-235.

② 张燕，周晔. 工匠精神融入高职院校社会主义核心价值观培育路径探索 [J]. 科教文汇（中旬刊），2021（03）:152-153.

2.1 活动主题：我当非遗传承人

2.2 职业体验地点简介

（1）名称：上海工艺美术博物馆、上海市非物质文化遗产保护中心

（2）开放时间：全年开放

（3）基地介绍：

上海工艺美术博物馆建于 2001 年，陈列着近 300 件代表上海特色的工艺美术品。馆内还设立了上海剪纸、上海灯彩、上海绒绣、竹刻、黄杨木雕等十余个非遗传承工作室，基本涵盖了上海本地急需保护的非遗项目。

上海市非物质文化遗产保护中心成立于 2005 年，作为本市保护非物质文化遗产的专业机构，设在上海市群众艺术馆内。主要职责为：指导各区非物质文化遗产保护分中心；组织上海市范围内非物质文化遗产保护学术研究；举办学术、展览（演）及公益活动，交流、推介、宣传保护工作的成果和经验；组织举办全市文化遗产主题活动和民俗节庆文化活动等。

（4）地址：上海工艺美术博物馆（上海市徐汇区汾阳路 79 号）

上海市非物质文化遗产保护中心（上海市徐汇区古宜路 125 号）

2.3 职业体验内容

（1）采访非遗保护专家，了解国家级非物质文化遗产——豫园灯会与上海灯彩的历史、现状及发展困境。

（2）实地探访上海灯彩项目传承人，体验其职业艰辛。

（3）利用新媒体、游园会、展会等形式宣传豫园灯会与上海灯彩，体验传承人保护、宣传非遗工作的不易。

2.4 职业体验基地适合的学段

高一、高二年级

2.5 活动项目

2.5.1 活动目标

（1）走近上海灯彩传承人，了解豫园灯会与上海灯彩的历史和现状，并找到其当下发展的困境及解决方案。

（2）学会社会类问题的解决路径，借助基本的文献研究、史料搜集、实地调研等方法，通过分析、归纳和思考，形成社会调研报告，培养独立思考能力和实证主义精神。

（3）感受非遗传承人的不易，为传承非物质文化遗产尽一份绵薄之力。

2.5.2 活动准备

（1）教师准备：

制订整个活动方案，向学生布置活动任务。

做好前期文献资料搜集工作。

联系上海工艺美术博物馆、上海非物质文化遗产保护研究中心的调研事宜。

在过程中适时给予指导。

（2）学生准备：

小组破冰，人员分工。

搜集整理相关文献资料。

访谈提纲的拟定，初步形成报告的问题意识。

器材准备（包括录音、录像设备）。

非遗保护活动的策划。

2.5.3 活动内容

（1）选取“豫园灯会与上海灯彩”为非遗项目切入点，查阅上海图书馆文献资料、网上资源，初步了解豫园灯会及上海灯彩的历史，制成“灯彩小史”。

（2）制订计划，进行一次实地调研。

①撰写采访提纲，采访上海非物质文化遗产保护研究中心专家，了解豫园灯会及上海灯彩的现状和保护困境。

②带着问题意识，与上海灯彩传承人对话，体验上海灯彩的制作技艺，理清上海灯彩传承人的生存现状及困境。

（3）以小组为单位，通过分析、归纳之前搜集到的信息，进行讨论和思考，形成自己的视角和观点，撰写相关调研报告。并试图找到上海灯彩传承困境的解决方案。

（4）策划豫园灯会与上海灯彩的保护与宣传活动。

①成立非遗保护社，致力于非遗项目的宣传与传承。

②利用学校“英语节”“游园会”“志愿服务活动”“静安区社团展示活动”等一系列学生活动，搭设展台，既在校园内，也在社会上展示灯会历史和灯彩艺术，宣传豫园灯会和上海灯彩。

③制作豫园灯会与上海灯彩的视频短片，在各大新媒体平台投放，宣传灯彩艺术。

（5）邀请上海静安暘昇创益青少年发展中心专家，现场评估学生本次非遗传承人的完成效果，专家结合自己的公益活动实践，给出更好的建议。

2.5.4 活动任务单

我当非遗传承人 ——探寻豫园灯会和上海灯彩的前世今生 1. 我们的“灯彩小史”   2. 我们的调研计划 ① 调研目的： ② 调研时间： ③ 调研路线：

④调研内容和方式： · 现场观察，搜集如下资料： · 采访______，了解以下几方面的信息： 3. 根据前期收集的文献资料，结合现场观察和采访的资料，请你说说豫园灯会与上海灯彩目前传承遇到的困境，并提出你对解决当前困境的想法或建议。 4. “非遗由我来传承”活动设计 请你为豫园灯会与上海灯彩策划一次宣传活动（附活动策划方案）。 5. 活动评价和感悟 我对活动的感兴趣程度是：☆☆☆☆☆ 我对完成活动的自我评价是：☆☆☆☆☆ 专家对我们完成活动的评价是：☆☆☆☆☆ 6. 经历了此次“我当非遗传承人”活动，你对豫园灯会与上海灯彩的前世今生有何看法？

3.“一带一路”中国梦融入生涯地图体验活动

“一带一路”是由习近平总书记在 2013 年提出的新时期重大经济发展战略，是“丝绸之路经济带”和“21 世纪海上丝绸之路”的简称。以和平发展为主旨，通过积极与沿线国家发展战略对接，形成紧密共赢的经济合作伙伴关系，共同打造政治互信、经济融合、文化包容的利益共同体、命运共同体和责任共同体。①

“一带一路”倡议是构建人类命运共同体的伟大实践，要求基础教育要站在新的历史起点上，以大思路、大战略的教育自信培养出更多适应国家经济社会对外开放的要求，具有国际视野的人才。② 在众多的机遇与挑战面前，需要不断提高学生的综合素养，提高自身的竞争力。因此，让学生走出课堂，通过社会实践了解生态文明建设，构建人类生态文明共同体，培养自身公民意识，从而更好地实现中国梦。

3.1 活动主题：清清护河志愿者

3.2 职业体验地点简介

①名称：上海汀滢环保科技有限公司

②地点：汇滨路 1599 号

③开放时间：周一至周五 9:00—18:00

④基地介绍：上海汀滢环保科技有限公司是上海宏波工程咨询管理有限公司全资

① [1] 雷蕾，李娜，王财全.“一带一路”背景下研究生职业生涯规划探究——以电子科技大学为例 [J]. 当代教育实践与教学研究，2019（14）:157-158.

② [1] 王晓红.“一带一路”背景下大学生职业生涯规划指导策略研究 [J]. 南京工程学院学报（社会科学版），2020，20（04）:25-29.

子公司，成立于2009年8月。公司以“水”为核心，立足于水务环保领域，是业内少有的集河道整治、污水处理、水生态修复等技术于一体的综合型水治理企业，可提供水环境污染成因分析、工艺研发、方案设计、产品选型、治理实施、运维监测全过程服务，倡导水资源“大系统”理念，“面向流域、兼顾功能、点面同治、建管并重”。

3.3 职业体验内容

深入贯彻落实习近平总书记倡导的“绿水青山就是金山银山”理念，推进静安区水环境生态文明建设，让中小学生认知“从我做起，崇尚科学知识；‘河’你一起，保护水环境”。通过莘莘学子传承环保正能量，身体力行地践行社会主义核心价值观，进而在全社会形成治水护水、爱河护河的良好氛围。

3.4 职业体验基地适合的学段

高中年级

3.5 活动项目

3.5.1 活动目标

（1）通过专业人员的讲座、基本的调查、文献的研究和相关的实验操作，深入了解水生态环境保护的相关知识和海绵城市建设的基本理念及相关技术。

（2）通过体验河道管理人员以及科研人员等相关岗位，做好水环境科普工作，完成职业体验任务单。

3.5.2 活动准备

（1）基地准备：夏令营服饰（帽子、背心），夏令营旗帜，实验室。

（2）教师准备：夏令营活动方案，向学生介绍夏令营相关的活动安排和要求。活动任务单，在过程中向学生提供所需的指导和帮助。

（3）学生准备：搜集整理相关的资料，进行活动分组任务分工，准备好相关的活动用品。

3.5.3 活动内容

（1）第一阶段：专业人员科普讲座，学习基本知识与技术

由静安区生态环境局法制宣传科科长吴滨、静安区环境监测站工程师王忠诚、汀滢环保科技有限公司程逸群老师分别向学生们讲解“生态环境保护”“水环境知识一二三——地表水”“海绵城市建设技术及案例介绍”等内容，使学生进一步了解水生态环境保护的相关知识和海绵城市建设的基本理念及相关技术。

由区河道所提供的中小河道整治视频展现了我区河道整治的现状，结合视频，区河道所工作人员为学生讲解了我区河道基本概况、河道整治措施、河道整治前后对比情况等，使同学们对身边的河道有了基本的认知。来自上海市汀滢环保科技有限公司的研发工程师、中科院博士陈向超给同学们带来了题为“科学认识中国湖泊河流”的科普讲解。从湖泊河流的形成，到河道污染造成原因、水治理技术，逐步深入的教学方式，使学生们听得津津有味、受益匪浅。最后，陈博士还就前期调研过程中收集到

的调查问卷进行了分析讲解。

（2）第二阶段：实体走访取样调研，体验职业工作内容

与专业技术人员实地参观吴淞污水处理厂、静安区东茭泾、徐家宅河，并学习在河道内采取水样。同学们认真听取厂方技术人员的讲解，并现场参观了各类设施。参观了静安区具有代表性的两条河道东茭泾、徐家宅河，了解不同水质治理技术及河道治理情况，学习如何采取采集水样，为后面教学测试河水溶解氧等做好准备。

（3）第三阶段：学生走进实验室，实践知识与技术

参观上海汀滢环保科技有限公司的实验室，近距离观察精密的实验仪器。学生在亲身感受了不同河段的水质情况，实地了解了各种曝气设备、生态浮床、水生植物等治理措施之后，在技术人员的指导下对彭越浦和中扬湖取水样，为溶解氧检测实验做准备。

学生在学校开设"水资源实验室"，在上海大学环境与化学工程学院张晓磊博士的指导下，同学们了解了碘量法的原理、试验操作步骤和计算方法，并通过水样检测技术将理论知识和实际操作融会贯通，让学生对水环境治理相关工作有更深一步的了解。此外，还可以建设水环境科普课程，推进生态教育常态化，提升学生的水科学创新能力。

3.5.4 活动任务单

水环境夏令营体验记录表			
姓名		班级	
活动时间		体验职业	
体验记录			
职业基本介绍			
职业体验内容			
职业体验收获			
对未来职业的思考			

六、未来展望

社会主义核心价值观融入生涯发展教育有利于中小学生涯教育价值导向科学化、价值内容具体化、价值目标可行化。陶行知先生说过：教育要通过生活才能发出力量而成为真正的教育。不论是生涯教育还是社会主义核心价值观教育，都需要和学生的日常生活联系起来，在教育中如果没有让学生产生真实情感，就很难达到教育的目标。

因此，将社会主义核心价值观教育融入中小学生涯教育，不仅仅是简单地将知识教授给学生，将学校很多德育活动归入生涯教育活动，而是还需要深入将社会主义核心价值观结合生涯教育的育人目标，在社会主义核心价值观的引领下，设计生涯教育

相关的课程和社会实践活动，在课程和活动的评价过程中以社会主义核心价值观为依据以及落实点，创造性地将社会主义核心价值观设计在课程和活动内容中，让学生能够既对生涯教育有深入的理解，同时又能够对社会主义核心价值观在体验过程中有更深入的理解和认同，在真实的生活和学习中能够真正践行社会主义核心价值观。①

上海市闸北第八中学　王娇

上海市静安区教育学院　钟向阳

① 金敬文，姜松梅. 社会主义核心价值观融入中小学教育的创新途径分析[J]. 中国校外教育，2019（32）:24+36.

项目化学习融入高中生涯地图体验活动的实践初探

一、中小学生涯教育中开展项目化学习的背景

中小学生涯教育一直是社会大众广泛关注的话题之一，对于高中生来说，他们进入了特定的年龄阶段，这个年龄的学生渴望独立、渴望了解外部世界；他们也希望能更多地去了解职业，了解适合自己未来的专业，与此同时他们也初步构建了自己的人生观、价值观、世界观。相关研究表明，高中生有着越来越强烈的需求，希望得到适合自己的职业生涯规划辅导及相关体验。

据了解，美国的孩子从6岁就开始有了职业意识的开发和培养，职业生涯教育发展指导贯穿小学、中学和大学，每个孩子从小开始就思考自己未来可能会就读的专业及会从事的专业，从而了解为之需要准备的各种素养，参加各类活动、培训或学习，为能达到自己的目标而奋斗。

上海市每所高中都在开展各式各样的职业生涯规划教育教学课程，让每个高中生从认识自我、了解自我开始，到明确自己的兴趣、能力，接着认识外部世界。例如：了解大学，了解大学的专业设置，认识职业，学会职业决策，最终能根据自身的内部因素和外因条件来初步确定自己的大学专业及职业方向，从知识、技能和综合素质等方面锻炼自己的职业竞争力。

职业生涯规划非常重要的一个方面就是强调学生个体的亲身实践和体验，在专业或职业场所探索和体验的过程中，能有很强的实效感，让学生能提升获取信息的敏锐度，分析问题、解决问题的能力，与人沟通的技巧，团队合作的能力，同时也能使学生获取积极的职业生涯态度和主动面对困难的精神。

（一）项目化学习的内涵

“项目化学习”这个名称由来已久，有很多教师或学生都参与过各类大大小小的项目化学习培训。项目化学习已经成为整个教育教学育人的构建中不可缺少的一部分。2019年《国务院办公厅关于新时代推进普通高中育人方式改革的指导意见》提出要注重“项目设计”等跨学科综合性教学，同年，中共中央、国务院印发《关于深化教育教学改革全面提升义务教育质量的意见》，也提出要积极开展“项目化学习”。可见“项目化学习”将成为整个教育教学环境中的重头戏。简单来说，项目化学习就是以学习或工作任务为核心，选择并设计相关的课程内容进行展开培训，最终完成相应的学习任务，达到预期的学习效果，完成学习目标。

（二）项目化学习的特点

项目化学习的特点是可以激发中小学生的参与度，从而提升中小学生的学习热情和兴趣。在项目化学习的过程中，教师主要负责创建固有的、有意义的、有挑战性的学习项目环境及任务，而每个学生都是项目的主导者，他们积极地投入项目的学习中，认真探索项目的任务和各类问题，从每一步的设计、策划到面对各类问题、思考解决的方案、制定实施项目的策略及决策，都需要学生作为学习的主体来参与并投入，而教师只是作为一个旁观者，加以指导或给予一定的建议。在项目化学习中，教师的作用可以说是弱小的，而学生的主观能动性、创新性、逻辑思维能力等都得到了很大的锻炼及体现。

项目化学习还有一个特点，就是在学习的过程中，学生的沟通能力及团队合作能力都能够得到最大化的提高。项目化学习需要一个团队来共同完成，在完成的过程中，团队的力量是不容小觑的，而如何构建一个良性的团队，就需要队员之间有着良好的沟通环境及技巧，也需要队员之间有着良好的合作能力。

因此总的来说，项目化学习就是教师要作为其基石及支撑力量，让学生能在创建的项目中大胆地实践、有效地体验，将原本存在于书本的知识和理论融入项目学习活动中，让学生在实践中将课堂理论知识转化为技能性知识、将单一学科相融合，让学生发现社会实践问题往往是多种学科、多种知识面相覆盖而交叉合成的。同时也让学生在团队中学习与人相处、与人合作，打造"团队共同体"。

（三）项目化学习融入生涯教育活动的可行性

对于高中生来说，职业生涯规划不仅仅局限在课堂内，学生还可以走出课堂，利用业余时间，让学生亲身体验各类专业及职业。项目化学习的方式是比较好的学习模式。高中生对于自己未来的职业具有一定的了解欲望，根据舒伯的生涯彩虹理论，高中生正处于"探索阶段的试探期"。他们对于外部世界有着强烈的好奇心，他们对于专业或职业有着一知半解的认识，他们希望通过更多的体验活动进一步地认识和了解相关的专业或职业。而项目化学习给高中生提供了相关的平台，在教师们设计创立的项目化学习中，每个参与的学生个体都可以深入地体验到相关职业或专业的内涵，他们所需要面对的挑战，需要解决的问题，需要最终完成的任务。同时在项目化学习中，学生们还能感受到作为社会人所需要具备的各类品质，比如合作意识、沟通能力等，这些都可以在团队合作中得以显现。在参加项目学习之前，学生们可以根据自身的情况来选择相应的项目，通过对项目的学习，最终能进一步直观地面对相关的专业和职业领域，从而能更好地为学生个体的生涯规划服务，将学生从生涯规划的意识层面带到实践层面。

二、项目化学习融入生涯地图体验活动的实践与探索

（一）项目化学习在学校职业生涯实践活动的途径

项目化学习除了可以在学生课堂上课的学习时间开展之外，还可以充分利用学生的课余时间来展开，比如社团时间、研究性拓展时间等，也就是中小学生在生涯地图

体验活动中充分利用学生在校期间的学习生活时间，有效地开展项目化学习，让他们可以深入在各个领域或层面上。

在课堂学习时间，生涯地图体验活动将项目化学习形成一个课程体系，具有一定的连贯性和系统性，学生可以在相关教师的指导下展开项目化学习，进一步探究自身的生涯地图体验活动。

在课余时间里，学生们将在正式学习时间所习得的各类知识和理论运用到项目内容和活动中，以此实现知识体系的转化。在非正式学习时间里，学生们可以根据自身的兴趣、爱好、习惯进行个性化的自由支配和选择，他们对于项目内容可以先了解，后决策是否参加，一旦决定参与某个项目组，那将是全身心地投入，并从中获益。

此外，项目化学习可以依托社会其他专业力量，以此来充实整个项目化学习的专业性，比如和周边大学紧密合作，通过大学的相关资源来充实我们的项目化学习，让学生可以更深入地走进大学校园学习生活，了解大学的专业设置及课程要求，从而可以更好地体验到生涯实践活动。

（二）项目化学习在中小学生涯地图体验活动中的价值

当前学生的学业压力非常大，日常的学习生活也是非常忙碌，每个年龄段的学生都有着自身不同的学习任务。对于高中生来说，高中的学习生活也是为今后的大学学习生活打下扎实的基础，因此如何更好地进行高中生的职业生涯规划一直是我们积极关注的话题。高中生不同于大学生，他们并没有太多的时间可以去职场进行实践实习活动，也不可能近距离地了解大学的专业设置和学习情况，同时他们又非常想了解相关的知识。因此，通过教师们构建有价值的关于生涯活动的项目化学习内容，学生们在项目化学习的过程中，可以更直接地接触到相关的职业或专业，提前进入大学专业学习的环境，接触到相关职业所面临的环境及任务，从纸上谈兵到实地亲身体验，这可以说是具有突破性的规划辅导，具有一定的价值和意义。

（三）项目化学习在生涯地图体验活动中的有效性

项目化学习本身具备一定的优势，它不同于我们以往的教育教学任务。项目化学习可以让学生作为学习的主体，教师只是构建相关的生涯实践活动内容，而具体的任务设计、操作、决策者都是学生。通过项目化学习，可以让学生精准地了解每个专业及职业的基本内涵，同时也能精细化地为学生的职业生涯进行规划。通过项目化学习，每个学生都能从中体会到项目内容所赋予的魅力和温度，从每个步骤中，学生都能得到相应的成长，在每个环节中，学生都能提升自身的综合素养和技能，在每一次的任务构建中，学生们都能进一步地了解该职业或专业。在项目化学习的整个时间跨度中，学生会从中得到很多启示和收获，深入认识和了解相关职业生涯的内容，通过对生涯项目的参与学习，学生可以对自己的职业生涯规划进行明确的界定或优化。因此，项目化学习的模式在生涯地图体验活动中具有一定的有效性。

三、项目化学习融入生涯地图体验活动实施的案例

（一）案例简介

上海市育才中学自2018年年初开始与上海大学悉尼工商学院建立合作模式，以项目化学习的形式展开实践活动，依托大学的资源，在校内利用学生非正式学习时间展开生涯实践体验活动，以心理学、经济学的知识为载体，以大学商业专业为平台，以此来设计相关项目内容和目标，从而让参与的高中生在合作团队中成长，在每次学习体验中提升专业素养能力；在学习和参与上海大学商业精英挑战赛的过程中提升每个学生的综合素养能力，最终使每个学生能对大学商科有更好的认识，发现自己的兴趣和特长，为个人生涯规划提供帮助。

（二）项目化学习的校本设计

对于职业生涯实践项目来说，教师的前期设计是非常重要的，设计好了整体框架，学生就可以在学习过程中明确方向，并自由发挥他们的创造性，挖掘他们的潜能。在这个项目组中，指导老师前期与上海大学的老师们经过多次沟通，确定了项目化学习的最终载体就是大学生们要参加的“国贸大赛”，这个比赛可以说是商科同学们都梦寐以求想要参加的，同时这个比赛又是需要团队参与，因此以这个比赛作为样本，让每个参与项目组的同学在项目化学习的最后，要完成的就是这个比赛的每个环节，同时将与上海大学的大学生们同台竞技，完成最后的学习目标。

这样设计的原因在于，高中生想要了解某个类别的专业，就需要较深入地参与到该专业的课程学习中，但是高中生的学习任务限制了这样的可能性，而参加一些活动或许也不能从主观上让高中生认识到该专业的本质内涵，所以在项目学习终极目标设计时让高中生能和大学生一起去参加比赛，这将大大激发高中生的参与热情。在准备比赛的过程中，他们不仅可以学习到相关的商科知识，了解到商科学习将遇到的专业类课程以及需要具备的基础学科能力，而且通过项目化学习，他们的团队合作能力、沟通能力也将有大幅度的提升和改进。

（三）项目化学习的校本实践内容

整个项目活动主要是以“国贸大赛”比赛项目作为主内容，大致是：发现产品、挖掘产品的优劣势、写产品策划书、研究报价单、完成8分钟的全英语展示，最后是专家的答辩等。

项目组成员的组成是由学生自主报名，第一批学员是导师经过面试，与学生的自我特点相结合而产生，之后的每批成员的招募及录取工作都是由老成员们自己完成。在每学期开始，项目组的成员们就开始为招募新成员而出谋划策，从制定宣传方案、面试流程、设计面试题目以及最后的录取过程，都由学生自己分工合作完成。这也是属于项目化学习的一部分内容。学生们在设计面试的流程与内容上大胆创新，紧扣项目宗旨，将自己已经习得的相关知识及遇到的一些问题都融入面试环节中，从而使得该项目组代代相传，经久不衰。

在项目化学习的内容中有上海大学悉尼工商学院的老师给我们的学生讲解一定的

商科知识及解读比赛的要领，我们学生也受邀前去观摩大学生们的比赛，参加比赛前的宣讲会，与大学生们定期地进行探讨和学习。在学习过程中，学生接触到的不仅是简单的商科理论知识、商业策划书的书写，以及如何为最终的比赛做最好的准备，而且我们的学生也近距离地接触到商科学习的相关内容及将来要面对的职业方向，这无疑优化了我们的生涯活动。

在育才中学第一批成员参加的时候，由于客观原因的限制，中学生们采用的是“拿来主义”，学生们沿用大学生现成的产品，从了解产品的特色元素、产品概况、使用场景演示、优势分析到产品策划书的撰写、报价以及最后产品的宣传展示，学生们基本上是以学习为主。然而到了第二批成员加入，育才中学项目组的成员有了两个年级的学生，有了老成员的前期学习经验和体验成果，项目组开始鼓励学生自己摸索前行，对大学生们的产品进行改良，用自己学习到的知识、理论和自己的创新思维去完成任务。这次项目成果在校园科技文化节的闭幕式上进行展示，项目组成员们自信地展示了各自的产品：Raycop 床褥净化仪、KNOCKR 车用旅游户外多功能安全锤等等。虽然台上只有短短的 8 分钟全英语展示，但是前期准备过程可以说是忙碌并充实的，环环相扣，从全英文的剧本撰写、场景的设置、人员的分配、道具的采购设计、角色的安排等等，都是由学生们自己分配并合作完成。项目组本次新颖的产品发布形式也让所有的师生眼前一亮，大家纷纷惊叹于两个项目组的成员们可以完成大学生专业难度的任务。

在第三批成员加入的时候，育才中学的学生就不再满足于“拿来”和“改良”了，他们自主去挖掘产品、发现产品。他们通过对商科的学习、理解和对大赛环节的深入了解，已经有了十足的底气要和大学生们面对同样的挑战。虽然在 2020 年，我们遭遇了百年难遇的新冠肺炎疫情，“国贸大赛”也由原本的线下转变为线上，时间也推迟到了 2020 年的暑假，但学生们并没有因此气馁、放弃，在假期中，学生们接到通知时离参加比赛只有 2 周，原本的商业展示将转为线上，也就意味着要将学生们原本准备好的内容拍摄成视频，同时大家要接受网上的答辩，学生们接到任务后，在家通过云端展开项目学习。因为各种原因，学生们不可能聚集，那如何完成视频的拍摄和剪辑？大家头脑风暴，迅速解决了所有出现的问题，最终学生们在云端，通过信息科技技术完成了项目组的任务。学生们与大学生同台竞技，完成了最终的目标，获得了专家团队的一致好评，荣获了“最佳创意奖”。

（四）项目化学习的校本实践成效

1. 了解外部世界

通过这三年的活动，育才中学每一批成员都在不断地摸索，不断地成长，不断地挑战自己。在项目化学习中，我们体验到生涯活动的魅力，每个学生对自己的生涯规划也有了新的认识。

在项目学习过程中，学生们更直观地去了解外部世界，同时项目化学习的切入口比较集中，对于有相关兴趣的同学来说可以直接体验到相关的专业课程内容，进一步明确自己未来的专业方向，更好地规划自己的职业生涯。

2. 提升自主意识

在项目化学习的各个流程中，学生们需要自主面对各类问题，从策划面试开始到发现特色产品、寻找产品的优势、撰写商业策划书、商品展示等等，这些都需要每个学生的自主参与，群策群力为团队做贡献，毫无保留地将自己的本领贡献给团队，自主学习商科知识，将各个学科知识融会贯通，才能最终完成项目任务。因此，学生的学习自主性得到了大大提升。

3. 合作意识增强

项目化学习的特点之一就是增加学生的团结合作意识，通过这样的生涯活动体验，每个学生的解决问题、合作沟通能力都得到了一定程度的锻炼，同时也增强了学生"公共人"的意识，意识到作为一个社会人所需要具备的公共品质。在参加了这样的项目学习之后，我们发现项目组成员的主课成绩非但没有受到影响，反而学生们更会合理地安排好学习时间，更明确自己的学习目标，增强了学习动机，完善了自己的专业规划。同时，这些学员彼此之间在团队的合作能力也提升很快，不仅能迅速在团队中找到自己的位置，还能很好地与其他成员展开合作，学会协调、解决"个性"与"公共性"失衡所导致的问题。

四、项目化学习融入生涯地图体验活动的若干思考

（一）项目化学习资源的多元化

项目化学习需要有多元化的途径，通过各种资源来丰富高中生生涯实践活动，除了学校内部的资源，还可以充分挖掘、有效利用社会有效资源，积极地为生涯地图体验活动服务。项目化学习在生涯实践活动中不应该仅仅局限在校内，应该积极地走出去，或者引进来，让学生更深入地了解、体验到职业生涯的本质。但是如何有效地选择并使用校外资源，使其更好地用于生涯实践活动一直是值得项目化学习思考的问题，这也是今后项目化学习工作需要重点探索的方向之一。

（二）项目化学习设计的多元素

项目化学习的主体是需要教师进行精心的设计学习目标，然后再由学生进行创新、学习、探索。因此项目化学习设计的多元素可以说是整个过程的灵魂所在，多层次、丰富的元素可以使学生更好地参与到项目学习中，并真正有所收获，反之则可能会起到反作用。因此，将项目化学习融入生涯地图体验活动中，应考虑多种不同情况，采用不同的策略，让学生可以选择适合自己的项目，进行分层分类的项目化学习，或许能让学生根据自己的自身情况、性格特征、兴趣目标来进行选择，从而提升个体的主观能动性，真正地达到项目学习的初衷。

（三）项目化学习评价的多方位

任何一个项目最终都需要进行评价，评价体系应该是多方位的，这不仅是对教师工作的一个考量，也是对整个项目的价值进行评估。因此项目化学习除了过程的完

善，也需要对最后的结果进行评估。生涯地图体验活动的评价应该是紧紧地围绕每个学生的生涯发展，围绕学生在学习过程中的感悟、感受等，以及学生在项目中的成长、收获等多方面展开。同时，生涯地图体验活动的评价也应该着眼于学生对于自身的生涯规划是否有所改进、有所变化，也要积极地做好相应的后续跟踪工作，优化评价体系。

项目化学习在未来的教育教学活动中可以说是势不可挡，它的魅力和优势大家已有目共睹。如何有效地使用项目化学习，为中小学生涯教育赋予真正的生命，这将是我们一直要探索和追求的教育使命。

上海市育才中学　葛沁琳

体育融入生涯地图体验活动的实践和思考

一、体育融入生涯地图体验活动的必要性

生涯规划教育是教师从学生的兴趣、性格、能力以及相应的社会需求出发，在传授专业知识的同时对学生的世界观、人生观、价值观进行引导，借以帮助学生提前科学客观地了解相关专业，合理选择未来可能的职业发展道路以及不断学习和适应实现理想职业的实践方法的全部过程[①]。它是一种发展性教育活动，不仅可以调动学生的主观能动性，找到有效的日常学习方法，还能提升他们的职业规划能力，促进学生事业的快速发展，不断扩大学生的自我宽度，努力实现自我的全面发展。科学的生涯教育具有持续性和多样化的特点，贯穿于学前教育到成人教育的整个过程，在学生的整个职业生涯过程中始终发挥着不可忽视的动力作用；与此同时，社会环境的复杂性导致了职业种类的丰富性，这就对生涯教育内容提出了更高的要求。

上海市教育委员会《关于加强中小学生涯教育的指导意见》(沪教委德〔2018〕8号）文件指出：要将生涯教育作为发展素质教育、推进教育公平的重要途径，引导学生树立正确的世界观、人生观、价值观，培养德智体美劳全面发展的社会主义建设者和接班人。由此可见，生涯教育活动中不可避免地存在着德智体美劳的“五育”基因。同时钟南山院士也说过：“我深深感受到体育对我从事其他领域工作的重要意义，它对我的一生产生了极大的影响。”可以看出，体育以其独有的教育方式在生涯教育中发挥了重要作用，将体育融入生涯教育是需求也是必然。

党的十八大已提出将“立德树人”确立为教育的根本任务。我国体育教育与德育如影相随，而新的社会政治和教育背景对体育教育提出了更加丰富的德育内涵。体育不再只是一种外在的测试标准，而要关注人们内部的自我完善、自我肯定、自我发展需要，为自我超越和升华提供基础支持，为精神与物质、可能与现实之间的超越提供实现动力；以实现在“育体”和“育人”的有机融合，培养身心健康，拥有正确价值观、人生观、世界观、全面发展的人[②]。与其他教育形式相互融合共同发展是体育教育在当今时代和社会环境下不断发展的内在需求，从教育性质上看，生涯教育与之不谋而合。

---

① 曹瑞.新高考背景下浙江省生涯规划教育的经验与启示[J].天津教育，2017（11）:35-38.

② 卢伯春.“多维整合”：学校体育中德育的新走向[J].南京体育学院学报：社会科学版，2015，29（5）:95-99.

二、体育融入生涯地图体验活动的可能性

（一）目标的一致性

2018 年全国教育大会上强调要树立“健康第一”的学校体育教育指导思想，明确享受乐趣、增强体质、健全人格、锤炼意志“四位一体”的学校体育教育目标体系，旨在强调通过更加先进、更加符合学生身心发展规律的学校体育落实培养人的责任和目标，为新时代中国特色的学校体育改革之路指明了方向①。这说明，学校体育教育目标的内涵和外延发生着改变，从单纯的强身健体到身心健康，再到价值观健康，以及当前的立德树人要求，这一系列的变化反映了时代的发展，也揭示了人民对教育的内在需求日益增加的现实。

生涯教育希望引导学生不断对自己的个性、兴趣、能力和价值观进行认识和探索，更好地认识自我并悦纳自我，发现适合自己的职业方向，进一步规划未来的学习和生活方式，以帮助学生实现全面发展的长远目标。

本质上来看，生涯教育和体育的教育目标一致，两者都从学生自身情况出发，通过具体的教育活动，引导学生积极参与，从而实现培育德智体美劳综合发展学生的目标。两者殊途同归，相互融合获得可能。

（二）方法的互补性

学校的体育教育是基础任务，通常以课程教学、运动竞赛等方式开展，与学生日常的其他学习形式有所脱离，尤其在体育文化方面，体育的人文知识教育又缺乏重视和适当的教育实施方式②。

同时在目前的学校生涯教育中，传统的生涯教育课程、主题班会和讲座形式长久未得到更新和发展，而从学生角度来看，他们更期待直接而丰富的实践性教育方式，希望在亲身体会中增长知识、习得能力。

由此我们可以发现，生涯教育和体育出现一种相互补充的模式，生涯教育中具备了体育所缺少的人文价值教育，而体育又能为生涯教育提供更有活力的体验过程，两者的相互融合既是创新，也在一定程度上满足了学生的发展需求。

三、体育融入生涯地图体验活动的价值意义

（一）体育为生涯规划和职业发展提供生理基础

体育教育的首要目的和功能就是让学生具备良好的身体素质，实现身心协同发展，帮助学生养成终身运动的良好习惯，进而为综合全面发展创造前提条件。个体的持续发展观要求学生在对未来不同人生阶段始终保持着对职业生涯进行规划、选择和适应的态度方面获得重要认识和行动，体育教育奠定了学生的身体健康和强健体质基

---

① 廖上兰，刘桂海．“培养什么人”：学校体育改革的理性思考与价值重构——基于我国宏观教育目标演进考察[J]. 天津体育学院学报，2021，36（02）:151-158.

② 林霖．我国学校体育课程制度改革的路径研究[J]. 体育文化导刊，2015（01）:140-143.

础，保证了维持终身职业规划发展的内在活力。

（二）体育对心理素质的积极影响促进生涯体验活动的良性效果

毋庸置疑，体育活动通过激发个体在行为和认知上的具身体验，不断驱动学生内在认识活动的上升发展，提升身心和谐完善程度，对心理健康产生明显的促进作用①。从生理心理观来看，运动过程中产生的内部生理激素水平的变化，增加了个体愉悦的积极情绪体验，降低了抑郁、焦虑等消极情绪体验的发生频率，从而提高内在情绪性心理韧性，更易于适应因自我身心和外在环境变化带来的负面影响。同时，体育活动所无法回避的成败体验大大增加了学生通过实际情景接受挫折教育的机会，在不断面对和处理失败的过程中逐渐学会与其和谐相处，获得平衡内在自我的能力②。体育通过对心理素质的积极影响，帮助学生以更加良性的身心状态去体验职业生涯活动，合理规划未来的职业生涯。

（三）体育开展的形式和要求为学生的社会化提供了基本支持

体育活动的开展往往需要调动学生的身体资源，长期的坚持让学生表现出良好的生理状态和精神状态，呈现了青少年的青春活力，无形之中改善了自我形象，促进人际交往的发展。体育项目开展过程中涉及不同性别年龄的同伴，学生容易在其中打破人际交往壁垒找到志同道合的朋友，提升社交能力，促进社会关系的和谐发展。体育活动的人际交往，其内容和形式与现实生活中的社会交往类似，学生在体育中内隐地学习真实社会中的人际交往规范并在后续的活动中不断内化和迁移，有助于他们快速融入和适应未来的职业选择和职业社会环境。

体育项目具有一定的规则，学生在这些活动中所体验到的规则内容帮助他们在学习和生活中逐渐掌握规则意识和契约精神；体育规则催生竞争心理，活动中的积极参与让学生逐渐认识到环境中的优胜劣汰，学会通过团结合作达成目标，也培养了总结成功经验或失败教训的能力。这些品质和精神不仅仅是体育项目对参与人员的要求，也是现代社会对每个人的基本要求。学生在体育活动中逐渐获得角色转变的潜能，促进了他们的社会化和全面发展，这都为未来的职业选择和发展提供了重要支持。

四、体育融入生涯地图体验活动的实践探索

体育融入中小学生生涯规划和体验活动的方式可以分为两种：其一，在生涯活动中增加体育元素，设计需要调用身体资源的活动内容，以具身体验的方式让学生快速而有效地了解和掌握生涯发展的方向和要求；其二，在生涯情境体验中设置体育相关的职业体验，有针对性地帮助部分学生深入认识具体的体育类工作的内容。

（一）生涯活动结合体育元素的实践途径

① 本刊. 关注学校体育改革，促进学生全面发展[J]. 中国学校体育，2014（4）:12-16.
② 刘俊梅. 试论中学体育教学中的挫折教育[J]. 当代家庭教育，2021（26）:121-122.

生涯规划和体验活动希望学生可以在课程或活动中通过积极参与和思考逐渐了解自我、环境，获得对未来职业发展的意识和规划能力。这样的教育目标有助于学生综合全面发展，但在中小学生阶段尤其是低龄阶段的实施过程中，教育内容与学生现有的对自我和职业的认知之间往往存在一定距离，有时候教育效果会有所降低。而从具身认知的心理观看来，具体的身体活动往往能以更为直接简明的方式向大脑传递相应信息，此时大脑能够迅速对这些信息进行处理分析并做出反馈。由此，在一些生涯体验活动中加入体育元素，调动学生的肢体活动，让他们在实际的活动中快速启发大脑对自我对环境和职业产生思考，也许能够更加有效地达到生涯教育的目标。比如，在生涯活动中，引导学生使用自己的肢体语言来表达对职业价值的支持或否认态度，强化他们对价值观的内在自我意识的外化，以间接推动关于自我发展的思考向前走。生涯体验当中，将学生分组，将体验任务细分为几个部分并设置接力的完成方式，以调动每个学生的参与积极性和成就动机，提高他们在活动中的真实体验感。

（二）体育职业体验活动的实践途径

目前，体育职业主要分为教育体育、健身与保健、竞技体育、体育管理、休闲体育五大领域，生涯教育可以与此结合，开展针对不同领域的生涯地图体验活动并发挥各自特色。学生根据自身兴趣和能力进行选择，教师在活动中尽可能启发和引导学生有针对性地进行学习和体验，促进学生对体育类职业的深入思考与探究，不断刷新自我对职业的认识，充分了解未来职业的要求①。

教育类体育职业体验活动的开展较为便捷，组织者可以通过体育课堂、班会课或者志愿活动为学生提供体育教育者的体验机会，设置具体的体验情境或任务驱动型主题，让学生在真实的职业情境中发挥主观能动性，最大化地学习职业知识，感受并逐渐发展体育教育相关职业所需的关键能力和品质。比如体育课堂中，教师可以直接在日常教学计划中结合生涯体验思想，为学生提供适当机会，让其参与到体验组织体育教学课堂内容，讲解体育运动知识，示范具体的某项运动动作等体育教育活动中；作为体育教育人员的体验者，学生从角色准备、收集工作相关资料、练习讲授和表达技巧以及教学过程的管理任务中认识体育教育人员的详细工作内容和工作要求，感受自身已有能力在任务中的发挥情况，反思未来发展相关职业所需的必备技能，内外联动地激发学生的自我成长动机。以“五育”发展为核心的班会课堂在职业体验活动中可以涉及一些体育品德和体育职业精神相关的内容，比如短跑运动中苏炳添坚忍不拔、自强奋进的拼搏精神，女子接力游泳中成员们相互之间的团结协作精神等，由此潜移默化地对学生的综合素质培养产生促进作用。志愿活动类体验更多地利用校园外优势，开展面向人群范围更广，对象更明确，内容更为具体化、普遍化和亲民化的活动，帮助学生在不同类型的志愿体育活动（如全民体育快闪或宣讲、亲子体育运动

① 汤俊波，张英锋. 高中体育教育中有效渗透职业生涯规划教育的路径研究 [J]. 考试与招生，2021（3）:2.

会、体育延伸生命内涵等活动中的志愿者）中认识到真实的社会性体育教育工作与传统校园的体育教育工作有何差别，通过比较，进一步明确未来的职业发展选择。

校园或社会的各类运动会是体验健身保健、竞技、管理和休息娱乐类体育职业的有效方式，运动会独特的丰富性和全面性使其为学生提供了一个真实而具体的体育从业者所在工作环境。参与体验的对象可以在其中选择保健医护人员、运动员、活动组织者、裁判、宣传员以及报道记者等各类角色。比如运动会举办前可以让学生从组织管理者的角度出发，思考作为举办方需要把握哪些方面的信息以及如何有效保持对实时信息的更新，了解赛事流程和项目的详细制定要点和过程，观众怎样安排，后勤工作如何保障等。运动会进行中，学生在以运动员身份参加比赛的同时，反思在赛前、赛中和赛后需要做哪些工作才能保证在短时间内发挥最好的成绩；作为项目中的裁判体验者，了解学习哪些专业知识，学到什么程度，是不是具备专业性和观察力就能保证公平公正；而担任赛事中的医护保健人员，尝试向运动员解释运动过程中需要注意的不良姿势或习惯，在观察中对熟练掌握技术到何种程度才能最快速而有效地帮助运动员或者现场观众处理受伤事故有所认识；作为宣传报道人员，提前搜集报道材料，确定报道主题需要参与哪些任务，赛中报道时以怎样的精神状态去为观众报道和介绍正在进行的赛事，赛后又要如何保证对运动员和项目进行客观评价……

（三）体育职业体验活动的实践案例

上海大学附属市北中学组织学生开展体育赛事引导员的体验活动，利用真实情境和物质条件帮助学生全方位、多角度了解体育运动赛事的流程，初步掌握如何串联整个赛事的工作环节和工作任务，认识体育赛事引导员所需工作能力以及人格特质，同时培养他们工作细致、考虑周到、有条不紊的工作能力。

上海市民立中学在学校传统游泳比赛项目中设置体育记者的体验机会，指导学生在赛前领取任务，准备资料，赛中认真观察、详细记录，赛后及时整理和编撰，提供给学生能够主动多角度、多方位、多层次地了解游泳运动与游泳文化的内容，了解体育记者的工作内容与要求，在实践中增强观察、记录和表达的能力，初步感受体育记者的工作状态以及自己需要努力的方向。

（四）思考与展望

生涯教育帮助学生认识自我，了解周围环境和资源，探索未来的职业发展方向和目标，加强他们在当前学习和生活上的内部动机和理性思考。体育教育是学校教育的重要基础，是立德树人根本教育任务中不可分割的组成部分，为实现综合全面而健康的学生教育观提供支持。生涯教育对学生的发展具有升华的促进作用，体育教育具有本质的基础作用；学生需要在更加直接具体的体验中学习生涯规划能力，也要在内涵更加丰富的信息中重视体育对自己的深远影响。体育与生涯教育的融合是相辅相成、相互成就的双赢合作，希望通过这样的融合促进学生自由而全面的自我实现。

上海市民立中学　刘懿　雷琴

生涯地图体验活动与美育相融合的思考

一、引言

（一）美育中开展生涯教育的时代呼唤

在培养学生身心健康发展的教育目标下，美育自古以来在“五育”中有着举足轻重的地位。近代著名学者王国维曾提出：“完全之人物不可不备真善美之三德。欲达此理想，于是教育之事起。教育之事也分为三部：智育、德育、美育。”他指出，美育者，一面使人之感情发达，以美完美之域，一面又为德育与智育之手段，此又教育者所不可不留意也。1951 年 3 月的全国中小学工作会议上提出“普通教育应使学生德智体美劳全面发展”①。2018 年 9 月 10 日的全国教育大会上提出要全面加强和改进学校美育，坚持以美育人、以文化人，提高学生审美和人文素养。

2020 年 10 月，中共中央办公厅、国务院办公厅印发了《关于全面加强和改进新时代学校美育工作的意见》（下文简称“《意见》”），就新时期全面加强和改进新时代学校美育工作提出意见②。《意见》强调，全面贯彻党的教育方针，坚持社会主义办学方向，以立德树人为根本，以社会主义核心价值观为引领，以提高学生审美和人文素养为目标，弘扬中华美育精神，以美育人、以美化人、以美培元，把美育纳入各级各类学校人才培养全过程，贯穿学校教育各学段，培养德智体美劳全面发展的社会主义建设者和接班人。由此可见，党中央对美育工作高度重视，青少年的美育教育势在必行。

（二）美育内涵新视野

《意见》指出，美是纯洁道德、丰富精神的重要源泉，美育是审美教育、情操教育、心灵教育，也是丰富想象力和培养创新意识的教育，能提升审美素养、陶冶情操、温润心灵、激发创新创造活力。学前教育阶段培养幼儿拥有美好、善良心灵和懂得珍惜美好事物。义务教育阶段注重激发学生艺术兴趣和创新意识，培养学生健康向上的审美趣味、审美格调，帮助学生掌握 1 至 2 项艺术特长。高中阶段丰富审美体验，开阔人文视野，引导学生树立正确的审美观、文化观。职业教育强化艺术实践，培养具有审美修养的高素质技术技能人才，引导学生完善人格修养，增强文化创新意

① 李良炎．论美育中艺术教育的地位[J]. 西南大学学报：社会科学版，1999（04）:67-71.

② 中共中央办公厅 国务院办公厅印发《关于全面加强和改进新时代学校体育工作的意见》和《关于全面加强和改进新时代学校美育工作的意见》，http://www.gov.cn/zhengce/2020-10/15/content_5551609.htm.

识。高等教育阶段强化学生文化主体意识，培养具有崇高审美追求、高尚人格修养的高素质人才。

（三）美育中的生涯教育“元素”

美育是审美教育、情操教育和心灵教育，它不仅可以提高学生的审美修养、充实内在精神世界、培养创新能力，而且能够促进学生身心健康发展。美育一方面让学生能够知“美”审“美”，另一方面也着重让学生成为“美”之人。随着社会文明的发展，人民日益增长的美好生活需要和不平衡不充分的发展之间的矛盾日益凸显，人民对于精神文明丰富性的需求愈加强烈，深化美育具有重要的时代意义，对于当今坚定文化自信，推动社会主义文化繁荣发展具有深刻意义。

二、美育和生涯教育的关系

（一）美育和生涯教育相辅相成

美育是审美教育，也是情操教育和心灵教育。美育不仅能提升人的审美素养，还能在潜移默化之中影响人的情感情操、兴趣胸襟，激发人的创新性，滋养人的内在。生涯教育是运用系统方法，指导学生增强对自我和人生发展的认识与理解，促进学生在成长过程中学会选择、主动适应变化和开展生涯规划的发展性教育活动[①]。二者不是割裂的，美育能够保障生涯教育的顺利开展，帮助学生在生涯启蒙、探索和规划中进行正确的选择。生涯教育为美育提供补充，美育仅仅是面向美的教育，生涯教育面向人的一生发展，为美育的实用性和适用性进行补充。美育和生涯教育都是基于人的身心和认知发展规律基础，充分考虑学生的基本需求，共同开展相关的教育活动，以育人为本。

（二）美育和生涯教育相互促进

学者董学文认为马克思主义经典作家把审美教育事业和整个人类的社会改造工作紧紧地联系在一起。他们从来不是就美育谈美育，从来不把美育事业孤立起来。相反，他们认为美育事业的进退与成败，前途与命运，应该放在社会改革的大背景下去把握和观察，审美教育应为社会改革和进步事业服务[②]。美育是审美的教育，学生通过美育树立正确的人生观、价值观和世界观，促进学生在职业选择时学会明辨是非、正确选择，适时开展合理的生涯规划。

上海市教育委员会《关于加强中小学生生涯教育的指导意见》中的指导思想中指出，将生涯教育作为发展素质教育、推进教育公平的重要途径，引导学生树立正确的

① 上海市教育委员会《关于加强中小学生涯教育的指导意见》，https://edu.sh.gov.cn/xxgk2_zdgz_jcjy_01/20201015/v2-0015-gw_402152018002.html.

② 董学文. 谈谈马克思主义的美育[J]. 中国美术教育，1995（05）:9.

世界观、人生观、价值观，培养德智体美全面发展的社会主义建设者和接班人①。美育是素质教育的重要组成部分，生涯教育旨在帮助学生增强自我认识、社会理解和生涯规划，为美育提供了有效的探索途径。

三、美育融入生涯地图体验活动的价值

（一）以美启智，提升学生的职业素养

《教育部关于进一步加强中小学艺术教育的意见》（教体艺〔2008〕8号）指出，美育是国家教育方针的有机组成部分，艺术教育是学校实施美育的基本途径，是素质教育不可或缺的重要内容②。艺术教育是美育的有效手段之一，音乐、美术、书法、舞蹈、戏剧、戏曲、影视等课程不仅可以丰富学生的知识面，也有利于学生审美素养的提升，使得学生思想得以教化，提升其创造能力，激发其创新精神。职业生涯对人有着全面的要求，不仅要求个人具备专业的职业能力，同时还需要具备发现美、创造美的职业能力，这种美是职业能力之美，也是职业精神之美。以美启迪学生，提升学生的人格境界，促进学生自我认识、自我理解，完善人格修养，增强文化创新意识，进而培养对追求美的积极性。

（二）以美育德，形成良好的职业道德理念

美育旨在以美育课、艺术实践为依托，努力培养心灵美、形象美、语言美、行为美的新时代青少年。美育的过程，是以社会主义核心价值观引领，在中华传统文化精神下学习中华美育精神，感受其间的心灵美、礼乐美、语言美、行为美、科学美、秩序美、健康美和勤劳美等，立德树人，在美育文化中深化爱国主义情怀，培养社会意识，促进社会理解，提升社会责任感，形成良好的职业道德理念，促进人的全面发展。

（三）以美育心，促进学生生涯终身发展

美育是观察美、发现美、感受美、创造美，在这个过程中，美育激发了学生对美的感知力和想象力，培养了学生创造性思维和积极的心理品质，有利于推动生涯教育的顺利开展。美育是一种享受的、和谐、积极的素质教育氛围，美育不仅是表面美的欣赏与追求，而且是心灵美和内在美的思考与审视，它起点于外部，着眼于自身，一以贯之，是关注人身心全面发展的教育，这样的教育可以平衡个人发展和社会发展的需求，立足实践，受益于生涯教育。

---

① 上海市教育委员会《关于加强中小学生涯教育的指导意见》，https://edu.sh.gov.cn/xxgk2_zdgz_jcjy_01/20201015/v2-0015-gw_402152018002.html.

② 中华人民共和国教育部印发《教育部关于进一步加强中小学艺术教育的意见》，http://www.moe.gov.cn/srcsite/A17/moe_794/moe_795/200809/t20080908_80591.html.

四、美育融入生涯地图体验活动的实践探索

（一）美育有机融入生涯地图体验活动

根据“生涯地图”包含的三个重要因素即物理要素、行动要素、精神要素①，美育可以从这三个角度融入。

第一，观察职业技术行为产生的空间之美。生涯地图体验活动提供了职业技术行为所需的装备和条件，学生在职业空间中观察进行职业活动所需的器材、场地等，感受秩序美、科学美。例如，在社区街道卫生服务中心进行导医和病房陪护体验时，学生通过观察卫生服务中心的工作环境，了解员工的衣着打扮等要求，学习消毒和杀菌的基本步骤，了解职业之美和科学之美。

第二，发现职业技能行为的劳动之美。学生在参与和尝试职业技能行为时，用自己的主观能动性创造职业价值，感受自身创造的劳动之美。学生在职业技能行为体验中，直接感受各种各样的职业角色，促进对职业的了解和职业的认识，感受通过职业行为所创造的价值之美。例如，在街头艺术家的职业体验活动中，引导学生用创作展现艺术，用画笔体验人生，通过艺术职业行为创造美，提高职业兴趣，做好职业准备。

第三，感受职业人的精神之美。在职业行为空间中具备职业精神的专业人，感受其精神之美。在职业体验过程中，有专业的人士指导和陪伴，在观察专业人士进行职业活动时，感受其责任心，理解职业责任感和社会责任感，了解社会角色的发展动态和职业的专业素养需求，感受职业人发展中的精神之美。例如，在敬老院的看护职业体验中，学生在护工的帮助下学习和了解老人的心理需求，适当伴读、聊天和文艺表演，关怀病患，感受看护日常工作的烦琐和耐心，理解看护工作的责任和使命，在这个过程中感受职业人的精神之美。

（二）美育融于生涯地图体验活动的校本实践

现阶段很多学校已经开展美育融入生涯体验活动的探索。

上海市逸夫职业技术学校开展艺术类职业体验活动，学生结合自身艺术类专业特长，结合社会时事热点，开展定制头盔设计服务，在服务中接受一线品牌设计师和创业指导师的指导，在这个过程中认识设计师这一行业，了解职业要求，在这个过程感受设计之美和创造出的劳动之美，通过设计作品提升自我效能感，获得创新之美，进一步提升学生的职业认同感，培养学生的职业道德感和社会责任意识。

上海市回民中学开展的街道图书馆管理员体验活动中，学生参观街道图书馆，了解场馆分部，学习图书馆管理的相关知识，协同管理员进行图书整理、档案管理，在文化氛围中感受阅读之美，在阅读之美中感受学习之趣，体验图书管理员的劳动价值，认识图书管理员的角色与身份，理解图书管理员对图书馆的意义和作用，培养细

① 徐剑宏.共绘“生涯地图”引航学生成长[J].现代教学，2019（13）:55-56.

致认真的工作精神，孕育人文之美。

（三）未来展望

美育和生涯地图体验活动要进一步有机融合。美育和生涯地图相辅相成，相互促进。在美育中应注重生涯教育的衍生和发展，在生涯教育中应关注美育。美育不仅仅是局限于传统课堂的音体美教育，更是浸润于生活的，对学生的审美、情操和心灵的教育。未来的生涯活动中应该更注重美育，引导学生感受职业之美，以心灵之美浸润劳动之美，创造出属于个人的价值，为实现中华民族的伟大复兴贡献力所能及的一份力量。

上海市逸夫职业技术学校　钱海燕　王娜

生涯地图体验活动与劳动教育相融合的思考

一、引言

（一）劳动教育中开展生涯教育的背景

劳动教育很早就被列入“五育”之一，历来在中小学教育中占据重要地位。随着时代的发展，劳动教育的内涵和价值也被赋予新的意义，具有时代特征。2020 年 3 月 20 日，中共中央、国务院发布《关于全面加强新时代大中小学劳动教育的意见》（以下简称“《意见》”），对新时代劳动教育做了顶层设计和全面部署。《意见》特别强调，劳动教育是中国特色社会主义教育制度的重要内容，要全面贯彻党的教育方针，坚持立德树人，把劳动教育纳入人才培养全过程，贯通大中小学各学段，贯穿家庭、学校、社会各方面，把握育人导向，遵循教育规律，创新体制机制，注重教育实效，实现知行合一，促进学生形成正确的世界观、人生观、价值观。这充分显示了党中央对青少年劳动教育的重视，也表明当今加强青少年劳动教育的紧迫性。

为落实上述《意见》，加快构建德智体美劳全面培养的教育体系，教育部于 2020 年 7 月制定了《大中小学劳动教育指导纲要（试行）》（以下简称“《纲要》”）。《纲要》指出，劳动教育的总体目标是：准确把握社会主义建设者和接班人的劳动精神面貌、劳动价值取向和劳动技能水平的培养要求，全面提高学生劳动素养，使学生树立正确的劳动观念，具有必备的劳动能力，培育积极的劳动精神，养成良好的劳动习惯和品质。《纲要》还强调，要着力提升劳动教育支撑保障能力，多渠道拓展实践场所。

（二）对劳动教育内涵的再认识

劳动教育的主要内容包括日常生活劳动、生产劳动和服务性劳动中的知识、技能与价值观。不同学段的劳动教育有着不同的要求。小学阶段主要是培养劳动意识和热爱劳动的态度，初中阶段主要是进行职业启蒙，高中阶段则注重围绕丰富职业体验，开展服务性劳动和生产劳动，理解劳动创造价值，接受锻炼、磨炼意志，具有劳动自立意识和主动服务他人、服务社会的情怀。《纲要》中尤其强调了选择服务型岗位，经历真实的岗位工作过程，获得真切的职业体验，培养职业兴趣，以及增强生涯规划的意识和能力。中等职业学校重点是结合专业人才培养，增强学生职业荣誉感，提高职业技能水平，培育学生精益求精的工匠精神和爱岗敬业的劳动态度。

（三）劳动教育的价值追求

教育是按社会的要求培养人，劳动教育本身就是综合性的，它应当是生存教育、实践教育、永恒教育、全民教育、创造教育、幸福教育、未来教育、全人教育的集合。劳动教育属性的丰富性在整个教育体系中的机制作用以及对人类社会发展的历史作用是不言自明的。

劳动教育的时代价值体现在，它将劳动作为自由的本质和人的根本生活方式，促进人的全面而自由的发展；它让学生体会人与世界的存在关系，抵御技术对生活世界的侵蚀；它培育的是学生奋斗的精神和坚强的意志，以对抗物质至上、社会人心的懈怠。

二、劳动教育与生涯教育的内在联系

（一）教育的目标有一致性

马克思主义劳动观提出：劳动是人的本质活动。人的本质是劳动的，人的本质也是通过劳动实现的。劳动本身就是实践，劳动产生了教育，劳动是教育的起源，教育的本质是劳动，“劳动”与“实践”通常是通用的，由此，我们也可以把劳动看成实践。劳动就是工作，工作就是劳动，劳动也具有职业性[①]。潘希武（2020）提出，中国特色社会主义建立的以人民为中心的逻辑，就是赋予劳动的自由本质，构建新的劳动价值观，使劳动不再成为一种手段，而是人的全面而自由发展的根本生活方式。劳动教育的最终目标应当是培养人对生命的热爱和对幸福的追求。青少年未来的职业生活和幸福人生，在这样一种“身心整合”的成长过程中，逐渐打下了坚实的基础[②]。

生涯教育的目标也不仅仅在于帮助学生确定明确的职业发展道路，而是致力于引导学生做一个“全人”，培养一个人的全面综合的素养，这正是新时代劳动教育的育人价值。将劳动教育与高中生生涯规划教育融合在一起，引导学生做更好的自己，既符合人的发展需求，也响应了时代的号召。

（二）教育的内容有关联性

劳动精神是劳动教育的培养核心。劳动精神旨在培育人的奋斗精神和意志品质。关注人的发展，既要着眼于能力、素养和价值观层面的建构，也要着眼于精神和意志品质层面的维度建构。劳动教育能够使青少年学生获得正确的劳动观念、劳动习惯、劳动情感、劳动精神，了解和懂得生产技术知识，掌握生活和劳动技能，在劳动创造中追求自己的幸福生活。劳动教育能够联通教育世界、生活世界和职业世界。而生涯教育也是通过促进学生对自身能力、兴趣、性格和价值观的了解和提升，培养自己在生涯发展中的潜力和方向，同时了解外界社会的职业世界和实践生活，这与劳动教育的内容是相关联的。

（三）教育的途径有共通性

《意见》提出：“普通高中要注重围绕丰富职业体验，开展服务性劳动、参加生产

---

① 徐长发．新时代劳动教育再发展的逻辑［J］．教育研究，2018.11.

② 潘希武．劳动教育的时代价值、内容设计及其课程共建［J］．教育导刊，2020.8.

劳动，使学生熟练掌握一定劳动技能，理解劳动创造价值，具有劳动自立意识和主动服务他人、服务社会的情怀。”职业体验教育在生涯规划教育课程中有所体现，但以体验为主，劳动的性质体现不够。因此，劳动教育的内容中，要加强以学生职业体验为主的内容，而生涯规划教育课程也应当对此进一步强化。中小学劳动教育尤其是高中阶段的劳动教育，需要“三位一体，共同推进”，即让学校、家庭和社会携手并进。劳动教育为生涯教育提供了丰富多元的实践机会，而在生涯教育的过程中，劳动教育又得到了升华与提炼，在丰富学生实践体验的同时，推进了劳动教育的实施[①]。

三、劳动教育融入生涯地图体验活动的价值

（一）劳动教育中对自然的观察和体验能够促进学生的自我认识

学生生涯规划的起点就是自我认识，而劳动教育过程中的体验则是学生认识自我的重要途径。学生在劳动教育中就能认识到，劳动是人类从事生产、维持生活的一种自然而然的选择。无论是恩格斯说的“劳动创造了人本身”，还是马克思论述的“劳动力的使用就是劳动本身”，都揭示了劳动与人的密切关系。劳动教育能够让学生在参与过程中、在实践中更全面地认识自己、了解自己。

当代中小学生往往背负了太多来自家长、老师和社会等多方面的期望和期待，被各种声音裹挟着，往往是被动前行，而看不到真正的自己。他们本能地抗拒成长而又不得不变得功利，感到压抑痛苦。而劳动教育则为他们提供了走进自然、认识自然、了解社会的机会，在这一过程中逐渐认清自己，了解自己与世界的关系。

（二）劳动教育中对社会的接触和了解能够促进学生体验职业价值

加强劳动教育不能脱离生活实际，要依据劳动形态的变化，选择与时俱进的方式才能有效展开，并成为生涯规划的重要参考要素。在新时代，劳动教育的意义已不仅仅局限在“出力流汗”，而是引导学生通过对劳动的体验去拓宽自己的知识边界，走出自己有限的舒适圈，走向一个更广阔的世界，去体验不同的职业、不同的生活方式，从而走进他人的内心世界，体会不同的甜酸苦辣、人生百味，而这些是书本上的文字、屏幕上的画面所给予不了的震撼，也是影响学生生涯规划的重要因素之一。

劳动教育可以引导学生构建对社会的更加全面清晰的认知。“纸上得来终觉浅，绝知此事要躬行”，只有了解了人间百态、体会到了各行各业的辛苦不易，学生才能更好地规划自己今后的人生。只有体验到了劳动的本质和劳动真正的内涵，青少年们才能在他们未来的岗位上为这个国家、为全人类做出积极的贡献。

（三）劳动教育中能够促进学生塑造健康的品质

教育的最终目的是人。将劳动教育和生涯地图体验活动融合起来，能够引导学生做更好的自己，塑造健康的人格，培养积极的职业观和幸福观。生涯地图体验活动中

① 林间开．以劳动教育多元发展助生涯教育多维实现［J］．中学政治教学参考，2020.8.

很重要的一个目标，就是要引导学生将实现自身价值与伟大的中国梦结合起来，将寻求个人发展与报效祖国、服务社会结合起来，这不仅仅要求学生要能够认识自己、了解社会，同时也要能够把握时代的脉搏，更好地发挥个人所长，用发展的眼光看待世界，用进步的眼光审视时代，才能更好地发挥自身的作用。

劳动教育有助于培养探索世界、精益求精的科学精神。学生能够在劳动过程中切实地体会到生产技术的发展对劳动力的解放，深刻感受到科学就是第一生产力的硬道理，让科技能够服务于人的生活，而不是牺牲人赖以生存的自然环境来谋求科学技术的进步。

劳动教育有助于树立健康而独立的人格。通过丰富的劳动内容，学生懂得自立自强，也懂得尊重他人的劳动成果，观察并体验在时代发展中各行各业的现状与未来，对社会发展、文明进程、技术进步等时代话题都有更全面的思考，为将来的学以致用打下坚实的基础。

劳动教育有助于促进综合素质全面成长。随着时代的发展，劳动的内涵不断丰富，劳动教育的形式也在发生变化。与时俱进的劳动教育不仅促进人的智能发展，更是在与自然的亲密接触中促进人的创造力的发展、审美趣味的发展，在与不同行业的人的交往中加强合作能力的培养、责任意识的提高等等，因此，劳动教育包含着综合全面的育人功能，是符合新时代需求的①。

四、劳动教育融入生涯地图体验活动的实践探索

（一）途径探索

根据生涯地图职业体验岗位的学习内容，劳动教育融入其中有三种方式。

第一类是场馆类志愿服务基地，多以服务性岗位为主，如名人故居讲解、博物馆讲解、医院就医引导、公共交通引导、图书管理等。学生们在服务型工作中提升劳动意识，磨炼意志品质，体会劳动的深刻意义，鼓励学生在平凡的岗位上进行创造性劳动。

第二类是职业体验类实践基地，包括社会上各种职业类型，如爱心暑托班老师、法律顾问、见习居委会、环卫工人扫大街等。学生们在实际工作岗位上提前感受各类职业角色，获得对职业生活的真切理解，发现自身的专长，培养职业兴趣，学习职业知识，锻炼职业技能，形成初步的人生志向，提升生涯规划和职业选择的能力；同时也体会劳动者人人平等的劳动观念，提升劳动品质，学会尊重劳动。

第三类是项目类志愿服务基地，依托各类特色志愿服务项目开展活动，如非遗传承项目、科技创新项目、赛事服务项目、社会调查项目等，以品牌活动、新颖模式创

---

① 高中生劳动教育和生涯规划教育融合初探 - 李冬梅名师工作室 - 宁夏教育云，https://studio.nxeduyun.com/index.php?r=studio/post/view&sid=320&id=391803；

新活动形式，增强劳动教育的吸引力和生命力，激发学生参与热情，引导学生传承传统文化，勇于实践创新，甘于奉献牺牲，弘扬劳动精神，体会辛勤劳动的成就感[①]。

（二）制度保障

潘希武（2020）提出，劳动教育课程的内容设计要着眼于劳动作为人的自由本质的内涵和生活方式的价值，要加强全方位的劳动教育课程建设，提供丰富的劳动教育内容，以体现职业体验式的劳动教育[②]。这种职业体验式的劳动教育可以促进学生对职业的实践认知。随着劳动形态的变化，特别是劳动分工导致的劳动类型多样化以及人工智能时代的劳动新形态，劳动教育必须增加多类型的劳动内容，以丰富学生的职业体验。生涯地图体验活动恰好为劳动教育的课程提供了职业体验取向的实践渠道。

在课程建设方面，劳动教育的课程建设当前存在的一大问题就是校外劳动教育的基地建设不足，功能发挥不充分，与学校劳动教育场所的内容和功能未能很好地区分，而生涯地图中的职业体验基地恰好能够弥补这一不足。职业体验式的劳动教育可以促进学生对职业的实践认知。学校可以将劳动教育纳入学校课程体系，探索形成劳动教育系列课程，利用好生涯地图实践点的资源进行课程设计，将劳动教育的课程固定下来。学校还可以联合多方力量，如家长、社区等，通过建立实践基地，共同设计劳动教育内容，为学生创造不同职业的体验机会，做好学生的职业启蒙。

在学校管理方面，学校开展劳动教育应当与学生的德育培养密切结合，在立德树人的大背景下加强劳动教育。学校可以“学生处—年级组—班主任—学生”这条线来落实劳动教育管理，对不同的劳动教育途径安排好负责人，同时还应注重加强学生的自主管理，培养学生的自主意识。

在评价机制方面，评价可以是一种导向和激励，也是对教育效果的保障。学校应围绕德智体美劳诸方面的培养目标，结合学生的综合素质评价构建劳动教育的内容体系，多关注和侧重于日常学科教育容易忽视的层面。学校可充分利用生涯地图体验活动中的学习任务单，收集和整理学生在体验活动中的收获和感悟，将其作为劳动教育评价中的一部分进行记录和考察，促进体验活动开展的实效性。

（三）校本实践

目前很多学校都开展了劳动教育融入生涯教育的实践探索。

市西中学组织学生开展学军、学农、学工活动以及居委会主任等见习体验和各种岗位的公益劳动，给予学生一种体验、认识和理解各行各业劳动的实践机会，让学生感悟到尊重劳动、崇尚劳动、热爱劳动。从20世纪80年代坚持至今，学校组织了向“城市美容师”环卫工人学习的实践活动，让学生体验环卫工人工作的辛苦，促进他们对环卫工人的了解和理解，向学生传递“最平凡普通的劳动也是有价值的，也是值

① 周柳贞. 立德树人视域下新时代劳动教育融入中小学生生涯发展的思考[J]. 上海教育，2020.4.

② 潘希武. 劳动教育的时代价值、内容设计及其课程共建[J]. 教育导刊，2020.8.

得尊重的”这一观念[①]。

敬业中学结合校情校史，梳理了近60家社会实践基地，包括志愿服务类的基础劳动岗位和需要具备一定素养或技能的劳动岗位，在社会实践体验中推动劳动教育。学校还给予学生一定的自主选择权，提升学生参与劳动的积极性和针对性，同时还安排教师在学生劳动过程中观察鼓励学生，对学生进行适当的引导[②]。

台州一中将职业体验作为该校实现劳动育人的立足点，通过普职融合促进劳动教育中的职业体验，在学科学习中渗透劳动教育，为生涯规划打基础。该校充分与周边职校交流合作，联合组织“学一门生活中的技术”等融合活动，并将职业体验引入各门学科之中，激发了学校职业规划类校本课程的研究与落实[③]。

（四）未来展望

在生涯地图体验活动中要进一步体现劳动教育的时代价值。劳动教育的核心目的是有效实施中国特色社会主义劳动价值观的教育，树立正确的劳动价值观，确立和践行社会主义核心价值观。要培养学生能够具备劳动知识、劳动技术素养、劳动精神、劳模精神、工匠精神，辛勤劳动、诚实劳动、创造性劳动，努力成为德智体美劳全面发展的社会主义建设者和接班人。生涯地图体验活动的设计与组织也要结合新时代的育人目标来开展，进一步体现新时代劳动教育的育人要求。

生涯地图体验活动要引导学生走出“小我”，扩展视野，学会与社会良性互动。当前学生在生涯地图体验活动中对社会生活有初步的认识和体验，但由于时间和机会限制，学生与社会的互动主要体现在对社会资源的汲取，而缺少对社会资源的输出，对劳动的认识较为浅薄，缺乏以劳动服务社会的担当意识。新时期劳动教育与生涯教育的融合，要着重关注学生对自我和世界的关注，为学生创造与社会良性互动的机会，通过创设有意义的社会劳动活动引导学生在劳动过程中提升素养，增强责任担当。学校、家庭、社会都要协同合作，为学生自觉劳动、服务社会搭建平台，以志愿服务活动为主要载体，设计丰富多样的劳动内容和劳动形式，引导学生发现个人特长与兴趣，培养学生服务社会的责任担当。要加强生涯地图体验活动的师资队伍建设、设备配置、场地建设、常规运行经费等各个方面，形成良性的发展机制，提供可持续发展的资源保障。

上海市市西中学　康元艺

① 海派新思录丨市西中学党委书记方秀红：如何构建高中生劳动教育的保障机制，https://www.sohu.com/a/288212606_372526?_f=v2-index-feeds；

② 袁凌蓉. 在社会实践体验中推进高中劳动教育. 现代教学，2018（3）：17-18.

③ 台州一中：融入生涯规划的劳动教育，浙江教育报，http://www.zjjyb.cn/html/2020-12/23/content_30078.htm

第三篇　多维实践篇

生涯地图体验活动与班主任工作相融合

一、班主任参与实施生涯体验活动的重要意义

上海市教育委员会《关于加强中小学生涯教育的指导意见》(沪教委德〔2018〕8号)指出：各区、各校要以学校专职心理健康教育教师为基础，配齐配强专、兼职生涯指导教师，组建由学校心理健康教育教师、德育干部、班主任和学科教师分工协作共同构成的生涯教育教师队伍。

中小学班主任作为学生日常德育管理工作的主要实施者，在学生的成长和发展中，往往起着非常重要的影响作用。随着新中考、高考的到来，班主任参与到生涯教育的队伍中来，是时代要求的必然。

(一) 中小学生涯教育的德育价值

中小学生涯教育是指运用系统方法，指导学生增强对自我和人生发展的认识与理解，促进学生在成长过程中学会选择、主动适应变化和开展生涯规划的发展性教育活动。加强中小学生涯教育，是促进学生全面发展和终身发展的重要举措，也是上海深化教育综合改革、实施新时期德育与心理健康教育的必然要求。

苏霍姆林斯基说过："道德，只有当它被学生自己去追求，获得亲自体验的时候，才能真正成为学生的财富。"学生道德品质的形成，只依靠传授和灌输是无法完成的，任何外在的道德规范要求只有通过学生的体验活动，才有可能内化为学生的道德修养。要让德育真正发挥成效，必须改变或多或少存在着的重灌输、轻感悟，重接受、轻体验的现象[①]。这就要求班主任挖掘更多有效的德育素材，让学生能够实际操作，亲身体验。生涯体验活动正可以为学生提供走出校园，贴近生活工作的机会，这个过程中有着大量让学生"心临其境"的体验场景，这对提高德育有效性至关重要。并且，生涯体验活动中，蕴含着极其丰富的德育价值。

1. 生涯体验活动促进爱国主义情怀的培养

每个人都处于特定的时代，都是历史的见证者，任何人都离不开社会环境而独立存在。时代的发展变迁对我们每个人都会产生至关重要的影响。生涯体验活动有助于学生认识自己所处的时代背景，了解国家、民族与时代的需求，它将个人的追求与国家的需求结合起来，将个人生涯规划与国家战略部署统一起来；和谐发展的过程，将

① 芮必军. 以体验教育促进自主德育的养成[J]. 赢未来，2018 (23).

抽象的爱国主义情怀实体化，本身就是一种渗透式的爱国主义教育。

除此之外，生涯地图的诸多职业体验地点本身就是爱国主义教育基地，例如中共二大会址、中共三大历史纪念馆、四行仓库抗战纪念馆、刘长胜故居、甲秀里毛泽东故居等。学生如果能在这些场馆中经历史料收藏员、解说员等生涯体验活动，必定能够比普通的参观学习获得更加丰富的知识和更加深刻的感悟，成为一场更加生动的爱国主义教育体验。

2. 生涯体验活动促进自我管理能力的提升

参加生涯体验活动是一个走进世界、走近职业的过程。在知道自己的兴趣所在、能力所长、性格特征和价值观念的基础上，生涯体验活动为学生亲身体验职业世界提供了可能性，了解行业，主动“试错”，才能确立更加理性的职业理想。生涯体验活动的过程中，学生也能感性地认识到所体验的职业需要怎样的能力，认清自己目前的不足以及今后的发展方向，从而更好地规划职业生涯，思考升学专业方向以及未来的人生选择，实现基于生涯规划的学业规划和个人能力发展规划。

当这些目标和规划源于学生自身的内部动机，将更能够激发学生的主观能动性，更有可能被落实到自主的行动中去。

而这个目标确立、自我规划和后续实施的过程，对于学生自我管理能力的提升无疑有着积极的促进作用。

3. 生涯体验活动促进乐学、好学品质的培养

传统课堂是知识学习与能力培养的主阵地，而社会则是一个更大的课堂。生涯体验活动为学生们提供了一次在课堂外的实际生活中应用所学知识的机会，当看到课堂中的知识和技能在职业场景中被运用和拓展时，通过这个学以致用、用以促学的过程，学生会更加直观地感受到学习的意义和价值。

同时，当学生通过生涯体验活动逐步确立自身的理想和目标，并将日常的学习与之联系起来的时候，内部学习动机必然将更加容易被激发和强化，从而发展出乐学、好学的积极品质。

4. 生涯体验活动促进全面发展

生涯体验活动能帮助学生更加切实地感受和了解职业发展所需的知识和技能，提升综合素质。除了专业知识技能，方法能力及社会能力将在学生今后职业活动的顺利进行以及职业发展中起着非常重要的作用。方法能力包括独立学习、判断决策、信息获取、创新的能力等，而社会能力包含协调沟通、组织管理、合作等方面的能力。这些能力的习得与发展，对于实现学生的全面发展与终身发展，有着积极的促进作用。

（二）班主任参与实施生涯体验活动的必要性

在某次针对高三毕业年级的问卷调查中，我们发现，通过十二年的学校学习与个体经历，绝大多数高三学生表示，对于自我兴趣、个性、能力、价值观等自我认识方面的情况已经普遍比较了解，但是对于外部职业世界的信息，相当一部分学生认为自身依旧缺乏相关知识，了解有关资讯的途径相对受限，家庭能够给到生涯规划的帮助

程度非常有限。学生对职业的了解程度在个体间差异很大，而绝大多数学生对职业的了解也仅限于常见的一些职业，对这些职业的了解也不甚深入。

中小学生涯教育的主要内容包括自我认识、社会理解、生涯规划三个方面，要帮助学生科学规划生涯发展目标与发展阶段，最终实现自身价值，这三个环节缺一不可。然而，调查显示，尽管学校可能已经努力挖掘了诸多实践资源，但依旧不能满足学生对相关教育资源的需求。产生这一现象的原因很大程度上与学生生涯体验需求的多样化与个性化有关，而真实的生涯体验又要求发生在真实的社会实践中。要满足这个需求，既需要广泛地创设生涯体验的平台，又需要足够充裕的时间和有效的组织管理来实施体验活动。

专业的生涯规划导师相比，班主任实施生涯规划教育可能在理论水平和技术手段等方面略显薄弱，但是由于其角色的特殊性，在实施生涯实践活动的过程中，有着其他工作者无法比拟的优越性。

1. 班主任参与管理能保障生涯体验活动的有效性

对社会的理解必须在社会中进行，因此，绝大多数情况下，生涯体验活动都是在校外进行的。离开熟悉的校园，打破日常规律的学习生活，尤其对于年龄较小的学生们而言，新鲜感和无措感都可能导致部分学生因为过于兴奋或害怕而无法进入有效的体验学习状态。此时，班主任作为学生熟悉和信赖的人，作为日常班级规范的管理者，能起到非常有效的安抚学生情绪、高效维持活动秩序的作用，这是任何生涯体验活动有效开展的基础。

同时，对于班主任会“检查”的任务单，学生也往往更加重视和投入，如果再配合一些利用班会课或其他时间进行的班级内汇报总结，将更加有利于学生将感性的体验升华为感悟、思考和收获，从而实现更加良好的教育效果。

2. 班主任参与设计能促进生涯体验活动的针对性

班主任常年工作在学生管理的第一线，是学生在校期间接触最多的老师，对于班级学生的身心发展情况相对来说有着更多的了解。由班主任参与设计生涯体验活动，必定能够更加贴近学生的实际发展需求。

同时，学生的个性、兴趣、能力、价值观是多样的，他们感兴趣的职业体验地点和学习内容也必然是极具个性化的。这就导致学校层面统一组织安排的以年级甚至学校为单位的生涯体验活动很难兼顾所有学生的需求。由此，班级作为相对更小的集体，由班主任统筹安排时间和内容实施生涯体验活动，无疑能够成为学校整体性生涯体验活动极好的补充。

3. 班主任参与开发能增加生涯体验活动的丰富性

随着班主任工作经验的逐渐增加，和其他教师相比，常年工作在学生教育教学第一线的班主任往往有意无意地掌握了更多往届毕业生的生涯案例，进入各个职业生涯领域的毕业生为提供更加丰富的职业信息带来了更多的可能性。同时，学生家长也往往来自不同的行业和领域，班主任作为一般情况下与学生家长直接打交道最多的学校教育工作者，在通过发掘家长资源以实现学生生涯体验活动丰富性这一途径中，有着天然的优势。

与教育行业之外的社会职业人更多的接触和交流，为班主任带来更加广阔的职业生涯视野，也为增加生涯体验活动的丰富性带来了更多的可能性。

4. 参与生涯体验活动的实施是实现班主任专业可持续发展的必要条件[①]

新时代的教育背景，赋予了班主任极其丰富的角色内涵，他们既是任课老师，又是班级管理者，还是学生身心健康发展的重要护航者。随着新中考、新高考的到来，生涯规划教育也必将成为班主任工作的重要组成部分。作为生涯规划教育的重要一环，班主任参与学生生涯体验活动的实施，才能实现专业的可持续发展，适应时代的变革。

另外，在生涯体验活动的过程中，比起“管理者”的身份，班主任将更多地呈现“陪伴者”“引领者”和“生涯导师”的角色，这将增进师生之间更加平等的交流和对话，学生更容易发现班主任老师在学科教学之外的各项能力和人格魅力，班主任也更加容易发现班级学生在学科学习之外的综合素质和优势特长，这对于班主任更加全面地了解学生，读懂学生的内心世界，拉近师生间的距离，营造良好的师生关系，无疑起着积极的促进作用，而和谐的师生关系、更多的良性互动，对于班级的日常管理以及学生的成长和发展无疑是十分有利的。

最后，丰富的职业体验对于常年局限于校园环境的班主任本身，也有着拓宽眼界、提升综合能力的积极意义。

二、班主任参与实施生涯体验活动的现实困境[②]

班主任参与实施生涯体验活动有其必然性和便利性，然而在实施过程中，也确实存在困境和难题。

（一）畏难心理普遍存在

在实施生涯体验活动的过程中，一些班主任容易产生妄自菲薄或过分苛责自己的现象。职业生涯教育有其专业性的一面，也有其实践性的一面，确实需要实施者具备一定的心理学、教育学、人力资源管理学、职业社会学的知识背景。而班主任作为一个专业性、复合角色的岗位，本身身兼数职，往往已经分身乏术，因此要安排时间完成系统的职业生涯规划理论体系培训，帮助班主任老师建构相关理论基础，这确实对学校的教育教学管理提出了很高的要求。如果学校无法提供统一安排，那么面对庞杂的理论基础要求和自身有限的时间、精力，班主任老师确实容易产生畏难情绪。

（二）班主任在生涯体验活动中的作用未得到充分重视

① 雷五明，任安琦. 略论中学班主任在生涯规划教育中的意义和路径[J]. 班主任之友：中学版，2019，000（012）:P.4-5.

② 雷五明，任安琦. 略论中学班主任在生涯规划教育中的意义和路径[J]. 班主任之友：中学版，2019，000（012）:P.4-5.

在学校教育教学实际中，往往会把专业的生涯规划导师或者由心理老师兼职的生涯规划导师作为生涯规划教育的实施主体，相应地，作为生涯规划教育的其中一个环节，生涯体验活动的实施也容易受惯性思维的影响，更多偏向依赖生涯规划导师。诚然，生涯规划导师的专业性毋庸置疑，但是我们也不可忽略班主任在其中的特殊作用。生涯规划导师对学生提供的主要是普遍性的指导，受时间和精力的影响，通常会缺乏针对性，而班主任老师作为与学生朝夕相处的老师，可以为双方提供更多针对性的帮助。然而，班主任在其中的关键作用，在实际的教育教学过程中，却极容易被忽略。

（三）学校实施生涯体验活动的机制不健全

随着我国历史上最大程度一轮中高考综合改革的到来，虽然相当一部分学校已经开始逐步重视生涯规划教育，综合素质评价对学生在校期间参与社会实践活动的情况也有一定的要求，但是与之相关的法律、政策和内部制度还不完善。生涯体验活动除了职业体验地点资源，还需要相对充裕的体验时间，作为校外活动，还牵涉到学生安全保障等重大问题。缺少相应的保障和鼓励措施，缺少专项资金和场地支持，班主任要想在不影响正常教育教学工作的前提下，自主实施生涯体验活动，确实需要克服不少困难，并承担一定的额外风险。在这样的条件下，产生“多一事不如少一事”“不愿意吃力不讨好”“不求有功，但求无过”等心态，也确实是人之常情。

三、班主任参与实施生涯地图体验活动的实现途径

班主任参与实施生涯体验活动确实存在重重困难与挑战，这其中，有一部分不受控于班主任老师个人，甚至不受控于学校管理层面的因素。相信随着时间的推移，随着社会各界对学生生涯发展的重视，这些困难和挑战必定会逐渐被看到、被解决。而在这个过程中，我们每一个教育者的努力是至关重要的。从学校整体的层面，确实需要一名专业的生涯规划导师来系统规划、统筹调配，但从班主任的角度来说，作为新时代班主任的必备技能，我们也需要学习相关知识、技能、方法。从个人能力素养的角度，能被学校任命班主任工作的教师，一般都具有良好的思想政治素质、丰富的知识储备以及精湛的业务能力和学习能力。虽然不是专业的生涯规划导师，但是班主任也有其自身独特的优势和工作的方式方法。面对生涯体验活动这一陌生的领域，班主任老师们要相信自己有能力，也有责任去完成自己能做好的那一部分。那么，在自身的能力范围内，班主任可以做哪些尝试，来参与生涯体验活动的实施呢？

（一）大力支持和主动参与学校现有的生涯地图体验活动

近几年，随着中小学生涯教育的落实推进，不少学校在生涯体验活动方面已经开展了探索性的尝试。大力支持和主动参与这些现有活动，是实现班主任工作与生涯地图体验活动相融合最简单的途径。在心态上，我们要把参与活动看作责任所在、教育的契机，而不是额外的工作和负担。班主任的这种态度，将潜移默化地促进学生在思想上重视和积极参与相关生涯体验活动。

在实际的工作实践中，班主任可以发挥教育作用的环节包括但不限于以下方面：

（1）与学生沟通体验目的，体验任务，注意事项；

（2）与生涯体验地点工作人员确认体验内容，在必要时协助组织管理和活动指导，鼓励学生完成活动体验；

（3）收集体验活动任务单或其他过程性材料，组织活动后学生感悟和收获的交流，从发展性的角度点评学生的活动参与情况。

（二）将生涯地图体验活动融入传统的班级活动中

除了专门的生涯体验活动，学校每年都会以班级为单位开展诸多不同主题的学生活动，常见的例如体育节、文艺节、春秋游活动、爱国主义教育基地参观活动等，其实，如果创造性地开展这些传统班级活动，也能叠加发挥出生涯体验活动的部分功效。

以学校体育节为例，一般学校体育节都会安排半天的现场比赛，除了参加比赛的选手，班级的其他学生作为观众，除了在有同班同学出现在赛场上加油鼓劲的时刻，不少学生会呈现出无所事事的状态。其实，这其中有着充分的生涯体验教育资源可以去挖掘。一场体育赛事中，赛事解说员、赛事引导员、体育记者都是十分鲜活的职业角色，如果班主任能事先设计相应的生涯体验活动内容和任务单，让学生带着生涯体验活动的任务参加体育节的活动，就能让学生获得更加丰富的活动体验。当然，这会对活动的前期准备和后期总结交流提出更多的要求。例如体育记者的生涯体验，除了现场观看、记录比赛、实施采访，班主任还需要提前布置任务，指导学生通过查阅资料，了解著名体育记者的成长经历，通过观看既往比赛报道、采访等形式，了解体育记者的工作内容与要求；并为自己要写的消息报道设计主题，拟订一个思路清晰的采访提纲。在赛后，班主任还需要收集学生撰写的赛事报道，组织交流和点评。比起单纯地组织学生观看比赛，必然是增加了不少工作量的，但也最大程度地发挥了校外活动单位时间内的教育成效。

此类在传统班级活动中叠加生涯体验的融合方式，不需要班主任解决体验的时间和空间问题，但是对于班主任发掘生涯教育资源的敏锐性和活动开展的创造性提出了较高的要求。作为班主任，可以多浏览各种生涯体验活动的实践案例，从中寻找借鉴和灵感。

（三）积极为学校开展生涯地图体验活动谏言献策

学校德育相关部门和生涯规划导师在设计和组织相关生涯体验活动时，其实非常需要来自班主任的建议和协助，无论是学生的生涯体验需求，还是自身所掌握的生涯体验地点资源，抑或是生涯体验活动设计，班主任为学校开展生涯体验活动积极地建言献策，将会为学生和自身班级工作提供更多的可能性。

（四）在条件允许的范围内指导班级学生开展生涯地图体验活动

除了以上途径，作为班主任，还可以在条件允许的范围内指导学生开展多种多样的生涯体验活动，例如组织学生利用双休日、寒暑假等课余时间通过生涯人物访谈、职业体验营、走近父母岗位、参加志愿者活动等形式，体验各式各样的职业。

以居委会寒暑假实践活动为例，正常情况下，每个居民区都有居委会，居委会也一度是初中小学寒暑假社会实践活动的主要实践基地。有职业的地方，就有生涯体验的资源，学生其实是可以通过体验活动深入了解居民委员会的基本职能和任务、各个部门的分工以及运作机制的，并从日常事务中直观了解居委会主任的工作常态。相比被动参与居委会组织的实践活动，作为生涯体验活动，学生可以通过下列环节实现活动目标：

（1）查找并阅读居委会主任的工作汇报和小结，梳理出主要工作的脉络；

（2）实地参观居民委员会，了解各个部门及其职能；

（3）跟岗学习，体验居委会主任的日常工作；

（4）居委会工作人员就学生的表现给予评价；

（5）学生感受与收获的梳理及小结。

班主任可以将学校周边、社区周边的资源整理和提供给学生，并设计符合学生年龄特点的学习任务单，来促进生涯体验活动的落实。

此外，在日常的班级管理过程中，班主任也可以为学生创造更多的实践机会，锻炼学生的组织协调能力、合作能力等综合素质。

我们相信，随着越来越多富有智慧和创造力的班主任加入生涯教育的队伍中来，生涯地图体验活动与班主任工作相融合的途径，一定会不断被拓宽和丰富，让孩子们拥有更多生涯探索的空间，更多自我发现、个性发展和自我实现的可能。

上海市民立中学　刘懿

生涯地图体验活动与行规教育融合的初步探索

一、生涯地图体验活动与行规教育融合的背景

（一）时代背景的思考

在全球数字化、信息化交织的大背景下，如何更好地构建学习型社会，打造人才强国，对当下教育现代化提出了新的考验。因此，致力于培养社会型人才的生涯教育必须走向更深层次、更广舞台。

2014 年教育部印发《关于全面深化课程改革落实立德树人根本任务的意见》，明确提出“发展学生的核心素养主要指学生应具备的适应终身发展和社会发展需要的必备品格和关键能力”。核心素养从文化基础、自主发展和社会参与三个层次明确了学生发展的基本内涵。这意味着我们“立德树人”的育人目标必须紧紧地坚持科学性、注重时代性、强化民族性，培养“全方面发展的人”。

当下学校的行为规范教育紧紧围绕新形势下社会发展的新情况，立足于新时期对教育的新要求，不断地丰富和拓展行为规范教育的内涵和外延。在体验中教育，在过程中指导，去看、去听、去感受，强化情感体验和自我教育，使得行为规范教育内化为学生自觉的道德行为教育。

（二）二者融合的理论依据

生涯地图体验活动与行规教育相融合的理论依据主要有体验式学习理论和建构主义理论等，这些是二者之所以结合的理论基础和指导思想，更反映了其内在的某些特征。

1. 体验式学习理论

20 世纪 80 年代，库伯（David Kolb）构建了一个体验式的学习模式，并提出了著名的体验式学习理论。所谓体验式学习，即是在真实或模拟的环境中，学习者充分参与活动，进而获取自我的感知、经验和理解，然后在分享和总结反思中将其运用到实践活动中去。它一般包含以下步骤：制定目标、提供情境、感知体验、分享反思、实践应用等。体验式学习理论以学习者为中心，注重真实场景的提供，着眼于体验和思考，具有学习者自主性、情境性和思考性等特征。

随着教育改革的不断深入，体验式学习已经逐渐作为一种先进、科学的学习观念和学习方式得到教育界的认可和推崇。行为规范教育和生涯地图体验活动均要求学生在生活中，而非教材中去学习感知，完成知识、能力的内化和提升，最终更好地指导学生眼前和未来的生活。因此，生涯地图体验活动与行规教育相融合的提出正是体验

式学习理论在实际教育中的运用和体现。

2. 建构主义理论

建构主义学说起源于儿童认知发展理论，并在以维果斯基为代表的文化历史发展理论的基础上得到不断丰富，最终形成完善的建构主义理论。它主张学习行为不是简单的信息积累，而是学习者认知结构与环境互动的过程；学习的方式也不是学习者被动地接受知识，而是主动地去进行信息加工和意义建构，教师更多地承担促进者、帮助者的角色。

建构主义学习理论认为：学生是学习的主体，环境是促进的因素，学习是由浅入深的意义建构，思考与反思是其中重要的过程。“情境”“合作”“会话”和“意义建构”是学习的基本要素。“情境”是教学过程中的重要内容，创设恰当的情境有利于学习者的意义建构。“协作”贯穿学习的整个过程，对前期资料的收集和分析，假设的提出和验证以及最终的评价和意义的建构都有着极为重要的作用。“会话”的过程也是协作的过程，是小组成员基于学习任务而展开的交流和互动。“意义建构”是最终的学习目标，借助“同化”和“顺应”两种方式完成对事物的性质、规律以及相互之间内在联系的认识。

在建构主义教学模式下，一切学习任务都是为了知识结构的建构，为了更好地适应复杂的社会生活，因此在教育过程中教师需要根据不同的教育目标和内容创设实践任务，给学生主动进行感知和建构的机会，逐步将陈述性的学习转变为程序性的内化。

二、生涯地图体验活动与行规教育的内涵和共同价值

（一）生涯地图体验活动的内涵

舒伯在其生涯发展理论中把人的生涯发展分为成长、探索、确立、维持和衰退五个阶段①。据此，青少年学生所要做的就是通过参与学校学习、社会活动来认识自我、理解世界以及工作的意义，初步形成良好的人生态度。

每个人都是多面的，具备多样化的特征。如何增进青少年群体对自我的认识、对社会的理解，如何满足青少年丰富多样的成长需求？静安区教育局不断强化对中小学生的生涯教育，不断加大对青少年生涯教育的研究，并开展了中小学生涯地图体验活动，助力学生在多样化的职业实践活动中体验生涯、感悟生涯，进而获取更多的个性成长经验。通过生涯活动，青少年既可以在不同角色的职业体验中探索社会的方方面面，也能够在体验中加强自我认知，明确自我需求，增强自我理解，提升成长动机。

（二）行规养成教育的内涵

行为规范指的是由社会组织根据社会生活方式、价值观提出并要求成员共同遵守

① 孔春梅．杜建伟．国外职业生涯发展理论综述[J]．内蒙古财经学院学报（综合版）．2011（03）．

的行为标准和要求，简称行规。2015年教育部颁布了新版《中小学生守则》，该守则涵盖了德智体美劳“五育”的基本内容和一些具体化、可操作性的行为规范要求，从根本上规范了中小学生行为规范养成教育。

行规养成教育旨在培养学生形成良好的道德观念和行为习惯，是落实国家立德树人根本任务的重要途径。行规养成教育是一个漫长、反复的过程，需要坚持长期教育、内化自律的原则。行规养成教育需要以人为本，尊重差异，注重体验。行规养成教育应当立足当下，着眼未来，不断拓展，追求终身教育、综合教育，为国家社会塑造新时代接班人。

（三）二者的共同价值

党和国家领导人一直都对青少年的成长成才格外关注，在现阶段，青少年学生更应该心系国家和民族的未来，树立远大的理想和目标，把个人的成长进步和职业发展与社会的需求和国家的发展联结起来。

《国家中长期教育改革和发展规划纲要（2010—2020年）》在战略主题中强调，要着力提高学生服务国家服务人民的社会责任感、勇于探索的创新精神和善于解决问题的实践能力①。这一战略主题既与当下行规教育的要求高度一致，更是青少年生涯教育的目标所在。

基于此，我们认为生涯地图体验活动和行规养成教育在以下方面具备共同价值。

1. 自我认同

自我认同，必须建立在自我了解、自我认知的基础之上。行规养成教育不是学习知识，是习惯养成。学生在行规养成教育中，明确行为规范的具体内容，不断地认识自我，了解自我，实现自我认同，从他律转变为自律。生涯教育体验活动以活动为载体，通过对社会分工、职业特点的了解，探索自我的兴趣和能力所在，唤醒自我认同。

2. 体验学习

体验学习，更多地强调学习的过程。生涯地图体验活动正是以体验为手段，增强对社会发展和个人需求的认知，激发生涯意识。这一过程更是符合行规养成教育的实施要求，摒弃单一道德说教和规则传播，采纳丰富多样的教育活动，调动青少年的情感经历和内心体悟，在实践中践行知行合一。

3. 立足社会

立足社会，是行规养成教育的来源，也是生涯体验活动的基础。我们的行规养成教育是培养学生学会与他人、与社会建立文明和谐的互动关系的基础，是提升社会文明和谐、国民综合素质的重要环节。生涯体验活动通过对自身性格、兴趣、特长以及所处社会角色的客观、全面的感知和分析，增加社会认同，树立正确的社会职业观，

① 袁芳芳. 以责任教育为核心，探索行为规范教育新路径[J]. 现代教学，2021，4B:21-24.

绘制人生的职业蓝图。

综上所述，生涯地图体验活动和行规养成教育具备融合的价值和意义，与行规养成教育的融合能够更好地实现生涯教育培育“人”的目标。

三、生涯地图体验活动与行规教育相融合的实践探索

（一）生涯地图体验活动与行规教育相融合的策略

生涯地图体验活动与行规教育相融合，是以生涯地图体验为活动平台，培养学生的核心素养，最终面向社会的生涯教育，完成对学生体验－认知的培育。如何更好地实现这一培育，笔者对所在学校的四行仓库抗战纪念馆体验活动案例进行分析，探索生涯地图体验活动与行规教育的融合。

1. 实践体验策略

实践体验式教育是教育者根据培育目标，结合青少年心理、生理特征和个体经历所创设的情景式活动，通过让未成年人在实际活动中体悟，并且通过反复的思考内化为个人的品质和思想[①]。

青少年的爱国主义教育一直是我们行规教育的重要内容，为此我们围绕这个问题开展了实践体验活动。学校指导老师带着七年级四十多名学生来到了苏州河畔的四行仓库抗战纪念馆，通过“浸入”去寻找答案。四行仓库作为淞沪会战的据点，上演了与日军鏖战四昼夜的四行仓库保卫战。现如今作为上海唯一的战争遗址类爱国主义教育基地，四行仓库抗战纪念馆展现了以谢晋元为首的“八百壮士”在民族危难之际，舍身为国的责任担当和家国情怀。

同学们在老师的指导下，分成了四个体验小组，即“遗书明志组”“母亲之盼组”“青年抉择组”和“孤军营内组”。分组后，同学们根据馆内专业人员的指示，进入各自小组感受体验。从布景到服装，从观赏到互动，悲怆的故事引起了同学们的共情。“母亲之盼组”的成员们多次潸然泪下，在战士“顺子”的牺牲和母亲日复一日的期盼中，感受到生与死、忠与孝、国与家的强烈冲突。“青年抉择组”重现历史场景，在和“陈树生”互动问答时，同学们感受到了前所未有的紧张氛围，体会到了人物的抉择对当时战况的非凡意义。“遗书明志组”阅读了生死关头每个人给家人朋友写下的最后一封信，字里行间都是大爱和不舍，都在向美好的生活招手。

实践体验式活动，各个小组认识体验了不同人的共同选择。同学们在交流时感悟颇多，有的表达对眼前美好生活的感激和感恩，有的诉说对生命价值的感悟，有的传递对人的需求与社会需求匹配的思考，更有对此次体验活动所带来的新的职业设想。

2. 立足学生本位策略

学生是教育的中心和主体，任何教育教学活动更是应该以学生的热情参与为条

① 周倩，李锋. 核心素养视域下地理社团活动与生涯教育融合策略探究 [J]. 中小学心理健康教育，2019（35）:34-37.

件，进而引导学生进行自主学习、合作学习以及探究性学习。此次活动出发之前，指导老师并未做过多的硬性要求，只是鼓励学生在建党百年之际去感受历史人物的品格和他们的生命价值观，结束之后进行分享交流。

整个活动过程中，学生们的表现大大超出老师的预期。同学们在活动之初，安静认真地聆听老师和馆内志愿者的要求和建议，快速有效地完成分组指令；活动进行的过程中，面对惊心动魄的故事再现，同学们全程神情严肃凝重，若有所思，沉浸其中；针对活动过程中的互动任务，同学们有礼有序地询问馆内志愿者，积极参与；最后的交流分享环节，同学们踊跃举手，表达观点。

知识在过程中自主构建，教育在活动中实现，成果在交流中不断涌现。显而易见，立足学生本位的活动，不仅为学生提供了一个感受体验的机会，更为同学们提供了一个交流展示价值认同的平台。

3. 彰显生涯理念策略

彰显生涯理念是生涯地图体验活动与行规养成教育融合区别于单一的行规教育的特征。此次活动体验以个人选择和社会价值作为凸显生涯理念的核心。

自古以来，个人的发展与社会是分不开的，如何处理个人与社会之间的关系、个人与国家民族之间的关系更是青少年学生的困惑之一。然而，青少年的成长过程实际上也正是学着与社会建立和谐良好关系的过程。想要处理好个人与国家社会的关系，需要明确人是社会的人，社会是人的社会，要协调好个体生命与群体生命、个体价值和社会价值的统一。活动体验中，同学们了解到每一位战士就是一个独立的个体，具备个体的价值和意义，可同时他们又都义无反顾地选择了牺牲自我，成就家国。慢慢地，同学们意识到，牺牲的一个个战士其实在选择奉献自我的时刻，提升了自己生命的意义和价值。

活动中，同学们从抗战烈士的身上看到了社会各行各业人士对这个社会的贡献和付出，也联想到新冠肺炎疫情中的医生、护士、社区工作者、科研人员、志愿者等为这个社会的发展和进步而做出的牺牲和奋斗。他们在艰难时刻坚守岗位，在两难之际舍小我保大我。社会责任和担当，是任何职业都必须具备的基调；公民意识、社会角色意识也是任何职业素养的底色。这也是通过此次活动，同学们感知到的正确的社会价值观。

（二）生涯地图体验活动提升了中小学行规教育的实效性

1. 强化学生规则意识

借助于生涯体验活动为平台的行规教育有效地激发并培养了学生对规则意识的理解和认同。从不同年龄阶段、不同教育目标出发的生涯地图体验活动，让学生在学习体验中感受社会规则对每一个人的约束和要求，以及这些约定俗成的规则对于社会运作的重要作用，从而帮助他们初步形成规则意识，强化在校的行为规范意识。

以“停车指引员”职业体验活动为例，学生需要负责引导所有进入院内的车辆按照相应的要求统一停放，并善意提醒所有车主在下车前检查车内有无贵重物品、车门车窗是否锁好等等。对于违规停车的车主，学生也应及时地制止并建议其改正。活动体验过程中，学生既体会了“小小指引员”工作的辛苦和不易，也在引导的过程中明白“按要求”“有序”“统一”等字背后的秩序和规范。在此影响下，学生逐渐明白遵守学校以“文明礼仪规则”“学习作业规则”和“劳动卫生规则”为主的三大规则的个体意义和集体价值。实际上，正是这些看似约束着每一位学生的校规和班规从方方面面保证着学校生活的顺利进行。从这一方面而言，生涯地图体验加速了学生学校行为规范意识的生成和深化。

2. 助力学生自我管理

学校每学期都会围绕行规教育开展多种主题教育活动，而生涯地图体验活动则把行规教育回归到生活，帮助学生在日常生活中实现自我管理。

每个班集体就是一个微型的社会，有充当“保洁员”的值日生，有类似“警察”的纪律委员，总之，每个人都有自己的职责和工作。通过共同制定班规，实现班集体的自治。班规从学习、卫生、纪律、品格四部分，辅以考量标准，对大家的日常行为作出了制度化的约束。

既然是自治，实施过程就必须严格。因此，高素质的自治队伍尤为重要。建立一支优秀的班干部队伍是做好自治的关键步骤，让所有同学承担管理者和被管理者的双重角色是做好班集体自治的全面保障。为了避免个别人徇私舞弊，我们推出“值日班长责任制度”，让每一位同学都有机会行使好手中的权力。人人参与管理，让大家在自我管理和自我教育中实现更好的发展。

同时，在“自我管理小达人”“礼仪之星”“模范学生”“良好行为规范班集体”等个人和班级评比中，学生的自我管理得到不断的优化。

（三）强化行规教育有助于培养学生的职业价值观

1. 有利于培养学生的劳动观念

对于青少年学生来说，学校的行规教育基本囊括了他们在校学习生活的方方面面，卫生和学习上的要求更是很大程度上培养了他们的劳动观念。

学校的每日午扫、晚扫要求从卫生劳动层面明确了青少年的“工作任务”，而座位四周卫生区划分更是强化了他们的责任归属区概念，使得他们将这种卫生要求化作每日劳动常规，认领并执行。任何劳动都需要付出精力，克服困难，才能有所收获。而学校对学生的高要求、严要求首先便体现在对学生如何克服劳动困难的教育。毕竟对“本职工作”的正确认识是培养学生良好的劳动观念的第一步。

2. 有利于提升学生的责任意识

学校行规教育中尤其注重对学生爱国意识、责任意识的培养。泱泱五千年中华传统，孕育出了炽烈、绚烂的中华文化和中国精神，而这其中最璀璨的当属我们对国家、对民族最纯粹的爱。古时，仁人志士或为国而战，或为国而鸣；如今，英雄豪杰或舍生取义，或鞠躬尽瘁。少年强，则国强，少年智，则国智，生活在民族伟大复兴之际的青少年们有责任延续爱国之心，有义务传承爱国之志。

如此，在未来的工作生活中才能不因个人利益得失而影响集体利益，积极承担，时刻牢记工作就是一切。

3. 有利于塑造学生的合作品格

学校生活是集体生活的缩影，而班集体中的每一个人都和其他同学有着密切的关系，良好的学习生活离不开不同角色之间的高质量合作。任何一项活动的举办，任务的执行，目标的实现都需要多人沟通、合作才能完成。学校一直以来注重团队协作活动的开展，通过举办多人制比赛提升团队合作的文化氛围，如举办足球班班赛、广播操比赛、合唱比赛、拔河比赛、辩论赛等。这些活动既丰富了学生的学习生活，又有效地促进了学生团队合作能力和集体荣誉感的提高。

在生涯体验活动中，学生化身不同的社会角色，下沉到各色社会领域，更加能够切身体会合作的重要性，在通力协作中塑造合作的品格。

（四）启示和思考

生涯地图体验活动与行规教育相融合，二者具备自我认同、体验学习和立足社会三方面的共同价值，既在实践体验中满足学生内化的行规教育，又帮助学生树立正确的职业观、社会观，增强生涯意识，为未来的发展提供坚实的路径。

本文只是从案例出发，对生涯体验活动和行规教育的融合进行了初步的探讨，希望本文能在生涯教育与行规教育实现融合上提供些许的经验和思考。

上海市久隆模范中学　王秀芝

生涯地图体验活动与团队活动相融合

生涯教育作为近年来持续兴起的一种教育形式已经广泛地在中小学开展，上海市教育委员会在2018年发布了《关于加强中小学生涯教育的指导意见》，在中小学生涯教育实践中，我们首先需要明确三个问题：为谁培养人？培养什么人？怎样培养人？因此，在生涯教育中不仅应该而且必须融合理想信念教育。在基础教育阶段，作为理想信念教育的有力抓手，共青团与少先队活动在与生涯教育相融合的工作中就应该发挥更大的作用。本文通过浅析生涯地图体验活动与共青团和少先队活动之间的关系，主要聚焦少先队活动来分析二者融合后的积极影响，希望为今后的研究与实践提供参考。

一、团队活动中开展生涯地图体验活动的意义

（一）了解认识团队活动

共青团活动以及少先队活动不论是在工作方面还是思想方面，都是教育的主要组成内容，是让青少年可以进行核心工作的组成，也是培训优秀人才的关键领域，在思想道德方面的教育上可以发挥一定的重要职能，比如工作指导、实践训练、强化服务意识、提升校园文化等。针对教育的核心内容以及相关管理部门，发展共青团青少年思想教育活动的主要内容，通过不同形式的共青团活动以及少先队活动，在一定程度上对共青团和少先队产生重要的影响，推动教育的全面发展并且取得进步。

团队互动作为常规工作，是日常生活中的一部分内容，为了让青少年的生活更加丰富多彩，深入探究以及推动共青团的主要工作，结合少先队以及共青团自身的情况，开展多个种类、不同形式的活动。通过这样的活动，可以丰富青少年的业余时间，提升青少年对工作的热情，培养青少年之间的互相竞争观念并且形成共青团和少先队之间互相配合的精神，让共青团和青少年之间、少先队和青少年之间、青少年和青少年之间的距离感弱化，发挥自身的能力，增强青少年的自信心以及共青团和少先队的战斗力。

同时，为了深入落实少先队和共青团管理人员的工作规划，强化青少年合作观念，协助活动的顺利开展，少先队和共青团管理人员要结合活动的进行状况，对在活动中表现的优秀者在第一时间认可，及时给予表扬和嘉奖，激发鼓励先进，树立优秀楷模。

（二）生涯地图体验活动与团队活动相融合的意义

上海市教育委员会《关于加强中小学生涯教育的指导意见》指出，中小学生涯教

育的主要内容包括自我认识、社会理解、生涯规划三个方面。其中，社会理解意味着指导学生增强社会意识、社会理解和社会责任感，认识个人与社会、学业与发展、当下与未来的关系，了解社会角色、社会分工的发展动态及不同职业的专业素养要求，形成对社会各行各业的尊重与理解。实施路径包括各校要广泛组织开展形式多样、内容丰富的生涯教育活动，加强学生的社会参与和过程指导，以实践体验活动促进学生生涯规划意识和能力的培育与发展。

少先队以及共青团的活动在设计过程中既要能够发现外界环境的可利用资源，又要有利于少先队员以及共青团青少年的身心健康发展，主动开展生涯活动，培养青少年对家庭、对少先队、对共青团、对社会的责任感。比如在我市新闻报道中得知某学生治病资金不够，共青团的主要管理人可以开展“赠人玫瑰，手有余香”的爱心捐赠活动。通过这样的生涯活动，青少年们都会尽自己的努力帮助别人，而且活动的开展一方面让需要帮助的人得到救助，并且引起当地政府的一定支持以及重视，鼓动社会公益人士的大力帮助；另一方面能够让青少年了解生命的可贵，更加珍惜自己，同时培养关爱他人的思想品质。

这就意味着生涯地图与团队活动相结合具有重要意义，一是可以促进学生增强理想信念；二是可以促进学生拓展自我认识，培养合作能力、学习能力和生活适应能力；三是促进学生初步形成生涯规划的意识与能力；四是深化学生的自我认识；五是增强学生的社会意识和社会参与能力；六是培养学生学业和职业的规划能力，提高学生的生涯决策和管理能力。

二、生涯地图体验活动与少先队活动相融合的活动形式

（一）红领巾接力棒：少先队追随共青团

为初一新生举行“小红领巾”换“大红领巾”仪式，邀请手拉手小学的一年级新队员共同参与。仪式中，优秀团员为初一的队员换上大红领巾，鼓励他们勇于承担更大的责任。请换上大红领巾的队员把自己的小红领巾及在小学少先队生涯里最有意义的礼物转赠给一年级的新队员。通过这个过程，在队员心中播下传承和接力的种子。

（二）青春启航：让团在队里扎根

队员满十四岁，要举行离队仪式。离队仪式上，让队员回忆少先队生涯里自己最光荣、最难忘的事情，并定一个目标，写一封信给一年后的自己，把红领巾和信放进时间廊里，一年后开启。另外，学校专门为离队队员设置了“学生社会实践手册”，记录他们的志愿活动时数，作为入团的参考条件之一。这种实践活动使他们对团队组织的理解和认同感加深了，加入共青团的愿望更迫切了。

（三）华丽变身行动计划：共青团引领“联动”

中学队员邀请母校的弟弟妹妹前来参观中学校园、感受初中生活，同时邀请小学的党员教师为少年团校的队员授课，了解团员都是从优秀的少先队员成长起来的，从而激发作为中学少先队员的自豪感和责任感，对团组织的认同感不断提升。

（四）以团带队，团队共兴：让队在团里升华

中学少先队员以“小志愿辅导员”的形式为小学少先队服务。中学的队员编入小学的小队共同活动，利用少先队的实践阵地，发挥团员青年的模范带头作用。例如中学的优秀团校学员代表参与小学开学典礼的活动中，分享中学生活的故事等。通过这类活动，中学的优秀团员、团干部参与小学校园的活动中，不仅在思想上也在行动上为小学少先队员树立了积极阳光的团员形象，发掘了“以团带队，团队共兴”的行为新模式。

（五）红领巾社团队日互访：共青团和少先队“互访”

团委、少先队整合多方资源，组建多个小社团，共同开展社团活动。对口小学少先队员走进中学校园，在初中团员的指导帮助下开展少先队员的考章、争章活动。大小队员在社团活动中迅速成为好朋友，爱上了队活动，并主动积极地参与其中。社团实践活动加强了对少先队员在理想志向方面的培养，加深了他们对团队组织意识衔接的理解和认同。同时，中学团员和队员们也会在活动中自我反思，时刻提醒自己要在各方面做得更好，才能成为弟弟妹妹们的榜样。

（六）雏鹰争章：情感认同

规范“定章—争章—考章—颁章—护章”五个环节的教育过程，体现“团队联动”中“争优—育优—推优”的工作程序，是实施“团队联动”的关键。“争优”：队员们按照雏鹰争章活动要求，积极争章达标。“育优”：少年团校吸收争章积极分子参加团校学习，系统接受共青团知识教育和社会实践活动。“推优”：对于在争章活动中涌现出来的优秀队员，经过团校考核后，及时推荐为团组织的发展对象。对于符合入团标准的优秀队员，及时吸收入团。

三、生涯地图体验活动与少先队活动相融合的案例

“十四岁的生日——青春毅行”之旅这一案例是根据《中小学德育工作指南》的学段目标进行设计，以研学为核心，以实践为载体，有针对性地面向初中学段学生，培养他们自主自立、意志坚强的生活态度，形成尊重他人、乐于助人、善于合作、勇于创新等良好品质。

这次活动一共有来自不同班级的120名同学共同参与。在活动过程中，学生以小组形式，完成淀山湖15公里徒步，并挑战途中关卡。首先，学生以徒步到达关卡的先后顺序，选择挑战关卡的难度系数；并根据挑战关卡的难度及完成度，小组可获得相应数量的“能量水”；最后根据每组完成整个徒步后积累的“能量水”的数量兑换相应数量的募捐书籍，进行慈善捐赠。每位学员都做到了积极参与、认真讨论，各自为了团队目标的实现而贡献自己的力量。

在一天时间里，同学们在培训导师的带领下，以小组为单位，从领导力发展和生涯探索两条主线出发，通过深度探索及体验式领导力提升课程的学习，帮助全体学员从自我认知和团队认知两个维度来树立团队意识，增进自我认知，激发领导力意识，

从而提升团队协作能力，发展社会情感能力，拓展创新思维。通过 15 公里长距离徒步，不仅锻炼学生的体力、意志力和持之以恒的抗逆力，而且全程以小组为单位，培养学生的团队意识及领导力。选择挑战关卡及难度，让学生体会目标设定的重要性，决策对生涯的影响；并且通过挑战，兑换一定数量的募捐书籍，培养学生的社会责任意识。

活动结束之后，导师带领学员们通过“四个 F”的思考维度，去回顾活动中发生的事实、学员自己的感受，对于活动的反思以及对于生活迁移的思考，帮助学员去发现自己在团队中的角色，加深对于团队的理解，思考自己在接下来的学习生活中怎样去发挥自己的优势，如何更好地推动团队目标的实现。每一位学员都逐渐对团队有了新的认识，形成了自己对于新集体的融入感，对于自己在团队中的角色有了新的思考和认识，也对如何构建更团结高效的团队有了进一步的深入思考。相信这一天的学习效果将会迁移至学员的日常学习生活中，带领他们在今后的学习中继续提升个人生涯领导力，促进班级团队的协作。

（一）活动目标

1. 通过 15 公里长距离徒步，锻炼学生的体力、意志力和持之以恒的抗逆力。

2. 全程以小组为单位，培养学生的团队意识及领导力。

3. 选择挑战关卡及难度，让学生体会目标设定的重要性，以及决策对生涯的影响。

4. 通过挑战，兑换募捐书籍的数量，培养学生的社会责任意识。

（二）活动内容

1. 参与人员

120 名学生，8 位老师。

2. 课程安排

时间	模块	内容
08:00—09:30	启程	全体学生乘车前往淀山湖开始青春毅行活动
09:30—10:00	启动仪式	团建，分组，猛龙翻身，冲过起跑线
10:00—15:00	青春毅行 15 公里毅行挑战 沿途驿站补给	驿站拓展项目（①心有灵犀②最强忍者③待人接物④小桥流水⑤从零开始）
15:00—16:00	终点分享	完成挑战后的学生签名，统计各组“能量水”数量，兑换公益募捐书籍数量，并总结分析
16:00—17:00	返程	全体学生乘车返回学校

（三）过程与收获

1. 启动仪式

那天，阳光灿烂，120 名来自静安区某中学的学生整整齐齐地排列在上海最大的淡水湖泊——淀山湖，即将开始他们此次“十四岁的生日——青春毅行”之旅。

淀山湖风景优美，有“东方日内瓦湖”之称，环湖散落着享有盛名的朱家角、周庄、锦溪等古镇，上海大观园、东方绿舟、上海太阳岛、陈云纪念馆等 5 个国家

AAAA 级景区，这里还是上海的母亲河——黄浦江的源头。组织此次青春毅行的目的，不仅仅是锻炼孩子们的精神和体魄，更是想通过 15 公里长距离徒步，全程以小组为单位，让孩子们回归本原，培养他们的团队意识及领导力，因为在这次研学之旅的行程中，共有 6 个活动，但每个小组只限完成 3 个活动，并且团队成绩会随着团队到达活动点的时间顺序与参加活动成绩的不同而不同。就是在这样灵活多变的方案下，启发他们在选择面前体会目标设定的重要性以及决策对生涯的影响。同时，只要通过挑战，就可以兑换一定数量的募捐书籍，以此培养学生的社会责任意识。

在导师开场后，同学们一个个精神饱满、意气风发，做完启程仪式——猛龙翻身后，同学们按小组，一个个冲出了起跑线，也冲入了属于他们的时代。

2. 青春毅行

（1）心有灵犀

心有灵犀环节考验团队成员之间的默契程度。团队需要派出一名代表，运用身体语言演绎成语，全体成员进行猜测。在这个环节中，同学们认识了身旁的小伙伴在平日里不多见的一面，团队氛围在炎热阳光的冲击下反而更加热烈。一支支队伍接踵而至。团队中分别有领导层、决策层与执行层，领导层决定是停下脚步完成活动拿到能量水，还是继续前行，在前方选择更适合的活动进行能量水争夺，而决策层会对领导层的意见进行评估，如果通过，会有执行层执行相应的团队目标。刚开始，各个团队内分工还不是很明确，存在着争执与内耗，但随着时间的流逝，集体荣誉感在一点点加强，团队内部纷纷为集体目标而让步，纷纷做出了让人惊叹的决策：有的团队决定就此开始挑战，有的团队则毅然选择向下一个活动点进发。

（2）最强忍者

随着一声声“长吁短叹”的尖叫，“最强忍者”挑战如火如荼地进行着。孩子们经过上一个环节的洗礼，纷纷积极踊跃地为团队承担相应的责任。完成挑战的小组纷纷感叹，很多事情并不是自己想象中的那样，为了集体的荣誉，牺牲小我当时可能是痛苦的，但看到付出后团队成员纷纷传递来的赞叹目光，就觉得什么付出都值了。

（3）待人接物

每组成员围成一个圈，每人手里均有 1 个网球；所有人同时将自己手里的网球传给左手边的组员手里，并接住右手边的来球；整个过程中仅有一只手可以控球，另一只手背在身后；传球次数不同，获得的分数也不同，若中间网球掉落则重新开始。当接到任务后，每组成员将获得练习时间。每组队伍都在任务下达后的第一时刻，开启了不懈的练习。从调整彼此站立的区间距离，到控制抛球高度，从讨论传球速度，到制定口号指令，逐步找出完成挑战的难点并逐个击破。不论是练习，还是正式挑战期间，每一次的失误，都会被同伴们安抚，鼓舞士气，重新开始。

同学们在活动结束后分享道：刚开始会有些许怨言，但后来大家齐心协力，只有“没关系，加油”，让团队成员纷纷体会到了团队的温暖，而练习和挑战带给学生的紧张、兴奋、美妙的感受也让彼此之间越发靠近。更有学生感叹：“本来以为会比较难，但现在感觉到了团结和爱之后，就一点都不难了。”

其间纷纷涌现出的团队带领者，也起到了至关重要的作用。有一名队长说：“要根据个人擅长的领域分配任务，每个人擅长的领域都不一样。”领导才能的展现，也让团队配合能收获意想不到的效果。

（4）小桥流水

在历经上述三个活动后，团队小伙伴纷纷来到了第四关——小桥流水。这一关考验的是团队成员之间的协作能力。所谓一个都不能少，“木桶效应”在这一关体现得淋漓尽致。在之前活动中积攒了协作力与领导力的小组，纷纷排好队形并完成挑战。有的小组历经了几次失败后，总结经验，也完成了挑战。在这个过程中，有同学们认真的脸庞，也有失败后焦急的面孔，更有成功通关后溢出的喜悦。在通关后，小组中的每一个人都更加明确了“团队”二字在心中的分量，毅然砥砺前行。

（5）从零开始

时间过得很快，有的团队很快就来到最后一个项目——“从零开始”。正所谓结束即为开始，在这个活动中，小组成员须手拉着手站成一列，在不松手的情况下把呼啦圈从一边传至另外一边。终点就在眼前，这对团队中的每个人来说都是一次身心灵的挑战与磨砺，只有气定神闲，方可成胸在竹，完成活动。

（四）活动感悟

在整个活动的最后，大家回顾一天的活动。当老师带领同学们总结，并且分享自己的感悟时，能看到最多的，就是对团结合作的认同和自豪感。当团队成员分别抵达终点时，团队的凝聚力达到了顶点。团队中每个人的付出，都得到了老师的赞扬与夸许。其实，这个时候最重要的早就不是哪个组获得的“能量水”多，哪个组获得的“能量水”少，孩子们体会到整个过程中，团队协作就像一块橡胶，把每个成员像香柏木一样整齐排列，整整齐齐地凝聚成了一支可向远方航行的木船。集体荣誉感，让我们此次出行的120名同学，拥有了更融洽的氛围和更强大的对未来一起共同走向更好学习和生活的信念。

上海市回民中学　赵曦阳

生涯地图体验活动与社团活动相融合

一、社团活动融入生涯教育的背景

生涯教育源起于20世纪初，由美国学者帕森斯等提出，以美国明尼苏达州为例，各学段一般都包括三个方向的指导，即学业指导、生涯指导和生活指导，特别是明确提出在高中阶段应习得的技能需求，把未来成功所必需的技能分为“基础能力”和“工作场所必备技能”①。目前中小学的生涯教育现状依然存有短板，如学生的职业生涯意识薄弱、学校尚未建立完整的职业生涯教育体系、教师和家长的重视不足等等。学校作为学生学习成长的主要场所，可以对中小学生涯教育提供尽可能多的帮助。

社团活动是学生基于生活理念、兴趣爱好、特长等诸多方面相同而自愿组织形成群体并按照一定的规则而开展的活动②。学生社团活动有着以下特点：首先，社团可以打破年级、专业约束，多方汇集而自愿团结起来兴趣爱好相近、志趣相合的学生，让他们发挥某种特长为社团服务，丰富学生的课余生活。同时，社团具有一定的随意性和自由度，在保证不妨碍学生、学校正常的规章制度的前提下，社团成员可以自发组织活动，愉悦身心，给校园文化增添光彩③。

社团活动是中小学常见的教学教育方式，且活动形式多样，可以为生涯教育提供实践平台。学生通过参与社团活动，探索自身兴趣与能力，分析自身的优缺点，并有效利用各种资源初步探索外部世界，得到各种与未来职业有关的职业体验，从而唤醒职业生涯意识，培养各项能力，找准人生定位。

二、社团活动融入生涯地图体验活动的价值

学生将来要步入社会，不仅需要有扎实的理论知识基础（主要通过课堂教学获得），同时还需要具备一定的实践能力。实践能力并非一蹴而就，而是需要通过培养，但这个能力是很难在课堂中学习与获取的。当今学生学业压力繁重，要亲身进入社会学习、实践是很困难的。而社团活动就是培养他们的实践能力，初步了解社会的有效途径之一。

学生基于个人兴趣或能力进行社团选择，在专业教师指导和规范化的社团活动参

① 周倩，李锋. 核心素养视域下地理社团活动与生涯教育融合策略探究[J]. 中小学心理健康教育，2019（35）:34-37.

② 张铁军，翟立群，李长江. 高中阶段社团活动与课堂教学对职业生涯的影响[J]. 教育实践与研究，2019（17）:19-22.

③ 梁耀文. 高中学生社团的职业生涯教育功能探究[D]. 华中师范大学，2017.

与过程中，不仅培养和提高了学生在该领域的能力，同时也激发了学生的生涯认知，促进学生思考自己的未来发展之路，并主动进行职业生涯规划并做准备。所以，社团活动在中学生生涯教育的开展中具有重要的促进作用，也是开展职业生涯教育的重要阵地。

（一）社团活动为学生提供了生涯地图体验活动的平台

如果说日常的课堂教学和教师讲授从理论上指导了学生的职业生涯规划，那么社团就是从实践层面对学生的职业生涯规划产生了影响。社团活动作为学生进行职业生涯教育的重要阵地，学生可以有效利用社团的各项活动和资源，将课堂中学习到的理论知识和生涯体验结合起来，从而充分了解职业生涯所需具备的能力和知识，获得充分的职业生涯体验。

此外，社团的职能设置为学生创设了多层次的职业体验机会。高中社团活动的形式多样、内容丰富，且社团内部会设置不同的工作与职能，和社会中相关职业的工作挂钩，学生可以通过在社团中工作达到体验职业的目的，如人员分配和部门的设置与企业中的人力资源部门对应，社团活动的组织开展工作与企业的策划部门，社团的推广与招新则与企业的宣传部门相对应等等，所以具有一定的职业体验功能。

（二）社团活动能进一步培养学生的兴趣

兴趣上认同，也可以说是情感上认同。兴趣是最好的老师，每一位社团成员进入社团，都是带着对这一社团的兴趣的。生涯教育也正是让每一位社团成员清楚认识到他们自己的兴趣对于今后生涯的意义，让他们可以理性地看待自己，发现自己的兴趣点并加以培养，进一步成为自己的特长，继而为日后的专业素养、职业选择做好准备。

（三）社团活动可以促使学生职业规划意识的觉醒

很多学生可能原先并不非常明确自己的职业理想，但是在参与社团活动的过程中，探索到了自己对于相关大学专业或者职业的兴趣点，从而引发学生对自己未来职业规划的关注，激发了对职业规划的兴趣与热情，并采取主动的生涯探索行为。

在明确了自己的努力方向后，学生也会在探索和体验的过程当中，发现现阶段自己能力条件还有所欠缺（和职业目标相比）的部分。以此为契机，促使学生有意识、有方向地去提升这一部分，从而有助于他们自主管理，自我教育，更好地朝个人发展目标前进。

（四）社团活动可以帮助学生挖掘自身特长与个人价值

每一名学生都会在某个能力方面有所特长，只不过在日常学习生活中，我们更强调知识学习能力，所以有部分学生的某些能力就难以被发掘。这些能力却可能在他们今后的职业选择中发挥非常大的作用，而社团活动就恰好能起到学生能力唤醒的作用。通常选择某一类型社团的学生本身可能就具有在这个方面的独特能力，有信心加入社团，并承担社团内的各项活动。与此同时，通过参与社团活动，也会提升他们在某些方面的能力，对他们自身的个性、兴趣、特长及个人价值形成更为深刻的认识。

（四）社团活动有利于学生深入了解职业

高中同学因为大部分时间都是在学校度过，所以缺少真正接触社会和工作领域的机会。依托于社团活动开展生涯体验，让学生获得近距离了解职业的机会，不再是仅仅通过网络或者他人意见来评判一份工作是好还是坏。通过这样的亲身活动体验，学生不仅能了解职业所应具备的能力条件、工作的具体内容、职业可能面临的挑战等等，也能综合性地去思考与探索自己未来可能的发展道路。

（五）社团活动有助于培养学生的职业技能与素养

社团经历能够锻炼学生的组织管理能力、与人交往能力、沟通协调能力及语言表达能力，为他们的职业发展规划打下坚实的基础。如在社团活动中需要共同决策，讨论并制订活动计划，这就考验了学生的创新能力和合作能力。再比如在活动中难免会出现矛盾，这就需要学生做到有效沟通、冷静对待，这也锻炼了学生的沟通协调能力。此外，学生若要参加社团活动，还需要协调好学习和社团活动的时间安排，在不影响学习的前提下开展社团活动。从这个角度来看，社团活动的参与对于学生的时间管理和分配能力提出了一定的要求。而对于社团的管理人员来说，组织管理能力、协调沟通能力、语言表达能力等都会在活动过程中得到很大的锻炼与提升。

所以，社团活动和生涯地图体验活动相融合，可以使学生的各项职业能力、综合素质得到有效的培养与提高，而这些能力都是未来从事职业所必不可少的，从而更好地为个人职业规划储备力量。

三、生涯地图体验活动与社团活动相融合的实践与探究

（一）社团活动融入生涯地图体验活动的实践探索

上海市回民中学在开展推进社团活动工作的过程中，积极融入生涯教育意识，让社团活动成为开展职业生涯教育重要的途径。学校现有辩论社、涂鸦社、篮球社、摄影社、模联社、舞蹈社、台球社、桌游社、“心使者”团队等近20个社团。

1. 学生积极参与，活动时间长

学校积极组织学生参加各种社团活动，在校学生多数都会参加一项社团活动，全校参与社团的比例很高。学校社团的主要活动时间基本在每周五的放学后，时长约2个小时。除了正常的社团活动时间外，每学年还会有大大小小的节日活动供学生参与，如社团招新活动、社团文化节等。

2. 教师专业指导，参与程度高

学校的各类社团通常都会配备一至两名指导教师，学生在指导教师的指导下开展日常活动及参加各种比赛。有时组织一些特殊的比赛活动，社团活动还会另外邀请更多的学科老师参与到活动指导过程中来。如2020年学校辩论社组织的校辩论赛活动，邀请了学校语文组教师和青年教师们担任评委工作。学校还从制度层面对社团的指导工作做出了具体要求，凡是在课外活动指导中取得显著成绩的教师都会获得相关的荣誉表彰奖励。

3. 融入生涯地图体验活动，引导生涯规划

学校的各类社团和区域内的各社会系统进行积极、紧密的联结。得益于生涯地图所整合的区域内职业探索资源，社团内的学生不仅可以在校内开展日常的社团工作与活动，还有机会进入社会领域，进行实地实践体验。如学校的汉服社社员们前往上海淞沪抗战纪念馆参加了汉末央祖师的冬至祭祀先烈活动。此项活动的参与不仅让社员们了解了祭祀的流程与相应的文化历史背景，同时也培养了社员对历史的敬畏之情和爱国之心。

（二）案例：上海市回民中学“心使者”学生心理联络员团队

1. 社团介绍

为深入贯彻学校“和谐心育”的心理健康教育理念，让学校心理健康教育工作向着系统化、常规化、深入化方向发展，营造积极、乐观、互助的同伴关系氛围，让学生主动关注和维护自身与同伴的心理健康状况，学校心理中心组建并开展“心使者”学生心理联络员团队（以下称“心使者”）工作。

“心使者”以学生为主体，在社会变化发展与青少年的成长过程中，关注每一位成员，使他们在增长自身心理健康知识的同时，关注他人心理健康。通过专业化校本课程、活动课程、社会实践课程等方式，使心理健康教育理念深入每一位学生内心，为促进师生关系、伙伴关系、亲子关系全面健康的发展起到积极作用。

2.“心使者”岗位职能与要求

岗位	人数	工作时间	工作职责	任职要求
常规工作小组	共4名，两两分组，要求：高中生	周一到周四 12:35—13:05（前十分钟准备工作），每组每周值班两次	到岗后先到教师处拿取来访记录表和预约登记表；其中一人持续负责在预约台接待来访学生并做好初步的情况记录工作，另一人负责带领来访学生使用部分功能室	
会议记录和签到	初中两名，高中两名	每次培训活动提前五分钟到场	负责每次培训活动的签到和会议记录	认真、仔细、负责
通讯稿	初中两名，高中两名		负责撰写每次活动的通讯稿	
摄影			负责每次活动的摄影工作	具备一定摄影能力
联络员	每个年级一名		负责联络与组织自己所在年级的其余“心使者”成员	
公众号运营			文案组：负责撰写推送文案，语言形式要求活泼； 制作组：负责设计与制作公众号推送； 校对组：逐字校对公众号推送	

宣传组			负责海报制作、PPT制作、视频材料收集与拍摄等工作； 设计心使者团队logo； 制作心理中心大厅大屏幕视频	掌握各类图像和视频处理软件
调研组			协助教师开展调研工作，如负责设计制作问卷，收集学生反馈评价等	耐心、仔细

“心使者”成员可以基于个人兴趣与能力情况，选择相应的岗位，经由指导教师培训后，统一上岗负责相应岗位的工作职责。社团还设定了相应的奖惩机制，以更好地保证社团内部的正常运行。

3. 某暑期“心使者”团队成员分组任务（部分举例）

负责组别	时间	主题（暂定）	内容
运营组	7月底前	暑期生活的安排	疫情后的暑假，我们能做些什么？如何才能更好地安排这次特殊的假期生活呢？
	8月初	假期间的心理成长	在假期中，你的身边发生了哪些让你有所收获、有所成长的心理故事？分享你的感悟和感想。（可参考《我的心晴故事》）
	开学前	关于返校的一些建议	假期后如何快速调整自身状态，以更好地适应校园学习生活？此外，对于即将入学的高一同学们，作为学长学姐的你又有什么建议？
宣传组	7月底前	logo	设计“心使者”团队的logo和徽章，拿出成品。
	8月初	乐音响起	本任务以宣传组同学为核心完成，可以适当挑选其他组别的同学们参与。 要求：录制身心放松的引导语，可以是冥想训练、渐进式肌肉放松训练、辅助入睡引导等指导语，配合放松舒缓的音乐，形成8—10分钟的音频。文字量为300—600字，以音乐为主，指导语为辅，指导语要和轻音乐匹配。
	开学前	校园心理氛围宣传PPT	制作开学后校园PPT，PPT将在学校各个大屏幕中循环播放。 要求：开学后的心理适应、作息调节、状态调整；对新生的一些建议；欢快、幽默。
调研组	7月底前	设计生涯访谈提纲	设计一套生涯访谈的提纲，采访对象为身边已经工作的成年人，尽量避免采访父母。 访谈内容除个人信息以外，还需要涉及三个方面——职业情况、能力要求、发展前景。 7月底之前提交访谈提纲。
	8月初	开展访谈	应用之前设计的访谈提纲，完成一次正式访谈，并记录相关结果，撰写感想。
	开学前	访谈结果分析和解析	所有调研组同学分析自己的访谈结果，谈一谈在访谈过程中的感悟，教师将根据同学们的分享情况予以回应和答疑。

（三）案例：科技社团生涯体验项目——市北高新园区职业技能培训中心

1. 基地介绍

上海市市北高新园区职业技能培训中心（简称“市北培训中心”）是由上海市北高新（集团）有限公司出资建设的一家国有培训机构。市北培训中心本着为园区发展服务、为高新产业服务、为提升职工素质服务的宗旨，遵循培训市场的规律，有效整合各类资源，努力打造与园区发展相适应的培训合作模式，以逐步达到培训中心市场化运作、可持续运作的目标。

市北培训中心进一步以社会资源助力学校教育，以职业能力和素质教育为本位，融入职业资格标准要求，增强人才培养的职业针对性。在教学上，严把质量关，坚持理论和实际并重，深化理论知识，突出实训环节，强化技能训练，为培养高素质技能型人才营造良好空间。

2. 职业体验内容

（1）参观市北高新园区，了解园区场地设置。

（2）体验无土栽培、无人机、水下机器人活动。

（3）借助市北高新园区百家企业的优势力量，走访企业职员。

3. 活动目标

（1）让学生从书本到现实，从理论到实践，在体验中更好地了解职业。

（2）寻访企业职员，在体验中更好地选择职业。

（3）增强学生的社会责任感、创新精神和实践能力。

4. 活动内容

（1）参观市北高新园区

组织学生参观园区，了解市北高新园区的场地设置。

（2）无土栽培

为了保持水分，在苗盘底部垫上吸水性好的材料作为栽培基质，可选用纸张、白棉布、无纺布泡沫塑料片或珍珠岩，一般以纸张为常用栽培基质。

选种：选择适宜的品种和优质新鲜种子，并要在播种前严格精选，剔除破残、虫蛀、不成熟的种子及杂质，然后用55℃水浸泡10—15分钟进行消毒。

浸种：将选好的种子放入容器中，加入适量的水。其间应注意换洁净清水1—2次，并同时淘洗种子，挤出多余水分。

播种：在干净的苗盘上平铺纸张，将浸泡过后的种子均匀密集地撒在苗盘上。

催芽：将播好种的苗盘整齐重叠堆放催芽。保持适宜温度，每天喷水1—2次，喷水量以苗盘内不存水为宜，并倒盘一次。

栽培管理：当苗盘内种子萌发并达到一定大小，应及时结束催芽、取消叠盘。在之后培育过程中，应适当控制光照、温度、通风、喷水以及温度等条件。

（3）由指导老师介绍芽苗菜及其水培方法

（4）温控箱

由指导老师介绍温控箱的原理和设计方案，介绍温控箱的箱体制作方法和温控原理，介绍温度控制设备的实现方法。

温控箱箱体制作：按照所给的原理图依次焊接导线。焊接完毕后剪去多余部分。焊接完毕后，使用酒精清洗电路板，使电路板干净整洁。

温控箱调试：对电路通电，用电压检测器探测。如果没有反应则检查电路是否焊接正确以及元件是否正常。调节电位器，观察工作灯是否发光。

外壳组装：将焊接好的电路板放入底壳中固定好，将导线穿出壳体的预留孔。将盖子安装在底壳上。

整机检测：组装完毕后，接通电源，调节开关，观察其工作状态。

（5）水下机器人

水下机器人的介绍。

水下机器人的操作演示。

（6）总结与交流

学生交流：分享本次参加市北高新园区职业体验活动的感悟和收获，交流并进行反思。

指导老师根据学生的具体表现进行客观点评。

活动总结，表达感谢。

（四）反思与启示

拥有良好的职业规划意识是实现人生价值的重要前提。中小学校的学生社团活动形式多样，容易为广大师生所接纳。高中阶段社团活动与生涯教育应当紧密地结合起来，为高中学生的发展提供更加广阔的前景，使学生能够在活动中充分展示自己，发现自己，培养自己的时间管理与学习探索等各项能力，激发自己的职业规划与学习热情，为自己选择适合自己发展的职业，为社会做出更大贡献。

上海市回民中学　陈雅婷

生涯地图体验活动与家庭教育相融合

家是人出生后接受教育的第一个场所，家庭教育也是一切教育的起点和基础。从时间和空间上看，家庭教育对人的一生有着重要且深远的影响，它直接或间接地影响着一个个体人生目标的实现。家庭教育中对孩子进行生涯教育也是十分重要的内容，生涯教育以生活为中心，能够引导孩子承担起生活中的责任，并明确自身在生活中所扮演的角色，这有利于孩子建立起未来的社会角色，同时也关系到孩子的毕生发展和人生幸福。本文在家庭教育与生涯教育相融合的背景下，主要讨论生涯地图体验活动在家庭教育中可能的实施路径与方案。

一、价值与意义

（一）生涯教育中融合家庭教育的必要性

中国家庭历来重视对子女的教育，对孩子的生涯发展和职业规划更是充满希冀，“万般皆下品，唯有读书高”“学而优则仕”等传统观念深入人心，“望子成龙”“望女成凤”也是每个父母心底最热切的期盼。随着时代的发展，家长们对于孩子生涯教育的参与度越来越高，影响也越来越深远。而生涯教育作为一种系统性、发展性的教育活动，需要家长进行引导，帮助孩子在认识自我与理解人生发展的基础上，促进孩子在人生道路选择能力、人生变化适应能力、生涯历程规划能力上的提升。

教师在工作中经常会遇到一些案例，尤其让我们意识到生涯教育中融合家庭教育的必要性。瑞安（化名）是家里的独子，更是爷爷家族中留在国内的唯一男孩，家族中都是高级知识分子。瑞安从出生便被寄予了家族中极大的期望，父亲对其要求极高，平时经常是指责型的教养方式，母亲为了全心培养他成才，在他小学时便辞了工作。瑞安在高期待、指责型的氛围中努力学习，中考未达预期，全家人失望。瑞安更是对自己产生怀疑，至此高中学习自暴自弃，经常以身体原因请假回避上学。在与孩子及其母亲的交流中，我们发现，家庭中唯分数论，很少触及生活中其他的话题，尤其是家族中有很多有成就的前辈，在曾经的学习和工作中都遇到过各种困难与挫折，每一项事业都不是一帆风顺，需要坚持与良好的耐挫力培养，但这些都不曾进入孩子的视野，孩子产生认知偏差，认为读不到好的高中就没有好的未来。如果及早地让生涯教育融合家庭教育，那么家庭整体认识就会提早发生变化，如重视身心健康，改变父母的教养方式从而对孩子产生更积极的影响，孩子懂得提高耐挫力和坚持是学习的重要品质，三百六十行，行行出状元等。

如今学生在职业上有了更多选择，他们有更宽广的选择面，可以根据自己的兴趣爱好、能力特长和个性特征选择更适合、更喜欢的职业。但相较以前，他们也面临着更严重的“就业难”问题，人才市场供大于求，他们需要将自己的职业期待和社会环境相结合。此时父母的参与就会越来越多，这也对父母提出了更高的要求——对孩子进行生涯教育迫在眉睫。

（二）在家庭教育中运用生涯地图的重要性

2018 年 3 月，上海市教委发布《关于加强中小学生涯教育的指导意见》，强调开展中小学生涯教育，其主要内容包括自我认识、社会理解、生涯规划三个方面。无论是对自我和社会的认识、理解，还是对生涯的规划，都需要在教育学、心理学等理论的指导下，进行充分的社会实践。因此，在此基础上，静安区教育局采集了区域内各校的职业探索资源，编制了《上海市静安区中小学生涯地图实用手册》。那么，在开展生涯地图体验活动的过程中，家长需要注意哪些问题呢？一是要贴近孩子的生活实际，从家长自身的职业为起点，充分利用好身边的生涯教育资源，这些资源恰恰是孩子最容易触碰到、最容易感受到，也最容易受到感染的资源；二是提供尽可能覆盖广泛而全面的职业类型，让孩子认识到“职业没有贵贱之分”，只是社会分工不同，并从个人的兴趣爱好、能力特长和个性特征出发，结合实际，发展出积极的生涯规划意识；三是生涯规划要有系统性、连续性和及时性，例如与学校建立家校合作教育，在学校开展生涯规划课程系统的基础上，丰富孩子的实践活动。另外，家长在孩子处于不同的年龄阶段时都应及时进行针对性的生涯教育，这也是家庭教育的优势所在。

二、实施路径

生涯地图体验中的各类活动最初便是由各个学校根据不同学生特点设计的生涯体验方案，经过多年的实践探索逐步修订而成，具有很强的操作性；大量学生的参与让各个实践基地积累了丰富的实践经验和实际案例，家长可以在体验的过程中阅读并吸取案例中的经验教训，增加教育经验；生涯地图体验最大的特色之一就是将全区的生涯教育实践基地整合在一张地图之中，操作简易便捷，可以为老师提供家庭教育指导的最佳资源。

生涯教育中针对家庭教育的方式有很多，可以选择生涯家谱图活动、亲子沙龙活动、家庭生活式学习氛围构建模式等多种途径与生涯地图体验活动相结合的形式，更好地帮助家庭提升生涯意识，拓宽谈论话题，助力孩子未来的职业选择。

1. 生涯地图体验活动与生涯家谱相融合

孩子的生涯规划会受父母、祖辈的职业与价值观的影响，有些人会沿袭家族成员的职业与价值观，比如父母是教师，父母希望孩子长大后成为一位无私奉献的教师，孩子也把教师当成自己的一个职业选择；而有一些人在职业选择上与父母可能会出现冲突，比如父母希望孩子能回老家继承自己的公司，而孩子更想去大城市独自闯荡；还有一些人的职业定位虽然与父母的职业完全不同，但也受到父母极大的影响，比如父母从商，虽然收入颇丰，但不稳定且压力大，那么父母可能更加希望孩子能从事一份稳定舒适的工作。许多研究也表明，在影响个体生涯发展的外在环境因素中，原生家庭对个体的职业影响居于首位，例如原生家庭的教养方式、职业类别、职业价值观等。

然而每个孩子的原生家庭都不相同，父母带给孩子的生涯引导会局限于他们自身的价值观和学识层次。通过生涯家谱与生涯地图相结合，我们可以更好地引导学生思考“我们从父母身上学到的生涯价值观是否真的适合我自己”，也能引导家长思考“我传递给下一代的思想是不是符合当下社会的实际发展情况”。通过两者的结合，我们可以进一步促进家庭教育与生涯教育的结合，最终使学生的生涯发展更为完善。

在《上海市静安区中小学生涯地图实用手册》中，这105个生涯地图体验活动主要由教师作为主导，当然也不乏一些家长参与编写，但相较而言家长的影响比较小。而在家庭教育和生涯教育中，将生涯地图体验与生涯家谱相融合，则更能够使家长深度参与其中，充分发挥家庭教育的优势。具体实施路径如下。

第一步：开展调查问卷。教师给学生准备一份生涯家谱调查问卷，请学生回家后和父母共同完成调查，内容包括：祖父母、父母及其兄弟姐妹和自己这一代兄弟姐妹的职业；家庭成员选择工作的经历、故事；个人未来的理想职业；在选择职业时是否受到家族某个成员的职业的影响等等。虽然这份问卷是教师提供的，但家长也可根据自己的家庭情况自制一份问卷，这样孩子整个的生涯体验活动就可以在家庭内部进行。

第二步：绘制生涯家谱。家长邀请孩子画出“我的生涯家谱”，画图规范可参考图1生涯家谱样例。首先，画出自己的父母，并标注父母的姓名、出生年月日与从事的工作；接着画出自己这一代，包括兄弟姐妹；然后，用同样的方法向上画出祖父母那一代，如果所标示的人已经过世，就用×标示，同时写出过世的时间；最后，将家族旁支的其他成员也用相同的方法画出。

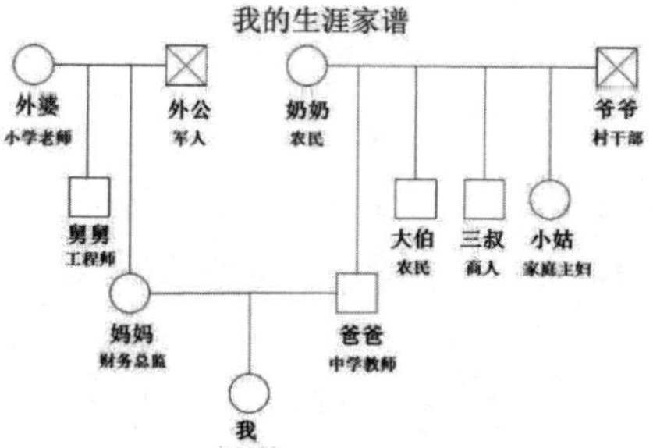

图1　生涯家谱样例

第三步：叙述生涯家谱。请孩子按照一定的次序、逻辑讲述一个较为完整的家族故事，家长倾听并补充孩子对家族故事的叙述。例如，小A在讲到生涯家谱中外公的职业时，他是这样说的：“外公是一位大学教授，他冷静、睿智，也很温暖。每当我遇到烦恼和困惑时，都能从外公那里得到答案。和外公交谈后，我整个人都变得豁然开朗。我也想成为这样的人——给他人带来光明与能量。”从这段描述中，我们可以清晰地看到外公对小 A 潜移默化的影响。

第四步：分析与讨论。根据孩子对生涯家谱的叙述，家长可以提炼出几个重要的方向并对孩子加以引导，例如孩子对自己未来的职业设想、规划，为什么会这样规划等问题，此时开展这些不设限的讨论有利于孩子选择适合自己的生涯发展方向。

2. 生涯地图体验活动与亲子沙龙相融合

亲子沙龙活动是教师开展家校互动的一个极佳渠道。不同于讲座、家长会、座谈会等严肃场合，沙龙的形式不需要教师直接对家长进行说教和教育，家长和教师的地位更加平等融洽，有利于新教师家校沟通的正常开展。在亲子沙龙活动中，亲子任务的设计和具体开展形式是重中之重。常规情况下，心理教师在开展沙龙前需要整合社会心理服务资源，联合学校、社区、宣传、卫生健康等部门，辅助教师共同向家长普及精神卫生常识，从而推动学生心理健康家庭支持系统的建设。

生涯地图体验活动的加入可以为心理教师提供全新的亲子沙龙活动方式，这主要体现在三个方面。首先是活动时间的匹配，亲子沙龙活动可以分为短程或长程的活动，短程活动一般是指独立开展的单次活动，一次开展持续 3 小时左右；长程活动则是指持续性开展的家长沙龙活动，一般一学期开展 3—4 次，每学年开展 6—8 次，每次开展时间为 2—3 小时，正好符合生涯地图体验活动的常规开展时间。

其次是合作性，亲子沙龙活动中最重要的便是促进家长与孩子的合作，让家庭在合作中进步，让亲子在合作中看到对方不同的一面。生涯地图探索活动注重团队合作共同探索，当亲子通过合作完成职业探索实践活动的时候，也能感受到彼此与平时不同的状态，从而在生涯探索体验的同时促进亲子关系。从这一点看，生涯地图探索活动非常适合用于亲子活动。

第三点是资源广度，在组织和开展亲子沙龙活动的过程中最容易出现的问题就是活动资源的广度不足。教师经常遇到这样的困扰：“我想给学生和家长组织一场大型的活动，但是受限于场地和经费的原因，原本设计好的精彩活动只能以删减版的形式开展，整体效果受到一定影响。”而资源广度的问题，正是区域内编撰生涯地图时希望为各所学校解决的问题。整合了全区生涯探索活动的生涯地图，为所有教师提供了这些可用于各类活动的资源，这些资源涵盖活动场地、活动材料、活动设计、辅助人员等各个方面，正好弥补了教师开展亲子沙龙活动时资源广度不足的问题。

生涯地图探索活动与亲子沙龙活动有着较强的契合度，在考虑生涯地图探索活动的实际应用中，可以尝试对二者进行进一步融合的探索。

3. 生涯地图体验活动与构建生活式学习家庭氛围相融合

台湾学者黄乃毓在《家庭教育》一书中指出：家庭教育是强调在尊重家庭成员独立人格的基础上进行的一种相互教育。家庭学习大致有三种形式：第一是个人书本式学习，主要表现形式如个人独自看书读报等。第二种是团体式学习，主要表现形式为参加进修读书班、研讨会等。第三种是生活式学习，主要表现形式如家庭生活中的人际互动、沟通交流、分享成果、感悟生活的智慧。家庭教育专家乐善耀在《上海市学习型家庭观念、结构及其影响因素的调查研究》一文中指出：当前在家庭学习中，书本学习多于生活中学习，知识学习重于智慧和能力的训练。如何创建学习型家庭，在学习内容上完成从“以书本知识为主”的学习向“学知识、长智慧”的转变就很重要，这就需要家庭进行生活式学习。

生涯地图体验活动从实践出发，对 105 个生涯职业体验点进行了实地探索，并进行了详尽的活动设计，这些场所非常适合家庭成员参与共同生活式的学习。以下以“中国劳动组合书记部旧址陈列馆”学习体验为例，具体介绍生涯地图体验如何助力家庭构建生活式学习氛围。

首先，孩子通过搜索了解职业体验地点简介，包括开放时间、基地地址、基地简介。由孩子设计出行线路，向父母介绍场馆。

其次，家庭成员共同探讨此次活动的职业体验内容，设定职业角色。家庭通过职业兴趣维度了解孩子属于哪种类型，这种类型的共同特征，典型的社会需求等。如孩子的职业兴趣维度是社会型（S），共同特征表现为：喜欢与人交往、善言谈、愿意教导别人；关心社会问题、渴望发挥自己的社会作用；寻求广泛的人际关系，比较看重社会义务和社会道德。典型职业包括教育工作者、社会工作者（咨询人员、公关人员）等。通过父母与孩子的共同探讨，确定此次场馆中孩子体验的职业是陈列馆讲解员工作，为参观者提供讲解和帮助。

再次，家庭成员共同设定生涯体验点的活动目标，为活动做准备。如中国劳动组合书记部旧址陈列馆的活动目标是：初步了解并体验陈列馆讲解员的工作；感受讲解员平日工作的不易，学习换位思考；树立积极应对困难的意识，学习应对方法。活动准备包括：了解场馆工作规则、要求，孩子熟练背出解说词。

接着，家庭成员共同到生涯体验点参与体验活动。家长作为孩子的支持者和孩子现场表现的记录者，孩子参与职业体验。

最后，家庭成员多角度地分享。孩子分享职业体验的感受和反思，父母从旁观者角度客观陈述观察所得，帮助孩子更好地明确职业特性，孩子职业兴趣维度与职业的匹配等，提升孩子对一项工作的多角度思考模式。

综上所述，在当前的时代背景下，大部分学生的家长都拥有良好的学历、较强的感知力和优秀的表达能力。他们在家庭教育的过程中缺乏的并不是理论知识，而是可操作性较强的行动方案、真实有效的教育案例和便捷简易的资源平台。生涯地图体验活动与家庭教育指导有着高度的契合，教师可以在指导和提升家长育儿能力的过程中引入生涯地图，从而既减轻教师备课的压力，也为学生家长提供全新的教育工具。

上海市风范中学　徐静波
同济大学附属七一中学　乔岩
上海市回民中学　王景文

生涯地图体验活动与社会实践活动相融合

近年来，在中小学教育教学中，职业生涯规划作为一个不可忽视的板块正越来越受到大家的重视，这个板块的主要目的就是为学生今后的选科及就业进行有效的指导。社会实践活动是学生在中学阶段的必修内容，社会实践活动对于提高学生的综合素养与实践能力起着重要的作用。如果通过适当引导，把中学生社会实践活动设计成顺应高校招生制度改革，帮助中学生认识自己的阶段发展志趣，促进学生完成中学阶段到大学阶段转型的生涯规划，那么中学生完成社会实践活动就会变“被动”为“主动”，变“外在要求”为“内在要求”。中学生也会认真、合理安排时间去完成社会实践活动，并在其中积极思考自己的生涯规划。

由此可见，生涯教育与社会实践活动并不是毫不相干的两个板块，生涯教育与社会实践是中学生顺利走向大学及社会的两个重要环节，对于帮助中学生明确奋斗目标，确立正确的就业方向，实现学生职业素养的提升具有重要意义。社会实践活动与生涯教育如果成为拉动学生就业的两驾马车，将社会实践活动与生涯教育相融合，通过社会实践活动不断完善中学生的职业生涯规划，将有效促进人本化教育教学目标的实现。

一、生涯地图体验活动与社会实践活动相融合的意义

舒伯（Donald E. Super）认为，个人职业的发展是可以和人的生命周期的年龄阶段相配合的，在每个年龄阶段有其具体的发展任务。中学生大多在 14 至 18 岁之间，正处于职业生涯的探索阶段，是实施职业生涯教育的关键时期。生涯地图体验活动与社会实践活动相融合，对于他们思考大学选专业和个人职业具有重要意义。

（一）有利于减少学生填报高考志愿时的盲从性

生涯地图体验活动与社会实践活动相结合可以减少之后改变方向的成本，同时节约社会培养人才的成本。上大学实际上是一项教育投资，家长倾注了心血，学生付出了时间和精力，自然期盼合理回报。然而很多学生和家长认为自己的投入最终与产出不成正比，四年的学习时间和学费，换来的却是“找不到对口工作”“从事的工作并不喜欢，提不起兴趣”等。有些同学在没有经过深思与实践便选择了大学与专业，最后却发现并不适合自己，此时要想改变其发展方向需要付出巨额代价，即使是考研也无法改变有些优秀企事业单位要求本硕专业一致的要求，为了不浪费资源，不用付出巨额代价，我们有责任指导学生把握好大学选择专业的方向，帮助他们进行科学的职业规划，找到适合自己的职业发展方向。而生涯地图体验活动与社会实践的有效融

合，可以给学生不断认识自我与实践的机会，可以在不断的摸索中，找到适合自己的所在。

（二）有利于激发学生的内在学习动机，磨炼学生克服困难的意志

学校在进行生涯地图体验活动时，要让学生明白，考“好大学”固然重要，而选择适合自己的专业、学校和工作更重要，并不是人人都要去做家长鼓励的“高尚”工作，实际上职业并没有高低贵贱之分，适合自己的才是最好的工作。最重要的是，要引导学生思考，如何通过高中和大学的学习，拓展职业发展所需的相关知识和专业技能，内在的选择与坚定的目标往往为我们提供行动起来的巨大驱动力。

（三）有利于学生提前接触大学、接触社会

有的高中生被学校和家庭严密地保护在其中，和社会几乎很少有接触。踏入大学后，他们就一下子直接暴露出来，社会并不如青葱校园那么单纯简单，如果在高中阶段不慢慢过渡，一旦踏足社会，他们会由于自身缺乏抵抗能力，可能难以适应复杂多变的社会生活。因此，有必要增强他们的“免疫”能力，在高中阶段就多接触社会，打好“预防针”。社会实践与职业生涯地图活动是课堂教学的延伸和补充，它帮助学生实现理论和实践的结合。如今中学生社会实践活动在开展的过程中体现诸多意义，社会综合实践课程开设后，为锻炼学生的心理品质提供了机遇，为深化课堂所学内容提供了条件，有利于最大限度地发挥对学生进行素质教育方面所起的特殊作用。

二、生涯地图体验活动与社会实践活动的融合点

（一）目标的融合点

社会实践的目标，是为了提升学生的综合素养、创新精神与实践能力。这三个是大而宽泛的目标，其实还可以细分为许多小目标。在细分的过程中，就可以将生涯地图体验活动的基本目标融入下位目标中。每个高中生都有自身的优势潜能区域，可以在社会实践活动中引导学生在某一专业领域里尝试创新，进而认识自己的创新领域，考虑学生的实践能力与学生优势潜能领域、感兴趣领域的实践能力提升。将高中生生涯地图体验活动的目标有机融合于社会实践活动需要达成的具体目标，就能促进高中生社会实践活动与生涯地图体验活动的融合。

（二）内容的融合点

社会实践活动要求融合自我认识、生涯规划、职业认知、人际沟通等内容。据此，社会实践活动就有了生涯规划教育渗透的基本要求。生涯地图体验活动，不仅包括对自己职业的认知，也包括对自身性格、兴趣、价值观等关于自我的彻底剖析。所以设计高中生的社会实践活动时就可以引导学生在社会实践活动中认识自己的角色，包括对组织能力的认识、对自身能力可以从事的职业或初步感兴趣的专业的认知。

三、社会实践活动与生涯地图体验活动的相互作用

（一）生涯地图体验活动可以有效增强学生参与社会实践活动的主动性

首先，通过职业生涯规划设计可以使学生对自己及社会有一个全面的了解，其中包括了解自己的职业兴趣、职业价值观、职业性格及职业能力等。积极参与社会实践活动可以帮助学生对自己、对社会、对未来的职业有一个正确全面的评价；其次，职业生涯是一个动态、长期、多层次的过程，在初步制定职业生涯规划之后，需要通过社会实践活动对规划的合理性与可行性进行检验；最后，学生在对自己的职业生涯规划进行设计时，肯定会包括在学校期间的职业实践与培训环节，即包括社会实践活动。因此，生涯地图体验活动是基于学生的自我体验与社会实践上的，设计自己职业生涯规划的学生都会积极地参与各种社会实践活动。

（二）生涯地图体验活动可以促进社会实践活动更加具有科学性与实效性

生涯地图体验活动与社会实践活动融合，可以满足不同学生的需求，使社会实践活动变得更加具有科学性与实效性。由于学生的认知特点，使得学生之间存在着很大的个体差异性，形成了教育对象的层次性。社会目标要求是多样化的，既有最低目标要求，也有最高目标要求，除此之外，既有社会目标要求，又有自我目标要求；学校思想教育的网络化与一体化，使学生的思想与价值观取向也发生了很大的变化。由学校、精英等组织的传统的社会实践活动，大都不能调动大部分学生参与的热情。生涯地图体验活动与社会实践活动的良好衔接是建立在每位学生的兴趣及未来的职业趋势之上的，和学生个人的未来发展有直接的关系，可以大大提升实践的效果。

（三）社会实践活动可以帮助学生更加科学地完善职业生涯规划设计

对学生进行生涯地图体验可以引导学生的社会实践活动，社会实践活动又反作用于学生职业生涯的设计，学生最终都会步入社会，在学校接受教育的时期也就是学生走向社会的缓冲期。因此，学校应该根据生涯规划教育的目标及要求，积极地为学生创建各种类型的社会实践基地，并组织学生进行实践活动，让学生在校期间就可以体验自己未来的职业，使学生在实践活动的过程中逐渐接触社会，了解各行各业对员工的需求，帮助学生正确认识和评价自我，结合社会及学生自我发展的需要，不断地制定与完善自己的职业生涯规划。这一点也是与生涯规划教育的动态性特征完美契合的。生涯地图体验活动可以通过参与社会实践活动得到肯定或否定，这样才能做到螺旋式上升，不断地趋于科学与完善。

四、利用社会实践活动开展生涯地图体验活动的形式

（一）利用校园实践活动

校园实践活动是施展学生才华，开发学生创新潜能的大平台。这些活动的开展主要是以学生的兴趣及自身的内在需求为基础。以探索与改造活动对象为特征，以促进学生发展为目标的自主性活动。通过校园实践活动，不仅可以促使学生进行正确的自我认识，还可以很好地帮助学生探索自身的职业能力及角色，使学生对于职业的好奇或偏好更加具体化。比如，学校组织学生开展文化艺术节活动就很好地为高中生搭建自主的平台，从艺术节最开始的启动到最后的总结反馈，学生都要独立展示场地的规

划以及负责人员的培训等环节。通过这一系列活动，可以让学生深刻体会到劳动与创业的艰辛，增强学生的风险决策能力及商业意识。还有的学校会利用寒暑假组织学生体验一些职业，比如做一名图书馆的图书管理员，让学生切身体验到图书管理员工作的感受与经历，增强了学生办好事的责任感。

（二）参加“工作”实践

参加社会公益活动和利用课余时间进行“工作”实践，使学生通过角色模拟的方式体验职业人的生活状态，从而达到社会实践的效果。通过要求学生扮演他们所向往、所憧憬的职业，让学生体会该职业所应该具备的知识、能力、品格等要求，从而进一步引导学生如何去为自己的职业理想做准备。

（三）完善校企合作机制

校企合作是学校提升办学效率，谋求自身发展的一种新型办学理念。学生以市场为导向，结合企业用人信息的反馈情况，进而有针对性地培养各种人才，提升学生的实践效能，重视对人才培养的时效性与实用性，这其实是对教育教学模式的一种全新探索。通过“三分理论，七分实践”的教学模式，实现社会实践活动与生涯规划教育的深度融合，不断地弥补学生与用人单位需求的差异，增强学生的“工作”经验，提升学生在就业之前的竞争力。总之，校企合作不但可以让学生得到技能与发展，还可以更好地满足企业对人才的需求，进而有效实现学校与企业之间互利互惠、资源共享的双赢结果。通过组织学生进行各种实践与学习，开拓学生的视野，增强学生对各种职业的认识与理解。通过校企合作或者学生通过自己身边一切可利用的资源去参与社会实践活动，就是一种很好的体验与调查职业的方式。比如，在公司做会计工作，记录与计算每一笔收支走向，就可以对会计工作有一个新的认识与感知，会计人员需要耐心、细心，还要求从业人员不浮躁等。通过参与这种实践活动，可以帮助学生更加客观地认识与了解某一具体的职业，还可以把自己所得到的实践经验带到今后的学习与生活中，进一步发现自我、完善自我、挑战自我，使学生逐渐成熟起来。

（四）毕业校友“现身说法”

学校可以邀请已经毕业的校友到课堂上“现身说法”，树立起良好的榜样作用，帮助学生更好地了解自己感兴趣行业的“内部”信息，了解到自身的认识结构与岗位需求之间的差距，认识到自己与职业人员的差距，帮助学生更加真实地认识自己，明确自身的优势及不足，对自己既定的生涯规划的科学性与合理性进行思考，看自己想要选的职业是不是合适。

（五）鼓励学生探索创新，创建长效工作机制

对于社会实践活动的开展，学校要制定科学工作机制，以保证活动的组织有理可依。第一步，学校领导组织讨论，并出台相应文件，制定社会实践形式、内容、目标等。第二步，为了社会实践活动能够顺利开展，为其提供政策、经费、场地等支持。在实践活动完成后，要进行科学考核。此时需要关注的内容有两方面：其一，职业生涯规划教育与社会实践间的契合度；其二，通过社会实践活动的开展，学生获得了哪

些收获，是否提升其就业能力，以及是否推动个人发展。

（六）整合职业生涯规划教育资源

新时期高校应重视学生的职业生涯规划教育，不仅要建立专业的师资队伍、开设相应的课程设置，保证社会实践活动经费的投入，而且要注重校外实践教学活动的设计和组织等工作制度化、标准化。同时，通过职业生涯规划教育对学生进行心理辅导，学生充分认清社会实践活动的重要性，克服盲从心理，变被动服从为主动争取更多的社会实践机会。

（七）参观职业场所

学校可以结合周边资源环境，组织学生走出学校，参观工矿企业、交通运输部门、法院警局、银行、饭店、广播电台、医院、军队、科研院所等单位，帮助学生实地感受各种社会职业，使学生在参观学习中了解不同的职业分工，了解各种职业分工所需的知识、技能，增强学生对社会职业的感性认识与对自我兴趣的认识。

（八）实地调查访谈

让学生带着问题深入生活，对社会职业和从业状况等现实问题进行研究，进一步加深学生对各种社会职业状况、发展演变的认识，了解该职业对从业人员知识构成、素质修养、个性特点的具体要求。

高中生涯规划教育不是一种单纯的知识传授活动，而是基于高中学生的学习与发展需要，让学生对有关社会职业进行探索与实践的一种体验活动。高中生涯规划教育实施的目的之一，就是帮助学生将学习生活与社会职业生活联系起来。结合社会实践活动是实施高中生涯规划教育的一个重要途径。

五、高中生社会实践活动与生涯地图体验活动融合的注意要点

高中生社会实践活动与生涯地图体验活动融合的注意要点，对于学校教育管理者来说，一定要明确二者结合的活动要求设计、活动内容设计以及活动载体设计。

（一）活动要求设计

中学生社会实践活动与生涯地图体验活动的融合，应当强调四个原则：中学生社会实践活动要求的设计与学生对职业生涯教育集群的认识相结合；中学生社会实践活动内容与学生对自我职业、潜能认识相结合；中学生社会实践活动载体的设计与学生生涯路径明确结合；中学生社会实践活动系统的设计与学校、区域或地区社会资源相结合。

（二）活动内容设计

中学生社会实践活动内容设计，要充分认识到活动内容可以与职业生涯集群的相关课程学习紧密联系。美国教育部门把复杂的职业划分为16个生涯集群，并设计了相应的课程与可能涉及的生涯领域。学生若在每一次社会实践活动的完成过程中，对活动所对应的职业群课程有比较理性的认识与学习，就有利于对自身的志趣领域、优势潜能范畴与职业生涯选择甚至升入大学需要选学的专业有比较明确的阶段性取向

选择。

（三）活动载体设计

中学生社会实践活动与生涯地图体验活动相融合，关键是设计出合适的载体，包括社会考察课程、社会实践项目、志愿服务活动、社会公益劳动、文化艺术活动等。在社会实践活动载体设计中，需要明确的一条主线是活动载体的设计应与职业群课程学习相结合，与某个或某些职业领域相结合，引导学生在社会实践活动过程中逐步对自身的职业领域、专业志趣有比较明晰的理性分析。

六、教师在人生规划社会实践活动中的作用

在利用社会实践活动开展高中生涯地图体验活动的具体操作过程中，教师要充分发挥好引导作用，进行组织协调，更重要的是引导学生在实践活动中运用比较、抽象、概括等方法分析社会职业信息、从业与创业的关系，分析事业成功必备的条件和个人努力的发展方向，从而初步学会规划自己的未来专业学习与职业发展的基本方向。在具体活动中，教师的引导作用主要体现在以下几个方面。

（一）活动设计

根据生涯地图体验活动的整体要求，规划学生社会实践方案，设计符合学生特点的社会实践活动主题。教师在规划社会实践方案之前，应通过多种途径综合考察学校所处地域、学生人数、经费、学生意愿以及活动的时间安排等，还要考虑其他支持开展社会实践的社会机构或社区团体等多种因素，以便制定可行性的方案，有效利用当地的教育资源。

（二）方法指导

为使活动能达到预期效果，教师在组织学生进行活动之前应对参加活动的学生进行相关技能和方法的培训，让学生熟悉社会实践活动内容，掌握基本的社会实践技能，如编制调查问卷、设计访谈提纲、学习访谈感想。通过总结评价，引导学生体会实践活动给自己带来的收获，总结自己在活动中的不足，从情感、态度、价值观和方法技能等多方面进行反思，帮助学生在下一次活动中多几分理性和思考，从而取得更大的进步。

（三）组织协调

在具体社会实践活动中，学生可能会遇到许多实际问题，如有些单位不愿接受学生采访或参观等，教师要在活动前帮助学生做好相应的组织协调和准备工作。如可通过学校出面联系或与某些企事业单位达成协议，使其成为学生校外活动或实践的教学基地。在学生进行采访或活动时，学校最好能为活动小组或个人出具“证明信”或“介绍信”，为学生配备采访工作证，这样可以使被采访者了解相关情况并乐于接受采访。

（四）总结评价

利用社会实践活动开展人生规划的目的在于，让学生在活动过程体验中形成对社

会职业的客观认识，建立对自身兴趣和能力发展的客观判断，从而明晰自己的学习目标和未来的发展方向，形成人生规划的意识和能力。通过总结评价，引导学生体会实践活动给自己带来的收获，总结自己在活动中的不足，从情感、态度、价值观和方法技能等多方面进行反思，帮助学生在下一次的活动中多几分理性和思考，从而取得更大的进步。

生涯规划教育的开展，绝不是简单地进行知识传授或个别职业技能训练，必须着眼于学生终身发展的需要，将职业理想、职业意识、职业素质和人生规划的能力作为一项主题实践活动，引进学校、引进课堂、引进学生的研究性学习之中。通过社会实践活动，使学生逐步系统地了解行业发展趋势、体会职业工作要求、发现自我个性特征、掌握人生规划能力，从而树立正确的择业、就业、从业和创业的意识与观念；逐步理解学校学习与社会职业生活需要之间的关系；初步学会依据社会发展、职业需求和个人特点进行人生规划设计；提高和增强未来择业、就业、从业与创业的职业素质与竞争能力。

社会实践活动作为学校教育的一个新领域，人生规划教育的质量与效果最终取决于学生参与社会实践活动的质量。人生规划教育所具有的综合性、实践性、自主性和开放性的特点，要求教师充分发挥主观能动性，创造性地采用新的指导方法。只有采用了恰当的指导方法，才能使学生在轻松愉快之中了解与掌握基本的职业知识与技能，养成热爱生活、热爱劳动的态度，理解学习、就业和创业之间的关系，正确把握和处理升学、就业问题，掌控科学的人生规划能力，为日后的就业、创业和发展打下坚实的基础。

上海市民办风范中学　钱佳惠

在生涯地图体验活动中有效利用社会资源的实践探究

一、在生涯地图体验活动中利用社会资源的必要性

2014 年 9 月，国务院出台了《关于深化考试招生制度改革的实施意见》，标志着新一轮高考改革拉开序幕。上海在新一轮高考改革中将选考的范围进一步扩大，从原来加试类的“6 选 1”变为“6 选 3”，将原来英语科目考试一次机会变为两次选择机会。纵观全局，新一轮高考改革让高中生在科目和专业上都有了充分的选择权。但高中生普遍埋头于书本，对学科、专业、职业没有明确的概念，选择权的授予，反而成了学生的负担。在笔者所在的学校，对学生进行的职业倾向调查显示：75.64% 的学生首选医生或教师的专业，而选择这两类职业的原因是对其他职业并不了解；在学校选择方面，93.24% 的学生以学校排名作为首选依据，97.35% 的学生对高校专业都不太了解。这样的选择权放在学生面前只能是“盲选”。中学阶段开设生涯规划课程就是要学生在认识自己的基础上，有充分的时间探索专业和职业，并能在此基础上提早为未来的个人发展做准备。因此中学阶段的生涯教育，除了书本知识之外，还需要将课堂教学衍生出去。生涯地图体验活动是上海市静安区教育学院主持的一个中小学生涯教育的特色项目，学校在该项目的驱动下，继续整合高校、企业、专家等多方社会资源，搭建校社融合桥梁，让学生成为生涯规划的“掌舵人”。

二、在生涯地图体验活动中利用社会资源的价值分析

（一）社会资源融合于生涯地图体验活动的相关连接点

1. 了解生涯地图体验活动

根据 2018 年《上海市教育委员会关于加强中小学生涯教育的指导意见》的相关要求，高中阶段的生涯教育是基于学生终身发展的目标，通过校内外各种教育教学活动，帮助学生认知自我，洞悉高校专业和社会职业信息，培养学生学科选择与职业规划的能力，拥有顺应时代变化与社会发展所需要的关键知识、技能与品质①。

生涯地图的体验活动是由静安区教育学院主持开启的旨在帮助学生全面认识自我，使学生在初步了解自我潜能和职业要求的背景下，结合自身能力，自我设计职业

① 白天鹏. 高中生职业生涯教育规划存在的问题及对策研究[J]. 成才之路，2020（4）.

生涯规划[①]。该活动除了以地缘出发绘制惠及全市的生涯体验坐标图，同时在诸多资源的努力下，让学生在体验中以生涯发展为蓝本，绘制中小学生涯发展的蓝图。

2. 认识社会资源的内涵

社会资源是一种包含人力、物力、财力的社会性资源，是一种区别于学校资源的校外资源。生涯地图体验活动中社会资源利用就是将校外资源引入生涯规划教育中，采用"请进来"与"走出去"两种方式，帮助学生走进专业与职业领域，形成职业规划意识，具备初步的职业规划设想，拥有动态的职业规划理念，为终身发展奠定基础的教育过程。

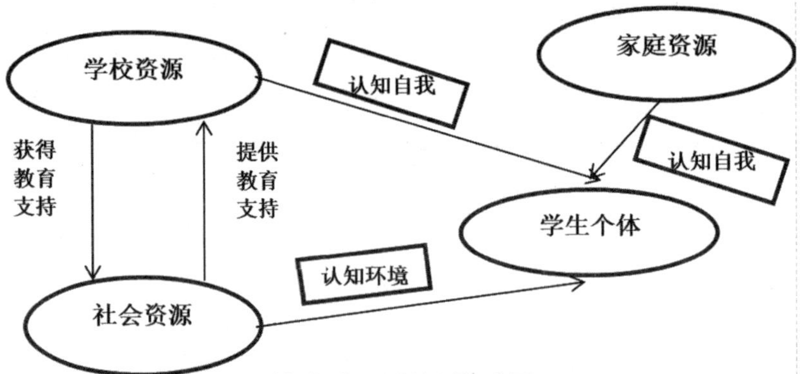

社会资源利用关系图

（二）在生涯地图体验活动中利用社会资源的现状分析

1. 在生涯地图体验活动中利用社会资源的途径分析

社会资源是一种相对于学校资源而言的教育资源。目前有关生涯规划教育活动的社会资源大致由两种渠道获得。一种来自教育行政部门提供的社会资源。另一种是学校通过自身社会资源寻找到的教育资源。前者主要是教育行政部门聘请一些专家学者，以面向学校教师的形式，利用面对面培训或者空中讲堂的方式传授一定的知识和资讯。后者是学校自身找寻的社会资源，以面对学生为主，出席者以专家学者、企业家、高校教师、毕业学生为主。因此前者以间接式的生涯规划教育为主，后者是直接式的生涯规划教育形式。这两种途径都丰富了学校生涯教育的资源，对学校的生涯教育有一定的促进作用。

2. 在中小学生涯地图体验活动中利用社会资源的价值分析

（1）社会资源有利于增强生涯地图体验活动的广度

生涯地图体验活动是对学生进行自我认知和环境认知的教育。从目标、要求和内容来看，生涯地图体验活动既是讲授学生方法又是引领学生实践的活动。如果只是教师单一地按照相关教材内容，在课堂上让学生回答几个问题，完成几个测试，显然无

① 潘建军. 基于学生发展视角的生涯规划课程[J]. 教育学报，2020（4）.

法让学生形成规划意识，难以为自己的人生描绘蓝图。社会资源是学校教育的一种补充，让学生在校园这一“象牙塔”中，能更多接触到社会性元素，从不同职业、不同角色的人身上了解有关专业、职业信息，从而拓展学生思维的广度，为适应社会、融入社会做好准备，为自己的职业规划埋下理想的种子和积聚行动的力量。

（2）社会资源有利于增强高中生涯地图体验活动的温度

生涯教育是一门生活化的教育，生涯地图体验活动也是一门显性的德育活动。生涯地图体验活动是以“生涯体验”为目标的德育活动。为了还原职业的真实性、体验的充分性，这就需要体验活动搞“真”、搞“活”。“真”是反映当下社会最真实的状况，“活”是指将生涯规划的思想、计划、行为“三位一体”有机地结合起来。学校的教师，总处于学校的工作环境中，与社会其他的行业与职业接触不多，无法在课堂上将“知识”与“社会实际”结合起来，课堂的“燃点”不够。但社会资源中的人员身处不同的社会角色之中，可以给学生带来多角度的社会观察和社会视觉，让生涯规划教育能够成为应学生需求、答学生疑惑、指学生方向的有温度的教育，让生涯地图体验活动能够成为学生成长过程中具有启迪意义的德育活动。

（3）社会资源有利于增强生涯教育的效度

如果说生涯教育是培养学生能够顺应社会发展和对人生有美好规划，那么生涯地图体验活动就是把实践体验融入教育过程中，使学生在实践中获取直接体验、直接感悟。社会资源可以为学校生涯教育提供实践的平台，使学生在实践中，走出课堂，走进社会，思考专业，体会职业，感悟人生的规划，体验人生百态，感受世间温暖，使生涯教育真正有效起来。

三、在生涯地图体验活动中有效利用社会资源的实践与探究

夸美纽斯说：“教育就是把一切事物给一切人类的全部艺术。”任何教育手段都要讲究持续性、策略性和艺术性。笔者所在学校充分发挥社会资源的价值，让社会资源有效融入生涯教育之中，充分发挥社会资源引领性、启发性的作用。

（一）有效利用社会资源的校本实践

1. 将社会资源纳入学校的生涯教育活动设置之中

笔者所在学校在高中三个阶段分别开设以认识自我、学涯指导、生涯巡航为主题的生涯教育活动。在学涯指导和生涯巡航阶段都会引入社会资源，邀请工程院院士来学校讲课，世界500强企业的高管进行演讲，凭借某些企业对学校的资助，让学生走出校园，与企业人力资源总监讲述人才对企业的重要意义，畅谈人生规划和发展。

2. 编制社会资源利用的实施计划

在学校每学期的教学计划之中，会将社会资源的利用纳入学校生涯活动的计划之中，将邀请的嘉宾、时间、地点以及教育的形式、教育的对象确定下来，并及时报告学校教学处和德育处。教学的形式和内容会结合学生实际的困惑，结合时下的热点确定生涯教育的主题。

3. 注重社会资源利用的务实性和有效性

学校在利用社会资源开展生涯教育的过程中，一般会采用讲座的形式，但近年来也感到利用社会资源进行生涯教育会出现影响大于效果，无法确实解决学生心中疑惑，指导缺乏持续性的问题。因此在开展“《洞见生涯创建未来》高中生涯论坛”过程中，邀请了和学生年龄相仿的毕业学长和学姐，经过事先充分的准备，采用座谈的形式，为学生在学涯、生涯选择方面提供更加有效的帮助。

《洞见生涯创建未来》高中生论坛框架图
1. 论坛第一部分：学涯迷航，点石成金 问题 1：学习上遇到困难怎么办？（讲故事、讲策略） 问题 2：什么能力最重要？ 问题 3：回首高中生活，你最大的遗憾是什么？ 2. 论坛第二部分：洞见生涯，乘风破浪 佳佳：视频 2—3 分钟，介绍自己、社工专业与实践、怎样进行实践。 非子：视频 2—3 分钟，介绍自己、目前在做什么、准教师的准备。 枭枭：讲述自己怎么会选择计算机专业的，介绍选择专业的路径。 岑岑：介绍自己与专业，如何处理“管理”与入门之间的关系、高中学习对大学学习的有效作用。 婷雨：介绍自己与法医专业。 潘潘：学霸讲述 9 门科目的学习方法。 3. 论坛第三部分：真知灼见，创建未来 高一、高二学生提问，请嘉宾提出建议，解答疑惑。

（1）充分调研，解答疑惑，提高论坛的有效性

高中阶段学生处于生涯探索阶段，对有关生涯发展会有很多疑惑，只有了解学生的疑问，从而解答学生心中的疑问，才不失为一次有效的生涯指导。在论坛开始之前，收集学生迷茫中的共性问题。论坛中，学生聚焦的疑问有三个：学习上遇到困难怎么办？什么能力最重要？高中生活中最大的遗憾是什么？让台上的参与者在谈论中充分表达自己的观点，解答台下学生听众心中的疑惑，提升论坛的针对性、有效性。

（2）巧用故事，讲述经历，增强论坛的生动性

生物学家研究表明：人在听故事的时候，会失去智力上的防备，会放松精神，享受其中的乐趣，并且会放下戒心。因此论坛的参与者将自己以往的经历用故事的形式表述出来，可以提升学生的兴趣，触动听者的内心，并在聆听过程中将自己的实际与讲述的内容产生更多的联系，从联系中受到启迪。例如，在论坛第二阶段，参与者运用自己故事讲述了如何实践、如何选择专业、法医到底学什么、高中学习对大学是否有用、大家最热衷的应该做好哪些准备、如何进行高中 9 门功课的学习等问题。学生从故事中，获取了生涯规划中的要领。

（3）同伴教育，点燃希望，增强生涯规划可操作性

对于还身处未成年阶段的高中生而言，同伴对其的影响远比长者来得深远和巨大。繁重的高中学业也让学生倍感沉重。因此这次生涯论坛，笔者选择了近四年从学校毕业的学生。他们与下面的听众，无论是生活背景、学习背景都十分类似，所以他们的生涯成长有很好的借鉴意义。而学长们的建议也让学生在学涯迷雾中找到较为清

晰的发展道路，让学生在务实的谈论中，找到自己生涯发展的方向。

（二）对利用社会资源开展高中生涯规划教育的若干思考

著名教育学家杜威说过：“教育必须从学习者已有的经验开始。”在高中开展生涯教育也需要贴近高中生的实际，才能获得最为有效的教育成果。因此生涯规划教育也需要贴近学生的实际，但随着生涯教育一体化的展开，生涯教育在利用社会资源方面存在一些问题。

1. 对社会资源的利用学校要做好精心的安排

社会资源对高中生涯课有很重大的意义。但社会资源在带有很强烈的“社会性”的同时，又缺乏“教育性”元素。这就需要学校在利用社会资源时精心设计，慎重取舍，将讲座、访谈等教育形式设计得更符合学生的认知水平，更贴近学生的实际。笔者所在学校组织学生前往上海禁毒馆、四行仓库进行职业体验时，会以问题链的形式，引导学生进行思考。

2. 对社会资源的利用要有明确的教育目标界定

目前各年龄段的学生在学校开展生涯规划教育中，都会运用到社会资源，特别是家长资源，大多通过采访家长，获得对职业的认知。小学阶段和初中阶段甚至幼儿园阶段都会采用这一社会资源，但随着教育对象年龄的不同，应该有不同的教育目标，所以相关教育部门应该提供生涯指导细则，学校再根据学生实际，设计更加细化的培养目标。

3. 对社会资源的利用要有法律保障

学校目前对社会资源的利用，一般都是利用自身的社会资源找寻。这使得社会资源充满着“人情”的味道。但因为缺乏法律法规的保障，社会资源在被利用的过程中，缺乏持续性、系统性，从而使生涯教育的有效性也大打折扣。希望有关行政部门出台相关的法规，保障社会资源的充分利用。

上海市久隆模范中学　杨汤颖

第四篇　一体化推进篇

小学生涯地图体验活动

素质教育在我国已实施多年，“教育要培养怎样的人”这个话题也备受关注。学生的价值观、人生观和世界观随着学生的成长而不断完善和转变，形成独特的自我发展形态。生涯教育的着眼点在于学生的终身成长，包含着人一生中所要承担的各种生活角色和职业角色，从小学阶段就应该让学生充分地认知自己，对各种职业有所了解，能理解并进行一些职业探索，拥有自己的梦想和生活目标[①]。

《上海市教育委员会关于加强中小学生涯教育的指导意见》(沪教委德〔2018〕8号）中指出：“小学阶段的生涯教育侧重于生涯启蒙。主要通过观察、模仿、游戏体验等活动形式，注重幼小衔接，指导学生发现并了解自身的兴趣爱好，感受学习乐趣，提高学习兴趣，增强学习自信心，引导学生形成基本的社会职业认识和人际交往能力，初步培育终身学习和发展的意识。”

一、小学生涯地图体验活动的目标与内容

上海市静安区从2018年6月启动区域内职业体验活动案例征集，组织教师编制生涯地图实用手册，目前区域生涯地图部分涉及博物馆、地铁站、派出所、医院、银行、商业中心、酒店、建筑设计院等不同场所，涉及社区、金融、服务、研究等不同领域的职业类别。职业体验点配套设计了相关的学习单，成为静安区各学校开展生涯体验活动的指导材料。

在此基础上，结合静安区小学生涯教育目标和内容，按照小学低年级、中年级和高年级学生的不同特点，分别制定了静安区生涯地图体验活动分目标和内容[②]。

（一）小学一、二年级生涯地图体验活动目标与内容

小学生刚从幼儿园进入小学，需要有一个适应过程，完成幼小衔接是这个阶段很重要的任务。在低幼年龄阶段，着重培养学生的习惯和学习态度、掌握一定的学习方法，寻找自己的兴趣，愿意与老师、同学交往，并在交往中发现自己的长处及优缺点，了解家长的工作对自己的影响。

目标：

1. 通过各种活动提高学生的适应能力。

① 栗新. 美国小学职业生涯教育管窥[J]. 教学与管理，2015（7）.

② 陈志华. 台湾地区职业生涯教育对大陆中小学教育的启示[J]. 福建教育学院学报，2014（8）.

2. 让学生认识到学习的重要性，将伴随人的成长而变化。

3. 开展活动促使学生思考与别人沟通的必要性。

4. 通过多方面评价，帮助学生形成积极的自我概念。

5. 知道一些职业常识，能关注身边人的职业。

内容：

1. 让学生快速地适应学校生活，喜欢上学校的生活环境。

2. 教会学生不同的学习方法、养成良好的学习习惯，拥有积极的学习态度。

3. 在活动中学会和老师、伙伴交往的小技巧，体验与别人建立友谊的快乐。

4. 了解自己的兴趣爱好和优缺点，学会欣赏自己的优点并接纳自己的缺点。

5. 邀请家长到学校给学生介绍自己的工作，让学生对身边家长的工作充满好奇感。

（二）小学三、四年级生涯地图体验活动目标与内容

小学中年级学生已适应了小学的学习生活，这一阶段生涯活动会关注培养学生的各种能力，让学生在家长、教师、伙伴的启发下挖掘自己的潜能，给学生创设机会了解社会，加强对社会的了解。

目标：

1. 在学习和活动中，引导学生进行自我探索。

2. 提高学生的学习兴趣、感受学习的乐趣，对未来充满信心。

3. 在互助合作中体会人际关系的重要性，适应班级生活。

4. 通过各种职业模拟活动，促使学生理解社会环境。

5. 通过观察、体验、了解、扮演等形式认识不同的职业，树立正确的劳动价值观。

内容：

1. 了解并乐于探索自己的能力，知道能力与工作相关联。

2. 初步了解常见的工作所需要的能力，培养自己的能力。

3. 形成自己的学习方法，培养自己的学习兴趣，并知道自己有信心在将来运用自己的知识。

4. 有乐群、合作、自立等健康人格特征，能在团体中合作完成任务，有自己的好朋友。

5. 在学校日常生活中进行劳动岗位体验，参与社区活动，树立劳动光荣的观念。

6. 在各种职业相关体验活动中，进行职业模拟活动，尊重劳动者，培养劳动不分贵贱的意识。

（三）小学五年级生涯地图体验活动目标与内容

五年级的学生对自己的能力有所了解，对工作环境有好奇心，能自信应对一些生活中的小困难，愿意参与各种社会活动，在活动中能够学会自我管理。这个阶段的学生面临着小学升中学的压力，要引导学生具有生涯准备的意识。

目标：

1. 帮助学生不断进行自我觉察，促进学生在体验中提高自我控制能力。

2. 通过各种职业体验活动，促进学生了解工作胜任能力的含义。

3. 愿意承担起自己应负的责任，积极融入社会环境。

4. 发展解决生活困难的能力，引导学生相信自己能在各种任务中实现目标，确立终身学习的理念。

5. 参加各种活动，在活动中学会时间管理，为生涯规划做准备。

6. 加强学生对社区、家庭及周围社会的认识，参与社会活动，初步具备合作分工意识。

内容：

1. 参加活动，在活动中认识到自己的不足，并能控制自己的情绪。

2. 了解胜任各种职业需要的能力、性格和态度等基本要素，让学生知道当前学习和未来的关系。

3. 在生活中学习担负起自己的责任，对于自己的过失有承担的勇气，不推脱、不胆怯。

4. 学生参与各种活动，能找寻各种资源，在活动中自主解决问题，知道从不同的途径找寻解决问题的方法。

5. 能对自己的时间进行规划，分清楚事情的主次，合理安排好娱乐和学习的时间。

6. 学习策划小活动，包括假期活动，提高策划小活动的能力。

7. 参加各种社区活动和周边社会活动，能在活动中和伙伴合作完成。

二、小学生涯地图体验活动的形式

生涯教育在小学阶段开展的形式比较多姿多彩。很多学校开展不同的生涯活动，学校设计一些模拟的职业体验，学校的家长资源也对学校开展职业认知活动提供了可能。除了社会实践活动，小学阶段还设计校园的生涯模拟活动。目前静安区已有越来越多的学校开始关注生涯教育在活动中的渗透，就静安区生涯地图上的职业场所进行职业主题教育活动。从培育社会人的角度，关注学生人际交往能力、问题解决能力、职业胜任能力意识的提升。重视学生的人格成长，促使他们了解职业世界、考虑自己与社会、学业与职业、目前与将来的关系，在自我探索中做好生涯准备。

（一）生涯教育活动类型

生涯教育活动设计渗透职业观、职业意识、职业素养等内容，有利于培养学生对未来职业合理选择的意识。通过参与丰富的活动，培养学生的劳动观、职业观，引导学生拥有积极乐观的人生态度和选择未来道路的能力。静安区教育学院心理教研员钟向阳把学校生涯教育活动分为三种类型[①]。

1. 分享性生涯教育活动

通过实践层面的体验，如角色体验、劳动体验、体验探究等和心理层面的体验，如对别人移情性理解和对自身的回顾与反思等，运用多种方法的体验来了解自己具备哪些技能，还需要学习掌握哪些技能；引导学生体会活动是有帮助和有趣的，不仅是对自己，而且也对别人，通过分享，获得其他人的关注和共享活动经验和成果；引发学生体验、互动、反思和分享，增加活动的价值，将活动的意义引向深入。比如上海市静安区闸北实验小学王莹玉设计《交警小达人》生涯活动案例，在活动中让学生认识交通标志、学习指挥交通的手势，了解和体验交通警察的工作。活动内容片段摘录如下：

（1）走近交警

①参观交警工作环境，了解交通警察的工作职能。

②请交警讲一讲“我的工作故事”。

（2）学习交通法规知识

①看一看：观看交通安全宣传片，感受交通安全的重要性。

②认一认：与道德与法治课结合，开展游戏“交警标志对对碰”，了解常见的交通标志的含义。

③学一学：学习指挥交通的基本手势，如停止、直行、左转、右转、变道、减速慢行、示意车辆靠边停车。

④测一测：开展有关交通法规和交通手势的知识竞赛。

⑤评一评：针对“交通标志配对”“基本手势学习”和“交通法规测试”三项，交警指导员对学生进行评星点评。

2. 组织性生涯教育活动

组织性生涯教育活动首先必须得到学生的理解、支持并身体力行，才能得以实现。生涯教育活动的目标和任务要赢得学生的支持和配合，只有增强内聚力和向心力，在活动中上下左右关系融洽和谐，团结一致，齐心协力，才可能在“内求团结”的基础上“外求发展”。

其次，活动的成功有赖于组织全体学生的努力和配合，活动中学生的一举一动、一言一行都会影响活动效果。如果他们活动推进不顺、关系不睦，在活动中发牢骚、讲怪话甚至唱反调，就会严重影响活动效果，还可能会将已取得的成果抵消殆尽。

此外，生涯教育活动的成功开展包括一些基本的要素，它们是：合理的规划、井然有序的过程、完整的系统、互相配合的团队、细心踏实的作风、精益求精的技能和共同的价值观念等等。其中，共同的价值观念被认为是核心要素。

① 沈之菲 . 开启未来之路——中小学生涯教育实施指南 [M]. 上海：华东师范大学出版社，2019.7.

上海市静安区保德路小学把心理健康活动月设计成全校性的生涯活动。先在全校进行职业了解调查表，通过了解学生的情况，请同学们一起参与生涯活动设计，主题是“心怀梦想，共筑慧乐园”，活动旨在鼓励学生走进社会、了解身边的人和事，培养乐观、自信、自立、坚持等好品质，用孩子能理解的方式进行生涯启蒙，增强社会理解力和劳动意识，期待学生能对未来有憧憬、有梦想，并愿意为此做出努力。一、二年级开展“长大以后做什么”绘本录音生涯活动；三、四年级开展“不一样的工作”家人工作小调查视频生涯活动；五年级“寻访劳动者的足迹”学生实地采访生涯活动，分别对46路公交车站、大金空调门店和居委会街道办事处人员进行采访。为了拓展学生的生涯体验，学校联系职业体验场所，组织三年级和五年级学生进行室外生涯活动，让同学们在活动中有所乐，有所得。见表1。

表1 上海市静安区保德路小学职业活动体验学习单

寻访活动名称：美味糕点诞生记	班级：	姓名：
寻访地点：	寻访时间：	寻访对象：
一、寻访问题 1. 做糕点要事先准备什么？ 2. 成为糕点师需要哪些资质？ 3. 蛋糕上的花纹怎样设计？ 4. 你为什么会选择做一名糕点师？ 5. 这个工作让你觉得最满意的地方是什么？ 6. 糕点制作大概需要多少步骤？ ……		
二、活动评价与感受		
我对这次寻访活动的兴趣程度是：☆☆☆☆☆ 我对自己的表现认可度是：☆☆☆☆☆		
这次活动我的收获是：	精彩留念	

3. 创造性生涯教育活动

创造性生涯教育活动能培养学生的进取心、自信心、坚韧性等人格因素，具有以下三方面特点：

（1）变通性。通过活动能引导学生随机应变，举一反三，能产生超常的构想，提出新观念。

（2）流畅性。首先是具有丰富创造活动体验的实践过程，其次该实践过程还可能产生独创性的成果。

（3）独特性。通过活动形成不寻常的独特见解，利用已有定论的原理、定律、方法，解决问题时有方向、有范围、有程序。

比如静安区闸北三中心小学陈来秀开展“少年人的生涯启蒙”活动，通过采访、厨艺展示、媒体宣传、广播等形式，让学生在自己的创意中体验到职业人的甜酸苦辣。

生涯教育活动帮助学生在活动中学会合作，了解不同的工作角色和类型，思考学业与选择未来职业的方向，认识到工作不分贵贱，都是实现自我价值和对社会做贡献。

（二）设计职业教育主题体验活动

2018 年 9 月，为了提高静安区小学阶段学校生涯地图体验活动的质量，区域开展了课题组活动，组织项目校单位讨论，设计和实施开展多形式的职业体验活动，在实践中得出了一些经验。

1. 职业介绍活动

邀请职业人物进入校园，或者邀请父母进入校园，从学校的组织操作而言比较方便，对学生尤其对于生涯启蒙期的孩子来说，可以让孩子们在校园内接触到更多的职业，满足了他们对社会的好奇心。

案例 1：爸爸妈妈进课堂

静安区第一中心小学的爸爸妈妈进课堂活动，就是邀请爸爸妈妈进入学校担任职业介绍人，为孩子们介绍各行各业。

操作方法：

第一步：广泛招募，积极动员

学校在全校范围对家长进行“生涯导师”招募，每位家长都收到了一份真挚的邀请函。我们在邀请函里告知家长组织这个活动的目的是什么，生涯教育的内涵是什么，家长参与进来的意义是什么，动员家长积极投入该项目。

第二步：培训家长，提升实效

由于家长没有上课经验，因而我们设计了一个结构化的框架，要求家长的每节课都包含三个要素：一天职业生活介绍、一次职业技能体验、一个职业故事分享。家长按照这样的思路去备课，能够使学生对这一种职业产生更深的理解。同时，针对小学生的身心特点，我们建议每个家长给这份职业宣讲取一个有趣又好记的名字，让孩子们形象地记住这个职业的特点。

第三步：组织学生，自主选课

为了充分尊重学生的兴趣，并提高学生的参与度，我们把传统的由一位家长给整个年级一起做讲座的形式改成多位家长导师同时到学校，学生可以根据自己的兴趣进行选课的形式。这样，每堂课的参与人数在三十人左右，可以提升学生的体验感，也照顾到学生的个体兴趣差异。

第四步：家长反馈，颁发聘书

课后，我们组织家长进行了热烈讨论，以此进一步达成共识，促进家校合作。学校还向家长颁发“生涯导师聘书”，以确保长期的合作关系。

第五步：学生反馈，促进完善

每位学生在课后会填写一张学习反馈单，从中我们可以了解学生的实际需求以及对该活动的评价。

从案例 1 可以看到，做好职业宣讲也有许多学问：一是职业宣讲的基本要素包括哪些；二是怎样让职业宣讲打动小学生；三是学校如何开展组织工作，使资源与需求精准匹配。这个案例提供了很多值得我们学习的经验。

2. 职业模拟活动

中小学在日常校园文化活动中会开展一系列丰富多彩的学生活动，其中许多活动都可以融入职业体验的内容，从生涯教育的视角，帮助学生增进对职业的了解、职业能力的模拟，提高责任承担、任务完成等能力，引导学生自我觉察。

案例 2：神奇的大洲，特别的职业

2018 年上外静小英语节活动是以体验大洋洲比较有特色的 12 种职业项目有关，让学生充分、直观地感受每种职业的工作内容，模拟职业工作行为。每个职业项目都进行了精心设计，以大洋洲的内陆飞行医生职业为例：

活动内容：

（1）课内学习，初步认知

在学校英语课程中通过文字和图片了解职业。例如内陆飞行医生的工作职责、工作任务以及相关薪酬等。

（2）场馆体验，全面感知

在体验当天，学校会组织和设计相应的场馆，场馆内有一定的游戏项目让学生体验，例如急救知识问答、模拟急救体验等。

（3）颁发职业考核章

学习和体验结束后，通过考核的学生会得到“合格飞行医生”纪念章，作为纪念。

（4）学生撰写体会

学生可以小报、PPT 制作的方式进行总结，并回到课堂进行分享交流。

案例 2 所呈现的职业体验活动与学校的校园文化活动紧密结合，并与课堂教学相结合，充分调动了学科教师的参与，融合了校内外的课程资源，可谓一石多鸟。

3. 职业场所体验活动

《上海市静安区中小学生涯地图实用手册》中有很多静安区的职业体验场所。手册的范围是北起保德路，南到延安高架路，小学共介绍 18 个体验活动，涉及 12 个工作场所。手册中的案例都有活动过程、学习单、评价内容等，学生可以走出校园，观察、触摸真实的职业世界。

案例 3：小小地铁驾驶员

2018 年 12 月 1 日，上海市静安区第四中心小学以“体验”为主的“地铁上的小粉丸”小学生生涯教育活动拉开了序幕。经过前期的准备，同学们明确了开展“小粉丸”活动的每个环节的具体要求。同学们都带着“我是小司机”的憧憬，整装待发，在劳模顾正皓哥哥的带领下，队员们来到了梅陇地铁车场，开始了一天的活动。

（1）一天的工作经历

一早，跟随顾哥哥的脚步进入司机叔叔一天的工作。出车前，进行车子的维修保养，驾驶室各种开关的检测。各项检查完成，此时天还蒙蒙亮，小顾哥哥迎着第一缕阳光将地铁开出车库，迎接每一位市民。晚上，当人们进入梦乡，地铁又将回到车场，再次进行检修。这周而复始的工作中队员们不仅感受到了地铁司机工作的辛劳，同时也从他们身上感受到了对工作的那份责任心。

（2）一次面对面的采访

每个司机的背后都有一个个感人的故事，对于孩子们来说也是一次很好的教育机会。在此次面对面的采访前，小队队员们通过集体讨论确定了本次活动的采访内容：小顾哥哥，你从事地铁驾驶工作有多久了？你喜欢这个工作岗位吗？在这么多年的工作中，你觉得最幸福的是什么时候……除此以外，队员们还落实了相应的岗位：记录员、摄影师以及地铁相关知识的学习。有了前期充分的准备，活动当天，采访特别顺利。队员们除了采访既定的内容外，还提出了自己平时在乘坐地铁时碰到过的各种特殊现象，在小顾哥哥的耐心解答后，队员们豁然开朗。

（3）一次职业体验

体验环节是学生最感兴趣的，学生只有在体验中才能习得知识和技能，只有在体验中才能体会到知识的重要性，只有在体验中才能激发学生对职业的初步认识。

①确定体验的岗位

学生来到梅陇车场，那是地铁“休息”的地方，在这里才有机会让学生进行地铁驾驶员岗位的体验。

②学习岗位的知识

跟着小顾哥哥学习了地铁前进、后退开关的使用，地铁门的开关，刹车的指示灯等一系列知识。

③体验岗位的工作

了解相关的驾驶知识后，小队队员们坐上驾驶椅就可以操控了。亲手启动地铁、开关地铁门，小小的操控中让孩子们做了一回小小驾驶员。特别是车门开启，一按动开关就控制了整列地铁的32扇门，更是令队员们惊奇不已。

④撰写体验的心得

整个体验过程孩子们收获了许多，他们通过各种形式记录下此次实践活动的体会。

4. 一堂别样的自主课

为了更好将实践活动落实到生涯教育中，此次实践活动后，小队以“小粉丸在行动”为主题，进行自主课的展示。通过召开自主课，加深学生对职业的认识，激发学生对学习的兴趣。

【学习单】

地铁上的“小粉丸”实践活动任务单（我是小司机）

活动步骤	活动足迹
一天的工作经历	1. 了解司机叔叔每天工作的时间。
	2. 了解每天工作前的注意事项。
	3. 了解每天工作的内容。
一次面对面的采访	1. 小队集体讨论完成一份采访内容的预案。
	2. 和劳模面对面采访。
	3. 及时撰写采访活动的体会。
一次职业体验	1. 通过各种途径学习岗位的相关知识。
	2. 走上岗位进行一次职业体验。
	3. 记录体验的心得。
一堂别样的自主课	1. 整理小队活动的所有资料。
	2. 以“劳模的一天”为主题召开自主课。

【活动评价】

“地铁”这个与学生日常生活密切相关的职业场所，融复杂性、多样性、全球性为一体，是我们孩子学习体验的最佳场所。在开展地铁上的“小粉丸”实践体验活动中学生收获颇多，通过下表对学生进行综合评价。

地铁上的“小粉丸”（我是小司机）职业体验反馈单

职业探索活动评价表				
维度	观测点	自评	组员评价	家长评价
活动前准备	简单了解实践岗位工作内容			
	认真学习实践岗位的相关知识			
	设计的采访问题有针对性的			
	自主课板书、媒体、教案的准备情况			
活动中参与	与小组成员合作完成实践岗位			
	采访时语言简洁、精练			
	采访时面对突发问题灵活应对			
	积极参与自主课活动			
活动后反思	认真撰写采访活动体会			
	能够换位思考，体会各行各业工作的辛苦			
	与其他同学分享职业体验活动			

《生涯地图实用手册》给了教师们在带领学生参与职业体验活动时更多的选择。在此基础上，学校充分利用校级资源，不断补充活动内容，这样的活动体验给家长和学生都带来不一样的感受。

三、小学校本生涯地图体验活动

根据舒伯提出的理论，人的生涯发展由三个层次组成，即生涯发展的时间、生涯发展的广度和生涯发展的深度。舒伯认为成长期是0—14岁。这一阶段有四个核心发展任务：考虑将来；增加个人对生活的控制；提高对工作和学业成就重要性的认识；获得积极的工作态度。这四个任务相互连接并相互影响，需要分阶段完成。4—10岁是一个幻想时期，11—12岁是一个兴趣期，而13—14岁是一个能力期。保德路小学在校长戴青和德育教导刘继红的带领下组织了导师团队，尝试在小学阶段开展生涯主题活动，在生涯地图体验活动中研发校本资源，形成校园生涯地图体验活动方案。

保德路小学校园生涯地图体验活动方案（小学版）

目录

走进新校园

活动一　美丽的校园

活动二　我的自画像

活动三　大手牵小手

养成好习惯

活动一　快乐的学科节

活动二　我的小书包

活动三　安静的图书馆

学习中的那些事

活动一　学习真有趣

活动二　和学科相关的职业

活动三　比比谁的方法多

我身边的人

活动一　父母的工作场所

活动二　工作中的小伙伴

活动三　未来的我

能力探索的旅程

活动一　我的能力我知道

活动二　能力与职业

活动三　自控能力知多少

走到社会看一看

活动一　小小义卖会

活动二　我是精算师

活动三　谁是最佳讲解员

保德路小学教师根据年级、班级的需要挑选进行活动，活动开展有助于形成生涯教育系列校本模块，关注学生成长的需求，体现学生学习的主体地位，形成校本生涯地图体验活动资源的整合和一体化。

四、小学生涯地图体验活动的实施要点

（一）关注需求、培养能力

生涯地图体验活动引导学生在活动中不断发现自己的个性、兴趣、能力，在多种尝试中知道最适合自己的发展道路，并为之做出努力，为自己未来所需的知识与技能等做各方面的储备。在《生涯地图实用手册》中，许多活动都注重学生的能力发展，

如表2所示。

表2　能力在《生涯地图实用手册》中的体现

活动名称	探索内容	相关信息
小小地铁驾驶员（上海市静安区第四中心小学）	一次职业体验	我在驾驶舱内，看到的仪器有： 我最感兴趣的仪器是： 它的功能是： 我学会的操控能力是： 我觉得操作有困难的仪器是：
儿童医院住院医护（上海市静安区第一中心小学）	采访一位住院部的工作人员	我采访的工作人员的岗位是： 工作时间： 每天服务的病人量： 这份工作的日常任务有： 这份工作的困难和挑战有： 胜任这份工作的技能有：
我的眼镜小新星（上海市静安区中兴路小学）	设计自己喜欢的眼镜和想要的功能	1. 我平时___（戴、不戴）眼镜的原因是：_______。 2. 如果可以自己设计眼镜的话，我还想让眼镜具有____功能。 3. 这样的话，我想要制作这副眼镜，还需要攻克技术难题的能力是：_________________。 4. 我预计再过___年，我真的可以戴上我想要的具有特殊功能的眼镜。如果可以售卖的话，我设计的眼镜定价为___元。

生涯地图体验活动的核心理念是帮助每个人挖掘和发展“独一无二的我”。小学生对于具体职业所对应的职业技能、发展前景、工作环境等信息都充满了好奇，教师要尊重学生的差异，让学生在未知的世界中探寻属于自己的道路。

（二）主题体验、评价伴随

开展生涯地图体验活动让学生兴奋不已，孩子们对于能走进成人的工作世界，获得直观的感受经验有着极高的热情。在开展职业体验活动时，精心设计的活动流程、及时的评价能让学生更好地观察、参与实践活动（表3）。

表3《生涯地图实用手册》中的评价方式

<table>
<tr><td>活动主题</td><td>活动内容</td><td colspan="3">评价内容</td></tr>
<tr><td rowspan="2">儿童医院住院医护（上海市静安区第一中心小学）</td><td>今天我学习如何挂号。根据不同病情，我能______（独立，在他人帮助下）挂上相应诊室的号。</td><td colspan="3">我对活动的感兴趣程度：☆☆☆☆☆
完成活动后的自我评价：☆☆☆☆☆</td></tr>
<tr><td>完成活动后的自我评价：急救包扎的任务，我得到____星评价。</td><td colspan="3">我对活动的感兴趣程度：☆☆☆☆☆
完成活动后的自我评价：☆☆☆☆☆</td></tr>
<tr><td rowspan="5">小小解说员（上海市静安区闸北第一中心小学）</td><td rowspan="5">我负责的讲解稿。</td><td>评价项目</td><td>自评</td><td>他评</td></tr>
<tr><td>讲稿匹配度</td><td>☆☆☆☆☆</td><td>☆☆☆☆☆</td></tr>
<tr><td>讲解完成度</td><td>☆☆☆☆☆</td><td>☆☆☆☆☆</td></tr>
<tr><td>语言与表达</td><td>☆☆☆☆☆</td><td>☆☆☆☆☆</td></tr>
<tr><td>行为与举止</td><td>☆☆☆☆☆</td><td>☆☆☆☆☆</td></tr>
</table>

<table>
<tr><td></td><td colspan="2"></td><td>感兴趣程度</td><td>☆☆☆☆☆</td><td>☆☆☆☆☆</td></tr>
<tr><td>我是小医生
（上海市静安区闸北实验小学）</td><td colspan="2">根据每位学生对医院内工作岗位的兴趣，把学生分成若干小组，对同一岗位感兴趣的学生组成一组，完成学习单并做评价。</td><td colspan="3">通过今天对医院工作的了解，我对这份工作的以下几方面如何进行评估？
了解程度：☆☆☆☆☆
感兴趣程度：☆☆☆☆☆
合适性程度：☆☆☆☆☆
除了今天学到的内容，我还想了解：</td></tr>
<tr><td>交警小达人
（上海市静安区闸北实验小学）</td><td colspan="2">开展交通警察工作场所体验活动。</td><td colspan="3">在这次活动中，获得的总评分数是______颗星。
祝贺你获得“交警小达人”称号！你做得不错，再接再厉哦！</td></tr>
<tr><td rowspan="10">足球拍卖师
（上海市静安区止园路小学）</td><td rowspan="6">自我评价</td><td>足球拍卖师探究单（ ）</td><td colspan="3">☆☆☆☆☆</td></tr>
<tr><td>足球拍卖体验单（ ）</td><td colspan="3">☆☆☆☆☆</td></tr>
<tr><td>足球拍卖师海选（ ）</td><td colspan="3">☆☆☆☆☆</td></tr>
<tr><td>足球拍卖师特训营（ ）</td><td colspan="3">☆☆☆☆☆</td></tr>
<tr><td>校园足球文化探秘（ ）</td><td colspan="3">☆☆☆☆☆</td></tr>
<tr><td>其他（请罗列）</td><td colspan="3">☆☆☆☆☆</td></tr>
<tr><td rowspan="3">小组评价</td><td>认真搜集资料</td><td colspan="3">☆☆☆☆☆</td></tr>
<tr><td>主动分享交流</td><td colspan="3">☆☆☆☆☆</td></tr>
<tr><td>完成小组任务</td><td colspan="3">☆☆☆☆☆</td></tr>
<tr><td>师长
留言板</td><td colspan="4">请为学生的表现点个赞：

留言人：</td></tr>
</table>

《生涯地图实用手册》中的活动评价方式各不相同，有学生自我评价，有活动过程评价，有活动结束后的总体评价，还有小组评价、教师评价、家长评价，等等。学生完成活动单后，不同的评价方式让师生及时反馈活动的收获和反思活动效果，在不断总结中丰富职业生涯教育内容。下一步还可以加入表现性评价，让学生在演一演、画一画甚至网络点评中获得成就感。

（三）活动丰富、拓宽视野

生涯地图体验活动的主题内容可以很丰富，在一个活动中包含许多对职业的认知。止园路小学的生涯体验活动是从孩子们最熟悉的“足球”开始的。学校听取师生、家长的意见，在与足球产业相关的职业中遴选职业，如小裁判、体能教练、足球队医、球场养护员、摄影记者、足球记者、球服设计师等。在一个足球行业里，20 多个职业都有所涉猎，如下表所示。

足球小裁判	足球小队员	体能小教练	足球小队医	俱乐部小官员
铁杆小球迷	足球小宝贝	球赛小解说	赛场小保安	球场养护员
足球小记者	摄影小记者	魅力小 DJ	足球小歌手	球服设计师
球队营养师	专柜营业员	创意点心师	足球动漫师	足球拍卖师

围绕止园人共同的足球梦想，他们举办拍卖会活动，主要有五个环节，如下表所示。

环节主题	竞拍品	节目表演
领巾承诺，点亮梦想	签名足球竞拍	欢乐足球操
顽强拼搏，追逐梦想	精英队服竞拍	校园情景剧《追梦少年》
留念精彩，点击梦想	纪念相册竞拍	舞蹈《足坛小将》
兢兢业业，助力梦想	裁判行头竞拍	裁判操
再创佳绩，共铸梦想	金靴奖杯竞拍	足球魔术

这样的活动帮助学生打开了眼界，了解了职业的多样性，也让生涯体验活动有了不同的视角。

（四）挖掘资源，形成合力

小学生涯地图体验活动让学生理解个人与社会之间的联系。学校可以调动多方面的社会资源、家长资源，同时和周边的企业、事业单位、政府部门、社区、医院等结成联盟，为学生提供更多的体验场所，还可以邀请专业人员来学校为学生举办讲座、进行现场展示、开展模拟活动等。上海市第一师范附属小学在学校里举办一场小小的特别的展览会，充分挖掘了家长资源。

案例 4：职业博物馆

上海市第一师范附属小学建设的“职业博物馆”，就是邀请家长捐赠一件能够代表自己职业特点的物品，学校在征集整理后做集中展示，形成一个小型的职业展览，学生在其中开展体验式学习。

1. 活动目标：在“职业博物馆”中，学生通过观察、模仿、体验等活动形式，开展职业体验学习，初步了解身边丰富多元的职业世界。

2. 活动对象：小学中高年级学生。

3. 活动意义：

（1）侧重于生涯启蒙，注重体验式学习，引导学生形成基本的社会职业认识，初步培育其职业意识和生涯理念。

（2）注重发挥学校与家庭的育人合力，引入家长资源，共同为学生呈现出一个更为丰富的职业世界，实现学校和家庭共同参与学生生涯意识的培养。

4. 活动过程：

首先，前期调查，邀请家长参与。

其次，筛选整理，确定展览物品。

第三，捐赠物品，制作职业海报。

第四，组织展览，学生体验学习。

5. 活动学习单

参与“职业博物馆”活动时，学生要带着一份学习活动单，边活动体验，边学习记录。

“职业博物馆”活动学习单 班级：　　　　　姓名： 活动时间：　　　　年　　　月　　　日
一、职业物品大搜索 请在“职业博物馆”中找到下面这些职业物品，并将它们与所代表的职业连线。
二、我最感兴趣的职业 在“职业博物馆”中，你对什么职业及职业物品最感兴趣？请你写一写，画一画。 职业物品： 职业名称： 它的样子： 工作内容： 关于这个职业，我还想了解： 我想通过这些方式去了解更多信息： □ 询问父母、家人、老师　　□ 到工作地点参观 □ 通过网络和书籍查阅资料　□ 参加相关的体验活动

案例 4 呈现了校园内进行职业展览的方式。学校充分结合家长分布在各行各业的特点，把家长作为资源。更为巧妙的是，学校基于小学生形象思维能力强，喜欢动手等特点，选取了职业物品作为展品，帮助孩子们建立工具与职业劳动之间的关系，对职业活动有了更多的理解。

上海市静安区保德路小学　李竣

初中生涯地图体验活动

一、初中生涯教育的内容

在初中阶段，个体进入青春期，自我同一性开始发展，开始在与外界的互动过程中不断思考与探索“我是谁”和“我想要成为怎样的人”。在此过程中，个体对外不断拓展对职业世界的认识，对内则深入了解自我的职业兴趣、能力、价值观等，尝试着将童年对职业的幻想落实到实际中去，最终成长为理想的自我。上海市教育委员会2018年发布《上海市教育委员会关于加强中小学生涯教育的指导意见》（沪教委德〔2018〕8号），强调初中阶段的生涯教育内容侧重于生涯探索，主要通过初中生涯教育课程与活动实施，促进学生拓展自我认识，培养合作能力、学习能力和生活适应能力。以初中学生综合素质评价为指导，以综合实践活动为载体，结合高中学校校园开放日、中等职业学校职业体验日等活动，促进学生对高中阶段学校的了解，拓展学生对社会分工、职业角色的体验与认识，初步形成生涯规划的意识与能力。

因此，对于初中生来说，全方位进行生涯探索，是后期进行生涯定位的前提与基础，关系到个人终身的发展与幸福，是个体生涯发展过程中一个无法逾越的环节。对此，更适合当代初中生的生涯教育内容[①]可以从以下几个方面来考虑。

（一）自我认识

自我认识是生涯发展的前提，是初中生涯教育的首要内容。个体在与外界环境交互作用的过程中形成自我觉察，在这一过程中认知和评估个人生涯发展的兴趣、能力、价值观、人格特质、可能遇到的障碍等。只有在充分了解、发展和完善自我的基础上，个体才能学会如何将自己的兴趣、爱好、特长以及能力与职业类型相联系，并以此为契机不断开发自己的优势和潜能，形成自我职业导向，增进生涯发展信心。

（二）生涯探索

生涯探索是生涯发展的必经之路，是初中生涯教育的核心内容。个体生活在社会中，无法脱离或者超越社会实现生涯发展，我们必须考虑职业的基本情况及其与自身职业兴趣、能力、价值观等的相互关系。

生涯探索的具体内容包括但不限于：了解社会角色、社会分工以及它们的发展；认识职业分类和各类职业的独特性（如所需的教育训练、工作情境与时间、接触的人

---

① 王亚歌. 初中阶段生涯教育发展初探[D]. 上海：上海师范大学，2008:49—50.

与事、专业规范以及一般智能等）及其动态变化；认识在校学习的课程所具有的价值与对未来生涯的贡献；了解当前社会各类职业的就业概况；了解生涯探索的方法途径并积极尝试。

伴随着生涯探索的不断深入，个体不但能够增进对职业世界的了解、逐渐澄清自己的职业需求、明确职业方向，更重要的是学会与时俱进，让自己不断顺应变革的社会，并在此过程中形成对社会各行业的尊重与理解，提升社会责任感。

（三）生涯规划

生涯规划是对个人生涯发展的指引，是初中生涯教育的重要内容之一。对于初中生而言，此时确定想要一生从事的职业为时尚早，因而，本阶段生涯规划所涉及的内容旨在促进个体与落实行动计划相关的基本能力的培养。主要内容包括但不限于：时间管理，个人学习计划的制定，胜任不同的班级和家庭工作分工并学会合作，能在力所能及的范围内处理问题，能根据需求撰写履历表和进行自我展示，收集、梳理、归纳、总结信息的能力，能够为升学制定合理的长短期目标。总而言之，学会选择，能够制定目标并落实行动计划，是初中生涯教育不可或缺的内容。

二、初中生涯地图体验活动的目标

美国在 1992 年发布的《国家生涯发展指南》（*National Career Development Guidelines*）中将初中生涯教育目标分为“自我认识、教育与职业探索以及生涯规划”三个方面。其中，自我认识方面包括“能正确看待自我、掌握与他人互动的技巧、了解成长与改变的重要性”，教育与职业探索方面包括“知道教育成就对生涯机会的作用、领会学习与工作的关系、掌握获取和运用生涯信息的技巧、具备职业所需的技能知识，知道工作与经济、社会的需求的关系”，生涯规划方面包括“做决定的技巧、了解生活角色的关系、对不同职业与男女角色的认识、了解生涯规划的历程”[①]。

其他国家和地区在美国生涯教育的基础上，结合实际情况，也逐渐发展出顺应本国或本地区实际的生涯教育目标。

在我国台湾地区，7—9 年级的生涯教育目标分为三部分。（1）自我觉察：初步探索自己的个人特质。（2）生涯觉察：认识工作世界的基本类型与内涵；根据个人的特质明白适合发展的方向；知道不同社会发展阶段和工作之间存在的联系。（3）生涯探索与进路选择：具备良好的工作态度与价值观；学会搜集及运用工作世界的相关资料；初步具备解决生涯问题和做决定的能力；认识教育与工作间的关系；提高规划生涯的能力。

有研究者认为，初中生涯教育目标为：（1）能够客观地认识与评价自我，具备正确的学习方法与学习观念；（2）初步了解职业世界，初步认识常见的职业分工，知道

① 王依多. 初中生涯教育体系研究[D]. 石家庄：河北师范大学，2020:21—23.

不同职业要求掌握的专业知识技能，意识到不同职业与社会发展的关系，形成初步选择职业的意识；（3）初步制订适合自己的生活和学习规划，知道生涯发展具有不确定性并能够及时进行调整；（4）初步具备适应生存发展的基本技能，学会与人分享和沟通①。

上海市教育科学研究院教授沈之菲在其研究团队共同编著的《开启未来之路——中小学生涯教育实施指南》一书中明确提出初中生生涯教育的目标为：（1）让学生了解自己的兴趣、能力、价值观并接触多种不同的职业领域，以发掘较适合个人的职业；（2）帮助学生了解不同工作的本质及其对社会的贡献和重要性，了解对工作者能力、性别等方面的不同要求；（3）使学生了解不同内容形式的教育会影响以后对职业的选择，并让学生通过不同工作的角色体验了解不同工作的知识及技能上的差异；（4）让学生了解不同职业的工作情境、工作流程、产品及其要求掌握的特殊技能；（5）使学生了解从事不同职业的人其生活方式会有差异，让学生注意其所喜欢的生活方式与想从事工作的生活方式是否一致；（6）让学生初步学习生涯规划和生涯决策的技巧②。

综合来看，我国大多数研究者普遍认可初中生涯体验活动的根本目标在于引导个体深入了解自我和职业世界，以此为基础来弥补自身不足、发展自身优势、提升其就业竞争力，并在此过程中逐步澄清并合理规划未来的发展方向。他们也认同将初中生涯教育目标分为"自我认知""生涯认知"及"生涯规划"三部分的划分方式，并在研究过程中逐步丰富其内涵③。

（一）自我认知目标

1. 发展积极的自我概念；

2. 探索自我的兴趣、能力特长、价值观及个性特征；

3. 了解自己的能力、特质所适合发展的方向；

4. 了解工作对个人发展的重要性，发展树立正确的人生理想的意识。

（二）生涯认知目标

1. 激发对工作世界的好奇心；

2. 了解社会角色、社会分工的发展动态及不同职业的专业素养要求；

3. 了解现阶段积累的经验与未来职业间的关系；

4. 了解社会发展、国家经济及科技进步与工作的关系；

5. 增强社会意识、社会理解和社会责任感；

6. 形成对社会各行各业的尊重与理解。

（三）生涯规划目标

① 王依多. 初中生涯教育体系研究[D]. 石家庄：河北师范大学，2020:23.

② 沈之菲. 开启未来之路——中小学生涯教育实施指南[M]. 上海：华东师范大学出版社，2019.7.

③ 杨忠建. 生涯教育系列疑难问题之四——生涯教育应从何时开始[J]. 中小学心理健康教育，2012（1):38.

1. 积极进取，觉察自我应负的责任；
2. 培养规划及运用时间的能力；
3. 学习科学思维，学习如何解决问题及做决定；
4. 学习如何寻找并运用职业世界的资料；
5. 学会制定适合自己的学业发展目标和计划；
6. 初步学会职业规划的主要方法；
7. 懂得依法办事，培养互助合作的工作态度以及人际互动的能力；
8. 逐步树立正确的工作态度及价值观。

三、初中生涯地图体验活动的展示形式

我国生涯教育发展至今，经过无数研究者和实践者的不断探索、创新，其开展方式逐渐变得越来越丰富和多元化。暂且不论生涯教育与家庭教育、德育活动的结合，仅仅是狭义的生涯体验活动，就已经在发展的过程中衍生出了多种多样的活动形式。综合来看，大致可分为以下四大类别。

（一）职业调研

职业调研本质上是一种以“职业”为调查内容的社会调查。调研者依据研究目的设计调研问题，再根据需求将问题以问卷或访谈的形式呈现，最后选定对象即可开展调研。生涯人物访谈是职业调研最常见的方法，接下来将以此为例对此类活动形式做详细说明。

生涯人物访谈是学生深入了解职业的途径之一，通过对想要了解的职业从业人员进行采访，进而了解该职业信息的一种实践活动形式。在活动过程中，会考验考察学生的语言表达能力、随机应变能力和人际交往能力。

访谈流程，主要分为四个阶段：

第一阶段：招募小组成员。

第二阶段：前期培训及沟通。生涯辅导老师带领学生讨论制定访谈的行程安排。一是确定需要访谈的生涯人物。二是了解生涯人物访谈任务。访谈，谈什么？同学们发散思维，小组成员写下对职业人物好奇的部分，组长进行汇总，结合老师给出的参考提纲，修改制定访谈提纲。采访时间一般为每次30分钟，需要在一个安静的场所进行。采访过程中涉及个人隐私，所以必须和涉及的生涯人物做好沟通，才能保证采访的顺利进行。首先，给被采访人发送提纲，征求意见；其次，沟通采访的时间和地点；最后，安排学生提前给自己负责的被采访人发短信，联系沟通，留下好印象。

第三阶段：撰写访谈报告。同学们根据访谈的内容结合实际情况以及自身感受，按照生涯人物访谈的报告模板撰写报告。

第四阶段：汇报。小组成员整理采访过程中发生的事情，以及当时触动自己的情境，通过PPT汇报、TED演讲、晒九宫格日志、编排小品表演等形式交流汇报。参与活动经历纳入学生综合评价。

附录 1：访谈提纲

1. 您的职位是什么？
2. 在这个岗位上，您每天都做些什么？
3. 工作时间是怎么安排的？有没有加班？
4. 工作场所条件如何？
5. 工作中有哪些代表性的物品或设备？
6. 从业需要接受哪些培训或教育？
7. 这个行业的薪酬待遇是怎样的？初级和中级的岗位薪酬大概是多少？
8. 晋升高级岗位需要的条件是什么？
9. 有什么行业规章制度？
10. 这个行业对从业人员的能力和性格特点有什么要求？
11. 您认为这份职业需要哪些知识技能和经验？在学校中做些什么可以对从事这个职业有帮助？
12. 就您的工作而言，您最喜欢的是什么？最不喜欢的是什么？
13. 对您来说，这份工作什么是最有挑战性的？
14. 您是怎么通过什么途径获得现在这份工作的？
15. 您觉得拥有同样知识技能的人还可以从事哪些职业？会有什么发展？
16. 对于一个即将进入这一行工作的人，您有什么建议？

附录 2：生涯人物报告模板

择业理由：

工作内容：

职业素养：

薪酬待遇：

我对此职业的理解：

附录 3：职业认知卡

班级：　　　　　　　　姓名：　　　　　　　　时间：

“它”的发展前景	我眼中的“它”(以前)	我眼中的“它”(现在)
父母眼中的“它”	职业名称（“它”）	从事“它”所需的能力
会选择这个职业吗？为什么？	若从事“它”，现在做怎样的努力？	若不从事，你理想的职业是什么？

（二）实地考察

最直接最有效的生涯体验方式莫过于进入真实的职业世界。对于从未步入职场的学生来说，实地考察是他们距离真实的职业世界最近的一次。实地考察，指的是活动参与者亲临职业人工作的场所参观访问，与职业人一同参与到工作中去。按照活动参与者参与度由低到高排列，一般有参观、跟岗体验、实习等形式。

参观：活动参与者全程作为旁观者，参与度最低。一般来说，进入到职业人的工作环境进行参观时会有专人负责接待，参与者沿着既定路线边参观边由接待人进行讲解，有疑问时也可提问，但通常不允许近距离接触相关工作人员，以免影响正常的工作秩序。此类生涯体验模式适用于参与人数较多的初中低年级（初预、初一年级）学生。

跟岗体验：活动参与者在这种模式下以类似助理的身份存在，参与度适中。这种情形下，职业人的角色定位类似于小队辅导老师，活动参与者能够近距离观察和体验职业人的工作内容和方式，在不影响正常工作秩序和进度的情况下，能够随时答疑解惑，且允许学生亲自动手完成一些工作内容。一般来说，真实的工作情境下，开放跟岗体验的职位并不多，需要活动的组织者提前与对方做好沟通，明确跟岗体验的职位、人数、时长、内容、允许与禁忌等细节。由于限制条件较多，这种模式虽然适用于全学段的学生，但实际操作上以跟岗体验父母职业的情形较为常见。

实习：这种模式本质上是一种生涯体验活动。在此情境中，活动参与者的体验与真实情境下几乎毫无分别，参与度非常高。步入职场前，每一位活动参与者都可以通过实习切身感受自己向往的职业真实的模样，并将过程中的所感所思与自己的期待相对照，之后再斟酌衡量是否选择从事某种职业。因此，这种职业体验的模式更常见于高中、大学等更高学段，在初中学段仅有部分毕业后立即就业的同学会考虑选择这种模式的体验活动。近年来，随着大众越来越重视参与生涯体验活动，越来越多的初中高年级学生也会选择利用节假日实习，提前感受一下“打工人”的日常，加深体验、拓宽视野。

职业体验的生涯活动形式有助于学生感受现实的工作氛围，深入观察和了解各专业的日常工作内容，增加对社会的理解。为了达到更好的体验效果，还可提前根据需求制作考察记录单。活动参与者可以根据自己的需求选择记录单中的某一项或某几项内容来完成。

附录：考察记录单（根据市西初级中学案例《我是小中医》修订）

体验内容	体验记录与反思
参观 （地点）	我今天来到了______________________________________。 在这里，我看到了______________，其中让我印象最深刻的是____________________________，因为____________________。我还看到__________（职业人员），他们穿着__________，他们的工作内容是__________，我对他们的工作印象是______________。
体验一项工作	工作内容： 工作过程： 工作感悟：
采访一个职业	我采访的职业是： 通过采访，我了解到： 这个职业的主要工作内容是： 这个职业需要的基本技能是： 这个职业需要的职业素养是： 这个职业面临的挑战是： 通过采访，对我的启示是：
讲述一个故事	我通过__________（方式）了解到一个关于__________的故事。 故事主要内容是：____。 从这个故事中，我的感受是：____。 我准备通过__________（方式）给大家讲述这个故事。

（三）职业模拟

在现实教育情境中，职业体验虽然是最有效最直接的生涯活动方式，但资源稀缺、操作难度大。为了让初中生能够在更广的范围内获得相对真实的生涯体验，活动组织者更多地采用情境模拟的活动形式。所谓情境模拟，即创设类似于真实职业环境的情境，学生以扮演职业人的方式参与其中的生涯体验活动形式，主要包括角色扮演、模拟招聘会等。

角色扮演：角色扮演与跟岗体验相类似，唯一的区别在于，组织者模拟真实的工作情境，开辟出专用于生涯体验的区域，由专人负责设计生涯体验方案，参与者在负责人的指导下按照活动内容与流程体验某个职业的日常工作。《上海市静安区中小学生涯地图实用手册》中收录的105个生涯体验活动基本上均归属于这种类别。这种形式是生涯体验活动中最常见的形式，适用于初中学段的全体学生，一般与学习单配合使用以提升效果。学习单的常见模式如下。

职业体验参与人 学校：　　　　　　　　　　　　　　　　　　　　　　　　班级： 姓名： 职业体验地点： 职业体验时间：　　　　年　　　　月　　　　日
职业体验项目 1. 你参与体验的职业是什么？ 2. 其主要工作内容有哪些？

职业体验感受 1. 在体验__________工作时，我感受到了__________，兴趣度为☆☆☆☆☆。 2. 在体验__________工作时，我觉得自己的胜任能力为☆☆☆☆☆。 3. __________能力在所有的工作中都很重要，我希望在未来自己可以通过__________途径去拥有这个能力。 4. 在体验__________工作时，我觉得自己很重要，体验到了自己的职业价值感。 自我成长 1. 如何评价自己在活动中的表现？ 2. 有兴趣更加深入了解本职业相关情况吗？ 3. 如果将来想要从事这项职业，从现在起可以从哪些方面努力？

模拟招聘会①：这种活动形式的一般流程如下：活动开始之前，需要学生对自我特质（兴趣、能力、价值观等）及职业世界（如职业类别，职业对应的岗位划分、薪酬、工作内容、求职者素质要求等）有一定程度的了解与探索；随后展开调研，筛选出大多数人感兴趣或向往的职业，商讨确定招聘会的职业；然后策划并设计一个近似真实的职业招聘环境，学生自由选择以招聘者或求职者的身份进行模拟演练。此前，双方分别需要为招聘会做以下准备：

	招聘者	求职者
前期准备	确定招聘职业	浏览招聘者发布的招聘信息
	撰写招聘信息	根据个人特质，确定应聘职业 并查阅相关资料进行了解
	制作宣传资料	面试礼仪的了解
	确定招聘流程	准备好个人简历

学生通过这种形式了解与某个职业相匹配的信息及要求，体验职业竞争。这种形式对学生的自我认知和职业认知探索深度要求较高，更适用于初中高年级及更高学段。

通过职业模拟活动，学生能够对职业有更详尽的认知，在模拟过程中发现自身的不足或优势，意识到社会对人才需求的共性与个性等，极大地丰富和拓展职业视界和职业意识。

（四）职业宣讲

职业宣讲是所有生涯体验活动中最能够综合反映学生活动成效的形式。无论学生是否选择在体验过其他形式的生涯活动之后再总结提炼出相关职业信息及个人经验分享给大家，这种形式都需要在经过相当深入的职业认知探索后才能开展。一般来说，大多数的活动组织者会选择这类形式作为其他形式的成果展示形式，学生通过主题演讲、主题小报或职业展览等形式宣传前期进行职业调研、实地考察和职业模拟等生涯体验活动的所感、所思、所得。

以上海市第一中学开展的“职业大咖秀”活动为例。学生利用假期完成“职业访

① 杜慧，梁琪.《校园模拟招聘会》生涯辅导课程设计及评价[J]. 湖南教育（D版），2018（12D）：40-41.

谈之职业大咖秀”。随后组织者从中筛选出所访谈的职业有良好的发展前景且被大多数学生所向往的、问卷回答较完整的学生，邀请其再次对访谈对象进行深入访谈，将访谈结果整理成一篇2500字左右的文章（包括职业简要介绍、主要工作内容、典型一天、需要具备的能力和职业资质、与学校课程之间的联系、获取相关职业信息及参加相关职业体验的途径、个人感悟，共7个板块），由访谈者在“心灵之约”广播台向全校同学介绍。同时，邀请访谈者所在班级中有良好绘画功底的同学根据文章的部分或全部内容绘制成主题小报，面向全校同学展示。

这类生涯体验形式，有利于总结升华学生参与生涯体验活动的收获与成长，激发学生参与生涯体验活动的兴趣和好奇心，增强学生的成就感，提升学生参与生涯体验活动的热情和参与度，对于发展学生的生涯意识有着积极的促进作用。

四、初中生涯地图体验活动实施要点①

（一）活动开发有章可循

通过问卷调查和师生座谈，对生涯体验活动在学生中的影响及其育人功能进行调研，结果发现：学生认为原有实践活动不贴近生活实际，不清楚参与活动要学什么，参与兴趣不高，或者走马观花应付一下等等；学生内心其实非常期盼内容更有趣、内涵更丰富的生涯体验活动；教师感到虽然活动多，但缺乏明确的思路、系统性较差，又没有适当的教育资源和实施的手段；从管理角度分析，生涯体验活动师生的积极性不高、学科老师的力量没有得到有效的发挥。这些原因导致生涯体验活动没能发挥应有的育人功能，期盼生涯体验活动的组织进一步完善和内容进一步丰富。另外，从学校教育自身发展角度和完善管理角度看，也需要健全和完善社会参与类实践学习的学习目标、内容、评价等等，这些都需要进行深入研究。

为此，开展生涯体验活动的编制与完善的研究，通过对原有活动的重新构建和适度调整，使之成为促进学生人格全面发展和提高他们社会适应能力的有效载体，让每一位学生都参与适合自己的生涯体验活动中，提升综合素养，做最好的自己，为个体成长、成才打下坚实的基础。

在活动设计中，我们遵循以下原则：

1. 活动设计有引领。发展学生的核心素养是党和国家对教育提出的新的价值理念，我们将之落实到平日的教育工作中，生涯体验活动设计和评价从围绕发展学生的核心素养出发，以此为依据，设计和开展生涯体验活动。

2. 内容遴选有标准。根据教育发展和学生核心素养培养的要求，我们把活动的适切性、内容的时代性和符合学生身心发展作为我们遴选学生生涯体验活动内容的标准。通过这样的筛选，让生涯体验活动构建处于流动微调状态，不断完善。

① 主要参考上海市风华初级中学开展的“家长工作地探访”生涯教育特色活动经验。

3. 活动研发有工具。通过集体备课，借助风华初级中学研发的生涯体验活动开发工具（开展生涯体验活动前，学校层面制定包含活动目的、活动内容、活动过程和活动评价等要素的活动方案，教师制定学生活动任务单）和生涯体验活动保障实施工具（生涯体验活动结束后，生涯体验活动反馈单、评价单），开展生涯体验活动设计并进行评价。引导老师培育和践行社会主义核心价值观，关注学生认知规律、关注学生身心特点、关注学生发展需求，形成与之匹配的活动目标、内容、过程，重视资源配置、活动创新、活动评价等活动要素的研究，努力拓宽生涯体验活动育人的承载量和育人价值，确保体验活动设计的质量和实施的规范。

4. 开发实施有路径。以风华初级中学的操作为例，学校通过“前端 – 中端 – 后端”的路径，逐步推进生涯体验活动的开发和实施。活动开发和实施是由学校、家长和学生共同完成的。

前端 1）问卷调查：学校开展家长问卷调查，了解家长所在行业、受教育程度、可提供的资源、提供资源的意愿、提供资源的可行性、家长的人际沟通能力等。发现家长大致可以分成四种类型，即不合适型、亲子陪伴型、家长导师型、资源导师型。风华初级中学重点围绕后两类资源开发“我的职业初体验”生涯体验活动。这是生涯体验活动得以顺利开展的可行性条件。

前端 2）资源申报：根据问卷调查结果，学校发动有资源、有一定教育指导能力的家长（优先考虑班级、年级、校级三级家委会成员或家长志愿者）积极申报家长导师，提供可供学生开展职业体验的资源。

前端 3）资源遴选：学校围绕“导向性、适切性、时代性、经历性”四个标准对家长申报的体验资源进行审核筛选，并把相近的资源构成课程群。

中端 4）双路径适配：学生通过家长职业故事介绍或游园体验，初步了解职业，通过学校 K12 选课平台进行第一、第二意向选择想参加的职业体验；家长导师也了解学生的知识储备、兴趣和优势特长，挑选适合的学生参与体验。双向选择，让资源与需求相互匹配。

中端 5）组织名单：梳理家长所报资源，结合学生兴趣和特长，双路径适配。兼顾志愿和分配，达到最优的适配效果。

（对一些不愿参与或没选上的学生，学校也有统一安排。即，让不愿参加的学生跟随自己的父母上班体验。因为我们发现不愿参加活动的学生往往偏内向，亲子关系也稍微疏远，借由这样的实践活动，可以增进亲子沟通和理解。学校也会召集这类学生家长统一培训，增强他们的亲子教育辅导能力。对没选上课的学生，校内会提供分层分阶段的校内岗位实践体验。）

中端 6）职业体验：在教研制度保障下，学校学生管理中心和心理教师牵头，培训和组织年级组长带领班主任研究制定活动目标，确定活动主题、研讨活动内容、设计活动形式以及评价方式，制定课程编制工具，对家长导师开展具体活动提供方向性指导。家长导师在此基础上结合工作地特性，设计学生任务单。

学校指派专人老师导师和家长导师对接，在班主任帮助下，对招募的学生编组，5—7 人一个小组，并选出组长负责。布置准备工作（学习背景资料，提出自己想要了解或采访的问题）。进行活动前培训（涉及安全教育、礼仪教育等）；学生分工（收集资料、摄影、设计问题、分享小组收获）等。邀请家长志愿者协调管理，带领学生开展家长工作地探访职业体验。并指导学生完成相关任务单。

开发与实施路径

	学校	家长	学生
前端	开展调查	按三种类别提供资源申报	根据兴趣，自主选择报名
	资源遴选	我的职业故事宣讲	
	提交 K12 平台		
中端	报名审核	报名审核	
	教研保障，开发活动开发工具（活动方案、任务单等）； 专人教师对接家长，提供工具	利用学校提供的工具制定学习单，开发和完成生涯地图体验活动	实践体验
	伴随职业体验，学校提供教育内容，开展相关知识铺垫、衔接，安全教育等		开展学习
后端	活动小结，组织活动后成果展示	指导学生成果呈现	活动感悟、呈现成果
	教师评价	家长评价	自我评价、同伴评价

以风华初级中学开展的“我和未来有个约会”——“志趣游园会”生涯实践活动为例来做一解读。

（1）学校从三个层面落实活动：

（2）校级层面：学校德育管理部门组织德育骨干制定出活动方案。

活动目的：通过“志趣游园会”生涯实践活动，体验和了解霍兰德职业兴趣的六个类型，对自己的职业兴趣和职业性格有更加切身真实的感受，初步了解自己的职业兴趣，模拟感受不同职业的工作经历。各中队的独立活动及内容由中队内自行布置策划，锻炼学生的主人翁意识，培养自主管理的能力。

（3）活动对象：六、七、八年级全体学生

活动流程：

（1）活动前：学生填写活动单中的“活动准备”部分，对霍兰德职业兴趣的六大类型有一定的了解。

（2）活动中：学生前往代表各类型的职业体验教室，参与各类职业体验场景，通关各类职业小游戏。集齐一定数量的签章，可换取相应的礼品。然后，学生还可以根据自己比较胜任的类型，前往相应的 HR 面试区域，选择一个自己感兴趣的职业面试。面试过关，将获得一份纪念品，有机会跟家长志愿者扮演的 HR 面试官进行工作地的实地探访和工作体验。

（3）活动后：学生完善活动单的填写。

操作要求：游园会以年级组为单位，每个年级组承担 2 个霍兰德职业兴趣类型。六年级：社会型、企业型；七年级：常规型、实际型；八年级：调研型、艺术型。每个班级选择对应一个霍兰德职业兴趣类型的一个典型职业，把班级布置成一个职业场所，必须包括职业体验区域、游戏体检区域、评价区三个基本块面。

班级层面：以六（14）班为例，班主任王老师向家长征集社会型、企业型职业类型。学生家长、某居委会主任的陈某积极报名，并提供居委干部职业岗位相关信息资料。学校用“导向性、适切性、时代性、经历性”四个标准对提交的资料进行审核，符合此次活动需求，家长志愿者陈某被聘为家长导师，并在外场活动中担任面试官。家长陈某和班主任按照学校操作要求，结合居委会主任职业的具体特点，家校合作设计完成班级活动方案。

职业体验区（班级门口）：街道干部的工作职责是抓好基层党建工作，积极出谋划策，做好决策宣传，将各项惠民政策落实到人，要时刻心系群众、维护社区秩序。街道干部需要处事公道、具有较强的责任心和奉献精神，愿意为民服务。要具备良好的宣传组织能力、应变能力和解决实际问题的能力，要善于处理和解决群众的疑难问题。

游戏体验区（教室内）：用“垃圾分类小帮手（宣传能力）”“口脑不同步（应变能力）”“我是调解员（调解能力）”三个小游戏考查学生是否具备相关能力。

学生层面：学生手执“我和未来有个约会任务单”，先行学习了解霍兰德职业类型，填写自己长大后想从事的职业，初步评估自己更偏向于哪些类型。然后走进各个职业场所（内场）去体验游戏，进行探索。完成游戏体验后，凭通关卡到评价区进行盖章。拿到两个游戏的通关卡片，即算过关；拿到三个游戏的通关卡片，即为胜任。胜任的同学有资格到外场进行模拟职业招聘，与 HR 面试官面对面。同学们在自己比较胜任的类型中，选择一个自己感兴趣的职业，前往相应的 HR 面试区域面试。招聘成功的同学，在学期结束前一周会跟随负责招聘的家长 HR 进行工作地的实地探访和工作体验。像六（14）班家长导师，招聘了 8 位学生，在 6 月底到居委会实地体验，了解居委会各个条线工作，并深入条线工作现场开展体验（垃圾回收、陪老人做手工）。

通过此次活动，同学们不仅体验了解到霍兰德职业兴趣的六大类型，模拟感受了不同职业的工作经历，找到自己较为适合的职业方向，同时对自己未来的职业兴趣有了初步的了解。职业体验只是学生职业规划的第一步，通过这样的六一活动，也帮助学生了解了自己的兴趣和所长，为将来自己的职业生涯选择做好准备。

后端活动评价：老师导师和家长导师指导学生完成活动单，并进行评价。既有学生的自评和互评，也有教师和家长的评价。学校在整个体验活动结束后，会带领学生开展活动总结。让学生通过 PPT 汇报、TED 演讲、晒九宫格日志、编排小品表演等形式交流汇报。参与寻访经历纳入学生综合评价。

（二）活动实施关注重点

1. 活动的开展注重“整合资源”，关注目标落实

各个学校都有许多丰富的教育活动，其中许多活动都包含着生涯教育的要素与资源。学校生涯教育的开展，可以对学校的已有教育活动进行整合，但也需要再思考、再挖掘，进行创造性的设计。

对职业体验活动而言，要关注如下几个目标和内容：一是对职业的认识，包括该职业的行业所属、发展前景、工作内容等；二是对职业人物的访谈，了解职业准入条件、职业核心技能等；三是促进学生的自我思考。

2. 活动的组织尽量“多元丰富”，关注学生需要

生涯教育的核心理念是帮助每个人发现独特的自己，发展独特的自己，在未来多彩的世界中找到适合自己的位置。因此，尊重学生差异，关注学生需要，开阔学生视野，是学校组织职业体验活动时需要秉承的重要观念。

3. 活动的设计强化“体验感悟”，设计学习过程

经验是一种学习，在这种学习的过程中，教师不是传递知识，而是通过经历的创设、活动的设计促进学生去增加有意义的体验，从而帮助学生在经历中体验、观察和反思，逐步构建自己的知识和经验。因此，在开展职业体验活动时，要注意情境的设计与体验，促进学生进行观察和学习。情境的丰富性有助于学生体验，但如何让学生完整地参与活动，积极投入活动，则需要教师精心设计。教师可以通过学习单、任务单、积分卡活动等方式，引导学生的体验行为。

4. 职业体验活动的实施落实“反思成长”，强调后续反馈

根据库伯的体验式学习理论，学习不是内容的获得与传递，而是通过经验的转换从而创造知识的过程。因此，学习强调四个环节的循环：实际经历和体验—观察和反思—抽象概念和归纳—在新环境中测试新概念的含义。这种学习方式有助学生主动建构自己对社会职业的理解，有助于主动思考自己的成长路径。在学校设计的活动中，我们常见的有两种方式，一是总结反思式；二是实践运用式。总结反思很常见，不再赘述。实践运用就是让学生在职业体验习得的技能在真实生活中加以运用，帮助学生增强体验，获得新的感悟。以“我是小中医”为例，制作香囊就是很好的实践运用反馈，学生也能在这个活动中有更多的自我发现。

五、初中生涯地图体验活动实施保障

职业体验需要将学生置身于丰富的、与各种职业活动相关的情境之中，让其全身心地参与到各种职业性的实践活动中去，使其获得相应的真切认知与情感体悟，从而加深对自我世界、生活世界、职业世界和社会发展的理解，并将这样的理解与其自身的未来相联系。开展生涯体验活动，需要政府、社会、学校、家庭等各方力量的支持。我们认为，需要做好以下几方面的保障。

（一）资源保障

从政府层面来说，2019 年 4 月，上海市教委出台《上海市初中学生综合素质评价实施办法》（以下简称“《实施办法》”），自 2018 年入学的六年级学生开始实施。《实施办法》主要从品德发展与公民素养、修习课程与学业成绩、身心健康与艺术素养、创新精神与实践能力四方面对学生进行记录评价，尤其关注学生社会实践考察、探究学习、职业体验等综合实践活动情况。其中，职业体验被纳入社会实践内容，在初中阶段要完成 32 课时（平均每学期半天，其中在本市职业院校的职业体验不少于 16 课时）。将综合素质评价与学生生涯发展指导相结合，开展学生成长过程指导和生涯辅导，帮助学生确定个人发展目标，引导学生自我评价、自我管理。静安区的生涯地图体验活动对接《实施办法》中的职业体验，形成静安区的生涯地图，帮助区域内学校组织学生开展职业体验活动。

从社会层面来说，由政府出面牵头采用公益募集、政府采购等形式，向区域内的企业、单位、场馆等征集可供中小学生进行实践体验的资源。比如，学校所在街道可以建立生涯体验联盟，设计配套体验活动。

从学校层面来说，一方面开发校内已有学生活动资源，从生涯教育的角度改革原有实践活动。另一方面，开发家长职业资源，聘请各行各业符合条件的家长作为生涯教育导师，既可在校内现身说法讲述自己的职业故事，又可以带领学生到职业场所实地职业探索。

从家庭层面来说，父母带孩子到单位了解熟悉和体验自己的工作情况和内容，让孩子重新认识自己的父母，也帮助家长重新认识孩子的需求，增进亲子情感，增强家长育儿能力。

（二）时空保障

为确保生涯体验活动落地，时间上，通过生涯体验活动进周课表，以保证时间。相关的“我的职业故事”家长职业讲坛、校内职业体验等活动通过校班会课、午间休息开展。校外职业体验，利用拓展课（两课时）和周五下午社团活动时间，以及每学期期末考试结束后一周内集中某一天开展。空间上，以系统化思维，统筹学校、家庭、社会等教育场馆和家长志愿者资源，保障学生生涯体验活动空间。

（三）师资保障

1. 推选心理教师、骨干班主任参加生涯规划师培训，考取专业资格，成为生涯导师。近期，上海市教委出台《关于推行中小学全员导师制的试点工作方案（讨论稿）》文件，全面推动全员导师制。中小学所有老师成为教师导师，师生双向选择，按照导师与学生之间的配置比例不超过 1∶15 进行配置。导师在思想上、学习上、生活上、生涯发展上对结对学生进行指导，成为学生成长向导：指导学生发现并了解自身的兴趣爱好，全面认识自我；明确发展方向，确立成长目标。根据学生个性特点，做好生涯规划指导，为学生的终身发展引路和奠基。学校定期对全体教师导师，尤其是班主任开展生涯专题讲座，指导导师们在日常教育教学工作中渗透生涯教育。在这一过程中，通过生涯体验活动的设计、组织实施，班主任及教师导师们开展社会实践指导的能力增强，调研能力、组织协调能力、与学生建立良性师生关系等方面的能力也都得到提升。教师导师不仅仅作为活动的执行者，还是整个活动的指导者和管理者，对生涯教育的认识也随之发生变化。

2. 优质家长导师补充。初中生是未满十六周岁的未成年人，他们的身心发展、行动能力和社会认识等方面决定了他们在职业体验中一定要有成人陪伴。而光靠校内的师资力量是不够的。对于职业体验校内资源严重不足的这类课程，开发学校优质家长资源是一条行之有效的途径。如何才能让家长既成为资源提供者，还能作为一个合适的教育者？风华初级中学采用前端调查筛选，中端教师组织和提供工具，后端进行评价反馈与调整来实现。以便让优质家长资源更好地参与到教育活动中来，更好地参与到学生课程中来，提高他们的参与度和实现教育功能；并通过荣誉导师机制和双向服务机制留住优质家长导师。

（四）机制保障

1. 活动管理机制

通过研发生涯体验活动开发工具和生涯体验活动保障实施工具来加强对生涯体验活动的管理。

生涯体验活动开发工具：开展生涯体验活动前，学校层面制定活动方案，教师制定学生活动任务单，两者构成生涯体验活动的开发工具。活动方案包含：活动目的、活动主题、活动时间、活动地点、资源提供、领导小组、部门分工、前期准备、活动流程、后期小结、附件等要素。学生任务单结合学校活动方案把学生参与内容具体化，形式有游园活动卡、生涯体验活动任务单、社会实践实施过程表等，根据活动内容而有所不同。如此，确保课程顺利开展，内容有效多样，目标落到实处。

生涯体验活动保障实施工具：生涯体验活动结束后，学校设计师生和家长填写生涯体验活动反馈单，了解大家的参与度和对活动的满意度，以及活动改进建议，保障课程的实施，并根据反馈进行活动方案修正。

另外，我们还建立了以“领导层（校长室）—管理层（德育部）—实施层（年级组长、班主任）”为内部核心，教学部、信息技术中心、后勤保障部为外围支持的课程实施组织架构，全力保障生涯体验活动从开发到实施的全过程。

2. 活动研究机制

形成每月召开一次的研讨例会制度等。研讨例会制度有“四定”要求，即固定地点、固定人员、固定时间、固定内容，来确保聚焦研究内容，保证生涯体验活动的逐步推进和有效开展。

学校还成立了以校长和分管校长为负责人，学生管理部、教学管理部协调统筹，教科研室研究指导，各年级组具体落实的课题项目小组，聘请市区研究专家开展经常性指导，保证全学科老师的参与和顺利推进。

3. 活动内容遴选机制

根据教育发展和学生核心素养培养的要求，我们把“活动的适切性、内容的时代性和操作方式上的可推广性”作为我们遴选生涯体验活动内容的标准。比照这样的遴选标准，对原有的生涯体验活动进行了修正与完善。删除不符合时代特征的应景式活动，对一批活动形式好，但是目标指向不明确的活动进行了改良，使之更加符合社会大背景变化和生涯教育目标。通过这样的筛选，让生涯体验活动构建处于流动微调状态，不断完善。

4. 留住优质家长资源机制

学生毕业，家长“人走茶凉”，不再为我们所用，这是人之常情，也是各校面临的实际情况。风华初级中学为了让好的家长资源能够持续地发挥作用，采用两种机制留住家长。

第一是荣誉导师机制。为了留住家长导师，学校每年会遴选一部分毕业的学生家长，由老师带领学生一起去看望他们，颁发荣誉证书，以感谢他们为学校做出的贡献。随着不断合作与了解，我们还会发现家长背后的企业与学校有着共同的情怀，学校有育人的使命，单位和企业也有强烈的社会责任感，我们会和这些志同道合的单位建立长久的生涯辅导关系，共同关心孩子的成长，从流动性的家校共育走向稳定的校企共育合作。

第二是双向服务机制。家校双方不是单方面的服务。家长所在的企业和单位向学校提供资源服务，学校也向它们输出教育服务。学校愿意为家长及其所在的单位提供家庭教育指导，招生政策介绍，健康体育、艺术审美等讲座，还向它们开放各类主题功能教室，场馆共建等。在互动过程中，家长及其背后的企业能够感受到校方的真情实意，从而更加自觉自愿地为生涯教育工作服务。

上海市风华初级中学　杨意岚

上海市第一中学　陈靓

高中生涯地图体验活动

在现代教育的发展历程中，生涯教育的实施和开展已经展现出蓬勃而强大的生命力。在《上海市中长期教育改革和发展规划纲要》中，上海市教委将“为了每一个学生的终身发展”作为教育改革和发展的核心理念，强调职业生涯是个体人生经历的重要组成部分，职业生涯发展是终身发展的核心。

根据2018年《上海市教育委员会关于加强中小学生涯教育的指导意见》，普通高中阶段的生涯教育侧重于生涯规划。主要通过生涯教育课程与活动实施，深化学生的自我认识，以高中学生综合素质评价为指导，以志愿服务（公益劳动）、研究性学习等学习实践活动为载体，增强学生的社会意识和社会参与能力。在选学择业的过程中，指导学生了解高等院校的专业设置和社会的职业需求等信息，激发学生的学习潜能，培养学生学业和职业的规划能力，提高学生的生涯决策和管理能力。

一、高中生涯地图体验活动的目标与内容

1. 高中生涯教育的背景

生涯教育的内容贯穿人的一生发展，学校生涯教育活动把生涯教育理论融入学生实践活动中，创设情境，让学生体验情境，在活动体验中学会生活、适应环境和了解社会。在1971年美国提出生涯教育概念之前，针对人们生涯的规划即是职业规划，因此，生涯教育的理论是由职业规划理论演变而来。1908年弗兰克·帕森斯（Frank Parsons）成立波士顿职业局，开启了职业生涯辅导的先河。自此，西方国家开始了基于职业规划的生涯辅导运动，产生了诸多生涯理论。其理论发展按照时间线可分为20世纪初起步阶段、20世纪40年代至50年代成长阶段、20世纪60年代至70年代成形阶段、20世纪90年代成熟阶段。

在20世纪初的起步阶段，1909年，波士顿大学教授弗兰克·帕森斯在《职业的选择》一书中创建了特质因素理论。这个理论基本强调“人职匹配”的职业指导模式，要求帮助择业者了解自己、了解职业，并使人的特点（特质）与职业要求（因素）相匹配。随后，舒伯在1953年根据自己“生涯发展型态研究”的结果，将生涯发展阶段划分为成长、试探、决定、保持与衰退五个阶段。

1959年，约翰·霍兰德（John Holland）提炼了弗兰克的特质因素理论。他提出了目前仍被广泛应用的职业兴趣理论。霍兰德认为人格可分为现实型、研究型、艺术型、社会型、企业型和常规型六种类型。该模型被广泛沿用至今。

20世纪90年代初期，桑普森（Sampson）、皮特森（Peterson）和里尔顿

（Reardon）提出认知信息加工理论，强调从信息加工取向看待生涯问题解决。该理论把生涯发展与咨询的过程视为学习信息加工能力的过程。该理论的提出者按照信息加工的特性构成了一个信息加工金字塔。位于塔底的领域是知识的领域，包括自我知识和职业知识。中间领域是决策领域，包括沟通—分析—综合—评估—执行五个阶段①。最上层的领域是执行领域，也称为元认知。元认知是一个人所具有的关于自己思维活动和学习活动的知识及其实施的控制，是任何调节认知过程的认知活动，即任何以认知过程与结果为对象的知识（Fulavell，1978），包括自我言语、自我觉察、控制与监督。

舒伯将人的生涯发展划分为五个不同的阶段：成长期（0—14 岁）、探索期（15—24 岁）、建立期（25—44 岁）、维持期（45—64 岁）、衰退期（65 岁以后）。高中生处于生涯发展的探索期，开始进入职业世界探索的大门，这一时期的教育影响着他将来的职业规划、职业兴趣、职业技能。在高中阶段开展生涯教育的目的是使普通高中生能够充分认识自我，能根据社会发展需求，选择适合自身实际的大学及专业，或者能够顺利地直接进入职业世界。具体而言是为了增强学生学习的主动性、目的性、积极性，让他们能够明确自己的职业方向，提前做好就业准备，以提高自己的就业竞争力，并且在今后的职业生涯中能够继续开展规划，生活具有规划性。

2. 高中生涯地图体验活动的目标

高中阶段是青少年探索自我、发展自我，成长形成世界观、人生观和价值观的重要时期，开展生涯教育作为促进高中生全面而有个性发展的重要方式，不仅有利于让学生获得对职业生活的真切理解，发现职业兴趣和培养自己的专长，同时还有利于形成正确的人生观念，进而提升生涯决策能力。通过对目前普通高中职业体验课程目标设计的梳理和分析后发现，职业体验课程目标重在关注核心素养、关注升学或就业、强调学习与未来连接、注重职业生涯目标等②。

（1）培养学生的生涯规划意识

以往学生学习只是为了应付考试，为了能够考个好的大学，博一个更好的出路。很多学生不清楚自己的目标方向，缺乏学习动力，容易在考试失利、学习没有进步的时候感到迷茫。

在培养学生生涯规划意识的过程中学校要注意生涯理论的融入，用生涯匹配理论帮助学生意识到个体差异的客观存在；用生涯适应理论让学生理解在有些情况下生涯发展也要兼顾现实；用信息加工理论让学生学习问题解决的思路等。

而生涯教育的意义就在于帮助学生建立生涯规划意识。让学生认识自我，思考学习与未来专业职业发展的关联性，找到人生的方向。

① 宋臻．职业生涯规划对高校专业分流的作用[J]．宁波大学学报（教育科学版），2010（2）:96-99.

② 张爱．普通高中生涯规划教育实施体系的构建[J]．江苏教育（教育管理版），2019（5）:40-42.

（2）帮助学生全面认识自我

认识自我主要包括兴趣、性格、能力、价值观等。学校生涯规划教育就是让学生认识自己的这几个方面，并能够运用自我评价和他人评价的方式对自己有更加客观全面的认识，进而把自己的这些特性与专业、职业所需的品质要求对应起来，从而在新高考选科中做出正确的决策。

当然，教师在指导学生进行自我认知的时候，也要引导学生意识到自我的可塑性，让学生保持自我的开放性，指导学生学会结合目标，通过教育和自我学习等方式不断地完善自我。

（3）协助学生认识大学、专业及职业

进行新高考选科就是将自我特性与大学专业进行匹配。如果学生对大学专业和职业一无所知，那么，在做决策时就容易不知所措。因此，学校应该通过让学生参与社会实践，体验职业，让学生对职业有初步的感性认识，或开设相关课程，为学生解读大学专业的一些内涵、学习情况、就业问题等。当然，也要让学生们了解世界是变化发展的，要时刻保持获取信息的心态，接收外界信息。

总而言之，学校生涯规划教育要让学生初步了解到目前的选科与专业选择、职业发展有关联性，协助学生了解多元化升学途径，找到适合自己的成长路径。

（4）指导学生做好生涯决策

高中阶段的生涯决策，从近的看，就是选科和升学。学校要帮助学生全面了解新高考的各项变动并掌握选考策略，综合考虑心理素质、学业水平、社会发展、职业要求和大学专业要求等，选择与自己职业发展方向密切相关的科目、高校及专业。学校在指导选考科目时，可指导学生将个人意愿和社会需求相结合，多方听取意见，多对自身兴趣和爱好做出动态预判，掌握选择高考科目的具体操作方法。

（5）建立学生生涯档案

生涯规划教育中要协助高中生树立理想抱负，让他们能够结合目标制订合理的计划和选择有效的途径。此外，还需根据学生三年的阶段性发展情况，设定各阶段的目标，引导学生提升各项能力，循序渐进地推动生涯意识形成。

高中生生涯辅导内容应该涉及学生关注的当下问题，也要为学生终身发展服务。因此，建立学生生涯档案也是为了高中生涯教育的科学性跟踪记录提供主要依据。以往的学生档案，主要是以学生生理指标、学业成绩为主的基本信息。建立学生生涯档案，就是要学生从职业生涯规划的角度出发，建立专门的生涯档案材料，从生涯问卷、兴趣特长、个性描述以及社会实践经历等方面全面立体地描述学生的生涯历程。这不仅有利于发挥生涯档案的科学性，也有助于高中生职业生涯规划教育的全面开展①。

① 夏莉．浙江省首届新高考学生生涯规划教育现状调查报告[J]．中小学心理健康教育，2017（16）:32-36.

3. 高中生涯地图体验活动的内容

2018年3月，上海市教委《关于加强中小学生涯教育的指导意见》中明确提出生涯教育的内容包括自我认识、社会理解和生涯规划。高中阶段的生涯教育侧重于生涯规划。主要通过生涯教育课程与活动实施，深化学生的自我认识，以高中学生综合素质评价为指导，以志愿服务（公益劳动）、研究性学习等学习实践为载体，增强学生的社会意识和社会参与能力。在选学择业的过程中，指导学生了解高等院校的专业设置和社会的职业需求等信息，激发学生的学习潜能，培养学生学业和职业的规划能力，提高学生的生涯决策和管理能力。

生涯地图体验活动的开展就是在这样的背景下产生的。通常的生涯辅导教育形式偏向个别辅导和讲座性教学，但这种方式有一些不足，例如耗时多、受众面窄、解决问题单一等。而生涯地图模式的引入能有效克服以上弱点。它是通过“体验学习 + 生涯探索”的方式开展生涯教育的做法，在此基础上，还注重整合学校生涯体验活动的经验，梳理区域职业探索资源，配套设计了符合学生年龄特点的学习单，帮助学生走进世界，走近职业，开展真实而有意义的职业体验互动，增进学生的社会理解，促进学生的生涯探索、生涯体验和个性发展，学会用有效、合理的方式满足自己的需要，提高人际交往水平，学习自主地应付由挫折、冲突、压力、焦虑等带来的种种困扰，减轻痛苦、不适的体验；另一方面，协助学生树立有价值的生活目标，认清自身的潜力和可以利用的社会资源，承担生活的责任，发挥个人的潜能，健康快乐地生活。

生涯地图是一份职业体验点分布的物理地图，有助于学生进行职业体验活动的场所分布与活动设计，也是一份学生探索职业世界的成长地图。它旨在提供学校和学校间、学校和基地间、学校和社区之间交流生涯教育心得、提供学生生涯实践机会的平台，让学生学习理论的同时能够深入一线，了解各行各业的入职门槛、收入情况、工作内容、工作环境、工作压力点和幸福点等，更加全面地为自己的生涯规划打下基础。

二、高中生开展生涯地图体验活动的理论支持

美国职业辅导实践与研究的资深学者萨维科斯（Mark L. Savickas）教授于2002年正式提出生涯建构理论，而“生涯适应力”（career adaptability）作为生涯建构理论的核心概念，是指个体在应对各种工作任务及角色转变中进行自我调整的准备状态或社会心理资源，体现了个体在生涯发展过程中面对外部挑战所具备的核心能力。它内在地包含了“生涯关注”“生涯控制”“生涯好奇”“生涯自信”四个维度[①]。

“生涯适应力”的概念最先是由舒伯对其自身理论“生涯成熟度”的不断淬炼而得出的。1955年舒伯采用“职业成熟度”（vocational maturity）一词，指的是能够应付

① 朱倩雨. 生涯指导课程的开展对高中生生涯适应力的影响[J]. 中小学心理健康教育，2017（1）:15-18.

一系列的职业发展任务，到进一步确立自己的生涯发展以及职业衰退期即退休之后的准备。二十多年后，舒伯将目光放远，着眼于青少年时期，明确生涯的概念不仅仅是入职之后，而青少年对于工作的体验更多是一种尝试，而且会受到青少年个人成熟度的影响，而在其累积了一定经验之后，生涯成熟度在成人的生涯发展中的作用就变小了。因此为了解决在成人阶段使用生涯成熟度这一术语的问题，舒伯在 1981 年建议使用“生涯适应力”这一术语，目的就是为了针对许多人可能面对的一些非成熟的问题。而同时，“生涯适应力”的概念突出了个体和环境的交互作用，使人们更多地将注意力放在为各种生涯决策做准备上。后来，人们逐渐接受这一概念并由萨维科斯教授在之后提出的理论中将其扩展。萨维科斯（2005）认为，生涯关注能够帮助个体确立未来；好奇心能够加速个体对可能自我和职业的探索，生涯控制则使个体拥有自我选择未来的权利，而生涯自信则能促使个体建构完美的未来和克服困难。

生涯地图体验活动的开展，无疑是在生涯适应力方面使学生得到全面的提升。通过项目化的分组运作，让学生拥有选择的权利；在沟通、交流的过程中构建和谐健康的同伴关系；在进行职业探索时形成积极稳定的情绪，深化学生的自我认识的同时激发学生的学习潜能；在展示和汇报过程中提高学生生涯决策和管理能力；通过反思与澄清培养学生学业和职业的规划能力，并引导学生树立正确的理想、信念、世界观，丰富学生关于伦理道德教育的实践活动体验。

三、高中生涯地图体验活动的评价机制

在评价生涯地图体验活动时，由于其活动本身具有多维度、多视角、全面性的特性，因此，评价对象包括整个活动过程中的评价和活动基地对于活动结果的评价，评价对象包括学生、导师或者基地方以及活动反馈。其一，关于普通高中学生的评价，包括学生在职业体验课程中的收获、成长等部分；其二，关于基地方或者活动导师对于生涯地图体验活动的参与感的客观评价；其三，关于活动内容本身的评价，这个就是更加广泛的评价，主要是关于学生对知识技能的学习参与和学生职业体验的态度等的评价，以及活动成效的评价。

通常，对于高中生涯地图体验活动而言，一般是先对学生进行评价，旨在服务于高中生综合素质的评价，促进学生全面而有个性的发展。事实上，如果希望生涯地图的某一次活动能够持续发展，则需要从更全面的角度，进行系统化、整体化的评价。

四、高中生涯地图体验活动展示形式

（一）工作坊形式的生涯地图体验活动

生涯教育是立足学生发展需要，提升学校教育水平的重要途径。许多学校已经根据实际情况，开展了一系列实践和探索，工作坊创新模式就是其中一种深受学生欢迎的手段。

在高中阶段开展生涯教育的目的是使普通高中生能够充分地认识自我，能根据社

会发展需求，选择适合自身实际的大学及专业，或者能够顺利地直接进入职业世界。具体而言就是为了增强学生学习的主动性、目的性、积极性，让他们能够明确自己的职业方向，提前做好就业准备，以提高自己的就业竞争力，并且在今后的职业生涯中能够继续开展规划，生活具有规划性。

上海市彭浦中学自2016年起全面创设“工作坊模式”生涯教育，在以“中学生‘工作坊模式’生涯教育的实践研究”为题的课题研究过程中，教师们充分认识到开展生涯辅导应立足于学生发展需要，是提升学校教育水平、为学生未来发展提供有力支持的重要途径，而“工作坊模式”是实现这一目标的有力抓手。

工作坊的活动一般而言是一个高效的互动环节、有针对性的研讨会或会议活动。通过文献综述发现，工作坊中的成员主要包括“推动者”“参与者”和“专业领域专家”这三大角色。根据中学生学习发展特点以及对中学生产生重要影响的因素分析可以得出，就中学生生涯辅导“工作坊模式”而言，生涯辅导教师即为“推动者”，整体设计与把握工作坊活动开展的方式及进度，并对工作坊模式产生的实际效应进行及时的分析、评价与反馈；学生、家庭和社会即为“参与者”，其中学生是工作坊的主体，全程参与工作坊的各种活动；高校相关领域教授学者扮演“专业领域专家”角色，通过对“工作坊模式”呈现的效果和凸显的问题进行专业指导，以帮助生涯辅导“工作坊”创新模式更好地开展。

国内大部分高中生由于缺乏相应的生涯知识与决策能力，不清楚如何选择学科专业，对未来感到十分困扰。[①] 基于这些情况，上海市彭浦中学致力于开展以“工作坊模式”为依托的生涯教育，以团队的方式，在特定教师的引导和教育下，综合运用职业生涯规划咨询、职业心理咨询、职业发展规划等方法，创设一系列生涯教育活动，引导并带领学生共同参与、体验、探索、分享和建构个人生涯成长过程，帮助学生充分认识自我，认识外部世界，了解各种职业，采取有效的决策行动，科学规划自己的人生道路。

工作坊形式的学生生涯体验活动以教师或优秀学生为主持，开展生涯相关的职业探索、职业调查、职业访谈活动，同时，通过心得交流、研究性报告撰写，帮助工作坊成员认识生涯探索和生涯规划的重要性，了解部分职业的入职要求、发展变化、工作特点等，提升学生的组织能力、生涯意识、探究本领、职业精神和团队精神。

活动采取“线上＋线下”“校内＋校外”的形式进行，根据探究和活动内容的具体需要，活动内容灵活机动。

案例1. 教师主持型

“蓝天翱翔”工作坊是一个由教师主持的生涯探究工作坊，工作坊与上海交通大学、东方航空公司飞行培训中心开展长期合作，通过三方共建、学生探究的形式，帮

① 唐江尧. 浅谈中学生生涯教育及开展途径[J]. 文学教育（下），2018（11）:104-105.

助同学们了解飞行员的要求和生活，培养同学们的航空兴趣和职业志向，提升同学们的飞行理论水平和操作技能。每年暑假，“蓝天翱翔”坊内成员会在主持人的带领下前往东航飞行培训中心开展考察和实践活动。

2018 年暑假，7 位彭浦中学“蓝天翱翔”工作坊成员在指导教师郇兆龙的带领下，开展了为期两天的实践活动。第一天，同学们在学校实验室中对培训中可能需要的理论知识进行进一步的巩固和复习，每位学生在飞行模拟器上再进行“五边”起降训练。次日，大家来到东航飞培中心，飞行教练再次进行上机注意事项教学，并参观飞行员宿舍和心理疏导室。中午用餐后，前往飞行模拟器区域，进行波音 737-800 机型模拟飞行，模拟晴天、雨雪天的起降、巡航飞行过程。所有成员完成培训后，在工作坊内又进行了心得交流和收获分享，进一步提升此次活动的效果。

案例 2. 学生主持型

即将升入高三的石蕴菁同学发现，有时候一个人的职业与他的专业毫无关系，或一个人的个人兴趣与社会职业需求冲突，导致无法将自己的专业与工作内容匹配在一起。渐渐地，青年人在选择高等教育和未来职业时感到疑惑和迷茫。就是这个有些奇怪而又合理的现象促使她组建起自己的探究工作坊，开展了对专业与职业匹配的研究。

学校批准石蕴菁作为工作坊负责人，由她组建工作坊，组织有共同探究兴趣的成员开展前期调研，并讨论制定研究目标、计划和操作流程。成员们通过网上采访、实地采访、网络信息收集、文献查询等方式开展探索，并定期在工作坊内进行讨论，总结成果、改进不足，工作坊按预定计划完成了成员们的探究目标，成果以报告形式呈现。坊内成员通过这一活动，对专业和职业匹配的情况有了深入的认识，也更加有的放矢地进行高考志愿规划。

活动在专家和教师指导下，通过职业生涯访谈、撰写研究报告等方式，了解职业背景和职业代表在从事职业的过程中的生涯故事，深入了解该职业，并以访谈纪要、体会、论文等形式进行成果反馈。该工作坊旨在教师指导下，结合学生身心发展特点与兴趣爱好，于实践过程中最大限度地发挥学生主体作用，这对于提升学生的生涯发展空间，形成良性的自主学习机制，培养学生合作探究的素养有很大帮助。

（二）职业访谈类生涯地图体验活动

上戏附中“生涯体验日”是一个不断在实践中进行调整的生涯地图体验活动，旨在满足每个学生不同的生涯发展需求，能够在高中三年埋下他们追求幸福未来的目标与行动的种子。

1. 准备阶段

学校对高中家委会家长开展宣传活动，寻找生涯导师。同时通过学校微信公众号平台发布消息，积累可选择职业的种类。学校确定职业表单，对已有的职业选择种类，请学生票选最感兴趣和最想了解的职业。进行统计后，选出“生涯体验日”所希望体验的职业。

学生完成“生涯体验日报告书”前半部分内容填写，包括“职业初期了解”，“我的个人简历”两部分。学校生涯导师根据每位同学的简历和前期准备内容，挑选同学作为模拟面试对象，并对学生提交的内容进行审核，寻找学生在职业方向发展上的优劣。

“面试者”准备面试：2—3名同学，准备一份2—3分钟的面试演讲，建议内容为对行业的了解、自己的兴趣爱好与职业的相符合之处、未来的发展方向等。

如果学生对本次提供的职业不是最感兴趣，可以参加心灵成长小组，对职业生涯中的自我进行深度探索与提升。

2. 执行阶段：“生涯体验日”

每一种职业原则上学生为20人左右一班，每班配一名校外生涯导师和一名本校教师。具体见下表。

建议内容	建议时间	具体建议
微讲座	20分钟	对职业前景和要求分析
微面试	20分钟	模拟面试，每班由事先准备好的同学进行2分钟面试演讲，面试官问答环节
微点评	15分钟	就面试环节和前期每位同学报告的审核情况，生涯导师作出点评
微分享	30分钟	学生们分享感受，就本次“生涯体验日”的收获和困惑与生涯导师进一步沟通，生涯导师也可结合个人经历和本行业相关杰出人士经历作出分享

3. 总结阶段

学生完成“生涯体验日报告书”后半部分内容填写，包括“生涯体验日收获”“个人职业规划小结”两部分。

“生涯体验日”生涯地图体验活动帮助学生走近他们未曾知道的领域，通过身临其境、参与互动的形式，真正让学生直面自己、直面未来，明确自己未来的发展方向，开阔视野，对学生未来的职业选择、职业发展都有很好的推动作用。

（三）生涯体验营类生涯地图体验活动

上戏附中体验式生涯探索营的时间集中，活动多，对学生有一定的冲击力，而且有经验丰富的生涯导师的带领，能更清晰地帮助学生探索自我、了解自我。

1. 五类生涯导师满足学生生涯教育需求

教师生涯导师。学校从2009年开始由党员教师组成的校内家长，到2013年校内选聘的优秀教师，到2020年学校生涯导师全覆盖，每位任课老师都被聘任为生涯导师，每位学生都拥有属于自己的生涯导师。

家长生涯导师。学校从家长库里发掘众多校企合作企业、教育研究机构及其他社会单位的职场优秀人士。

学长导师。从优秀学长中挑选部分优秀学生。原先是校友导师，后来临近毕业的艺考生也可作为优秀学长。

名人导师。学校每年邀请2位以上的文化名人来校。

项目导师。根据具体项目，寻找匹配的导师。例如学生领导力项目导师、研究性学习导师等。

2. 学生领导力项目训练营促进学生生涯发展

“学生领导力训练营”是上戏附中着力培养学生执行力、沟通力、合作力、共情力、幸福力等能力而打造的一个全新载体。通过学生自主报名、学生发展中心四位导师选拔并确定人员，定期策划情境模拟体验、跟岗实践、结对小组开展项目设计与组织活动，鼓励学生参与到更多的学习生活与学校管理的过程中，“Learning by doing”，为学生的全面发展提供全息成长场域。此外，每周三校长亲自领衔“肖邀午后”约谈部分学生。这些学生在导师的陪伴下经历了从起步到进步再到收获的历程。

上戏附中通过领导力训练营，培养学生感知幸福和体验幸福进而创造幸福的能力，培养合作力、表达力、学习力、共情力、执行力、决断力等素养，培养仁爱与责任、审美与智慧、灵性与信仰、节制与好奇的幸福品质。

（四）职业场所类生涯地图体验活动

生涯地图体验活动从其制定之初，就借鉴了在职业探索活动中的职业体验场景，而职业体验，是高中生生涯探索过程中非常重要的一环。职业场所的体验非常具有针对性，对每个职业从社会定义的角度进行通识阐述。其特点包括职业名称具体、体验项目具有针对性，职业场所的体验会配备专业从业人员作为导师，为体验者进行讲解。

学校通过周边资源、校友资源或者家长资源，与职业场所进行联络，建立共建项目。相关职业场所已成为学校生涯地图体验活动实践基地。

案例1. 我是小中医

一、职业体验地点简介

1. 名称：雷允上中医馆（静安寺总店）

2. 开放时间：周一至周日8:00—20:00

3. 基地介绍：中华老字号“雷允上”已有300年历史。1715年，吴门名医雷大升（字允上）弃儒从医研究并吸收吴门中医精华，行医济世，研制自产成药，精于丸散膏丹的制作，于1734年在苏州始创雷允上，发展至今。雷允上中医馆是雷允上集团特有的健康服务平台，坐落于静安寺对面的雷允上中医馆是雷允上在沪上最大的一家对外开放的门店，以强大的中医药资源为广大顾客提供周到、方便、快捷、温馨的医疗保健特色服务。

4. 地址：上海市静安区华山路2号雷允上药城三楼

二、职业体验内容

1. 学生参观雷允上药城、雷允上中医馆，初步了解中医馆的各项服务内容。

2. 学生感受百年老字号的企业文化和中国传统中医药与国学文化。

3. 学生认识和学习部分中药名称及其形态、特质和药用价值。

4. 学生实践体验中药香囊的制作，并了解它的主要成分和药用价值。

在活动中，通过了解职业场所的历史或者职业的品牌理念，学习企业或该职业的核心价值体系，再有针对性地学习职业技能以了解该职业。为参与体验活动的学生提供职业启蒙教育以及相应职业的深入了解。学生在实际的工作岗位上提前感受各类职业角色，获得对职业生活的真切理解，发现自身的专长，培养职业兴趣，学习职业知识，锻炼职业技能，形成初步的人生志向，提升生涯规划和职业选择的能力。

案例 2

我们来做饰品设计师

一、职业体验地点简介

1. 名称：静安区文化馆饰品设计师生涯教育体验

2. 开放时间：不定期的周末

3. 基地介绍：静安区文化馆位于乌鲁木齐北路 459 号，是一个集培训、演艺、展览、手工艺交流等功能为一体的市民文化艺术殿堂，更是一个人们欣赏艺术、享受文化并能参与、互动的公共文化场馆。它能够为市民提供免费的公益性文化项目，同时广阔的公共文化空间和多层次、多样化的文化活动受到广大市民群众、各所学校的一致好评。静安区文化馆由于开展各类艺术、文化活动，周末往往会吸引大批市民前来，也正是因为这样，静安区文化馆也成为学生生涯体验的绝好地点。

4. 地址：上海市静安区乌鲁木齐北路 459 号

二、职业体验内容

主要开展饰品设计（诸如耳环、夹子、发簪等）、售卖、一对一饰品教学等生涯体验活动，所展示和出售的饰品从中华文化、简约艺术这两点出发，制作出售经学校评估的符合大众审美的首饰饰品。目标是精心制作大众喜爱的饰品、首饰，用最短的时间让顾客完成一件自己 DIY 的原创作品。

本次活动以小组形式开展，具体内容包括：

1. 以小组为单位，进行饰品设计。以沿街走访、调查等形式了解饰品设计趋势，设计大众喜爱的饰品。

2. 对饰品售卖摊位进行布置、展示，设计海报。

3. 在售卖饰品期间，学生分工后各司其职：负责销售的同学主要负责吸引顾客，为顾客解说饰品设计理念及饰品的使用方式；负责 DIY 饰品教学的同学主要负责吸引顾客体验饰品设计，对顾客饰品设计、制作进行现场教学；负责收银的同学主要负责成本控制、收款。

4. 邀请首饰与服装设计专业老师到现场观摩，考核学生成果，学生分享自己的活动感悟。

新时代背景下，在职业教育中传承与弘扬“工匠精神”，是适应时代发展需求的重要前提。职业生涯规划课程教育是指导学生领会职业精神，明确树立职业理想，进行合理职业生涯规划的重要课程。在职业生涯规划课程中渗透“工匠精神”，是实现有效培养学生的“工匠精神”的重要途径。

“工匠精神”是经过历史沉淀后形成的中华传统优秀文化的精华之一。“工匠精神”内涵丰富，是对其未来职业道德、职业能力以及职业品质的集中体现，引导从业者树立正确的职业价值取向①，规范自身职业行为表现，要求从业者应当具备敬业、专注、创新等方面的优秀职业品质。对于国家而言，目前我国正处在实现中华民族伟大复兴中国梦的重要时期，由“制造大国”向“制造强国”迈进，由“中国制造”转向“中国创造”，是这一时期需要实现的重要目标。而实现这一目标，就需要源源不断地具备“工匠精神”的能工巧匠，充分发挥其职业能力，为国家发展注入动力与活力。对于个人而言，“工匠精神”是从业者具备优秀职业道德品质，实现职业生涯发展，达到职业理想目标的重要前提。职业院校作为培养适应社会需求高素质、高技能人才的重要场所，在生涯规划课程中培养学生的“工匠精神”，既是满足国家发展现实需求的必然要求，也为学生实现自身职业发展奠定坚实的基础。

职业生涯规划的实践性较强，学生在生涯地图的体验活动中，除了注重提高学生对知识与技能的掌握，更要培养学生的学习能力和创新精神。新时代背景下，“工匠精神”要求从业者具有较强的学习能力和创新精神，使学生领悟在实现目标过程中，要持之以恒，坚持付出，为成为行业“匠人”奠定基础。因此，在职业生涯规划教学中重视培养学生学习能力和创新精神，是高中生生涯教育的重点，也是培养学生“工匠精神”的要求。

（五）人文科技场馆类的生涯地图体验活动

场馆类的生涯地图体验活动内容，多以服务性岗位为主，如名人故居讲解、博物馆讲解、科技博览会体验等。学生们在服务型工作中提升与人沟通、团队协作、组织策划、时间安排等职场通识技能，磨炼意志品质，鼓励学生在平凡的岗位上进行创造性劳动。从生涯发展的角度来看，这类生涯地图体验活动的目的，主要集中于引导学生对于人际关系、人生规划、职业发展这三方面知识的获得与价值观的形成。引导学生认识职业的通识技能，这也同时是适应社会的重要环节。在不断体验自我潜能开发的过程中领悟生涯规划的积极意义。了解不同类型的职业和职业所需要的知识和技能，感知不同职业通识的一些技能。

案例1：

爱心小老师

一、职业体验地点简介

1. 名称：爱心暑托班

2. 开放时间：周一至周五 9:00—17:00，周六、日休息

3. 基地介绍：基地为上海市教委开设的爱心暑托班平台。暑托班为小学生提供公益性暑期看护服务，开展符合小学生身心发展特点的拓展活动，从最基本的学生暑

① 张辉. 高职会计专业学生“工匠精神”培育研究——以江苏经贸职业技术学院为例[J]. 环球市场，2020（7）:177-178.

期托管，到学生作业辅导与兴趣拓展，进而到学生核心素养发展。具体课程有科学普及、读书赏析、手工实验、素质拓展、文体锻炼、益智游戏、自护训练等，课程内容丰富多彩，符合小学生学习成长需求。

4. 地址：上海市静安区共和新路4666弄城市新汇

二、职业体验内容

1. 体验班主任的工作。

2. 体验教学、授课，学习简单的陪护技巧。

3. 体验照顾儿童，初步了解教师的日常工作。

三、活动内容

安排学生签到，安排班级放学；管理学生午餐，做到安全有序。

四、学习单

职业体验参与人　　　　学校：　　　　班级：　　　　姓名： 职业体验地点： 职业体验时间：　　　　年　　　　月　　　　日	
一、实践体验	
1. 今天我学习并体验了班主任管理课堂。 在我的班上，学生有__________人。	我对活动的感兴趣程度： ☆☆☆☆☆ 完成活动的自我评价： ☆☆☆☆☆
2. 今天我学习并体验了教授课程。 我授课的主题是__________。	我对活动的感兴趣程度： ☆☆☆☆☆ 完成活动的自我评价： ☆☆☆☆☆
二、兴趣延伸	
我会向其他人介绍今天的体验活动和学到的知识。	□是　□否　□不确定
我有兴趣了解教育行业的其他工作。	□是　□否　□不确定
我希望能再次来到爱心暑托班参加职业体验活动。	□是　□否　□不确定

案例2. 天使在行动

一、职业体验地点简介

1. 名称：彭浦中学体育场

2. 开放时间：每周末

3. 基地介绍：联合中华义工联合会进行自闭症儿童观护工作，活动总共分为三个阶段，首先是完成“爱心工艺品”的制作。然后是进行“爱心工艺品”的义卖活动。在每学期，学校都会联系专业的义工组织与学生一起开展关爱“自闭症儿童”的公益陪护活动。

4. 地址：上海市静安区三泉路604号

二、职业体验内容

1. 自我学习

学校心理老师向全体高一年级学生普及自闭症知识，或邀请彭浦新村街道学生社区实践指导站和中华义工联合会上海站的老师向大家举办关爱自闭症的志愿者服务讲座。

2. 行动实践

介绍“天使在行动”志愿服务活动计划，确定、准备爱心工艺品的制作原料，安排爱心劳动的课时，努力使学生公益活动时间固定化；组织、策划关爱自闭症儿童公益活动。

三、活动内容

陪护自闭症患者进行简单的体育运动；根据每次活动任务要求进行简单的手工艺品制作。

四、学习单

职业体验参与人　　　　学校：　　　　班级：　　　　姓名： 职业体验地点： 职业体验时间：　　　年　　　月　　　日	
一、实践体验	
1. 今天我学习并体验了义工的工作。	我对活动的感兴趣程度： ☆☆☆☆☆ 完成活动的自我评价： ☆☆☆☆☆
2. 今天我陪护了自闭症患者。 在社会实践过程中，我得到“义工”＿＿＿＿＿＿星评价。	我对活动的感兴趣程度： ☆☆☆☆☆ 完成活动的自我评价： ☆☆☆☆☆
二、兴趣延伸	
1. 我会向其他人介绍今天的体验活动和学到的知识。	□是　□否　□不确定
2. 我有兴趣了解义工的其他工作。	□是　□否　□不确定
3. 我希望能再次参加义工体验活动。	□是　□否　□不确定

随着职业生涯教育的不断开展，场馆类生涯地图体验活动的比重日益增加。与特定职业场所体验有所不同的是，场馆体验更具多元性，覆盖面更广。学生在参与一个岗位的工作中，会与不同的职业者接触，从而多维度地得到锻炼。

例如在“科技馆”“AR 体验馆”等项目类丰富的场馆中进行体验活动时，其创新的活动形式容易引起学生的兴趣，提升自我对生涯规划和职业选择思考的能力。

五、高中生涯地图体验活动实施要点：“软硬兼施”，全方位促成体验活动良性运作

（一）硬件方面：加强组织领导和经费投入

加大对生涯教育工作的投入，保障生涯教育的开展。广泛动员社会力量，多渠道拓展资金来源，丰富教育设施和活动资源，形成做好生涯教育的社会合力。学校联动区域建设，各部门高度重视中小学生涯教育，指导学校根据自身实际与学生特点，制定生涯教育方案，设计开发生涯教育课程与活动，将生涯教育课纳入学校拓展型课程或专题教育课时，结合学校德育、心理健康教育和各学科教学，确保生涯教育有效开展。

坚持课内课外网上网下横向贯通、学校家庭社会三位一体的教育方针，广泛利用社会资源，积极拓展人力资源、场地设施、活动形式、体验内容和指导方式等。

（二）软件方面：推进队伍建设，优化师资队伍

各区、各校要以学校专职心理健康教育教师为基础，配齐配强专、兼职生涯指导教师，组建由学校心理健康教育教师、德育干部、班主任和学科教师分工协作共同构成的生涯教育教师队伍。定期为教师提供具有针对性的生涯教育相关培训和继续教育，打造专业化生涯教育教师队伍。在普通高中学校率先建立和普及生涯导师制。区域学校积极联动、定期交流研讨，形成生涯教育资源库，不断提升中小学生涯教育工作的整体质量。

生涯教育在体验之后的总结和分享需要通过专家以及导师的引导，学生在客观分析自己的兴趣、能力等方面，总结自身优势与不足。高中生的自我客观认识需要引导，此时的引导需要专业化、精细化的指导。与此同时，为了保证生涯体验活动的质量和效果，以及对学生内在动力的激发和正确价值观的树立，需要一批高质量的师资团队来引导学生在充分的自我认识和社会理解的基础上，掌握学业规划与职业规划的主要方法，平衡个人发展和社会发展的需求，制定适合自己的学业发展目标和计划，初步设计合理的职业和人生发展路径。

全员导师制的工作方案因此而生，在全面落实中共上海市委、上海市人民政府《关于全面深化新时代教师队伍建设改革的实施意见》（沪委发〔2018〕18 号）、《关于贯彻 < 中共中央国务院关于深化教育教学改革全面提高义务教育质量的意见 > 的实施意见》（沪委发〔2020〕3 号）、上海市教委《关于推行中小学全员导师制的试点工作方案（讨论稿）》等文件要求，进一步加强学生发展指导，发挥教师队伍基础作用，提高学校全体教师的育德能力和家庭教育指导能力，推动教师人人成为学生健康成长指导者，导师制工作的主要内容包括德育引导、生涯指导、学业辅导、心理疏导、家校传导五大方面。学校通过建立生涯档案，录入学生的基本信息，全面了解学生。导师通过多渠道关注学生动态，参与学生生涯规划，引导学生认识自我、认识社会、认识自我和社会的关系。

上海市彭浦中学　王子浩　李芳　上海戏剧学院附属中学　陆婷

参考书目

[1]《上海市教育委员会关于加强中小学生涯教育的指导意见》(沪教委德〔2018〕8 号)

[2] 徐剑宏 . 共绘“生涯地图”引航学生成长 [J]. 现代教学，2019（7）.

[3] 陈宛玉 . 高中生涯导师制 : 是什么，做什么，怎么做 [J]. 中小学心理健康教育，2018，374（27）:23-25.

[4] 陶行知 . 陶行知文集 [M]. 群言出版社，2012.

[5] 姚润凯，刘立立，孙蕾 . 社会认知生涯理论中的学习经验及其影响因素 [J]. 东北师大学报 : 哲学社会科学版，2016（6）:245-253.

[6] 侯志瑾 . 家庭对青少年职业发展影响的研究综述 [J]. 心理发展与教育，2004（03）:90-95.

[7] 付春玲，施国春 . 家庭教养方式对大学生职业探索的影响 [J]. 辽宁工业大学学报（社会科学版)，2010（03）:77-79.

[8] 乐善耀 . 建立学习型家庭家庭教育适应时代发展需要的必然选择——上海市学习型家庭观念、结构及其影响因素的调查研究 [J]. 中国家庭教育，2002（001）:29-32.

[9] 杨泰山 . 对心灵的解说 [M]. 上海：上海锦绣文章出版社，2014.5.

[10] 奥西普 SH.，菲茨杰拉德 LF. 生涯发展理论 [M]. 顾雪英，姜飞月，译 . 上海：上海教育出版社，2010.

[11] 黄志毅，邱伯聪 . 高中生涯规划教育的思考与行动 [J]. 基础教育研究 2021（6）

[12] 周勇兵 . 关于高中生生涯规划教育的实践 [J]. 求知导刊 2019（8）.

[13] 刘茂翔 . 略谈高中生社会实践活动与生涯规划教育的衔接 [J]. 上海课程教学，2016.

[14] 陈菲菲 . 普通高中生涯教育中社会资源利用问题研究 [C]. 华东师范大学，2020.5.

[15] 白天鹏 . 高中生职业生涯教育规划存在的问题及对策研究 [J]. 成才之路 2020（4）.

[16] 潘建军 . 基于学生发展视角的生涯规划课程 [J]. 教育学报，2020（4）.

[17] 陈菲菲 . 普通高中生涯教育中社会资源利用问题研究——以 O 市 S 校为例 [C]. 华东师范大学，2020.5.